Was in der Welt an Geistigem erreicht und geleistet wurde, wurde es immer nur dadurch, daß Ideale und Hoffnungen aufgestellt wurden, die weit über das momentan Mögliche hinausgingen.

Hermann Hesse

Für Fam. Hesse
mit lieber Zuwendung
[illegible]
[illegible]
[illegible]

Reuven Moskovitz

Der lange Weg zum Frieden

Episoden aus dem Leben eines Friedensabenteurers

Herausgegeben vom
Evangelischen Bildungswerk
Berlin

verlag amBEATion/randlage
berlin

Vollständige Überarbeitung des Manuskripts von
Birgit Rux

verlag amBEATion/randlage
Riewert Q. Tode, Eylauer Str. 12, 10965 Berlin
3. Auflage 2001
Umschlag und Gestaltung: Birgit Rux, Berlin
Für den Umschlag wurde ein Gemälde von Thea Bommer, Berlin, verwendet.
Gesamtherstellung: Meiners Druck GmbH, Schwelm
Printed in Germany
ISBN 3-928357-05-0

Über den Autor

Reuven Moskovitz wurde am 27.10.1928 in dem Schtetl Frumuşica im Norden Rumäniens geboren. Er überlebte den Holocaust trotz Verfolgung und Vertreibung. 1947 wanderte er nach Palästina aus, wo er zum Mitbegründer des Kibbuz Misgav-Am an der libanesischen Grenze wurde. Nach dem Studium der Geschichte und der hebräischen Literatur an der Universität Tel Aviv und der Hebräischen Universität in Jerusalem war er lange Zeit als Geschichtslehrer tätig.

1974 verbrachte er ein Forschungsjahr in Berlin, um seine Promotion zum Thema „Deutsche und Juden zwischen der Macht des Geistes und der Ohnmacht der Gewalt" zu schreiben.

Er engagierte sich von Anfang an in der israelischen Friedensbewegung und wurde nach dem Sechstagekrieg Sekretär der neu entstandenen *Bewegung für Frieden und Sicherheit*, die sich gegen die Annexion der besetzten Gebiete und für eine sofortige Lösung des Flüchtlingsproblems, die gegenseitige Anerkennung Israels und der arabischen Staaten sowie das Recht der Palästinenser auf Selbstbestimmung einsetzte.

Als Mitgründer Neve Shaloms, einer Siedlung, in der israelische Juden und Palästinenser zusammenleben, und als Organisator von Studienreisen durch Israel bemüht er sich nicht nur seit vielen Jahren um die jüdisch-palästinensische Aussöhnung, sondern auch um die deutsch-israelische Versöhnung.

Zu diesem Zweck hat er viele Artikel in Deutschland und Israel veröffentlicht, kommentiert das aktuelle Geschehen regelmäßig in Radio und Fernsehen und hält Vorträge.

INHALT

Zu dem Buch

Vorwort 11

1. *Einleitung* 13

2. *Kindheit* 27

3. *Entscheidung für Palästina*

Flucht und Rückkehr nach Rumänien 59

Erneute Flucht und endgültige Niederlassung in Israel 79

4. *Als Exilant in der eigenen Heimat* 87

5. *Die Palästinenser* 111

6. *Zionismus – Utopie und Wirklichkeit* 129

7. *Die ganze Geschichte auf einem Bein* 149

8. *Die vermeidbaren Kriege* 189

Der Suezkrieg (1956) 194

Die Friedenspolitik Moshe Sharetts und die Kriegspolitik Ben-Gurions und Moshe Dayans 196

Der Sechs-Tage-Krieg (1967) 204

Der Jom-Kippur-Krieg (1973) 216

Über das Schaffen von Tatsachen, die zum Krieg führen 220

Der Libanonkrieg (1982) 227

Die Entwicklung, die zur Intifada führte 232

Die Intifada (1987-1993) 235

9. *Neve Shalom*

Gründung eines Friedensdorfes 243

Der im Bus fahrende Don Quichotte 269

10. *Es gibt ein Deutschland, das ich liebe* 287

11. *Der lange Weg zum Frieden* 311

12. *Der Ewige Israels und seine ewig versagenden Kinder* 333

Nachwort 359

Zu dem Buch

Dieses Buch ist einzigartig. Es paßt in kein Schema. Weder ist es nur eine Biographie, noch ist es nur eine historische Abhandlung der Geschichte des Judentums, noch nur eine Analyse der gegenwärtigen, verschlungenen politischen Strömungen in Israel/Palästina. Dieses Buch ist alles zugleich und darin einzigartig.

Das Leben des Verfassers ist mit der Geschichte Hitlerdeutschlands genauso verbunden wie mit der Entstehung des Staates Israel und mit der Stadt Jerusalem, in der er heute wohnt. Reuven Moskovitz ist ein Mann voller Visionen, der trotz aller Enttäuschungen und Rückschläge auf einen Frieden hofft, der einen biblischen Ursprung, aber bis zu seinem Ziel noch einen langen Weg vor sich hat.

Das Buch mit seinen „jiddelnden" und „menschelnden" Episoden ist zum Lachen und zum Weinen. Zugleich wird es Kritik, vermutlich auch Protest auslösen wegen manch ungewöhnlicher Deutung der jüdischen Vergangenheit und der gegenwärtigen israelischen Politik. Vor allem ist es ein spannendes und liebevolles Buch – wie sein Verfasser geistreich und begeisternd.

Reuven Moskovitz ist kein religiöser Jude im orthodoxen Sinne, und doch wird in jedem Kapitel eine Religiosität spürbar, deren Wurzeln nicht nur im geschichtlichen Reichtum und im Geschichtenreichtum des jüdischen Volkes verborgen sind, sondern deren Merkmal in der „chronischen Entzündung der Hoffnungsdrüsen" (Pinchas Lapide) liegt.

Dieses Buch ist geschrieben vor der Ermordung Jitzhak Rabins. Es erscheint nach den Wahlen in Israel 1996. Israel steht am Scheideweg zwischen einem „sicheren" Frieden und einem „gerechten" Frieden. Mit diesem Buch plädiert Reuven Moskovitz eindringlich für einen gerechten Frieden zwischen Israel, den Palästinensern und den übrigen Nachbarstaaten seines Landes. Denn – das ist seine unumstößliche Überzeugung – nur ein gerechter Friede wird auch ein sicherer Friede sein.

Dieses Buch erscheint auch deshalb in Deutschland, weil der

Verfasser seit langem fordert, daß unser Staat sich nicht auf Grund historischer Schuld politisch einseitig festlegt, sondern Verantwortung für Israel und Palästina übernimmt.
Dieses Buch wird vom Evangelischen Bildungswerk Berlin herausgegeben. Seit 20 Jahren leitet und begleitet uns Reuven Moskovitz auf Studienreisen in Israel/Palästina, wobei seine Frau Varda und er weit über Berlin hinaus 18- bis 80-jährige Freundinnen und Freunde gewonnen haben. Wir sind bei diesen Reisen Menschen begegnet, die Zeugen der komplexen Lebenswirklichkeit in dieser herrlich schönen und bedrohten Region sind. Dieses Buch wird diejenigen, die noch nicht in Israel/Palästina waren, auf dieses Land neugierig machen. Zugleich bietet es allen, die mit Reuven Moskovitz gereist sind, einen Schatz weiterführender Einsichten und vielfarbiger Erinnerungen.
Mit großem Einfühlungsvermögen hat Birgit Rux dieses Buch so überarbeitet, daß das liebenswerte, jiddisch gefärbte Deutsch des Verfassers transparent geblieben ist. Darüber werden sich besonders diejenigen freuen, die Reuven Moskovitz im Originalton hören, wenn sie dieses Buch lesen. Aber das ist wieder eine andere Geschichte…

Hans-Joachim Curth
im Juni 1996

Vorwort

Nicht nur der Weg zum Frieden ist lang, sondern auch der Weg, der schließlich zu diesem Buch führte. Wenn ich nicht oft vom Unmöglichen gereizt wäre, hätte ich wohl nicht versucht, ein Buch auf deutsch zu schreiben, zumal mein Deutsch eine Mischung aus Deutsch und Jiddisch ist. Wie sich gezeigt hat, kann man mich zwar gut verstehen, wenn ich spreche, nicht aber, wenn ich schreibe.

So begann ein langer Leidensweg nicht nur für mich, sondern auch für Frau Birgit Rux, die es übernommen hat, meine Sprache in verständliches Deutsch zu bringen, ohne dabei ganz auf das für mich typische Idiom zu verzichten. Auch wenn sie das Buch vollkommen überarbeitet hat und damit zur Koautorin geworden ist, kann ich meine Gedanken darin sehr gut wiederfinden. In diesem Sinne trifft die Geschichte über einen Juden aus Osteuropa hier nicht zu, der Shakespeare übersetzte und das Buch dann mit dem Titel „Gesammelte Werke von William Shakespeare – verschönert und verbessert" veröffentlichte.

Ich hoffe, daß die Leser, die mich kennen, mich in dem Buch ebenfalls wiederfinden werden, auch wenn die sehr differenzierte Sprache von Frau Rux nicht genau die meine ist. Frau Rux ist auch für die Fußnoten und den Index verantwortlich, wodurch das Buch fast einen wissenschaftlichen Charakter erhält. Ich habe ihr gegenüber nicht nur ein Gefühl der Schuld, sondern auch ein Gefühl großer Dankbarkeit, das ich an dieser Stelle noch einmal zum Ausdruck bringen möchte.

Das Buch ist in erster Linie autobiographisch, berichtet aber nur wenig über mein Privatleben. Dadurch ist meine Frau Varda zu kurz gekommen, die in meinem Leben und meinem Wirken eine sehr viel wichtigere Rolle gespielt hat, als es hier zum Ausdruck kommt, und die mich besonders in der Schlußphase ermutigte, dieses Buch zu Ende zu schreiben. Sie ist nicht nur die treue Penelope, die mit dem Haushalt, der Gemütlichkeit der Wohnung und der Erziehung unserer Kinder befaßt war und ist, sondern sie hat sich auch aktiv an allen „Schlachten" für Frieden und Gerechtigkeit beteiligt. Ihr verdanke ich viel von meinem Sinn für die Schönheit der Wüste

und „gedenke der Treue deiner Jugend und der Liebe deiner Brautzeit, wie du mir folgtest in der Wüste, im Lande, da man nicht sät“ (Jeremia 2, 2–3).
Ich möchte auch den vielen Menschen in Deutschland danken, die mir im Laufe der letzten zwanzig Jahre geholfen und dazu beigetragen haben, daß ich sagen kann: Es gibt ein Deutschland, das ich liebe.

1. Einleitung

Dieses Buch ist ein Versuch, meinen Glauben, meine Gedanken und Träume, die ich gewöhnlich bei Vorträgen oder Führungen zum Ausdruck bringe, in schriftlicher Form festzuhalten. Es ist keine systematische Darstellung der Geschichte meines Volkes oder meines Landes beziehungsweise des Landes, das mir zur Heimat wurde. Einst dachte ich, daß die Heimat eines Menschen entweder sein Geburtsland sei oder das Land, das er sich zur Heimat erkoren hat. Ich wurde als Jude geboren, und wie jedes jüdische Kind in einem kleinen Schtetl war ich durch den Glauben, das jüdische Gebet und die biblischen Geschichten geprägt. Die Erzählungen über das Gelobte Land und seine Herrlichkeit, die durch die Zerstörung des Zweiten Tempels, in dem Gott selbst wohnte, verlorenging, regten meine Phantasie an und weckten meine Sehnsucht.
Diese Sehnsucht strebte aber nicht unbedingt nach Erfüllung, denn Rumänien war das Land, in dem ich lebte; Frumuşica, ein kleines, nicht besonders schönes, nicht besonders sauberes und auch nicht besonders glanzvolles Schtetl war meine Heimat. Nach meiner Vertreibung hatte ich Sehnsucht nach diesem Schtetl und nicht nach dem Gelobten Land, für das ich als Kind mehrmals am Tag gebetet hatte, ohne aber je dorthin gehen zu wollen. So erfuhr ich schon als Kind das Widersprüchliche im Menschen.
Als ich nach dem Krieg in mein Schtetl zurückkam, träumte ich von einer Welt ohne Kriege und Haß, ohne Vorurteile, Diskriminierung und Armut. Die Entscheidung, nach Palästina zu gehen, fiel mir sehr schwer. Nicht meine Sehnsucht nach dem Gelobten Land, sondern die Enttäuschungen in Rumänien trieben mich schließlich dorthin - und wiederum wurde ich enttäuscht.
Nach dem furchtbaren Zweiten Weltkrieg, einer Katastrophe, die einen großen Teil der Welt erfaßt hatte, war ich zusammen mit Millionen anderer Menschen sicher, daß die Menschheit jetzt endlich lernen würde, anders zu leben und anders miteinander umzugehen. Aber die Menschen lernten sehr schnell, ihre Güter zu vermehren und modernste Maschinen zu bauen –

riesige Schiffe, Überschallflugzeuge, komfortable Züge und, nicht zu vergessen, die große menschliche Leidenschaft, das immer teuere, schnellere und perfektere Auto. Atomare Waffen können die Erde inzwischen gleich mehrfach zerstören. Eine Weisheit aber hat der Mensch vom Baum der Erkenntnis nicht gewonnen: wie er in Frieden mit seinem Nächsten leben kann.
Als nüchternem Beobachter unserer Welt fällt mir auf, daß alle Träume und Versuche, neue Lebensformen zu verwirklichen, ständig scheitern. Allein die Erfahrungen der Menschheit in den letzten fünfzig Jahren genügen, um verzweifelt zu resignieren und mit Kohelet zu sagen „Es gibt nichts Neues unter der Sonne.“[1] Dennoch glaube ich, daß es in den vergangenen zweihundert Jahren unendlich viel Neues gegeben hat. So führten geniale Erfindungen dazu, daß in der westlichen Welt schwere körperliche Arbeit durch Automatisierung und viele Krankheiten, Hunger und Not überwunden werden konnten. Wenn der Mensch zu solchen großen Leistungen in der Lage ist, dann kann und soll er auch versuchen zu lernen, in der Frist, die ihm gegeben ist, sinnvoll zu leben, anstatt in Kriegen unterzugehen.
Dies ist der Ausgangspunkt für meine Gedanken und der Grund für die Darstellung verschiedener Episoden meines Lebens in diesem Buch. Manche meiner historischen und politischen Ausführungen könnten mir als Hochmut ausgelegt werden. Manch einer wird mich als selbstgefälligen Moralisten betrachten, der versucht, anderen ex cathedra Blindheit und Dummheit vorzuwerfen. Ich möchte deshalb ausdrücklich feststellen, daß ich immer auch über mich selbst schreibe: *de te fabula agitur*. Ich bin weder besser noch weiser als andere, hatte jedoch den Vorteil, mich im Gegensatz zu aktiven Politikern nie mit tages- und realpolitischen Entscheidungen auseinandersetzen zu müssen, die Politiker oft zu schmerzhaften Kompromissen zwingen. Ich habe mich immer bemüht, manchmal erfolglos, mein Handeln und mein Denken in Übereinstimmung zu bringen.
Das Wort *Blindheit* erscheint in diesem Buch sehr häufig. Ich bin sicher, daß ich sie nicht zu Unrecht unterstelle. Aber viel-

1 *Kohelet* (Buch der Prediger), 1.9

leicht bin auch ich mit Blindheit geschlagen, und es wird sich eines Tages herausstellen, daß meine Vorstellungen nicht den menschlichen Möglichkeiten entsprechen. Schon unsere Weisen sagten: „Bemühe dich nicht, den Menschen eine Last aufzuerlegen, die sie nicht tragen können." Mancher wird es merkwürdig finden, daß ich Menschen als blind bezeichne, die scheinbar ganz normal reagieren. So ist der jüdische Anspruch auf Israel/Palästina als dem von Gott verheißenen Land der Väter genauso normal wie die Tatsache, daß die Juden dabei nur sich selbst oder ihren Glauben im Auge haben. Als die Palästinenser die jüdische Einwanderung nach Palästina bekämpften aus Angst, ihr Land an die neuen Einwanderer zu verlieren, reagierten sie auch wie normale Menschen, die sich weigern, freiwillig etwas von ihrem Besitz abzugeben. Wenn das Normale jedoch zu blutigen Auseinandersetzungen führt, hört es auf, normal zu sein. Deshalb beruhen *normale* Verhaltensweisen häufig auf nichts anderem als auf Blindheit.

Ganz sicher werden proisraelische Leser meine Ausführungen über die zionistische Blindheit ebenso wenig akzeptieren können wie propalästinensische Leser meine Ausführungen über die palästinensische Blindheit. Blindheit ist leider ein allgemein verbreitetes Phänomen. Auch Schweizer, Amerikaner und andere Demokraten waren blind, als sie die aus dem brennenden Deutschland flüchtenden Juden überhaupt nicht oder nur sehr ungern und eingeschränkt aufnahmen. Vielleicht ist es eine Illusion anzunehmen, daß man Menschen zu differenzierterem Denken und größerer Toleranz anderen gegenüber bewegen kann.

Die Begriffe *Blindheit* und *Taubheit* drängten sich mir durch die schockierende Wirklichkeit in meinem Land auf, in dem Menschen nur sich selbst und ihre eigenen Belange für wichtig halten. Ich leide unter der Stumpfheit und Herzlosigkeit von Menschen, die sich für das Leiden des Nächsten nicht interessieren, nur weil er ihr Feind ist. Man wird in Israel zum Himmel schreien und die Welt erschüttern, wenn Juden bei uns, in den arabischen Ländern oder anderswo in der Welt Unrecht angetan wird. Die Ermordung eines Juden kann sogar zu Überfällen auf unschuldige Palästinenser führen, die geschlagen und verletzt werden und deren Autos man in Brand setzt. Das schreckliche Schicksal der Palästinenser in Lagern und is-

raelischen Gefängnissen, sinnlos zerstörte Häuser in den besetzten Gebieten als Racheaktionen des Militärs werden von den meisten Israelis nicht zur Kenntnis genommen.
Aber die Palästinenser sind auch nicht besser. Mit nicht weniger, vielleicht sogar mit noch größerer Grausamkeit rächen sie sich, wenn sie die Möglichkeit dazu haben. Während des Golfkrieges tanzten viele aus Freude über die Raketen auf Tel Aviv auf den Dächern. Manches Mitglied der israelischen Friedensbewegung zog daraus den Schluß, daß man mit den Palästinensern grundsätzlich nicht mehr sprechen solle. Aber es gibt auch jüdische Kreise, die sich freuen, wenn Palästinenser erschossen werden. Die Frage ist, ob wir diesen Teufelskreis durchbrechen können.
Alle historischen und politischen Ausführungen in diesem Buch basieren auf meinem Gedächtnis und meiner Erfahrung als Zeuge meiner Zeit. Als einer der letzten Vertreter einer jüdischen Tradition, die von den Nationalsozialisten systematisch vernichtet wurde, erhebe ich keinen wissenschaftlichen Anspruch, sondern möchte meine Lebenserfahrungen und die Schlußfolgerungen daraus weitergeben, die ich bisher nur unstrukturiert mündlich vorgetragen habe. Als unsystematischer Mensch kann ich allerdings nicht garantieren, allen Vorstellungen von Systematik in diesem Buch gerecht zu werden.
Schon Sokrates wies darauf hin, daß Handwerker ihr Fach zwar richtig erlernen müßten, nicht jedoch Politiker, die über unser Leben und unseren Tod entscheiden können. Mit Sokrates wäre ich sehr glücklich, wenn eine Gesellschaft, die Menschen zu Wissenschaftlern, Handwerkern, Rechtsanwälten und Kaufleuten ausbildet, auch einen Weg finden würde, Politikern eine gründlichere Geschichts- und Menschenkenntnis zu vermitteln, die sie befähigt, weitsichtigere Entscheidungen zu treffen. Warum sollte es durch neue Dimensionen in der Bildung nicht möglich sein, Menschen so zu erziehen, daß sie die Unterschiede zwischen ihrem Denken und ihrem Handeln leichter überwinden können. Es gibt eine Kluft von mehreren Generationen zwischen unserer wissenschaftlich-technischen Entwicklung und der Entwicklung unserer psychischen und seelischen Reaktionen und Gewohnheiten, wobei die letzteren weit, weit hinter unserer Zeit herhinken. Ich bin mir der eklektischen Form des Buches bewußt. Es ist eine Mischung aus

Kindheitserinnerungen, Lebenserfahrung, der Darstellung verschiedener Episoden meines Lebens sowie historischen, historiosophischen und theologischen Ausführungen, die alle mein Hauptanliegen widerspiegeln und illustrieren: die Frage nämlich, wie die Menschheit den Weg zum Frieden finden kann. Als Kind und Erwachsener – in meinem Schtetl in Rumänien, während der Vertreibung in Transnistrien oder in meiner Zeit als Mitbegründer eines Kibbuz und leidenschaftlicher Kämpfer für den Frieden in Israel – habe ich festgestellt, daß Frieden nicht nur die Abwesenheit von Krieg bedeutet, sondern auch eine grundsätzliche Haltung dem Nächsten gegenüber zur Voraussetzung hat. Die einfache und doch so schwer zu verwirklichende Einsicht Hillels[2] lautet: „Was du selbst hassest, das tue nicht deinem Nächsten." Auch Jesus wiederholte diese Worte[3], und später wurden sie dann – positiv gewendet – von dem großen deutschen Denker Immanuel Kant[4] formuliert: „Handle so, daß die Maxime deines Willens jederzeit zugleich als Prinzip einer allgemeinen Gesetzgebung gelten könne." (Kategorischer Imperativ) Wie schwer aber tun sich Menschen und Völker mit dieser scheinbaren Selbstverständlichkeit! Wir erwarten den Frieden immer von den anderen und suchen die Ursachen des Unfriedens selten bei uns selbst. Häufig ist der Mangel an Frieden durch unsere Unfähigkeit bedingt, mit uns selbst in Frieden zu leben, also mit uns beziehungsweise unserem Leben zufrieden zu sein.

Der Begriff *Mythos* hat in diesem Buch nicht die allumfassende Bedeutung, die in jedem Lexikon nachzuschlagen ist, sondern er bezeichnet die Entwicklung eines unerschütterlichen Glaubens, der sich bei kritischer Prüfung als Irrglaube erweist. So nenne ich zum Beispiel die Behauptung, daß alle palästinensischen Flüchtlinge in den Jahren 1947–1949 freiwillig aus ihren Dörfern flüchteten, einen Mythos, benutze den Begriff also nicht in der Bedeutung, in der er in der Kultur- und Religionsgeschichte verwendet wird. Dasselbe gilt auch für einen Mythos der Palästinenser, der besagt, daß die Juden nach

2 *Hillel*, bedeutender rabbinischer Gelehrter (Ende des 1. Jahrhunderts v. Chr. bis Anfang des 1. Jahrhunderts n. Chr.)

3 vgl. *Matthäus* 7.12 und *Lukas* 6.31

4 *Immanuel Kant* (1724-1804), deutscher Philosoph, der das jüdische Denken stark beeinflußte.

Palästina kamen, um die einheimische Bevölkerung zu verdrängen oder zu unterdrücken.

Auch der Begriff der *Aufklärung* kommt häufig vor. Die Aufklärung war eine wunderbare und hoffnungsvolle Bewegung, die sich im Europa des achtzehnten und neunzehnten Jahrhunderts entwickelte, ihre Wurzeln aber in der Antike sowie in dem menschlichen Bedürfnis nach Freiheit und Vernunft hatte. Für mich ist es eine bedauerliche Tatsache, daß die Geschichte sich nicht genau nach den Vorstellungen und Hoffnungen der Aufklärung entwickelt hat, deren Grenzen sich jedoch in unserem Jahrhundert gezeigt haben.

Mancher mag sich fragen, ob es einen Unterschied zwischen der *Aufklärung* und der *jüdischen Aufklärung* gibt. Beide hatten das Ziel, das menschliche Leben und die Gesellschaft nach den Gesetzen der Vernunft zu gestalten. Die Gesetze der Vernunft aber sind universal und verpflichten die ganze Menschheit. Die jüdische Aufklärung hat versucht zu zeigen, daß es zwischen den Werten der Aufklärung und denen des Judentums keinen Widerspruch gibt. Dies bedeutete eine neue Aufarbeitung des historischen Bewußtseins der Juden, die in der Bibel beauftragt werden, die Erwartungen Gottes zu verwirklichen und von Jerusalem aus die Hoffnung auf eine allgemeine menschliche Erlösung zu verbreiten. Hieraus resultiert ihre verklärte Gebundenheit an das Gelobte Land und die Stadt Gottes als Symbol der Erlösung. Die *Aufklärung* bedeutete eine Hoffnung auf Erlösung auch für die Juden, die in der Diaspora lebten. Dort waren sie einerseits als Juden dem historischen Auftrag Gottes verpflichtet und andererseits als Bürger den Gesetzen der jeweiligen Staaten, in denen sie lebten. Sie hofften darauf, daß diese sich nach den Gesetzen der Vernunft entwickeln würden und menschliche Freiheit und Erlösung zum Ziel hätten, so daß sich die Rückkehr ins Gelobte Land erübrigen würde.

Auch der Begriff der *Utopie* bedarf der Erklärung. Manche Menschen sind schockiert, wenn ich Judentum, Christentum, Islam und andere Heilslehren als Utopien bezeichne. Juden denken sehr häufig, daß es keinen Unterschied zwischen Juden und Judentum gibt, genauso wie sehr wenige Christen oder Moslems sich der Tatsache bewußt sind, daß es einen Unterschied zwischen Christen oder Moslems als Menschen und

Christentum und Islam als Idee und Glauben gibt. Das Wort *Utopie* kommt aus dem Griechischen und bedeutet *nirgendwo.* Das Wesen der Utopie besteht also darin, daß sie nicht verwirklicht ist, so wie das Judentum und andere Heilsideologien noch nie verwirklicht wurden. Jeder Versuch ihrer Verwirklichung durch eine Staatsgewalt brachte sie in einen völligen Widerspruch zu ihrem Inhalt.
Zwar ist die Entstehung eines jüdischen Staates nach zweitausend Jahren die erstaunliche Verwirklichung einer Utopie, an die nur wenige zu glauben wagten. Auch die Vorstellung, daß in den nächsten fünfzig Jahren in Europa Frieden herrschen würde oder daß Deutsche, Franzosen, Griechen, Italiener und andere Europäer einen gemeinsamen Paß haben könnten, war nach dem Zweiten Weltkrieg unvorstellbar und somit Utopie. Die Entwicklung der kommunistischen Staaten ist jedoch das beste Beispiel für die Entstehung von Machtstrukturen, die sich völlig von den ursprünglichen Absichten entfernten.
Keine der zionistischen Ideologien hatte zum Ziel, ein anderes Volk zu unterdrücken beziehungsweise dem palästinensischen Volk – so wie es schließlich geschah – das Recht auf Selbstbestimmung zu verweigern. Der mittlerweile von vielen Seiten erwünschte Friedensprozeß ist unter anderem dadurch gefährdet, daß israelische Politiker palästinensischen Flüchtlingen das Recht auf Rückkehr in die bereits als autonomes Gebiet anerkannte Westbank verweigern. Auch der Staat Israel als realisierte Utopie ist zu einem Machtstaat pervertiert.

Im folgenden möchte ich kurzen Überblick über Inhalt und Intentionen der einzelnen Kapitel geben.
In dem Kapitel ***Kindheit*** stelle ich meine Kindheitserfahrungen dar, die für die Botschaft, die dieses Buch vermitteln will, genauso wichtig sind, wie sie es für meine Entscheidung waren, mich in dem Staat Israel niederzulassen, die ich in dem Kapitel ***Entscheidung für Palästina*** darstelle. Der Titel des Kapitels ***Als Exilant in der eigenen Heimat*** mag manchem merkwürdig erscheinen. Tatsächlich ist Israel meine Heimat, der Ort, an dem ich leben und sterben möchte. Dennoch habe ich mich durch den Widerspruch zwischen den Entwicklungen in der israelischen Gesellschaft und meinen eigenen ethischen Vorstellungen und Erwartungen nie im Konsens mit den

allgemeinen israelischen Vorstellungen befunden. Daher rührt mein unaufhörliches Gefühl, ein Exilant in der eigenen Heimat zu sein.

In den Kapiteln ***Die Palästinenser*** und ***Zionismus – Utopie und Wirklichkeit*** betone ich, daß kaum eine Ideologie so erfolgreich gewesen ist wie der Zionismus und in einer Welt gescheiterter Ideologien noch immer ist. Dennoch hat der Zionismus nur eine seiner vielen Zielsetzungen verwirklicht – den Staat. Die ursprüngliche Hoffnung auf eine sichere Heimat ist wegen der Machtansprüche im Konflikt mit den Palästinensern und der arabischen Welt bisher nicht verwirklicht worden. Die Hoffnung auf eine gerechte Gesellschaft, in der es nur geringe Unterschiede gibt zwischen denen, die haben, und denen, die nicht haben, wird durch die wirtschaftlichen Entwicklungen in Israel mehr und mehr untergraben. Der Glaube an eine Umstrukturierung der jüdischen Gesellschaft in eine Gesellschaft von Bauern, Arbeitern, Handwerkern, Beamten, Lehrern und Wissenschaftlern hat sehr unter der Tatsache gelitten, daß die meisten Arbeiter und Bauern in Israel entweder palästinensische Araber oder „importierte" Arbeiter aus der Dritten Welt sind. Auch die Behauptung der Siedler, sie verwirklichten den Zionismus durch den Aufbau neuer Siedlungen in den besetzten Gebieten, ist schon deshalb nicht richtig, weil sie bisher kein einziges dieser Häuser mit ihren eigenen Händen gebaut haben.

Bezüglich der Palästinenserfrage ist es wichtig, die Gemeinsamkeit der Problematik beider Völker hervorzuheben, die bis vor kurzem den Konflikt schürte. Es geht nicht nur um Besitzansprüche, Angst oder Existenzprobleme. Es geht auch um eine menschliche Eigenschaft, die schon der deutsche Philosoph Hegel[5] wahrnahm: das Bedürfnis nach Anerkennung. Kriege sind nicht nur um des Brotes oder des Überlebens willen geführt worden, sondern auch um der Würde willen. Schon Kain und Abel kämpften nicht um ein Stück Land, sondern Kain ermordete Abel, weil er das Gefühl hatte, nicht anerkannt zu werden. Zu lange weigerten sich die Palästinenser und die

5 *Georg Wilhelm Friedrich Hegel* (1770-1831), einer der bedeutendsten Denker des deutschen Idealismus; seine Philosophie hatte großen Einfluß auf die Geistesgeschichte des 19. Jahrhunderts.

arabische Welt, die jüdische Einwanderung zu akzeptieren. Nach der Entstehung des Staates Israel weigerten sich die Israelis, die Rechte der Palästinenser anzuerkennen. Diese Tatsache zusammen mit anderen hat den Konflikt mehr als eine Generation lang geschürt. Mindestens noch eine Generation werden die beiden Völker brauchen, um den langen Weg zum Frieden zu gehen und sich gegenseitig anzuerkennen und zu achten.

Die umstrittensten Aussagen des Buches sind wohl in dem Kapitel ***Die vermeidbaren Kriege*** zu finden, in dem ich versuche zu zeigen, daß alle seit 1949 geführten Kriege zwischen Israel und der arabischen Welt vermeidbar und überflüssig waren. Um den langen Weg zum Frieden gehen zu können, wird eine grundsätzliche Umorientierung und Zerstörung von Mythen bezüglich der Frage, wer die Kriege verursacht hat, unvermeidlich sein. Für die arabische Welt einschließlich der Palästinenser waren alle Kriege ein Ausdruck des jüdischen beziehungsweise israelischen Expansionsdranges, der vom internationalen Imperialismus unterstützt wurde. Für Juden und Israelis waren es Verteidigungskriege, an denen die arabischen Länder und die Palästinenser allein die Schuld trugen. Die Schuldfrage ist von israelischen und auch von nichtisraelischen Historikern untersucht worden. Dabei wurden viele Mythen zerstört. Die meisten Menschen aber wollen liebgewonnene Mythen nicht aufgeben. Erich Fried[6] spricht in diesem Zusammenhang von der *unbeholfenen Wahrheit,* der Wahrheit, die sich nicht durchsetzen kann.

Dies gilt in besonderem Maße für unerträgliche Wahrheiten. Israelis waren jahrzehntelang von dem unerschütterlichen Glauben geprägt, Opfer arabischer Aggressionen und arabischen Zerstörungswillens zu sein. Deshalb fällt es ihnen schwer zu akzeptieren, daß die meisten israelischen Politiker und insbesondere die verschiedenen israelischen Generalstäbe seit 1949 eine aktive Aggressionspolitik geführt haben. Dazu gehörte zum Beispiel die Durchführung von Vergeltungsschlägen, die unausweichlich Kriege zur Folge haben mußten. Es ist bequem, in der Opferposition zu verharren, auch wenn man schon längst zum Täter geworden ist. Die meisten Doku-

6 *Erich Fried* (1921-1988), Lyriker und Übersetzer

mente über Ursachen und Überlegungen, die zu den Kriegen führten, wurden noch nicht veröffentlicht. Daher sind meine Behauptungen nicht hundertprozentig wissenschaftlich nachweisbar, sondern gründen sich auf persönliche Erfahrungen und Wahrnehmungen, auf Veröffentlichungen in Zeitungen, aber auch auf wissenschaftliche Schriften. Insbesondere beziehe ich mich auf die Tagebücher von Moshe Sharett[7], der nicht weniger als Ben-Gurion[8] zur Entstehung des Staates Israel beigetragen hat. Er stand jedoch den kriegerischen Einstellungen Ben-Gurions, des Generalstabs und insbesondere des Generalstabschefs Israels, Moshe Dayan[9], kritisch gegenüber. Das Kapitel ***Die ganze Geschichte auf einem Bein*** wird vielleicht manche Historiker und Wissenschaftler entrüsten, die meinen schnellen Marsch durch dreitausendfünfhundert Jahre jüdischer Geschichte nicht mitmachen wollen. Mit diesem Kapitel will ich die Tragik der jüdischen Geschichte illustrieren, die sich immer im Spannungsfeld zwischen Utopie und Wirklichkeit, Glauben und Staatsgewalt, Integration und Isolation befunden hat. Kritik könnte hier insbesondere meine Behauptung hervorrufen, daß es trotz der durch den Glauben bedingten jüdischen Isolierung immer auch den Wunsch nach Integration in die Gastgesellschaften gab sowie die Tendenz, Elemente dieser Kulturen in die eigene Kultur zu übernehmen. Erst die ständigen Verfolgungen trieben Juden ins Abseits und in die Isolation. Das daraus entstehende Verfolgungssyndrom, das in der Diaspora seine Berechtigung hatte, wurde nach Israel „importiert" und hatte das aus meiner Sicht falsche Bewußtsein zur Folge, daß auch Israel isoliert sei. Zur Illustration wurde das in Mischna, Talmud und den Midraschim[10] dargestellte Bild vom gefährdeten Schaf (Israel), das von siebzig Wölfen (den Nationen der Welt) umgeben ist, herangezogen.

7 *Moshe Sharett* (1894-1965), erster Außenminister Israels (1948-1956); zweiter israelischer Ministerpräsident (1953-1956)

8 *David Ben-Gurion* (1886-1973), israelischer Politiker; Mitbegründer und Führer der Mapai-Partei (1930-1965); 1948-1953 erster Ministerpräsident und Verteidigungsminister, 1955-1963 wieder Ministerpräsident. Nach seinem Austritt aus der Mapai-Partei gründete er die neue Partei Rafi (1965).

9 *Moshe Dayan* (1915-1981), israelischer Offizier und Politiker

10 Die *Mischna* ist eine Sammlung von Lehrsätzen, die im zweiten Jahrhundert n. Chr. in Palästina entstand.

Das Kapitel ***Neve Shalom*** bringt meine Enttäuschung über die mangelnde politische Wirksamkeit der Friedensbewegung zum Ausdruck und begründet meine Entscheidung für eine Friedensarbeit in kleinen Schritten. Dabei hatte ich ein Modell des friedlichen Zusammenlebens von Menschen verschiedener Religionen und Nationalitäten vor Augen. Außerdem sollten auch die Mängel vermieden werden, die sich im Kibbuzleben gezeigt und einen Verlust an Lebensqualität bedeutet hatten. Während der Arbeit erwies sich jedoch, wie schwer es ist, alte Prägungen zu überwinden, auch wenn man viel über ein neues Bewußtsein spricht. Die Tatsache, daß ich nicht in Neve Shalom bleiben konnte, machte mir damals sehr zu schaffen. Ich verabschiedete mich mit dem Gefühl, daß man mir Unrecht getan hatte, verspürte aber gleichzeitig auch Genugtuung darüber, daß ich den Grundstein zu einer erfolgreichen Entwicklung Neve Shaloms hatte mitlegen können.
Die Episode ***Der im Bus fahrende Don Quichotte*** berichtet über meine Friedensaktivitäten. Sie bestanden unter anderem in der Organisation und Durchführung von Reisen nach Europa, die gemeinsam von Juden und Palästinensern unternommen wurden. Auch wenn die Reiseteilnehmer im allgemeinen nicht aus ideologischen Gründen an diesen Reisen teilnahmen, so entwickelte sich doch durch die Begegnung eine Dynamik von Dialog und Verständigung. Da Menschen ihre Mentalität nicht einfach ablegen können, ergaben sich viele komische Situationen, die ich in dieser Episode wiedergebe und die nicht als Spott mißdeutet werden sollen.
Dem Kapitel ***Es gibt ein Deutschland, das ich liebe*** liegt ein Brief zugrunde, den ich im Jahre 1975 schrieb. Damals – leider genau wie heute – meinten viele, daß Juden eine solche Aussage nach Auschwitz und der unzureichenden Geschichtsaufarbeitung in Deutschland nicht machen könnten oder sollten. Ich weiß nicht, wie groß das Deutschland ist, das ich liebe,

Der *Talmud* stellt eine Sammlung der Ausführungen, Kommentare und Diskussionen über die Mischna dar. Da die Mischna sowohl in Babylonien als auch in Palästina studiert wurde, entstanden zwei verschiedene Talmudim, der *Jerusalemer Talmud* und der viel umfangreichere *Babylonische Talmud*.
Die *Midraschim* sind rabbinische Auslegungen der Bibel. Die ältesten Midraschim entstanden um das 3. Jahrhundert n. Chr.

und ich weiß, daß das Deutschland, das ich liebe, nicht die Verkörperung des Reiches Gottes ist. Es gibt aber viele Menschen, die es mit der Aufarbeitung der nationalsozialistischen und antisemitischen Vergangenheit, mit Frieden und Gerechtigkeit ehrlich meinen. Dieses Deutschland liebe ich, unabhängig davon, wie groß es ist.

Das Kapitel ***Der lange Weg zum Frieden*** gab dem Buch seinen Titel. Es befaßt sich mit dem Unheil, das aus der Absicht entstanden ist, Utopien wie Frieden und Gerechtigkeit sofort und schnell zu verwirklichen. Es ist unendlich wichtig zu verstehen, daß ein Konflikt wie der jüdisch-arabische, der bereits hundert Jahre währt, nicht durch einen Friedensvertrag beendet werden kann. Der Friedensvertrag bewirkt nur, daß die Weichen in eine andere Richtung gestellt werden. Der Weg zum wirklichen Frieden aber ist voller historischer, psychologischer, sozialer und nationaler Hindernisse, die man überwinden muß, um diesen langen Weg erfolgreich zu gehen. Dazu bedarf es sehr unterschiedlicher unterstützender Maßnahmen. Eine sinnvolle Maßnahme erscheint mir der Aufbau von Bildungs- und Begegnungsstätten zu sein, die mit ihrer Arbeit dazu beitragen sollen, alte Prägungen zu beseitigen und ein neues Bewußtsein zu entwickeln, das auf Zusammenarbeit, gegenseitige Achtung und Toleranz gegründet ist. Hierbei sind Hilfe und Unterstützung von außen, zum Beispiel aus Deutschland, unverzichtbar. Auf diesem langen Weg müssen beide Völker dafür sorgen, daß der Frieden eine Frucht der Gerechtigkeit wird und Gerechtigkeit für alle Menschen bewirkt, die in dem kleinen Land Israel/Palästina leben.

Der lange Weg zum Frieden ist aber auch mein persönlicher Weg, den ich schon mehr als zwei Drittel meines Lebens gehe. Hieraus resultieren meine Mitarbeit in der Kommunistischen Partei Israels vor fast vierzig Jahren, meine leidenschaftliche Arbeit in der Friedensbewegung, die Mitbegründung von Neve Shalom, meine Tätigkeit als im Bus fahrender Don Quichotte und mein jüngster Traum, weitere Bildungs- und Begegnungsstätten für Frieden und Versöhnung in Israel/Palästina zu gründen. Der Friedensvertrag zwischen Israel und den Palästinensern wird, wie ich hoffe, eine weitere Annäherung zur Folge haben. Auf meinem langen Weg zum Frieden lebe ich schon seit vielen Jahren in Frieden mit meinen palästinen-

sischen Nachbarn und Freunden. Und es wird vielleicht der Gegenstand eines anderen Buches sein, über meine Erfahrungen und Erlebnisse mit Palästinensern zu berichten.
Das abschließende Kapitel ***Der Ewige Israels und seine ewig versagenden Kinder*** bezieht sich auf den biblischen Satz „Der Ewige Israels lügt nicht". Angesichts der Entwicklung der israelischen Gesellschaft beinahe im völligen Gegensatz zum jüdischen Glauben und den zionistischen Ideologien, ist man leicht verleitet, diesen biblischen Satz als eine Lüge zu betrachten, denn das gegenwärtige Israel hat mit dem Ewigen Israel nur sehr wenig gemein. Dennoch verbietet mir meine Erfahrung mit pauschalen Be- und Verurteilungen, die zugleich die Erfahrung meiner Generation ist, Politik und Entwicklung Israels in den vergangenen vierzig Jahren in Bausch und Bogen zu verurteilen.
Ursprünglich sollte der Titel dieses Kapitels *Der Ewige Israels und das versagende Israel* sein. Da aber nicht nur die Kinder Israels Gottes Schöpfung sind, sondern alle Menschen, und er mit allen seinen widerspenstigen Kindern die üblichen Probleme eines Vaters hat, schien mir *und seine versagenden Kinder* zutreffender. Trotz vieler Errungenschaften unserer Zeit, wie der des wachsenden Bewußtseins für Menschenrechte oder der Abschaffung der Apartheid in Südafrika, erleben wir heute an allen Ecken und Enden ein bedauerliches Versagen der Kinder Gottes. Wenn es darum geht, Haß und Grausamkeit zum Ausdruck zu bringen, zeigen sich Menschen in Ruanda, dem ehemaligen Jugoslawien, Algerien oder in den noch teilweise besetzten Gebieten Israels nicht viel weniger tüchtig als die Deutschen im Zweiten Weltkrieg.

2. Kindheit

Der Mann mit der Mundharmonika auf dem Titelphoto bin ich: *Reuven* Moskovitz oder *Ruwen* oder *Ruben* oder warum eigentlich nicht *Rouwen*? *Moskowitz* könnte auch *Moskowitsch* sein oder *Moskewitsch*. Wie schreibt sich Ihr Name, fragen mich deutsche Freunde, weil sie immer alles genau wissen und schreiben wollen. Und ich, ziemlich verlegen, versuche zu antworten.
Bei meinem Beschneidungsfest erhielt ich nach einem reichen Vetter den Namen *Rieven*. Wahrscheinlich hoffte mein Vater, in der schwierigen Zeit, in der ich geboren wurde, Hilfe von ihm zu erhalten. Dies geschah jedoch nie.
Gemäß meiner rumänischen Geburtsurkunde bin ich *Rubin Moscovici*, laut Bibel aber *Reuben*, denn so hieß der älteste Sohn Jakobs. Später stellten die Grammatiker fest, daß man richtigerweise Reuven schreiben müsse. So steht es auch in meinem Paß. Als ich nach Deutschland kam, hatte ich keine Ahnung, daß man hier *v* wie *f* spricht und daß *eu* so klingt wie in *Freude*. So wurde ich also für manche zu [Roifen]. In Israel erfuhr ich, daß *Moskowitsch* nicht von Moskau abgeleitet ist, sondern von *Moshe*, der auf polnisch *Moshko* heißt. Da ein „aufgeklärter" Zar die Juden unbedingt russifizieren wollte, durften sie sich nicht mehr *Ben Moshe* nennen, sondern mußten sich der russischen Sitte anpassen, nach der der Sohn von Iwan *Iwanowitsch* heißt. So wurde der Sohn von Moshe *Moshkowitsch* oder in deutscher Schreibweise *Moskovitz*. Wie also soll ich bitte meinen Namen schreiben? Nach Israel bin ich sogar unter dem Namen *Berkowicz* eingereist. Aber das ist wieder eine andere Geschichte. Ich werde sie später erzählen.
Mir persönlich ist diese Namensfrage eigentlich unwichtig. Aber sie ist bezeichnend für das tragische Schicksal der Juden, die selten dort leben und sterben konnten, wo sie geboren wurden. In einem wunderbaren Gedicht der israelischen Dichterin Zelda, das später auch vertont wurde, heißt es:

Jeder Mensch hat einen Namen, den ihm Gott
und seine Eltern gaben,

einen Namen, den ihm sein Beruf gibt,
einen Namen, den ihm seine Leidenschaften geben,
einen Namen, den ihm seine Träume geben,
einen Namen, mit dem ihn seine Freunde
oder seine Feinde rufen
und schließlich einen Namen, den seine Liebe ihm gibt.

Ich wurde in Rumänien in einem kleinen, winzigen Schtetl mit dem Namen Frumuşica (rumänisch: die Schöne) geboren. Ob Frumuşica wirklich schön war, ist Geschmackssache. Unter einer Schneedecke war das Schtetl ganz hübsch, und wir Kinder fanden immer eine Gelegenheit zum Schlittenfahren. Diejenigen, die keinen Schlitten hatten, glitschten (schlitterten) statt dessen auf ihren Schuhsohlen. Im Sommer legte sich eine dicke Staubschicht über das Schtetl, aber die vielen Obstbäume, auf die wir kletterten, um Kirschen, Pflaumen, Äpfel oder Nüsse zu stehlen, entschädigten uns reichlich dafür. Sobald es jedoch zu regnen begann, verwandelte sich der Staub schnell in klebrigen Matsch. Überall gab es schmuddelige Pfützen, und nur wer sich Galoschen leisten konnte, hatte es gut. Aber Galoschen kosteten Geld, und Familien mit vielen Kindern war es unmöglich, jedem Kind ein Paar Galoschen zu kaufen. So liefen die meisten Kinder barfuß im Schlamm und in den Pfützen herum und kamen mit nassen Füßen nach Hause oder in die Schule. Frumuşica war wahrscheinlich genauso klein und unbedeutend wie Nazareth zu Zeiten Jesu. Während aber aus Nazareth etwas Gutes gekommen ist, sind aus der Stadt, in der ich geboren bin, keine berühmten Persönlichkeiten hervorgegangen – weder Nobelpreisträger noch wichtige Politiker oder besonders reiche Menschen.
Auf mein Schtetl paßt die Geschichte von dem armen Juden, einem Schnorrer, der zu dem berühmten Bankier Rothschild kam, um ihm ein Rezept für das ewige Leben zu verkaufen. Selbstverständlich gab Rothschild ihm sofort die geforderte Summe. Als sich der Jude bedankt hatte und gehen wollte, fragte ihn Rothschild: ‘Und wo ist das Rezept?’ Darauf der Jude: ‘Ziehen Sie in unser Schtetl. Ich verspreche Ihnen, daß in diesem Ort noch nie ein Millionär gestorben ist.’
Durch meine Geburt ergaben sich für meine Eltern einige Probleme. Ich kam zu einem ungünstigen Zeitpunkt auf die Welt,

besser gesagt, ich war überhaupt nicht erwünscht. Als drittes Kind wurde ich zu einer Zeit geboren, in der es um die Parnosse (Lebensunterhalt) sehr schlecht bestellt war, da meinem Vater gerade die Lizenz für seinen Laden entzogen worden war. Überhaupt wurde das Wort *Parnosse* von den meisten Juden mit einem tiefen Stöhnen kommentiert, was wohl auch in dem folgenden Wortwechsel zum Ausdruck kommen soll: Zwei Juden sitzen im Zug. Der eine stöhnt tief und der andere antwortet: 'Was willst du mir denn erzählen?' Das Fehlen der Parnosse war wohl auch der eigentliche Grund für die ständige Krankheit meiner Mutter. Die Ärzte meinten, es handele sich um einen *Anredenisch* (etwas Eingeredetes), um psychosomatische Erscheinungen, denn manchmal überschattete das Problem der Parnosse unser ganzes Leben.

Ich kann mich noch an das Neumonds-Geburtsgebet[11] in der Synagoge erinnern, in dem es heißt: „Lieber Gott, gib mir ein Leben in Gesundheit, in Ehre, in Freude, mit Parnosse und dem täglichen Brot." Wenn mein Großvater zu den Worten *Parnosse* und *tägliches Brot* kam, zitterte seine Stimme und Tränen rannen ihm über die Wangen. Eine Tante, die mich später sehr gerne hatte, gestand mir einmal, daß sie mehrfach überlegt hatte, mich – „versehentlich" natürlich – umzubringen, denn ich war ein kränkliches Kind, mußte oft gestillt werden, und meine Mutter war zu schwach, sich um mich zu kümmern. Also übernahm die Tante diese Aufgabe. Während des Badens hielt sie mich einmal mehrere Sekunden unter Wasser. Aber schon als Säugling war ich wohl sehr trotzig und begann ein fürchterliches Geschrei, so daß meine Mutter sogleich von ihrem Krankenbett aufsprang, um nach mir zu sehen. Aber das Herz meiner Tante schlug bereits heftig vor Reue. „Du sollst nicht töten", heißt es in der Bibel. Also blieb ich am Leben.

Bis ich in den Cheder[12] ging, stellte ich nicht wenig Unfug an. Meine Eltern und die Nachbarn waren über meine Vorliebe, mit Mädchen meines Alters zu spielen, entsetzt. Die folgende Geschichte stellt eine meiner frühesten Erinnerungen dar. Als

11 *Neumonds-Geburtsgebet (Rosch Chodesch)*: Der jüdische Kalender richtet sich nach dem Mond; jeder Neumondstag ist eine Art Feiertag, an dem eine Bibelperikope - ein Absatz - gelesen und ein Gebet gesprochen wird.

12 *Cheder*: jüdische Religionsschule, die im jüdischen Gebet unterweist.

ich drei Jahre alt war, spielte ich an einem heißen Sommertag mit der Nachbartochter. Wir waren beide splitternackt, umarmten uns heftig und warfen uns immer wieder gegenseitig auf die Matte vor unserer Haustür. Mein Bruder und seine Freunde amüsierten sich darüber so sehr, daß sie uns ermutigten weiterzumachen. Also warf ich das kleine Mädchen immer wieder mit großem Eifer auf die Matte, bis meine Mutter und die Nachbarin dies bemerkten, wie der Blitz auf uns zuschossen und uns unsere Ration Schläge auf den Po zukommen ließen. Dies war meine erste Lektion in puncto Moral. Ich lernte, daß man körperliche Bedürfnisse nach Zärtlichkeit in der Öffentlichkeit nicht zeigen darf. Also versuchte ich, solche Spiele wie *Mutter – Vater* und *Doktor – Patient* heimlich zu spielen. Wer aber kann in einem Schtetl, wo jeder jeden beobachtet, etwas heimlich tun? Also wurde ich oft von frömmelnden Nachbarinnen erwischt, die meinen Eltern sofort von meinen Missetaten erzählten.

Da ich mich durch ein gutes Gedächtnis und eine schöne Stimme hervorgetan hatte, worauf meine Eltern sehr stolz waren, brachte mein Vater mich in den Cheder. Zu den jüdischen Herbstfeiertagen kaufte er ein besonders schönes Gebet[13], nahm mich auf seine Arme, und ich durfte den folgenden Satz aus dem Gebet singen: „Denn aus Zion kommt die Lehre und das Wort Gottes aus Jerusalem."

Die Tatsache, daß ich früh erkannte, was erlaubt war und was nicht, führte dazu, daß ich mich auf das Lernen der Bibel konzentrierte, was in der jüdischen Tradition bedeutet, die biblischen Geschichten auswendig zu lernen. So wurde ich schon in sehr jungen Jahren nicht nur mit der Bibel, sondern auch mit ihrer Exegese durch Rashi[14] und mit einem Teil des Talmuds vertraut, was fast eine gesicherte Zukunft bedeutete – im besten Fall als Rabbiner, im schlechtesten als (theologisch ausgebildeter) Schächter.

13 Zu den Feiertagen wurden üblicherweise Gebete an die Gläubigen versteigert, die diese dann vom Pult aus der Gemeinde vorbeteten. So erstand mein Vater ein für die Feiertage besonders wichtiges Glaubensbekenntnis, das Gebet *Ata horeta lada´at (Du, Gott, hast uns unterwiesen, daß es außer Dir keinen Gott gibt.)*

14 *Rashi* (1040-1105); berühmter Exeget der Bibel und des Talmuds

Heute, da ich meinen Abscheu vor Blut kenne, kann ich überhaupt nicht mehr verstehen, warum die Aussicht, täglich Hunderte von Hühnern und einmal in der Woche ein oder zwei Rinder zu schlachten, für mich so attraktiv war. Vor dieser Prüfung aber wurde ich durch den Sieg des Nationalsozialismus und des rumänischen Faschismus bewahrt. Was für meinen Vater und mich ein Traum war, wurde durch die Vertreibung der Juden aus unserem Schtetl zunichte gemacht.
In Frumuşica, dem kleinen Schtetl im Nordosten Rumäniens, lebten nicht mehr als etwa einhundertundfünfzig jüdische Familien, die von mehreren Tausend Christen umgeben waren, überwiegend Bauern, denen die Juden auf unterschiedlichste Weise zu Diensten waren: als Händler, die das Getreide und andere landwirtschaftliche Produkte von den Bauern kauften, oder Waren, die diese benötigten, an sie verkauften. Ein guter Teil der Juden war Handwerker – Kürschner, Schneider, Schuster, Böttcher, Blechner oder Dachdecker.
Die Juden meines und anderer Schtetl wurden von den Antisemiten als Ausbeuter der Bauern bezeichnet. Tatsächlich aber waren ihre Einkommen viel geringer als zum Beispiel vergleichbare Einkommen von Arbeitern in der Dritten Welt heute. Die rumänischen Bauern im Unterschied zu den deutschen hatten die Gewohnheit, hart und stur zu handeln. Selten kauften sie etwas, bevor sie den Preis überall genau geprüft hatten. Oft handelten sie die Waren auch so weit herunter, daß der Händler sie unter ihrem tatsächlichen Wert verkaufte. Da er aber auch leben mußte, beging er dann und wann den einen oder anderen kleineren oder auch größeren Betrug, um den Verlust wieder auszugleichen. Hierher rührt vielleicht die pauschale Verurteilung, daß alle Juden Betrüger seien.
Ich kann mich an Handwerker erinnern, die wunderbare Weinfässer, Pelze oder Stiefel herstellten, und nie habe ich verstehen können, warum sie so arm waren. Während der Nazizeit wurden wir als Ausbeuter der Bauern aus unserem Schtetl vertrieben. Dennoch benötigte man auch nach der Vertreibung jüdische Handwerker. Wenn es zum Beispiel notwendig war, das Dach der Kirche zu reparieren, gab es lange Genehmigungsverfahren, bis ein jüdischer Dachdecker endlich eine Arbeitserlaubnis erhielt. Armut, Verfolgung, wirtschaftliche und soziale Unsicherheit im Schtetl prägten mich für den Rest mei-

nes Lebens. Aber diese Unsicherheit und Armut waren von einer stolzen Tradition begleitet. Wir hatten zwei Synagogen, eine jüdische Schule, einen Cheder für die Kinder, eine Bibliothek, einen Verein zur Unterstützung der Armen und sogar Maschinen, um das ungesäuerte Brot für Pessach zu backen.
Dennoch war mein Schtetl im Vergleich zu der großen Tradition des polnischen und russischen Schtetls ziemlich heruntergekommen. Mit Bedauern hörte ich als Kind schwelgerische Erzählungen über die schönen alten Zeiten, als sich die Gemeinde noch einen Rabbiner leisten konnte und es in der Schule Jiddisch- und Hebräischunterricht gab.
Ich sprach mit meinen Eltern noch jiddisch, aber schon mein jüngerer Bruder sprach nur noch rumänisch. Dadurch, daß wir keinen Jiddisch- und Hebräischunterricht erhielten, büßte die jiddische Sprache ihre Fülle und ihren Reichtum ein. In der Bibliothek gab es zwar jiddische Bücher, aber meiner Generation wurde nicht mehr beigebracht, sie auch zu lesen. Integration war in Mode gekommen. Als gebildet galt derjenige, der nicht nur den Talmud und die Bibel studiert hatte, sondern auch die Weltliteratur in rumänischer Sprache lesen konnte. Viele waren zwischen den beiden Kulturen hin- und hergerissen, ohne von einer von beiden vollständig geprägt zu sein. Die Vermischung der jiddischen und rumänischen Sprache führte zu einer Verdrängung jiddischer durch rumänische Wörter und damit zu einer Verarmung unseres Jiddisch. Vielleicht ist das eine der Erklärungen, warum damals eine gewisse Nostalgie bezüglich der guten, alten Tage im Schtetl herrschte.
Das Leben war für uns Kinder und Schüler nicht leicht. Von acht Uhr morgens bis zwölf Uhr mittags mußten wir in die Schule gehen. Nach zwei Stunden Mittagspause kehrten wir für weitere zwei Stunden in die Schule zurück. Es folgte die Zeit der Hausaufgaben. Nach dem Essen ging man in die Synagoge zum Abendgebet und studierte anschließend – voller Neid auf die nach Hause Strebenden –, noch zwei, drei Stunden die Bibel und ihre Exegese. Mein gutes Gedächtnis war mir hierbei eine große Hilfe und anfangs auch Ursache für Stolz, Ehre und Bewunderung. Später erwies es sich allerdings häufig als große Last.
Im Rahmen der im Schtetl entstandenen Nostalgie sprach man auch mit großer Achtung über die früheren Lehrer und sogar

über die Strafen im Cheder und in der Schule, die inzwischen nicht mehr praktiziert wurden. Ich selbst habe noch erlebt, daß einem Mitschüler im Cheder, einem Faulpelz, die *Kine* (ein kleines, finsteres Gefängniszimmer) als Strafe auferlegt wurde. Der Rabbi zog ihn wie einen Narren an – mit einem merkwürdigen Hut und einem Besen in der Hand. Das sollte zum Ausdruck bringen, daß ein Dummkopf, der nicht fleißig lernt, zwar ein Diener, nicht aber ein Schriftgelehrter werden kann. Nachdem der Schüler allen Kindern in dieser Kleidung vorgeführt worden war, sperrte man ihn in die Kine, einen sehr engen Schrank in der Synagoge.

Es ist merkwürdig, daß sich Nostalgie auch auf negative und erniedrigende Bräuche erstreckt. Ein guter Lehrer war der, vor dem man Angst hatte oder der sich originelle Strafen ausdachte. Ein solcher Lehrer war Chaim Idel, mein Klassenlehrer in der ersten Grundschulklasse. Über ihn erzählte man sich viele Geschichten. In der Entwicklung pädagogischer Lehrsysteme war er nicht sehr erfinderisch. Einschüchterung, Bestrafung und erniedrigender Spott gehörten zu seinen „pädagogischen" Mitteln.

Wann immer ich die heutigen Kinder über Lehrer und Hausaufgaben schimpfen höre, denke ich, wie gerne wir unter den jetzigen Bedingungen unsere Aufgaben erfüllt hätten. Oft mußten wir Strafarbeiten erledigen, wie zum Beispiel hundert Mal schreiben: 'Ich bin ein Ochse.' Chaim Idel schreckte auch nicht davor zurück, Kinder an den Ohren zu ziehen, bis diese blutrot waren. Er ohrfeigte sie, so daß sich seine Finger noch stundenlang auf ihren Wangen abzeichneten. Diese Maßnahmen gehörten zu den milden Strafen. Kinder, die kein gutes Gedächtnis hatten oder nicht genug übten, um ihre Aufgaben auswendig zu können, wurden mit Hörnern durch die verschiedenen Klassen geführt. Damit sollte demonstriert werden, was für Dummköpfe und Hornochsen sie waren. Ich hatte mit meinem Gedächtnis Glück und wurde nie mit Hörnern herumgeführt. Aber schriftliche Aufgaben machten auch mir Probleme.

Als ich mit sieben Jahren in der ersten Klasse war, begann ich, Geige zu spielen, nicht, Geige zu lernen, sondern einfach nur so zu spielen. Niemandem in unserem Schtetl wäre es eingefallen, sein Kind als Geiger ausbilden zu lassen. Die Klezmer

(Musiker) waren Zigeuner, nicht Juden. Wie kam ich also dazu, Geige zu spielen? Ganz einfach: Man frage einen Juden, ob er Geige spielen kann, und er wird antworten: 'Das muß ich mal probieren.'
Mein Vater hatte einen Ausschank. Donnerstags war Markttag, und nachdem die Bauern ihre Waren auf dem Markt verkauft hatten, kamen sie in den Ausschank und soffen tüchtig. Die Musikanten spürten sehr feinfühlig, wann der Moment für lustige oder traurige Melodien gekommen war. Dafür wurden sie manchmal mit Geld belohnt, hauptsächlich aber mit Wein oder Schnaps. Am Schluß waren auch sie so betrunken, daß sie kaum den Weg nach Hause fanden. Die Instrumente wurden dann bis zum kommenden Donnerstag an die Wand gehängt. Eines Tages nahm ich eine Geige und versuchte, auf ihr zu spielen. Zu meiner großen Überraschung kam dabei tatsächlich eine Melodie heraus. Es war die *Hatikwa* (Hoffnung), die mehr als zwanzig Jahre später die Nationalhymne des Staates Israel werden sollte.
In einer kleinen Ortschaft, in der sehr wenig Neues passiert, war mein Geigenspiel eine sehr aufregende Angelegenheit. Der Sohn Solomons spielt Geige, ohne es gelernt zu haben! Viele Kinder kamen, um mich zu bewundern. Viele probierten es vergeblich und wollten mich als Lehrer haben. Sie waren erstaunt, daß es mir gelang, jede gewünschte Melodie zu spielen, ohne anderen zeigen zu können, wie man das eigentlich macht. Diese Neuigkeit erreichte auch meinen Lehrer, und ich mußte mit der Geige in der Schule erscheinen, um zu zeigen, was ich konnte. Sehr stolz, aber auch sehr aufgeregt spielte ich dem Lehrer und der Klasse vor. Als ich zitternd und verschwitzt fertig war, folgte das eiskalte Urteil: 'Um so schlecht zu spielen, muß man nicht besonders begabt sein, und das berechtigt Dich nicht, Dir die Zeit zum Spielen zu nehmen, anstatt Deine Aufgaben zu erledigen. Ab heute', sagte der Lehrer, 'darfst du nur in den großen Ferien Geige spielen. Während der Schulzeit ist es genauso verboten wie andere Spiele.'
Ein Nachbarjunge wurde beauftragt, dem Lehrer zu berichten, sobald er mich spielen hörte. Da ich der Versuchung aber nicht widerstehen konnte, begann eine Zeit der schmerzhaften Erpressung. Unaufhörlich mußte ich das Nachbarskind beste-

chen: Knöpfe, Nüsse, Aprikosensteine, mit denen wir Kinder spielten, fanden den Weg in seine Tasche. Das brachte meine Mutter fast zur Verzweiflung, denn sie konnte nicht verstehen, weshalb die immer fester angenähten Knöpfe verschwanden. Beim Geigespielen hat mich der Lehrer dann schließlich doch erwischt. Aber davon später.
Besonders ärgerte und schmerzte mich, daß ich einen Messingkreisel, den ich gefunden und dem Nachbarskind in meiner Dummheit gezeigt hatte, auf diesem Weg ebenfalls los wurde. Mit dem Kreisel spielte man zu Chanukka, dem Lichterfest, einer der nicht reich gesäten Sternstunden im düsteren Alltagsleben des jüdischen Schtetls. Oh, Chanukka! Wer kann überhaupt begreifen, wie schön dieses Fest ist! Mit Chanukkaliedern, Chanukkakerzen, mit acht Tagen Ferien von Cheder und Schule, mit duftenden Kartoffelpuffern, Pfannkuchen und dem Kreiselspiel. Am schönsten und absolut einmalig war das Chanukkageld. Man stelle sich vor: Auf einmal wird man durch all das Geld, das von den Verwandten zu einem strömt, reich!
Was aber haben diese Geschichten mit meinem langen Weg zum Frieden zu tun? Im Schtetl lachte man viel, weinte noch mehr und trauerte nicht wenig. Selten aber lachte man aus Freude, viel öfter aus Schadenfreude. Im jüdischen Leben gab es viele Werte, wie zum Beispiel die Wertschätzung der Familie, einer guten Ausbildung für die Kinder oder auch der gegenseitigen Hilfe, die dem Leben der Juden mehr Qualität gaben als dem Leben der sie umgebenden Christen. Aber es gab auch viel Negatives. So habe ich erst viel später erfahren, daß richtige Liebe und Freundschaft nicht in erster Linie aus Solidarität und Mitleid in der Not bestehen, sondern aus der Freude, die man mit anderen teilt. Freude aber gab es in unserem Schtetl sehr wenig. Stattdessen herrschten Neid, Schadenfreude, Streit und Angst vor der Konkurrenz oder einfach davor, zu kurz zu kommen. Selten war man versöhnlich gestimmt. Diese Erlebnisse haben mich geprägt und mein ganzes weiteres Leben, meine Entscheidungen und Überzeugungen beeinflußt.
Noch bevor ich mein Friedensbewußtsein entwickelte, litt ich furchtbar unter der Tatsache, daß meine Mutter, eine ungewöhnlich liebevolle Frau, immer mit einer ihrer Schwestern, dem einzigen Bruder, der Schwägerin oder verschiedenen an-

deren Verwandten zerstritten war. Ganz besonders litt ich, als mein Vater sein Geschäft aufgab und ein neues eröffnete, das mit dem eines befreundeten Nachbarn konkurrierte. Da mein Vater jetzt ähnliche Waren verkaufte, entstand ein für mich schmerzhafter Streit zwischen den beiden. Am schlimmsten war, daß beide Elternpaare uns Kindern unsere Freundschaft verboten. Angesichts der Existenzschwierigkeiten und Ängste kann man dies verstehen, aber es hat mich immer sehr bekümmert, daß das Leiden im jüdischen Schtetl mehr Bereitschaft zum Streit als zur Versöhnung hervorrief. In diesem Zusammenhang frage ich mich manchmal, ob Friedfertigkeit eine anerzogene oder eine angeborene Eigenschaft ist.

Da wir während der Schulzeit grundsätzlich nicht spielen durften, pflegte mein Lehrer ab und zu „Razzien" durchzuführen. Abends nach dem Cheder durften wir Kinder weder auf der Straße herumlaufen noch in den Häusern spielen. Einmal zog er seinen Mantel über den Schlafanzug, um zu zeigen, daß er schon im Bett gewesen war, und ging einfach in manche Häuser hinein. Ein Spruch der jüdischen Weisen sagt: „Es mag vielleicht sein, daß Sünde verschwindet. Aber niemals verschwindet ein Sünder." Und Sünder erwischte er an fast jeder Ecke. Einer hielt seinen kleinen Hund in den Armen. Andere spielten mit Knöpfen. Wieder andere mit Nüssen. Noch schlimmer wurde es, wenn man beim Kartenspiel erwischt wurde. Ich aber verriet mich durch mein Geigenspiel. Als ich ihn sah, verstummten die Geige und ich. Sehr ruhig und gelassen forderte er mich auf, ihm meine Hausaufgaben zu zeigen. Natürlich hatte ich die Aufgaben nicht gemacht. Da sagte er nur: 'Morgen sehen wir uns in der Kanzlei.' Schläge mit dem viereckigen Stock auf die Handinnenflächen gehörten zu den üblichen Präludien. Wie aber würde die eigentliche Strafe aussehen? Immerhin hatte er sich beschwert, vom Katzengejammer meiner Geige geweckt worden zu sein, was natürlich eine Lüge war.

Am nächsten Morgen wartete schon eine lange Schlange von Sündern vor der Kanzlei. Der Lehrer stand vor seinem Sortiment von Stöcken und überlegte tiefsinnig, welchen er wählen sollte. Mit Erleichterung sahen wir, daß er nicht den dicksten nahm und streckten automatisch unsere Hände nach vorn. Barmherzig war er schon, denn die Kleinen aus der ersten

Klasse bekamen nur vier Schläge, während die Älteren aus der vierten Klasse mit acht Schlägen „belohnt“ wurden. Dann kam die eigentliche Strafe – klar, einfach und ohne Widerspruch: Eine Woche lang mußten wir in der großen Pause einen Kreis bilden, uns bei den Händen halten und jeder seine Sünde hinausschreien: ‘Ich bin mit einem Hund auf der Straße spazierengegangen! Ich habe mit Knöpfen gespielt! Wir haben Karten gespielt!’ Und ich? ‘Ich habe Geige gespielt!’ Drei Tage, ohne zu spielen und von den anderen Kindern ausgelacht, erschienen uns wie drei Jahre.

Der Lehrer pflegte während der großen Pause mit dem Schächter Schach zu spielen. Da ich beim Schächter Bibelexegese lernte, wurde ich von den anderen Kindern gebeten, den Schächter zu überreden, er möge sich beim Lehrer um Verzeihung für uns bemühen. Mit dem Herzen fast in der Hose verließ ich den Kreis und stellte mich vor die beiden. Der Lehrer schaute mich streng an und brüllte: ‘Wie kannst du es wagen, den Kreis zu verlassen?’ Ich fing furchtbar an zu weinen und stammelte schluchzend, daß wir es nicht mehr aushielten. ‘Verzeih doch den Kindern’, bat der Schächter den Lehrer sanft. Nach langem Hin und Her gab der Lehrer unter einer Bedingung nach. Am nächsten Tag in der großen Pause mußte der ganze Kreis über den riesigen Schulhof marschieren und laut rufen: ‘Unser Lehrer hat uns verziehen.’

Zwar trauerte ich noch meinem Messingkreisel nach, aber die Hoffnung auf Chanukka, dieses wunderbare Fest mit Ferien, Kartoffelpuffern, Pfannkuchen und dem Chanukkageld, mit dem ich mir ein Portemonnaie kaufen wollte, trösteten mich. In diesem Portemonnaie wollte ich das Geld aufbewahren, das ich brauchte, um mir eine „ganze halbe“ Portion Eis zu kaufen. Diese Geschichte, die äußerst hoffnungsvoll begann, endete sehr traurig.

In den Sommerferien besuchte eine offensichtlich ziemlich reiche Familie unsere Nachbarn. Ihr Sohn, der in meinem Alter war, mußte nicht wie wir barfuß gehen, war immer gut und sauber angezogen und hatte richtige Spielzeuge: einen Gummiball, ein Ping-Pong Spiel, einen schönen Schachkasten und verschiedenes andere. Da ich als guter Schüler im Cheder berühmt war und sogar Geige spielen konnte, bemühte man sich darum, eine Freundschaft zwischen uns zustande zu brin-

gen. Was mich und die anderen Kinder besonders faszinierte, war ein schönes, ledernes Portemonnaie im Besitz des Jungen, das mit einem Pferdekopf geschmückt war und einen doppelten Deckel hatte.
Mein neuer Freund, der sich seines Reichtums durchaus bewußt war, zog sein Portemonnaie ab und zu aus der Tasche, öffnete den Deckel und schüttete die Münzen auf den Tisch, was ich atemlos verfolgte. Soviel Geld konnte ich nur in der Schublade der Konditorei vermuten, in der viele Kinder ein Eis für einen Lei kauften. Ab und zu bekam auch ich von meinen Eltern oder meinem Großvater einen Lei für ein Eis. Mein Traum aber waren drei Lei, damit ich mir einmal eine „ganze halbe" Portion Eis im Glas kaufen konnte. Wie aber kommt man zu drei Lei auf einmal? So eine große Summe gibt es nur zu Chanukka. Aber zwischen Chanukka im Winter und Eis im Sommer gibt es Tausende anderer Versuchungen, die das Chanukkageld noch vor Purim im Frühjahr dahinschwinden lassen. 'Woher hast Du soviel Geld?' fragte ich meinen neuen Freund. 'Ganz einfach', war seine Antwort. 'Ich spare einen Teil meines Taschengeldes und des Chanukkageldes für den Sommer.'
Um mir zu beweisen, daß ich dies auch tun solle, wollte er ein Eis kaufen. In unserem Schtetl brauchte man nicht mit der Straßenbahn zu fahren, um die Konditorei zu erreichen. Nur wenige hatten jemals eine Straßenbahn gesehen. Unser Kutscher, ein lustiger Mensch, der seine Passagiere in einem einfachen Wagen in die nächstgrößere Stadt kutschierte, pflegte zu sagen, daß Frumuşica gerade so groß sei wie sein Wagen: Während die Deichsel seines Wagens bereits am Ortsausgang war, befand sich der hintere Teil noch am Ortseingang.
Wir gingen also in die Konditorei, und ich war voller Hoffnung, zu einem Eis für einen Lei eingeladen zu werden. Er schüttete die Münzen aus dem Portemonnaie, nahm drei Lei, die mir wie ein riesiger Schatz vorkamen, und bestellte... eine „ganze halbe" Portion Eis im Glas! Sicherlich würde er doch zwei Löffel bestellen, um das Eis mit mir zu teilen. Aber nein! Er setzte sich an den Tisch, und während ich verblüfft stehenblieb, löffelte er das Eis in aller Ruhe aus, ohne mir zumindest ein Löffelchen anzubieten. So einfach ist es also, eine „ganze halbe" Portion Eis zu kaufen. Alles, was ich dazu brauchte,

war ein Portemonnaie. Aber ein Portemonnaie findet man nicht auf der Straße wie einen Messingkreisel. Man muß es kaufen wahrscheinlich für viel Geld.

Das Portemonnaie wurde mir zur fixen Idee. Schon den Preis zu erfahren, war nicht einfach, denn der Händler hatte keine Lust, seine Zeit an jemanden zu verschwenden, der überhaupt kein Geld hatte. 'Ein Portemonnaie willst du also haben?', fragte er halb spöttisch, halb argwöhnisch. 'Willst du etwa Deine Zähne hineintun? Oder hast Du Deinen reichen Freund bestohlen?' Denn jeder im Schtetl wußte, daß mein Freund ein Portemonnaie voller Geld hatte. 'Nein, um Gottes willen, warum stehlen? Ich will nur fragen, ob mein Chanukkageld für ein Portemonnaie ausreichen wird.' 'Und wie reich wirst du zu Chanukka sein?' Ganz schnell rechnete ich aus, wieviel mein Großvater, meine Eltern, meine Tanten und mein Onkel mir geben würden und kam auf vierzehn Lei. 'Gut', sagte der Händler. 'Ein Portemonnaie kostet fünfzehn Lei, aber weil Du der Sohn Solomons bist und so schön singen und Geige spielen kannst, bekommst Du es für vierzehn Lei.' Dabei lächelte er in einer Weise, die ich nicht verstand. Von nun an wartete ich fieberhaft auf Chanukka. Nur um über meine Träume bezüglich des erwarteten Moments zu berichten, an dem ich mein Portemonnaie ziehen und eine „ganze halbe" Portion Eis würde bestellen können, könnte man ein ganzes Buch schreiben. Die Relativitätstheorie habe ich so auch ohne Einsteins Hilfe erfahren. Während mir die Sommerferien gewöhnlich zu kurz erschienen, dauerten sie in jenem Jahr eine ganze Ewigkeit. Die Schulzeit bis Mitte Dezember war eine einzige Qual.

Aber in diesem Fall hatte auch die Ewigkeit ein Ende, und die glücklichen Chanukkatage kamen – wenn auch nicht ohne Herzklopfen und Sorgen. Was sollte ich tun, wenn mir der Großvater nur zwei Lei schenkte? Oder wenn mir mein Vetter, der sich immer über die schlechtgehenden Geschäfte beklagte, nur einen Lei geben würde? Wenn eine der Tanten nicht anwesend wäre, würde ohnehin alles scheitern. Aber Gott sei Dank war die Aufregung irgendwann vorbei, und ich besaß genau vierzehn Lei. Wie ein Blitz rannte ich in den Laden – mit einem neuen Alptraum vor Augen: Vielleicht hatten auch andere Kinder meinen Freund um das Portemonnaie beneidet und waren sogleich in den Laden gelaufen? Zum zweiten Mal dankte

ich Gott. Nicht nur *ein* Portemonnaie lag in dem Regal. Ruhig zählte der Händler das Geld nach. ‘Es hätten fünfzehn Lei sein müssen, aber Du bist doch der kluge und begabte Sohn Solomons, der schon Rashi lernt und Geige spielt und vor dem Pult singt. Hier hast du Dein Portemonnaie. Zeige mir nun den großen Schatz, den Du nun dort hineintun willst.’ Er wußte ganz genau, daß ich keinen Groschen mehr hatte, den ich hätte hineintun können, und lachte mich voller Schadenfreude aus.
Gedemütigt, beschämt und weinend ging ich mit einem leeren Portemonnaie nach Hause. Nichts konnte mich an diesem Chanukkafest noch trösten. Ich erzählte auch niemandem von meinem Mißgeschick, weil ich wußte, daß man mich nur auslachen würde. Wenig anderes machte den Menschen in unserm Schtetl mehr Spaß, als einen sogenannten Klugen dumm und klein zu machen und ihn auszulachen. Dem Spott konnte ich aber nicht entgehen. Fast jedem erzählte der Händler von meiner Dummheit. Und fast jeder machte sich über mich lustig. Lange Zeit war mein Spitzname Rubin Batole (jiddisch: *Beutel, Börse*).
Ich wurde so oft ausgelacht, daß ich schließlich den folgenden Traum hatte: Ich befand mich auf der Straße, nur mit einem Hemdchen bekleidet, das kaum meinen Nabel bedeckte, mit einem nackten Po, und versuchte vergeblich, meine Blöße mit dem Portemonnaie zu bedecken. Das ganze Schtetl stand zu beiden Seiten der Straße und lachte mich aus.
Diese Geschichte zeigt, wie kompliziert und tragikomisch das jüdische Leben war. Häufig verstanden die Eltern ihre Kinder nicht oder sahen nur zu, wie unglücklich sie waren. Mit ein paar Groschen hätte man sie glücklich machen können. Aber schreckliche Erfahrungen hatten Geiz und eine gewisse Härte zur Folge, die auch schon in dem oben beschriebenen Verhalten unseres Lehrers zum Ausdruck kamen.
Harte und unversöhnliche Einstellungen waren nicht nur für unser Schtetl typisch, sondern haben sich im Verlauf der gesamten Menschheitsgeschichte viel öfter durchgesetzt als Nachsicht und gegenseitiges Verständnis. Viel Intelligenz, geniale Erfindungen und Geld wurden im Laufe der Zeit darauf verwendet, Konflikte nicht auf versöhnliche, sondern auf unfriedliche Weise zu lösen. Man denke in unserem Jahrhundert nur an die beiden Weltkriege, den Vietnamkrieg oder die Aus-

einandersetzungen mit dem sozialistischen Lager. Auch in Israel wurden viel menschliche Intelligenz und finanzielle Mittel verschwendet, um den Mythos aufrechtzuerhalten, daß Sicherheit wichtiger sei als Frieden, was zu einer Reihe von Kriegen führte, über die ich später schreiben werde. Erst jetzt setzt sich ganz allmählich die Erkenntnis durch, daß das Palästinenserproblem vielleicht auch versöhnlich gelöst werden kann und daß Frieden auch Sicherheit bedeutet.

Unser Leben im Schtetl verschlechterte sich schließlich dramatisch und ließ alles, was bis dahin geschehen war, paradiesisch erscheinen. Bis zu dem Zeitpunkt als die Antisemiten in Rumänien an die Macht kamen, stellte die Beschaffung der Parnosse das Hauptproblem des täglichen Lebens dar. Die Ereignisse, die zum Krieg führten, machten das Leben selbst und das Überleben zum eigentlichen Problem. Verfolgungen nahmen an Häufigkeit und Grausamkeit zu. Mein Bruder, den man verdächtigte, ein Kommunist zu sein, wurde verhaftet und zu fünf Jahren Gefängnis verurteilt. Mein Vater konnte ihn zwar unter Einsatz seines ganze Vermögens vorübergehend durch Bestechung aus dem Gefängnis befreien, aber schon vier Wochen später wurde mein Bruder erneut verhaftet. Es waren solche Situationen, die übertriebene oder sogar krankhafte Sparsamkeit hervorriefen.

Unsere Verarmung bedeutete auch eine Wende in meinem Leben. Mein Traum, ein theologisches Seminar zu besuchen, war zunichte gemacht worden, und es ergab sich die Frage, was aus mir werden sollte. Da die Parnosse ständig weniger und die Ernährung aller Kinder immer problematischer wurde, beschloß man, mich zu einer Schwester meines Vaters zu schicken, die nur eine Tochter hatte und deren Laden ziemlich gut ging. Dort sollte ich ein Gymnasium besuchen.

Der Anfang war vielversprechend. Meine Verwandten, die ich noch nie gesehen hatte, weil Fahrtkosten ein großes Problem darstellten, kamen in unser Schtetl und sorgten für einen großen Aufruhr. Nur selten hatte man Gäste mit so viel Gepäck gesehen. Es war Dezember. Der Schnee lag schon ziemlich hoch, und unsere Gäste brachten uns Trauben als Geschenk. Trauben gab es bei uns bis in den Spätherbst, aber Trauben im Winter? Wer hatte so etwas schon je gesehen? Und es waren auch nicht die Trauben, die man bei uns kannte, sondern drei

Kisten vollgestopft mit wunderbaren, köstlichen Trauben. Außerdem brachten sie noch Bonbons und verschiedene andere Leckerbissen, die es in unserer Konditorei nicht gab, und zusätzlich ein Geschenk für jedes Kind. Das ganze Schtetl stand auf dem Kopf.

Nicht ohne Grund also, so dachte man, war mein Vater, Solomon Moscovici, so begabt, konnte so wunderbar vom Gebetpult aus vorbeten, auf Hochzeiten den Kadril (Quadrille) dirigieren und noch besser als die Musikanten stundenlang wunderbare jiddische Lieder und Geschichten vortragen. Darüber hinaus führte er Neuerungen ein, die vorher noch niemandem eingefallen waren. Als Vorsitzender des Synagogenrats ließ er die Synagoge reparieren und bestellte Meister aus der nächstgrößeren Stadt, um sie mit wunderschönen Bildern bemalen zu lassen. Eine himmelblaue Decke, mit Mond und Sternen verziert, sollte den Traum Josephs symbolisieren. Die Wände wurden mit den Symbolen für die zwölf Stämme Israels, der Klagemauer und dem Grab der Mutter Rahel bemalt. So etwas Schönes hatte man im Schtetl noch nie gesehen.

Mein Vater führte auch einen Brauch ein, den ich leider nur einmal miterlebt habe. Am Abend des Simchat-Thora-Festes[15] kam die ganze Synagogengemeinde zu uns nach Hause. Wir sangen, tranken und aßen und zogen anschließend singend mit brennenden Kerzen zur Synagoge, um dort weiter mit der Thora zu tanzen. Die Frauen konnten sich an diesem Zug nicht beteiligen, da sie zu Hause aufräumen und abwaschen mußten. Aber später durften sie das einzige Mal im Jahr in die Männersynagoge kommen, um die Thora zu küssen und den Männern Glück, Erfolg und Parnosse zu wünschen.

An dieser Stelle möchte ich kurz etwas über meine Eltern erzählen. Diese beiden ungewöhnlichen Menschen waren Opfer von Rückständigkeit, Not, Armut, Existenzängsten, Krieg, Vorurteilen und Haß. Mein Vater kam als Soldat im Ersten Weltkrieg in unser Schtetl. Er mußte alle möglichen Tricks anwenden, um am Wochenende zum Sabbatgebet gehen zu können. Es war ein schöner jüdischer Brauch, fremde Juden, die zum Abendgebet in die Synagoge kamen, zu fragen, ob sie

15 *Simchat Thora* ist der letzte Tag von Sukkot (Laubhüttenfest), einem Fest- und Freudentag im Herbst, an dem der letzte Abschnitt der Thora gelesen wird.

einen Ort zum Übernachten hätten. So lud mein Großvater meinen Vater zum Sabbat zu sich nach Hause ein.
Diese Einladung erfolgte sicherlich nicht ohne Hintergedanken, denn mein Großvater hatte fünf Töchter und einen Sohn. In einem jüdischen Leben waren fünf Töchter fast wie ein Fluch. Man brauchte eine Mitgift für jede Tochter und dazu noch *kesst* (Beköstigung) für die Zeit, in der der Bräutigam noch nicht selbst in der Lage war, die Parnosse für seine Familie zu verdienen. Ohne Zweifel war das wichtigste Problem einer solchen Familie – außer der ständigen Sorge um die Parnosse –, für die Mitgift der Töchter zu sparen beziehungsweise sich dafür zu verschulden und immer auf der Suche nach einem Bräutigam zu sein.
So wurde mein Vater also auch mit der Überlegung, einen *Shiduch* (Heirat) in die Wege zu leiten, zum Sabbat eingeladen, denn die ältere Schwester meiner Mutter war mit ihren zwanzig Jahren noch immer nicht verheiratet. Obwohl sie tüchtig und fleißig war, auch eine gute Schneiderin, stellte ihre Verheiratung ein Problem dar. Ihre Haut war etwas dunkler und ihre Nase etwas länger, als es der Schtetlstandard erlaubte. Da kam nun ein armer junger Soldat, der sehr ungern in der Armee diente. Was für eine wunderbare Idee, ihm zu raten, aus der Armee zu desertieren und sich bei der Familie zu verstecken. Da er aber auch etwas essen mußte und keinen einzigen Heller besaß und da es auch unsittlich war, mehr als einen Sabbat bei derselben Familie zu verbringen und ohne Gegenleistung zu essen, was lag da näher, als daß er die unverheiratete Tochter schnellstens heiratete?
Mein Vater hatte jedoch nicht nur einen Sinn für Dankbarkeit und Liebe, sondern auch für Schönheit und begeisterte sich für die zweite unverheiratete Tochter. Als mein Großvater diplomatisch versuchte, ihm nahezulegen, daß er die ältere Tochter heiraten solle, antwortete mein Vater mit Jakob, daß es ihm um seine Tochter Rahel gehe. Sie wolle er heiraten.[16] Es blieb meinem Großvater nichts anderes übrig, als für die ältere Tochter, die mich später als Säugling umbringen wollte, einen anderen Bräutigam zu suchen. So wurde mein Vater Bürger der jüdi-

16 vgl. 1. Buch Mose, 29.18

schen Gemeinde von Frumuşica. Obwohl wir nur etwa zweihundert Kilometer von seinem Heimatdorf entfernt wohnten, konnte er seine Familie wegen der hohen Fahrtkosten nur sehr selten besuchen.

Er war ein begabter Mensch mit vielseitigen kreativen Fähigkeiten: Musiker, Theologe, Künstler, ohne jedoch als solcher ausgebildet zu sein, und er hatte Führungsqualitäten. Aber er war frustriert, weil er seine Fähigkeiten im Schtetl kaum ausleben konnte. Wenn er auch bei Hochzeiten ein sehr gefragter Sänger und Dirigent war und als Gemeinderatsvorsitzender beliebt und erfolgreich, so wurde die Entfaltung seiner Begabungen ständig durch Existenzprobleme, Neid, Eifersucht und belanglose Streitigkeiten in der Gemeinde gebremst. Sie vergifteten das Leben, so wie Spott, Tratsch, Engstirnigkeit und kleinliche Intrigen der Gemeindemitglieder einen großen Teil seiner Kreativität abtöteten.

Meine Mutter, eine bildhübsche Frau mit wunderschönen, großen schwarzen Augen, war nicht gebildet, aber sehr klug und konnte Menschen und Situationen außerordentlich gut einschätzen. Sie litt jedoch unter der unaufhörlichen Angst, krank zu werden oder ihre Kinder nicht mehr ernähren zu können. Nur selten hörten wir ihr zauberhaftes Lachen oder ihren schönen Gesang. Ihr Gesicht war fast immer von Angst und der Sorge um Kinder und Parnosse gezeichnet.

Ohne Zweifel liebte sie meinen Vater. Aber dieses unsichere Leben rief psychosomatische Symptome bei ihr hervor und überschattete ihre Liebe. Wenn meine Eltern sich auch selten richtig stritten, so mußten wir Kinder doch oft die Vorwürfe mit anhören, die meine Mutter unserem Vater machte: anstatt sich um die Parnosse zu kümmern, habe er nur Gemeinde und Synagoge im Sinn und versuche, die Frauen mit seinem schönen Gesang und dem Dirigieren des Kadril bei Hochzeiten zu verzaubern. Wenn ich heute Menschen über die vergangenen Zeiten im Schtetl schwärmen höre, kann ich diese Nostalgie nicht verstehen. Trotz gelegentlicher schöner Feste war das Leben hart. Es gab viel Häßliches, Falsches, Verlogenheit und Heuchelei.

Das Schicksal meiner Eltern und das Leben im Schtetl waren ein wichtiger Grund für meine Entscheidung, anders leben zu wollen und zu versuchen, auch andere Menschen dazu zu bringen, nach neuen Lebensformen, einem neuen Denken und Bewußtsein zu suchen und zu helfen, neue moralische Maßstäbe zu setzen. Ich hoffte sogar, das Unmögliche möglich zu machen und ein neues Verhältnis zwischen Vernunft und Gefühlen zu entwickeln.

Der Besuch der Verwandten mit den vielen Geschenken regte die Phantasie des ganzen Schtetls an. Jeder wußte alles ganz genau – wie reich unsere Verwandten waren, was für erfolgreiche Geschäfte sie machten, daß sie mich adoptieren wollten und mein Vater für mich eine riesige Geldsumme erhalten würde. Auch meine Phantasie arbeitete fieberhaft. Ich stellte mir vor, wie es sein würde, in eine große Stadt mit zweistöckigen Häusern und wunderbar dekorierten Geschäften zu kommen, von denen ich bisher nicht einmal zu träumen gewagt hatte. Und erst die Konditoreien mit all ihren Köstlichkeiten! Geld schien plötzlich kein Problem mehr zu sein.

Ich selbst hatte in der Synagoge gehört, daß unsere Verwandten im Geld schwammen. Mindestens drei Lei pro Tag würde ich bekommen. Ich sah mich schon in einer Konditorei ein ganzes Glas Eis auslöffeln. Nun, jeder kennt den Unterschied zwischen Traum und Wirklichkeit. Aber die Realität, die mich erwartete, war noch weitaus schrecklicher, als ich mir hatte vorstellen können. Die lang erträumte Reise wurde zum Alptraum.

Meine „reichen" Verwandten waren gar nicht so reich. Sie konnten sich nicht einmal leisten, Erster Klasse zu fahren. Auf einer Strecke von ungefähr zweihundert Kilometern mußten wir fünfmal umsteigen und waren einen halben Tag und eine ganze Nacht unterwegs. Selbst im bitterkalten Winter waren Busse und Züge zu jener Zeit nicht beheizt. Der Hauptbahnhof in Iaşi erschien mir wie ein riesiger Palast, aber auch er war eiskalt. „Erfahrene" Reisende aus unserem Schtetl, die schon einmal im Zug gefahren waren, hatten voller Bewunderung von den Automaten erzählt, die für nur einen Lei Süßigkeiten „ausspuckten". Sehr unwillig gab mir meine Tante einen Lei. Aber zu ihrem Glück und zu meinem Unglück funktionierten Automaten in Rumänien damals genauso wenig wie heute.

Der Bahnhof war mit Tausenden von Reisenden vollgestopft, und im ungeheizten Warteraum stank es nach Zwiebeln, Rauch, Urin und Lysol. Wieder einmal bestätigte sich Einsteins Relativitätstheorie: Zwei Stunden Wartezeit erschienen mir wie eine Ewigkeit. Das große Chaos aber begann, als der Zug ankam – selbstverständlich mit Verspätung. Er war so voll, daß keine Stecknadel mehr Platz gefunden hätte. Das Gedränge und Geschimpfe, das Schreien und Weinen verängstigter Kinder, die ihre Eltern suchten, waren unbeschreiblich.

In Rumänien wie auch auf dem restlichen Balkan funktioniert vieles durch Wunder. So gelangten wir schließlich doch noch in den Zug, und mein Traum, Zug zu fahren, wurde wahr. Fast die ganze Nacht war ich zwischen Tür und Toilette eingequetscht. Die Toilette selbst war nicht benutzbar, weil sie mit „glücklichen" Reisenden, die dort einen Platz gefunden hatten, besetzt war. An jeder Station ergossen sich neue Reisende in den Zug, aber kaum jemand stieg aus. Als wir endlich am Ziel ankamen, waren die Türen eingefroren, und niemand konnte sie öffnen. Eine unvorstellbare Panik innerhalb und außerhalb des Zuges setzte ein, denn die einen konnten nicht aussteigen und die anderen, die stundenlang in bitterem Frost auf den Zug gewartet hatten, nicht einsteigen. Ein Schaffner hatte die Idee, heißes Wasser auf die Türen zu gießen. Aber keiner derjenigen, die auf dem Bahnsteig warteten, war bereit, zur Seite zu treten. So verursachte das heiße Wasser zwar einige Brandwunden, aber bis es die Türen erreicht hatte, war es schon wieder kalt.

Durch ein weiteres Wunder gelangten wir schließlich doch nach draußen. Ich aber hatte mich nicht mehr beherrschen können und stand nun mit nassen Hosen, vor Kälte zitternd, auf dem Bahnhof und war zutiefst beschämt über das Unglück, das mir widerfahren war. Mein einziger Trost bestand darin, daß die nasse Stelle sofort zufror und meine Schande nicht sichtbar wurde.

Nach langen und mühsamen Verhandlungen über den Preis fuhren wir mit einem schönen Kutschschlitten in die Stadt, um von dort einen Bus in die Heimatstadt meiner Verwandten zu nehmen. Da es noch früh am Morgen war, mußten wir lange auf den Bus warten. Ein weiterer Traum erfüllte sich mir: Im Morgenrot sah ich die zweistöckigen Häuser und die großen Schaufenster, von denen ich geträumt hatte. Aber wer kann sich schon über einen verwirklichten Traum freuen, wenn er nasse Hosen hat, fast erfroren und furchtbar hungrig ist?

Wir warteten auf den Bus in einer Kneipe, die – ein weiteres Wunder – geheizt war. Aber hier fing meine Qual von neuem an. Die gefrorene Stelle der Hose taute auf, und meine Cousine, die sonst sehr lieb und nett zu mir war, begann schrecklich zu lachen. Meine Tante und alle anderen Wartenden hatten es auch schon bemerkt. Wohin also mit meiner unerträglichen Schande? Die Tante schrie mich an und sagte, daß ein großes Kind, das das Gymnasium besuchen wolle, sich beherrschen müsse und nicht mehr in die Hosen machen dürfe. Ich begann zu weinen. 'Seht her, wie ein eingekaufter Gymnasiast aussieht! Schämen sollst du dich!' Und ich schämte mich und schluchzte und schluchzte – nicht nur aus Scham, sondern auch, weil ich mich nach meinen Eltern sehnte, nach der engen, gemütlichen Winterstube, nach der Synagoge und nach meinen zurückgebliebenen Freunden, die sehr neidisch auf mein großes Glück gewesen waren.
Der Mann meiner Tante, ein Blechner und Dachdecker, war ein Meister seines Fachs, aber ein sehr einfacher Mensch mit rauhen Sitten. Er sah nicht ein, warum ich unbedingt ein Gymnasium besuchen sollte. Das Gymnasium erwies sich schließlich nur als eine Fachschule, und, so dachte er, wenn es um ein Fach ging, konnte ich dieses Fach auch bei ihm lernen. Also wurde ich Blechnerlehrling. Ich machte fast alles falsch und nicht wenig kaputt, was mich sehr verunsicherte.
Als die Antisemiten an die Macht gekommen waren, erging ein Erlaß, der besagte, daß kein jüdischer Handwerker seinen Beruf ausüben dürfe, ohne ein Examen abgelegt zu haben. So ging mein Onkel also zum Examen, vollkommen sicher, es erfolgreich zu bestehen, da niemand besser als er ein Dach decken oder einen blechernen Backofen bauen konnte. Er war völlig überrascht, daß er nicht zeigen mußte, wie gut er arbeiten konnte, sondern vor ein Rechenproblem gestellt wurde. 'Sie haben zwanzig Ballen Blech. Können Sie ausrechnen, wieviel Blech sie brauchen, um ein Dach von $120m^2$ zu dekken, und wieviel Blech übrigbleibt?' Überfordert antwortete er: 'Warum eine so komplizierte Rechnung? Geben Sie mir zwanzig Ballen Blech, und ich decke Ihnen sogar ein Dach von $150m^2$. Was übrigbleibt, gehört mir.' Alle lachten, aber das Examen bestand er nicht. Seinen Beruf konnte er nur noch mit Hilfe von Bestechung ausüben.

Die Lebensbedingungen bei den Verwandten waren genauso schlecht wie bei uns zu Hause, auch wenn ihre Parnosse etwas größer war. Ich hatte nicht einmal ein eigenes Bett, sondern mußte das Bett mit meinem Onkel teilen. Er schnarchte so laut, daß ich oft davon wach wurde. Hinzu kam, daß er ab und zu das Bett verließ, um meiner Tante einen nächtlichen Besuch abzustatten, ohne zu ahnen, daß ich von seinem Schnarchen wach geworden war. Ich wußte schon, was sie dort machten, und es war mir sehr peinlich. Auf die Liebe, die nur kurz dauerte, folgte das übliche Gespräch über die Probleme des täglichen Lebens. Häufig war ich das Thema. Mein Onkel beschwerte sich immer darüber, wie ungeschickt ich arbeitete. Er sagte, daß mir alles aus der Hand fiele und er nicht verstehe, wie man meiner Tante hatte einreden können, daß ich ein begabtes Kind sei. Es kränkte mich sehr, stundenlang mitanhören zu müssen, wie dumm und unbeholfen ich war.

Im Gegensatz zu meinem Onkel war meine Tante eine nette und kluge Frau. Insbesondere war sie sehr lieb zu mir. Während der nächtlichen Gespräche mit ihrem Mann nahm sie mich immer in Schutz und bat ihn, Geduld zu haben und mir Zeit zu geben. Das war sehr tröstlich für mich. Dennoch betrachtete ich sie morgens nach dem Beischlaf mit ihrem Mann mit Mitleid und auch mit ein bißchen Abscheu. Ich konnte nicht verstehen, wie sich eine so hübsche, saubere Frau von meinem Onkel, der sich wie ein Grobian benahm und immer nach Schweiß, Öl und Knoblauch stank, berühren und „beschmutzen" lassen konnte. Ich war schon elf Jahre alt und wußte, wie man Kinder zeugt, dachte aber, daß Geschlechtsverkehr etwas Unreines sei. Man hatte uns Kinder sehr prüde erzogen – die Geschlechtsorgane wurden zum Beispiel „Sauerei" genannt – und dadurch eine negative Einstellung zum eigenen Körper und auch zur Sexualität erzeugt.

In der Bibelklasse im Cheder war ich der Jüngste. Alle anderen waren drei oder vier Jahre älter als ich. Der Rabbi pflegte die Teile der Bibel zu überspringen, die ihm unsittlich erschienen. Unsittlich war selbstverständlich auch der Geschlechtsverkehr. Wie konnten unsere von Gott auserwählten Väter so etwas Unsittliches tun, wie mit einer Frau zu schlafen! Die älteren Kinder sorgten dafür, daß ich die Wahrheiten des Lebens erfuhr. Ich hatte zwar gewußt, daß Männer und Frauen mitein-

ander schlafen, aber nicht, daß sie das taten, um Kinder zu bekommen, sondern, wie ich dachte, um Spaß zu haben. Kinder, so hatte ich angenommen, kommen von Gott.
Nachdem ich mich lange geweigert hatte, den Tatsachen ins Auge zu blicken, wurde Jacov Ruciu zu diesem Thema zu befragt. Er war ein armer Schuster, hatte aber neun Kinder, war immer sehr lustig und unterhielt sich gern mit uns. Eines der älteren Kinder fragte ihn: 'Können Sie, Reb Jacov, dem kleinen Rubin erzählen, wie man Kinder bekommt? Er hat noch keine Ahnung.' – 'Kinder?' fragte Jacov mit einem schelmischen Lächeln, 'Ganz einfach. Man wird Schuster, man dankt Gott, und dann ißt man viel Schokolade.' – 'Seht Ihr!' rief ich voller Genugtuung. Die älteren aber ließen sich nicht unterkriegen. 'Wieso Schokolade? Woher hat unser Vater Isaak in der Wüste so viel Schokolade genommen, um dreizehn Kinder zu zeugen? In der Bibel steht doch, daß es eine Hungersnot im Lande gab. Und wenn er so viel Schokolade hatte, warum hat er dem hungrigen Esau nichts abgegeben? Der arme Kerl mußte doch seine Erstgeburt für ein Stück Brot und einen Teller Linsen verkaufen.' Da kam mir mein Gedächtnis zur Hilfe. 'Was redet ihr? Es steht doch in der Thora, daß Isaak Gott um Rebecca bat und daß sie schwanger wurde.'
Jacov hatte seine eigene Version der Bibelgeschichte. 'Manna. Manna haben Isaak und Rebecca gegessen.' Denn jeder, und auch wir Kinder, wußten, daß „Manna“ jeden Geschmack annehmen konnte, den sich die Kinder Israels wünschten. Also sagte eines der Kinder: 'Wieso Manna? Jacov hat keine Ahnung von der Bibel. Manna gab es doch erst in der Wüste beim Auszug aus Ägypten, und da war unser Vater Isaak schon längst tot.' Heute weiß ich, daß unser Schuster die Bibel nicht sehr gut kannte und Jakob, Isaak und Rebecca verwechselte. Ein anderes Kind wandte ein: 'Woher hat denn die arme Sarah Perl die Schokolade genommen? Jeder in Frumuşica weiß doch, daß Motl, der Sohn David Gulaschs, mit ihr geschlafen hat und sie deshalb schwanger geworden ist.' Und so stritten wir lange Zeit. Jeder blieb bei seiner Meinung. Jacov Ruciu bekam furchtbaren Ärger mit seiner Frau, weil er sich mit uns unterhalten hatte, anstatt die Schuhe zu flicken und Geld zu verdienen. Wir waren nämlich in ihren Augen genauso dumm wie er. Sie haben wahrscheinlich schon gemerkt, daß jeder in

Frumuşica einen Spitznamen hatte. *Ruciu* und *Gulasch* sind nur zwei Beispiele dafür.

Aber zurück zu meinem Onkel. Die Gespräche mit meiner Tante wiederholten sich oft und machten mich sehr unglücklich. Je öfter ich sie mit anhören mußte, desto unsicherer wurde ich. Seiner Meinung nach konnte ich kein anständiger Handwerker werden, sondern nur Kantor in der Synagoge oder ein betrunkener Musikant in den Kneipen. Mein Onkel hatte nicht ganz unrecht, denn in der Kriegszeit spielte ich bei Bauernhochzeiten oft Geige, was meiner Familie half zu überleben. Kantor hingegen bin ich nie geworden. Mein Vater jedoch verdiente im Krieg als Kantor ein wenig Geld. Ich half ihm während der heiligen Feiertage am Gebetspult. Obwohl mein Vater eine wunderbare Stimme hatte, machte uns meine Kontratenorstimme berühmt. Synagogen, in denen reiche Juden beteten, waren bereit, meinen Vater gut zu bezahlen, um uns beide für die heiligen Tagesgebete zu engagieren. In diesem Sinne wurde ich dann doch noch Musikant und Kantor.

Nach dem Krieg mußte ich nie wieder für Geld Geige spielen. Allerdings hat mich mein Engagement für den Frieden in den letzten Jahren manches Mal zur Geige oder zur Mundharmonika greifen und für den Frieden spielen lassen.

Obwohl ich wenig über Krieg und Verfolgung erzählen möchte, will ich doch einige Begebenheiten erwähnen, die den Überlebensmechanismus verfolgter Menschen demonstrieren. Wie alle Juden so mußte auch mein Vater Zwangsarbeit leisten. Da der in Rumänien gepriesene, „ruhmreiche" Marschall Antonescu zusammen mit Hitler den verbrecherischen Krieg gegen die Sowjetunion führte und die rumänischen Soldaten in Stalingrad hungerten, froren und starben, mußten die Juden an ihrer Stelle in den Kasernen arbeiten.

Als mein Vater einmal krank wurde, behauptete der antisemitische Arzt, daß er die Krankheit nur simuliere, um nicht arbeiten zu müssen, und schrieb ihn deshalb nicht krank. Er war aber gar nicht in der Lage, zur Arbeit zu gehen. Deshalb beschlossen meine Eltern, mich an seiner Stelle dorthin zu schicken. Ich war damals vierzehn Jahre alt, sehr klein und dünn. Meine Stimme war noch nicht sehr männlich und die Wahrscheinlichkeit, daß die Sache nicht aufflog, sehr gering. Dennoch wollten wir es versuchen. Es war ein harter, schnee-

reicher Winter, und ich hüllte mich in alle möglichen Lumpen, um während des einstündigen Fußmarsches zur Kaserne nicht zu erfrieren. Pünktlich um sieben Uhr war Appell. Um nicht aufzufallen, versteckte ich mich zwischen den Erwachsenen. Ein großer, dicker Feldwebel rief die Namen auf, und jeder mußte „anwesend" rufen.
Als Solomon Moscovici aufgerufen wurde, antwortete ich mit zitternder Piepsstimme. Sehr überrascht begann der Feldwebel, nach der ungewöhnlichen Stimme zu suchen. Als er mich gefunden hatte, betrachtete er mich mit Erstaunen und fragte, seit wann denn aus der Kaserne der ruhmreichen rumänischen Armee ein Kindergarten geworden sei. Ich stand stramm und antwortete: 'Hoch lebe der Herr Feldwebel! Mein Vater liegt mit hohem Fieber im Bett, und ich kann ihn gut vertreten. Ich habe schon auf einer Baustelle gearbeitet und bin stark genug, um alle anfallenden Arbeiten zu erledigen.' Ich weiß nicht, was ihn so beeindruckte, aber plötzlich wurde seine Stimme sanfter, und er sagte: 'Na gut. Um in der Küche Kartoffeln zu schälen und Karotten zu schaben, mußt Du nicht besonders stark sein.'
Also ab in die Küche! Das war ein Glück für meine Familie und für mich. In der Küche war es warm. Zu Hause aber hatten wir kein Holz zum Heizen. Außerdem konnte ich mich satt essen. Und was noch wichtiger war: Auch meine Familie profitierte davon. In der Kriegszeit trugen die Männer sogenannte *Buffants* (eine Art Knickerbocker). Ein Gummiband hielt die Hosenbeine zusammen, so daß, wenn die Hosentaschen Löcher hatten, unten nichts herausfallen konnte. Also schnitt ich absichtlich Löcher in meine Hosentaschen, und „versehentlich" fielen dann durch diese Löcher Kartoffeln, gekochte Eier, Karotten, Zwiebeln und alle möglichen anderen Lebensmittel. Leider dauerte dieses „paradiesische" Leben als Kochgehilfe nicht lange.
Die Arbeit in der Küche war nicht leicht. Kartoffeln und Zwiebeln für eine ganze Kaserne zu schälen, auch wenn ich dies nicht allein tat, war mühsam, anstrengend und langweilig. Am schlimmsten war das Schälen der Zwiebeln. Ströme von Tränen flossen über mein Gesicht. Ich hatte auch die Aufgabe, die schweren Säcke mit den Zwiebeln, Karotten und Kartoffeln vom Lagerraum in die Küche zu schleppen. Dennoch fand ich

mich gut untergebracht. Der Gedanke, Lebensmittel nach Hause bringen zu können, die eine schmackhafte Suppe ergeben würden, und auf diese Weise meine Familie zu unterstützen, gab mir ein wunderbares Glücksgefühl.
Dies bringt mich zu einer Anmerkung über die Relativität des Glücks. Während wir heute in einer Welt voller unzufriedener und unglücklicher Menschen leben, die eigentlich alle Voraussetzungen zu einem glücklichen Leben haben, mußte ich damals sehr früh aufstehen, konnte gerade ein Glas Kaffee trinken, um mich dann auf einen einstündigen Fußmarsch zu machen – manchmal im Schneesturm, manchmal im Regen, aber immer ohne Schirm oder Regenmantel. Es gab auch noch keine Plastiksäcke, mit denen sich heute zum Beispiel die Beduinen vor Regen schützen. Ich mußte mich mit einem Jutesack begnügen. Dennoch war ich nicht unglücklich.
Im Judentum gibt es die Glaubensrichtung des Chassidismus[17]. Die Chassidim dienten Gott in Freude, sangen und tanzten viel und aßen, wenn es etwas zu essen gab. Die meisten waren sehr arm. Als ein armer Chassid einmal gefragt wurde, warum er so lustig sei, antwortete er: 'Weil es immer noch schlimmer sein könnte.' Diese Einstellung habe ich zu meiner Lebensmaxime gemacht und empfehle sie auch anderen, insbesondere denjenigen, die sich bei uns über die orientalische Schlampigkeit aufregen.
Eines Tages wurde in der Küche überraschend eine Inspektion durchgeführt. Der Kommandant der Kaserne, ein Oberst, war wegen seiner Härte und Strenge sehr gefürchtet. Ein paar Männer und ich saßen wie gewöhnlich auf Schemeln und putzten Gemüse. Plötzlich ging ein ehrerbietiges Gebrüll durch die Reihen: 'Achtung!', das jede Faser meines Körpers und meines Herzens durchdrang. Alle sprangen automatisch auf und standen stramm - und ich mit ihnen. Der Oberst wurde von einer ganzen Schar von Offizieren und Unteroffizieren

17 *Chassidismus:* Der *Chassidismus* ist eine mystisch-religiöse Bewegung, die um die Mitte des achtzehnten Jahrhunderts in Südostpolen entstand und später breite Schichten der Juden in der Ukraine, in Galizien, Zentralpolen, Weißrußland, Ungarn und Litauen erfaßte. Der Chassidismus glaubt, daß der Mensch durch die Konzentration auf das Wesenhafte der Dinge und durch ekstatische Begeisterung zur Einheit mit Gott gelangt. Im Gegensatz zur Kabbala preist er die Freude; Trauer und Fasten werden bekämpft.

begleitet. Er musterte mich von oben bis unten, mit einem Höhenvorteil von mindestens einem Meter, und brüllte: 'Wer hat, ohne mich zu fragen, angeordnet, Zwerge in der ruhmreichen rumänischen Armee zu beschäftigen?' (Wie „ruhmreich" die rumänische Armee wirklich war, stellte sich in demselben Jahr an der Ostfront heraus, als die rumänischen Soldaten vor den russischen wie Gazellen davonliefen – und zwar mit einem erheblichen Vorteil gegenüber den deutschen Soldaten, die im Gegensatz zu den rumänischen nicht von Kindesbeinen an daran gewöhnt waren, barfuß zu laufen.) Alle verstummten, und eine peinliche Stille legte sich über den Raum. Der Feldwebel wechselte die Gesichtsfarbe in rasantem Tempo. Plötzlich unterbrach meine Kontratenorstimme die Stille: 'Es lebe der Herr Oberst! Mein Vater ist krank und ...'

Mein Feldwebel überwand seinen Schock und erzählte, daß er sich beim Chefkoch über mich informiert habe. Die Antwort war offensichtlich sehr positiv ausgefallen. (Der Herr Chefkoch hatte nicht erwähnt, daß er mich zwei Tage zuvor mit einem Stück Fleisch in meinem „Hosenlager" erwischt hatte.) Der Oberst aber schien von mir nicht besonders angetan zu sein. 'Dieses Judenküken sitzt hier in der Wärme, während unsere rumänischen Helden Holz hacken und die Pferdeställe ausmisten. Holz hacken soll der Jude, und wenn er es nicht schafft, soll man ihn mit einem Fußtritt nach Hause jagen und seinen faulen Vater tot oder auf der Bahre herbringen.'

Gott sei Dank – es hätte schlimmer kommen können. Also mußte ich die Küche verlassen und Holz hacken. Eigentlich war das Holzhacken gar nicht so schlecht. Der Holzraum lag nicht weit von der Küche entfernt. Er war zwar nicht geheizt, aber ich hackte gern Holz und fror nie. Auch waren die Soldaten sehr nett zu mir, und immer hackte ich mehr Holz als notwendig. Ich konnte in die Küche gehen, beim Schälen der Kartoffeln helfen, fasziniert die abscheulichen Frauengeschichten der Soldaten anhören und mit oder ohne Genehmigung des Chefkochs Lebensmittel aus der Küche schmuggeln. Zusätzlich zu Gemüse, Brot und mit Zucker vermischtem Hirsekaffee versorgte ich meine Familie jetzt auch mit Holz. Ab und zu stopfte ich den Sack, der mir bei Regen als Schirm diente, mit Holz voll und trug ihn auf dem Rücken mehrere Kilometer nach Hause. Nicht weit von dem Holzlager entfernt befand

sich ein Stacheldrahtzaun. Da ich schon ein erfahrener „Zaundurchbrecher“ war, grub ich neben einem Strauch ein Loch, das genau die richtige Größe für mich und den Sack hatte.
Fast alle Juden, die in der Kaserne arbeiten mußten, stahlen. Die meisten arbeiteten in der Werkstatt für Bekleidung und Kavallerieausrüstung. Man sperrte sie in die Werkstatt ein, und ein Soldat mußte aufpassen, daß nichts gestohlen wurde. Dieses Unterfangen war aber genauso erfolgreich, als wenn man die Katze mit der Beaufsichtigung der Sahne beauftragt hätte. Der Soldat wurde bestochen, und immer waren die Juden auf dem Heimweg viel dicker als auf dem Weg in die Kaserne – gut bestückt mit Stoff, Leinen, Leder und Zwirn.
Bei der Inventur zum Neuen Jahr gab es einen Riesenskandal. Es war klar, daß die Juden stahlen. Der Oberst dachte sich einen Hinterhalt aus, um die Schuldigen mit dem corpus delicti zu erwischen. Insgeheim hatte er die Bewachung der Werkstatt gelockert, so daß die Juden noch mehr Dinge als sonst mitnahmen. Beim Ausgang wurden sie dann streng durchsucht. Gewöhnlich bin ich ein Glückspilz, aber hier erwies ich mich als Pechvogel. Da ich nur ein paar gekochte Eier und ein bißchen Gemüse in meinem „Hosenlager“ hatte, nahm ich dummerweise den Hauptausgang – und lief direkt in die Falle. Im Vergleich zu den Mengen von Stoff, Leinen, Leder und Zwirn war mein Vergehen eine reine Bagatelle. Aber immerhin hatte ich die „ruhmreiche“ rumänische Armee bestohlen. (Die Offiziere allerdings stahlen noch viel mehr!)
Die Hölle, die jetzt losging, ist kaum zu beschreiben: Ohrfeigen, Tritte und Schimpfworte gegen die unverschämten jüdischen Diebe ergossen sich wie eine Sintflut über uns. In der Schule pflegte meine Lehrerin zu sagen: ‘Rege mich nicht auf, sonst haue ich dir eine runter, so daß du grüne Sterne siehst.’ Ich hatte das nur für eine Redensart gehalten. Als mir mein barmherziger Feldwebel jetzt eine Ohrfeige gab, wußte ich, was sie gemeint hatte und dachte, daß das Feuerwerk zum rumänischen Nationalfest bereits begonnen habe. Das war aber nur die Vorspeise. Der Oberst wurde an Ort und Stelle zum Richter. In der rumänischen Armee war es üblich, widerspenstige Soldaten mit fünfundzwanzig Stockschlägen zu bestrafen. Am nächsten Tag wurde die Strafe in Anwesenheit der ganzen Kaserne vollstreckt. Jeder mußte seine Hosen hinun-

terziehen und bekam fünfundzwanzig laut gezählte Schläge auf den nackten Po.
Mein Feldwebel war jedoch barmherzig. Wahrscheinlich nicht ohne Absicht stellte er mich als letzten in die Reihe der zu Bestrafenden. Ich weiß nicht, ob ein Komponist einmal versucht hat, eine Jammersymphonie zu komponieren. Hier hörte ich sie, und sie war erschütternd. Heute erfaßt mich Heiterkeit, wenn ich mich an diese Szene erinnere. Damals aber war mir nicht zum Lachen zumute. Selten in meinem Leben habe ich solche menschlichen Töne gehört, und nie hätte ich gedacht, daß der Mensch eine solche Skala von Tönen mit seiner Stimme erzeugen kann. Lange hat mich diese Szene in meinen Alpträumen verfolgt.
Als die Reihe endlich an mir war, ließ ich brav meine Wunderhose hinunter und setzte meinen nackten Po der Strafe aus. Der erste Schlag brachte mein Herz fast zum Stillstand. Bevor der zweite kam, gab ich ein schreckliches Gebrüll von mir, das alle anderen Schreie übertönte, so daß der Vollstrecker der Strafe einen Augenblick innehielt. In diesem Moment gab mir der Feldwebel einen Tritt, und ich flog mehrere Meter durch die Luft. Ich rannte, so schnell ich konnte, aber die Hose behinderte mich. Als ich gefaßt und dem Feldwebel vorgeführt wurde, sagte er nur: 'Das verfluchte Judenküken soll zum Teufel gehen. Ich will nicht wegen Mordes angeklagt werden.'
Am nächsten Tag konnte niemand sitzen, ohne sein Gesicht vor Schmerzen zu verziehen. Der Oberst drohte, die Diebe vor das Kriegsgericht zu stellen. Er war zutiefst „empört", daß die Juden durch den Diebstahl die Kriegsanstrengungen Rumäniens hintertrieben hatten. Diese Empörung wurde schließlich durch eine nicht geringe Geldsumme gemildert, die der Oberst und seine Offiziere dazu verwendeten, die Sünden der Juden in Unmengen von Wein und Schnaps zu ertränken.
Während ich noch bei meinen Verwandten lebte, verschlechterte sich die politische Lage zusehends. Hitlers territoriale Forderungen wurden immer aggressiver und führten schließlich zum Anschluß Österreichs und zur Okkupation der Tschechoslowakei. Eine große Überraschung stellte das *Molotow-Ribbentrop-Abkommen* (1940) dar, demzufolge Rumänien Bessarabien an die Sowjetunion abgeben mußte. Eine Welle von Nationalismus und Antisemitismus überflutete Rumäni-

en. Die Hauptverantwortlichen für den Verlust Bessarabiens waren selbstverständlich die Juden und nicht Hitler. Gerüchte über die Grausamkeiten, die die Juden in Bessarabien gegen die sich zurückziehende ruhmreiche rumänische Armee verübten, verursachten Haß und grausame Übergriffe auf Juden. Es hieß auch, daß die Russen die nordmoldauische Gegend annektieren wollten und der „Vetter" bald nach Frumuşica kommen würde. Das erfüllte viele mit Hoffnung. Nicht so meine Mutter. Sie war von der panischen Angst besessen, daß ich bei meinen Verwandten bald jenseits der Grenze leben würde. Trotz der Gefahr und der hohen Fahrtkosten bestand sie darauf, daß mein Vater die gefährliche Reise unternahm und mich nach Hause holte. Diese Fahrt kostete uns fast das Leben.

Mein Vater kam völlig erschöpft und erschüttert bei unseren Verwandten an. Unterwegs war er beschimpft, geschlagen und gedemütigt worden. Wir fragten uns, wie wir in diesem Ozean von Wut und Judenhaß nach Hause kommen sollten. Da mein Vater ein mutiger Mensch war, wies er das Angebot zurück, eine Weile bei den Verwandten zu bleiben, bis sich die Lage beruhigt haben würde. Die Fahrt zurück nach Frumuşica, die ich mir so sehr gewünscht hatte, wurde zu einem noch größeren Alptraum als die Hinfahrt und zum Nährboden für Alpträume, die mich fast mein ganzes Leben lang verfolgten. Die Züge waren mit Soldaten und Flüchtlingen aus Bessarabien überfüllt - fast alle voller Haß auf die Juden, die angeblich Bessarabien verkauft hatten. Warum? Warum haßten sie uns so abgrundtief?

Mein Herz war voller Liebe für Rumänien. In der Schule sang ich immer mit großer Begeisterung die rumänische Nationalhymne, die Tricolor. Einmal besuchte der Sohn des Königs Carol, der spätere König Mihai (Michael), unser Schtetl. Wir Schulkinder begrüßten ihn mit Blumen und kleinen Tricolor-Fähnchen. In meiner überhitzten Phantasie sah ich den Kronprinzen aus seinem offenen Wagen steigen und zu mir kommen, um mir die Hand zu drücken. Ich fiel auf die Knie und bekundete laut meine Bereitschaft, für ihn und für Rumänien zu sterben. Und nun dieser bedrohliche Haß.

Wir wurden sofort als Juden erkannt, und die Fahrt ging mit einer Flut von Beschimpfungen und Beleidigungen los. Bald begann man auch, uns zu schlagen. Da mein Vater sich dies aber nicht gefallen ließ und einen besonders aggressiven Soldaten ebenfalls ohrfeigte, brach die Hölle los. Mit dieser Ohrfeige hatte er die gesamte rumänische Armee beleidigt. An einem Bahnhof wurden wir mit Gewalt aus dem Zug gezerrt. Der geohrfeigte Soldat und sein Freund führten uns mit geladenen Waffen über den Bahnhof und drohten, meinen Vater zu erschießen. Auf dem Bahnhof sahen wir den Leichnam eines Ermordeten, der auf dem Boden lag und mit einer Decke bedeckt war. Daneben entdeckte ich geronnenes Blut. Mit diesem Bild vor Augen und der Vorstellung, daß auch mein Vater bald so daliegen würde, begann ich laut zu schreien.

Ich war klein und dünn, und bis heute ist mir nicht klar, woher ich die Kraft nahm, so laut zu brüllen. Auf jeden Fall kamen sofort mehrere Menschen aus ihren Büros gerannt, während ich versuchte, meinen Vater festzuhalten, damit die Soldaten ihn nicht weiterziehen konnten. Es gab ein großes Gedränge. Der Bahnhofsvorsteher aber war ein anständiger Mensch. Er stellte sich vor die Soldaten und sagte laut, daß wir gültige Fahrscheine hätten und daß die rumänische Bahn für unsere Sicherheit verantwortlich sei. Er fügte hinzu, daß diejenigen, die den am Boden liegenden Juden getötet hatten, verhaftet worden seien und daß er sofort den Stadtkommandanten benachrichtigen werde.

Dieser gute Mann hat uns das Leben gerettet. Er brachte uns in sein Büro, gab uns zu essen und zu trinken und stellte traurig fest: ‘Wir leben in Zeiten, in denen Mörder nicht nur unbestraft bleiben, sondern auch noch als Helden und Vaterlandsretter verehrt werden.’ Er riet uns, auf eine Weiterfahrt zu verzichten. Als mein Vater dem zustimmte, rief er eine Kutsche und sagte zu dem Kutscher: ‘Du fährst diese Menschen nach Frumuşica. Fahr nach Hause und hole dir, was du für zwei Tage brauchst. Falls den beiden etwas zustößt, hast du auf diesem Bahnhof nichts mehr zu suchen.’ Eine Welle von Zuneigung und Liebe für diesen Menschen durchströmte mich. Das erste Mal in meinem Leben wurde mir klar, wie unterschiedlich die Menschen doch sind.

Als wir in unserem Schtetl ankamen, warteten alle auf einem imaginären Bahnhof, und das Schtetl bejubelte und pries den Mann, der uns gerettet hatte. Er wurde feierlich zur Synagoge begleitet, und man erwies ihm viel Ehre. Mir war klar, daß es eine Stadt der Liebe und eine Stadt des Hasses gibt. Die Tat dieses Mannes trug sehr viel dazu bei, daß ich mich entschied, mit solchen Menschen wie dem Kutscher und dem Bahnhofsvorsteher in der Stadt der Liebe zu leben.

3. Entscheidung für Palästina
Flucht und Rückkehr nach Rumänien

In Rumänien war der Krieg schon im April 1944 zu Ende. Für viele Juden erfüllte sich ein lang gehegter Traum: die Befreiung durch die Russen. Bereits vor dem Krieg hatte es eine Welle der Begeisterung für die Sowjetunion gegeben, die als „Vetter“ bezeichnet wurde. Viele Juden nahmen die Besetzung Bessarabiens, des heutigen Moldovas, durch die Sowjetunion im Jahre 1940[18] zum Anlaß, in die Sowjetunion auszuwandern. Verfolgung und Unsicherheit im faschistischen Rumänien hatten bei ihnen den Glauben entstehen lassen, daß das Leben in der Sowjetunion leichter und sicherer war. Dort hatten Juden Führungspositionen inne; es gab jüdische Offiziere, jüdische Schulen und jüdische Theater. Nach der Besetzung Bessarabiens hoffte man, daß der „Vetter“ bald auch zu uns kommen würde.
Auch meine kindliche Phantasie wurde durch Lieder und Erzählungen über das neue Leben der Juden in der Sowjetunion angeregt. So wie mein älterer Bruder schlossen sich viele Jugendliche kommunistischen Zellen an, obwohl die Kommunistische Partei in Rumänien streng verboten und schon die Teilnahme an ihren Sitzungen unter Strafe gestellt war. Auch eine berühmte Sängerin des jiddischen Theaters in Iaşi, Sydie Tal, ging über die Grenze in die Sowjetunion und wandte sich im sowjetischen Radio von Kishinev in jiddischer Sprache an die rumänischen Juden: ‘Habt Geduld, bald kommt der Vetter.’
Aber nicht der russische Vetter kam, sondern die Deutschen. Der rumänische Diktator Antonescu hatte mit Hitler ein Abkommen geschlossen, demzufolge Rumänien sich an dem geplanten Krieg gegen die Sowjetunion beteiligen sollte. Die Nachricht, daß deutsche Soldaten in Rumänien stationiert, daß sie in unser Schtetl kommen und bei jüdischen Familien einquartiert würden, erschreckte viele von uns. Man hatte schon von der „Reichskristallnacht“ gehört, von Konzentrationslagern, grausamen Vertreibungen und der Ermordung von Juden in Polen. Und plötzlich sollten sie auch bei uns sein!

18 vgl. S. 55: Molotow-Ribbentrop-Abkommen

Aber die Ankunft der Deutschen überraschte uns alle angenehm. Es kam eine Infanterieeinheit mit schweren Wagen auf Gummirädern und mit gut genährten belgischen Pferden. Welcher Wagen bei uns hatte schon Gummiräder! Und die Pferde unserer Kutschen waren abgemagert, weniger als die Hälfte dieser deutschen Pferde. Unser Kutscher Abraham, der sich immer über das Schtetl, sich selbst und seine Pferde lustig machte, erzählte, daß es ihm leichter falle, die Rippen seiner Pferde zu zählen als seine Kinder.
Auch bei uns zu Hause wurden deutsche Soldaten einquartiert. Die furchtbaren Nachrichten über die Verfolgung von Juden standen im Widerspruch zu dem anständigen Verhalten dieser Soldaten, das unsere Bewunderung hervorrief. Sie putzten nicht nur ihre Schuhe täglich, sondern auch deren Sohlen, zeichneten sich generell durch Sauberkeit aus und hatten sehr gut ausgestattete Kantinen. Außerdem waren sie großzügig zu uns Kindern – schenkten uns Schokolade und Bonbons, die viel besser schmeckten als unsere.
Die Situation war tragikomisch: Während Hitler im Deutschland des Jahres 1940 Juden verfolgte, befreundeten sich bei uns deutsche Soldaten mit jüdischen Mädchen. In unserem Haus waren der Feldwebel Willi und ein Gefreiter namens Gerd einquartiert. Willi, blond und blauäugig, spielte auf der Querflöte wunderbare deutsche, französische und rumänische Liebeslieder. Wie er trieben auch die anderen deutschen Soldaten viel Sport. Wir Kinder lernten von ihnen Handball. Als einmal eine Handballmannschaft aus unserem Schtetl gegen eine Mannschaft aus dem Nachbarschtetl antreten sollte, herrschte große Aufregung. In meinem eigentümlich verdeutschten Jiddisch erklärte ich „unseren" Soldaten, wie gerne ich das Spiel anschauen würde. Aber ich hatte Angst vor den nicht-jüdischen Kindern, die sich uns gegenüber feindlich und aggressiv verhielten, seit die rumänischen Antisemiten und Faschisten an die Macht gekommen waren. Jeder Versuch, aus der jüdischen Gasse in das nicht-jüdische Viertel zu gelangen, endete mit Schlägereien.
Willi versprach, mich zu beschützen, und so ging ich stolz und aufgeregt zum Ort des Geschehens, der außerhalb der Stadt lag. Auf dem Weg durch das nicht-jüdische Viertel zeigten ein paar Kinder mit dem Finger auf mich und riefen: 'Jude, Jude'.

Willi aber beschimpfte die Kinder mit einem saftigen 'Kisch mir!', das er wohl bei uns gelernt hatte. Da sie mich dennoch angreifen wollten, gab er einen von ihnen einen Tritt, woraufhin sie verschwanden. Diese Idylle dauerte aber nur kurze Zeit, denn die deutschen Soldaten zogen weiter an die sowjetische Grenze, und wir wurden aus unserem Schtetl in die nächstgrößere Stadt, nach Botoşani, vertrieben.
Im Vergleich zu dem Leiden der Juden in der Sowjetunion, in Polen, Ungarn und überall dort, wo die deutsche SS und Eichmann ihr Unwesen trieben, war unser Leiden fast nicht der Rede wert. Wir litten Hunger, Not und mußten kleinere oder größere Demütigungen ertragen, wie zum Beispiel Ausgangssperren am frühen Nachmittag, Beschränkungen der Einkaufsmöglichkeiten auf nur eine Stunde am Tag sowie Schläge von deutschen Soldaten und rumänischen Faschisten.
Während der Vertreibung waren wir ganz auf uns selbst gestellt. Als wir in Botoşani ankamen, standen wir buchstäblich auf der Straße. Wir ließen uns außerhalb der Stadt in der Nähe eines deutschen Flughafens nieder. Als es schon fast dunkel war, kam von dem Flughafen eine Gruppe deutscher Luftwaffensoldaten, um sich über die ärmlichen Juden, die zudem von dem langen Marsch staubig und schmutzig waren, lustig zu machen. Insbesondere hatte es ihnen der lange weiße Bart meines Großvaters angetan. Nachdem sie uns wegen unserer jiddischen Sprache verspottet hatten, nahm einer der Soldaten ein Rasiermesser und schnitt ein Stück vom Bart meines Großvaters ab. Dies erheiterte sie sehr, insbesondere da mein beschämter alter Großvater nicht wußte, wie er darauf reagieren sollte. Voller Wut brach ich in furchtbares Geschrei aus, was erstaunlicherweise zur Folge hatte, daß sie aufhörten zu lachen, sich zurückzogen und uns in Ruhe ließen. Mein kindliches Herz aber war voller Haß gegen diese Deutschen, die meinen Großvater so gedemütigt hatten.
Hunger und Geldmangel waren unsere ständigen Begleiter. In einer ehemaligen jüdischen Schule hatte sich eine deutsche Einheit niedergelassen und dort auch eine Feldküche und eine Bäckerei eingerichtet. Der Duft von frischem Brot und warmem Essen war für uns eine zusätzliche Qual. Lange überlegte ich, wie ich an das Brot herankommen könnte, denn die Schule war von einem hohen Stacheldrahtzaun umgeben.

Es gab eine Stelle, an der neben dem Stacheldraht ein Busch mit Heckenrosen wuchs. An dieser Stelle begann ich, heimlich einen kleinen Tunnel zu graben, dessen Eingang von den Zweigen der Heckenrosen verdeckt wurde. Täglich beobachtete ich die Wachen vor der Bäckerei. Am späten Nachmittag war das Backen des Brotes beendet. Die Bäcker gingen nach Hause, und es gab nur noch einen patrouillierenden Soldaten. Ich nutzte die Zeit, in der er sich von den Regalen mit den Broten entfernte, kroch durch den Zaun, nahm schnell ein oder zwei Brote und verschwand wieder hinter den Heckenrosen. So versorgte ich meine Familie lange Zeit mit Brot.

Einmal jedoch – wie sollte es auch anders sein – wurde ich erwischt. In meiner Eile war ich versehentlich gegen eine Brotform gestoßen, die mit großem Gepolter hinunterfiel. Der wachhabende Soldat sah mich mit den Broten davonrennen und brüllte: 'Halt!' Ich hörte, wie er sein Gewehr entsicherte, ließ die Brote voller Panik fallen und rannte rasch zu den Heckenrosen. Bis heute weiß ich nicht, weshalb der Soldat nicht schoß. Vielleicht hatte er Mitleid; vielleicht schoß er auch deshalb nicht, weil ich die Brote bereits hatte fallen lassen. Aus der Gefahrenzone entkommen, lief ich noch stundenlang in Panik kreuz und quer durch die schmalen Gassen der Stadt, immer in dem Gefühl, verfolgt zu werden. Als ich mich schließlich beruhigt hatte, bedauerte ich mehr den Verlust der beiden Brote, als Freude darüber zu empfinden, daß ich am Leben geblieben war.

Endlich kam der „Vetter", und wir wurden befreit. Es herrschte allgemeine Euphorie. Wir Kinder hatten uns die Befreiung allerdings als große Schlacht mit Kampfflugzeugen und Panzern und einem triumphalen Einmarsch von Kavallerie und Panzern in die Stadt vorgestellt. Stattdessen kamen schlecht gekleidete, unrasierte russische Soldaten, manche zu Fuß, andere in Wagen mit abgemagerten Pferden. Der größte Teil der Bevölkerung versteckte sich vor ihnen; wir Juden waren die einzigen Zivilisten auf der Straße. Trotz der Enttäuschung über das Aussehen unserer Befreier waren wir doch begeistert, daß das Wort 'Jevrej' (*Jude*) wie ein Zauberwort wirkte und freundliche Reaktionen hervorrief. Nicht nur die Befreiung als solche, sondern auch das damit verbundene Erlebnis, zum ersten Mal als 'Jevrej' akzeptiert zu werden, begeisterten uns.

Obwohl sich die sowjetischen Soldaten schlecht benahmen – sie stahlen wie die Raben und soffen bis zum Umfallen –, bin ich der Roten Armee bis heute für die Befreiung dankbar. Uns erschien es auch wie ein Wunder, daß viele sowjetische Offiziere Juden waren und fließend jiddisch mit uns sprachen. Sogar jüdische Mädchen waren in der Armee. Ich verliebte mich oft und träumte davon, mich der Roten Armee anzuschließen und Schulter an Schulter mit diesen Mädchen gegen den Faschismus zu kämpfen, um eine neue, glückliche Gesellschaft aufzubauen.

Mit siebzehn Jahren war ich damals zu jung, um als Freiwilliger in die Rote Armee aufgenommen zu werden. Aber auch ältere Jugendliche wurden von den Russen nicht akzeptiert. Im Nachhinein betrachte ich das als großes Glück. Damals war ich jedoch sehr traurig. Zusammen mit einem etwas älteren Freund drangen wir bis zu dem Kommandanten einer sowjetischen Einheit, einem Juden, vor und baten ihn, uns als Freiwillige in die Armee aufzunehmen. Er fragte uns, ob wir bereit seien, unsere Loyalität unter Beweis zu stellen, was wir ohne Vorbehalte bejahten. Daraufhin bat er uns, ein paar jüdische Mädchen zu besorgen, die mit den Soldaten den Ersten Mai feiern sollten. Wir versprachen es, mußten aber feststellen, daß keines der Mädchen bereit war, in Abwesenheit seiner Eltern den Ersten Mai mit sowjetischen Soldaten zu begehen.

Zwischen April und Mai ging die Euphorie für die Rote Armee allmählich zurück. Viele von uns bemerkten, daß sich die sowjetischen Soldaten und Offiziere weniger mit dem Kommunismus, dem Aufbau einer neuen Gesellschaft und der Befreiung beschäftigten, als mit der Beschaffung von Schnaps, Wein, Armbanduhren und Frauen. Als wir dem Kommandanten verlegen mitteilen mußten, daß wir bei der Suche nach den Mädchen erfolglos geblieben waren, erhielten wir den Auftrag, Huren für die Soldaten zu besorgen. Damit endete mein Versuch, ein sowjetischer Soldat zu werden.

Ich mußte mich umorientieren und eine Entscheidung über meine weitere Zukunft fällen. Viele Jugendliche nutzten damals die neue Freiheit, um gute Geschäfte zu machen. Andere wurden Mitglieder der zionistischen Jugendbewegungen und erhielten eine Ausbildung als künftige Pioniere und Arbeiter in Palästina. Manche wurden in Vorbereitungslager geschickt,

um die notwendigen handwerklichen und landwirtschaftlichen Kenntnisse für Palästina zu erwerben. Ich konnte mich wegen der existentiellen Probleme meiner Eltern nicht sofort einer solchen Bewegung anschließen. Die Befreiung hatte zwar die Verfolgung beendet, nicht jedoch unsere Existenzsorgen. Wir durften zurück nach Frumuşica, aber die meisten Häuser waren nicht mehr bewohnbar. Manche waren geplündert worden, andere abgerissen, die Synagoge zerstört. Nur etwa ein Drittel der ursprünglichen jüdischen Bevölkerung kehrte in das Schtetl zurück.
Wir hatten Glück. Unser Haus stand noch, wenn auch Türen, Fenster, Fußboden und Zaun fehlten. Da mein Vater krank war, mußte ich das Haus reparieren und einen Laden eröffnen. Lange weigerte ich mich, denn ich wollte weder Händler werden noch im Schtetl ein Leben fristen, das mir schon als Kind so unwürdig erschienen war. Da sich unsere wirtschaftliche Lage jedoch zusehends verschlechterte, blieb mir schließlich nichts anderes übrig. Ich war aber entschlossen, nicht lange zu bleiben. In dem einen Jahr, das ich in Frumuşica verbrachte, verstärkte sich nicht nur mein Wunsch, nach Palästina auszuwandern, sondern auch meine Abscheu vor Krieg, Vertreibung und Zerstörung.
Als säkularer Jude, der seinen Glauben an Gott in der Hölle des Krieges verloren hat, besuche ich selten die Synagoge und halte Sabbatruhe und Speisegebote nicht ein. Aber schon oft bin ich durch Zufälle gerettet worden und habe mich gefragt, wem ich das zu verdanken habe. Heute würde ich nicht mehr mit derselben Sicherheit wie vor fünfundvierzig Jahren behaupten, daß es keinen Gott gibt. Aber ich weigere mich bis heute, Gott für die Grausamkeiten verantwortlich zu machen, die von Menschen begangen werden. Der barmherzige Gott, der den Himmel, die Erde und das Leben schuf, kann nicht für Auschwitz, Vietnam, die sowjetischen Gulags und andere Grausamkeiten verantwortlich sein.
Es waren zwar unterschiedliche Erfahrungen, die mein Engagement für den Frieden bewirkt haben, aber ohne Zweifel waren Vertreibung und anschließende Rückkehr in das zerstörte und geplünderte Schtetl die beiden entscheidenden Triebfedern. In Palästina wurden mir später die Parallelen zwischen dem, was ich erlebt hatte, und dem, was den Palästinensern

jetzt widerfuhr, bewußt. Auch sie vertrieb man und zerstörte und plünderte ihre Dörfer. Schon bei der Rückkehr in mein Schtetl hatte ich mir geschworen, Vertreibungen von Menschen und Zerstörungen niemals schweigend hinzunehmen.
Obwohl ich die Rückkehr ins Schtetl und meine Tätigkeit als Händler in einem Laden als schreckliche Demütigung empfand, war das Gefühl der Verantwortung meinen Eltern gegenüber stärker als mein Wunsch, einfach zu verschwinden und einen neuen Weg einzuschlagen. Wie auch heute noch versuchte ich, Dinge, die sich eigentlich gegenseitig ausschließen, miteinander zu vereinbaren. So führte ich den Laden und organisierte gleichzeitig eine Zweigstelle der zionistisch-sozialistischen Jugendbewegung *Dror-Habonim*.
Rückblickend erschien uns das Leben vor der Vertreibung wie das verlorene Paradies. Während des Krieges waren nicht nur Häuser zerstört worden, sondern auch das soziale Leben im Schtetl war völlig zum Erliegen gekommen. Es gab weder einen Cheder noch eine Bibliothek oder einen Klub. Das Gebäude der jüdischen Schule, das während des Krieges als staatliche Schule genutzt worden war, stand zwar noch, es fand aber kein Unterricht mehr statt. So organisierte ich dort mit ein paar Freunden ein Jugendzentrum, um einen Ort der Begegnung zu schaffen. Für einige war dies ein richtiger Segen. Wir betreuten Kinder von sieben bis achtzehn Jahren, tanzten, sangen, erzählten Geschichten, hörten Vorträge über die Kibbuzim und unternahmen am Sabbat Ausflüge. Allmählich begannen sich auch Eltern für unsere Arbeit zu interessieren und kamen gerne zu Kulturabenden, zum Sabbatempfang, zur Chanukkafeier und zu vielen anderen Gelegenheiten.
Wie immer, wenn ich mich für etwas engagiere, tat ich dies auch hier mit großer Begeisterung und Hingabe. In der Zentrale der Jugendbewegung fielen die außergewöhnlichen Aktivitäten unserer Niederlassung bald auf, und ich wurde eingeladen, an einem Vorbereitungsseminar für Erzieher teilzunehmen. Später beauftragte man mich, die Niederlassung in einer größeren Stadt zu leiten und noch später wurde ich in den Vorstand der Bewegung gewählt.
Die Jugendbewegung tat viel Gutes. So organisierte sie jedes Jahr ein Sommerlager für jüdische Kinder. In diesem Jahr (1946) hatten die Kinder gerade den Krieg mit Ausgangssper-

ren und Reiseverbot hinter sich und fanden die Aussicht, zu verreisen und mit dem Zug zu fahren - selbst wenn es nur in einem Güterzug war - herrlich. Der Zug war von der Jugendbewegung gechartert worden und mußte ständig auf entgegenkommende Züge warten, da es in Rumänien keine zweispurigen Bahngleise gab. Dieses Warten dauerte nicht nur einige Minuten oder ein paar Stunden, sondern erstreckte sich manchmal über Tage. Aber es machte uns nichts aus. Auch das karge Essen konnte uns unsere wunderbare Stimmung nicht verderben. Wir sangen hebräische Lieder über unser Traumland Erez Israel, den Aufbau des Landes, den siegreichen Kampf und die schöne Landschaft und tanzten den berühmten israelischen Tanz Hora, der eigentlich ein rumänischer Tanz ist. Spontan bildeten wir auf fast jedem Bahnhof einen Kreis und tanzten und sangen bis wir heiser waren und ermattet umfielen. Passanten betrachteten uns mit großer Verwunderung. Manche hielten uns für verrückt. Als wir endlich in Siebenbürgen ankamen, suchten wir uns eine schöne Waldlichtung in der Nähe eines sprudelnden Flusses, schlugen unsere Zelte auf und verbrachten eine wunderbare Zeit.
Einmal begleitete ich auch eine Gruppe aus Frumuşica in ein Ferienlager. Ich hatte meinen zwei Jahre jüngeren Cousin mitgenommen, dessen Mutter während des Krieges in der Vertreibung gestorben war. Seine älteste Schwester, selbst erst siebzehn Jahre alt, mußte die vier Kinder versorgen. Der Vater, ein einfacher, strenger und ungebildeter Mann, „erzog" seine Kinder mit Schlägen und Hunger und setzte sie manchmal auch für eine Nacht aus. Ich wollte meinen Cousin deshalb in dem Kinderheim für Waisenkinder unterbringen, das die Jugendbewegung in Siebenbürgen unterhielt. Dort erhielten die Kinder eine Ausbildung, Kleidung, relativ gutes Essen und die Chance, nach Palästina auszuwandern. Als das Sommerlager zu Ende war, fuhren wir beide in dieses Kinderheim. Objektiv war das für meinen Cousin eine Erlösung. Sobald ich mich aber von ihm verabschieden wollte, brach er in furchtbares Weinen aus und bat mich, ihn nicht allein dort zurückzulassen. Ich wußte nicht, was ich tun sollte. Einerseits tat er mir schrecklich leid; andererseits war ich sicher, daß das Kinderheim für ihn das beste war. Wir einigten uns schließlich darauf, daß ich noch zwei oder drei Tage bei ihm bleiben würde, bis er

sich eingewöhnt haben und sich nicht mehr so einsam fühlen würde.
In dem Kinderheim überraschte mich eine einschneidende Maßnahme der rumänischen Regierung. Wegen der Inflation wurden täglich Millionenscheine gedruckt. Ich selbst war Millionär, hatte fünfzig Millionen Lei in der Tasche, was heute etwa fünfzig Mark entsprechen würde. Viel Geld! Aber plötzlich gab es eine Abwertung, und das Geld war nichts mehr wert. Man konnte eine sehr kleine Summe in neues Geld umtauschen, aber nur am Wohnort und gegen Vorlage eines Ausweises. Ich hatte also kein Geld für die Rückfahrt. Da es in Rumänien nicht unüblich war, schwarz zu fahren, und ich außerdem wußte, daß Geld, selbst wenn es nichts mehr wert ist, für viele eine magische Anziehungskraft besitzt und die Schaffner sich freuen würden, ein paar Millionenscheine von mir zu bekommen, blickte ich optimistisch in die Zukunft.
Zunächst funktionierte alles wie gewünscht. Als aber das Zugpersonal wechselte und ich den neuen Schaffner ebenfalls mit ein paar Millionen bestechen wollte, wurde ich an der nächsten Station mit einem Fußtritt aus dem Zug befördert. An diese Situation erinnerte ich mich, als ich viel später den Witz über einen armen, schlecht gekleideten Juden hörte, der sehr sorgenvoll im Zug sitzt. Als er gefragt wird, wohin er fahre, antwortet er: 'Wenn mein Hintern es noch aushält, dann möchte ich nach Warschau.'
Mir war inzwischen klar, daß ich mich nur auf besagtes Körperteil verlassen konnte, um nach Bukarest zu gelangen und dort in unserer Zentrale Geld zu holen. Eine Zugfahrt in einem rumänischen Zug in der Nachkriegszeit glich einer Odyssee. Es befanden sich mehr Menschen auf den Dächern des Zuges, den Stufen, zwischen den Waggons und auf der Lokomotive als im Zug selbst. Ich entschied mich für die Lokomotive. Sehr angenehm war das nicht. Rauch und Abgase ließen mich in den vielen Tunneln fast ersticken, und auch die nächtliche Kälte in den Bergen machte mir zu schaffen.
In der Morgendämmerung hielt der Zug auf einem Bahnhof, um auf einen entgegenkommenden Zug zu warten. Dies würde mindestens eine halbe Stunde dauern, und so ging ich in die Stadt, um mir etwas zu essen zu kaufen. Außer einem Körbchen Himbeeren bekam ich für mein wertloses Geld aber

nichts. Immerhin! Ungekämmt und unrasiert wie ich war, mit einem von Ruß geschwärzten Gesicht, hielt mich schließlich ein Polizist an und fragte nach meinem Ausweis. Ich hatte keinen, denn mein ganzes Gepäck einschließlich des Ausweises war von den anderen Teilnehmern des Sommerlagers mit nach Hause genommen worden. Ich erzählte dem Polizisten meine Geschichte, die Umstände, unter denen ich unterwegs steckengeblieben war. Ich zeigte ihm sogar mein Millionenpack in der Hoffnung, ihn zu beeindrucken. Aber es half nichts. Er brachte mich zur nächsten Wache. Von dort wurde ich zu einem Gendarmerieposten geschickt, wo mich ein Unteroffizier verhörte.

Das Verhör entwickelte sich zu einem angenehmen Gespräch, denn der Unteroffizier schien an meinen Geschichten, meiner Absicht, nach Palästina auszuwandern, und meinen Bibelkenntnissen sehr interessiert zu sein. Grund genug also zur Beruhigung. Als er für ein paar Minuten den Raum verließ, las ich, was er während unseres Gespräches notiert hatte. Ich war schockiert. Es stand dort nicht mehr und nicht weniger, als daß das Individuum, das behauptete, Rubin Moscovici zu sein, mit einem Soldaten zur Distriktskommandantur gebracht werden solle, um dort seine Identität feststellen zu lassen. Ich las weiter, daß mein Aussehen mit den Angaben über die Mörder der sowjetischen Offiziere übereinstimme, die im Nachbarwald umgebracht worden waren. Muß ich hier noch meine Gefühle beschreiben? Mörder war ich in meiner abenteuerlichen Laufbahn bisher noch nicht gewesen!

Als der Unteroffizier wieder ins Zimmer kam, fuhr ich ihn an, wie er dazu komme, mich einer so furchtbaren Tat zu verdächtigen, insbesondere als ich ihm doch deutlich erklärt hatte, daß ich das Opfer unglücklicher Umstände durch die Abwertung war. Da aber zeigte er sein antisemitisches Gesicht und brüllte: 'Halt die Schnauze, du verfluchter Jude. Ihr mit euren kommunistischen Barbaren habt uns schon genug Unglück gebracht. Gehe jetzt und beweise Deine Unschuld.'

So wurde ich also verhaftet und mußte mit einem Gendarm von Posten zu Posten laufen – bis nach Ploeşti, der mehr als hundert Kilometer entfernten Kreisstadt. Zum Glück hatte der Gendarm auch keine Lust, die weite Strecke zu Fuß zu gehen, und so hielt er ab und zu einen Lkw oder einen Pferdewagen

an. Schließlich sind wir doch mehr gefahren als gelaufen.
Der Chef eines der Posten war ein Unteroffizier aus Frumuşica, mit dem ich mich lange über meine Absicht, nach Palästina auszuwandern, unterhalten hatte und der mich manchmal bei christlichen Festen hatte Geige spielen sehen. Er umarmte mich und glaubte dem Bericht, der mich als Mörder auswies, nicht. Erst von ihm erfuhr ich, wie furchtbar ich aussah. Er gab mir ein Handtuch und befahl einem Soldaten, einen Eimer Wasser zu bringen, damit ich mich waschen konnte. Der Soldat rasierte mich dann mit einem stumpfen Rasiermesser, was einige Blutspuren auf meinem Gesicht hinterließ, und kämmte mich. 'Jetzt siehst du wieder ganz passabel aus', erklärte mir der Unteroffizier und setzte sich hin, um ebenfalls einen Bericht zu schreiben, in dem er beteuerte, daß er mich und meinen Vater kenne und daß es absolut unwahrscheinlich sei, daß der Verdacht des anderen Unteroffiziers stimme.
So ging es weiter nach Ploeşti, aber jetzt mit mehr Zuversicht. Als wir am späten Nachmittag dort ankamen, war der Kommandant schon nach Hause gegangen. Ich wurde mit mehr als fünfzehn Verbrechern zusammengesperrt, die sich wochenlang nicht gewaschen hatten und einen unglaublichen Gestank verbreiteten. Zudem fluchten sie auf unflätige Weise, rauchten und „entsorgten" sich genüßlich in einen großen Kübel, der mitten im Raum stand. Das schlimmste war, daß ich keine einzige Minute schlafen konnte. Und so erfuhr ich wieder einmal Einsteins Relativitätstheorie am eigenen Leibe: diese Nacht erschien mir wie ein ganzes Jahr.
Am nächsten Tag wurde ich dem Major vorgeführt, der einen anständigen Eindruck machte, sich nett mit mir unterhielt, aber behauptete, daß er mich festhalten müsse, bis meine Identität geklärt sei. Die Aussicht, noch ein paar Nächte in der Zelle zu verbringen, war mir unerträglich. Ich bat ihn sehr, mir irgendeine Zelle oder Kammer zu geben, in der ich mich solange aufhalten könne, bis die Sache geklärt sei. Ich hatte Glück. Er erinnerte sich an einen zwar dunklen, aber sauberen Keller unweit seines Büros.
Neugierig versuchte ich festzustellen, ob die Kellertür abgeschlossen war und fand zu meinem Erstaunen nur einen einfachen Riegel, der die Tür von außen verriegelte. Mit viel Geduld gelang es mir, den Riegel zu öffnen. Ich verließ den Keller

und suchte den Ausgang, um zu verschwinden. Der Wächter aber wollte unbedingt eine schriftliche Ausgangsgenehmigung sehen. Also ging ich in den Keller zurück, wo ich mich mit Hilfe des Riegels selbst wieder einsperrte und über eine neue Taktik nachdachte. Am nächsten Tag wiederholte sich das Spiel: Ich öffnete den Riegel, ging zum Hauptausgang und traf auf den Wachposten. Dieses Mal aber zog ich mein Millionenpäckchen aus der Tasche und sagte zu ihm: 'Ich möchte gegenüber eine Wassermelone kaufen. Hier hast Du mein ganzes Geld als Pfand.' Der Wächter nahm es gierig und ließ mich gehen. Es ist schon merkwürdig, welchen Zauber Geldscheine ausüben, selbst wenn sie nichts mehr wert sind.
Anfangs wollte ich die Flucht einfach zu Fuß ergreifen, aber wie vom Himmel geschickt erschien ein sowjetischer Lkw. Zwei Soldaten stiegen aus und fragten mich: 'Kuda?' (*Wohin?*) – 'Nach Bukarest.' In Sekundenschnelle sprang ich auf den Lkw, und wir fuhren los. Nun war ich also wieder frei – mit tausend Sorgen. Der Wächter hatte wahrscheinlich Alarm geschlagen, und an jedem Posten würde man auf mich warten. Aber die Tatsache, daß ich mich in einem sowjetischen Militärfahrzeug befand, beruhigte mich etwas, auch wenn ich dem Kommandanten meine Personalien, die Adresse meines Vaters und die der Zentrale in Bukarest hatte geben müssen. Es würde nicht schwer sein, mich zu finden, um mich diesmal nicht als Mörder, sondern als Ausbrecher anzuklagen. Eine Stunde erschien mir wie eine Ewigkeit. In einer Kurve sprang ich schließlich von dem Lkw ab und lief bis zum Einbruch der Dunkelheit stundenlang umher. Dann erkundigte ich mich in unserer Zentrale, ob mich jemand gesucht habe. Dies war nicht der Fall. Ich schien also noch einmal glimpflich davongekommen zu sein.
Dennoch befürchtete ich noch lange, daß der Fall für die rumänischen Behörden nicht erledigt war. Als mich später die Geheimpolizei verhörte, tauchte die alte Angst wieder auf. Aber wahrscheinlich lag hier ein Fall typisch rumänischer Schlamperei vor, und der Major hatte, nachdem er von meiner Flucht erfahren hatte, die Akte in den Papierkorb geworfen.
Im Jahre 1947 entschied die Jugendbewegung, daß eine kleine Gruppe aus dem Vorstand – darunter auch ich – nach Palästina auswandern sollte. Zunächst aber mußten wir ein Vorberei-

tungsseminar in Italien besuchen, auf dessen Programm auch militärische Übungen standen. Da es zu jener Zeit nicht möglich war, legal aus Rumänien auszureisen, taten wir dies illegal, so wie Hunderttausende anderer Juden auch, die die Grenzen Osteuropas hinter sich ließen und über Österreich, Deutschland oder Italien nach Palästina auswanderten.

Diese „Wanderungen“ wurden von der jüdisch-amerikanischen Hilfsorganisation *Joint (American Joint Distribution Committee)* organisiert. Dieser Verein, der zusammen mit der *Jewish Agency*[19] die Auswanderung der überlebenden Juden nach Palästina organisierte, ist heute nur noch sehr wenigen ein Begriff – insbesondere nicht den vielen Kindern, deren Eltern seinerzeit vom *Joint* gerettet wurden. Über die *Jewish Agency* redet man heute in Israel wie über einen Haufen fauler, zu gut bezahlter Beamter. Die Leistung dieser beiden Organisationen kann jedoch nicht genügend hervorgehoben werden. Sobald ruhmreiche Geschichte zur Normalität wird, erscheint sie den nachfolgenden Generationen als bedeutungslose Selbstverständlichkeit, selbst wenn diese nachfolgenden Generationen ihr sehr viel zu verdanken haben.

Die Frage der Dankbarkeit ist ein Problem, das mich seit langem beschäftigt. Dankbarkeit spielt eine sehr wichtige Rolle in den zwischenmenschlichen Beziehungen und in der Beurteilung des Vergangenen. Einst war ich sicher, daß es möglich ist, ein nicht erzwungenes Gefühl der Dankbarkeit beziehungsweise ein Dankbarkeitsbewußtsein anzuerziehen. Heute bin ich mir dessen nicht mehr so sicher, denn wie sollen die gegenwärtige Generation und wahrscheinlich auch die kommenden Generationen, die in gesichertem Wohlstand aufwachsen, lernen, daß nicht alles selbstverständlich ist und daß man für das Erreichte dankbar sein soll? Ich gehöre noch einer Generation an, die mit Entbehrungen groß wurde und absolut nichts als selbstverständlich betrachtet.

So ist es auch zu erklären, daß ich noch heute mit Bewunderung für den *Joint* erfüllt bin, für die Art und Weise, in der alles

19 *Jewish Agency for Palestine*: aufgrund des britischen Palästina-Mandatsvertrages 1922 gebildete Vertretung der jüdisch-zionistischen Organisationen bei der britischen Mandatsregierung. Seit der Gründung des Staates Israel ist sie hauptsächlich im Rahmen der Einwanderung tätig.

– meist in der Illegalität – organisiert wurde. So wurden wir in stockfinsterer Nacht zur ungarischen Grenze geschickt, um uns bis zu einem ungarischen Dorf durchzuschlagen. Ohne Geld und ohne eine Kontaktperson in dem Dorf liefen wir stundenlang durch Mais- und Kornfelder; keiner von uns sprach auch nur ein einziges Wort ungarisch. Verzweifelt gingen wir schließlich zum Bahnhof des Dorfes und setzten uns in einen kleinen Warteraum. Nach einiger Zeit kam ein Mann und bedeutete uns, ihm zu folgen. Hoffnungsvoll liefen wir hinter ihm her, merkten aber sehr bald, daß er uns zu einer Polizeistation führte.

Entgegen unseren Befürchtungen wurden wir dort nicht verhaftet, sondern der Mann gab uns ein Zimmer mit zwei Matratzen und machte uns klar, daß wir uns schlafen legen sollten. Wer aber kann schon in einer ungarischen Polizeistation ohne Ausweis und ohne Geld schlafen? Die Qual dauerte bis zum Tagesanbruch. Derselbe Mann, diesmal in Uniform, bedeutete uns erneut, ihm zu folgen. Er brachte uns zum Bahnhof zurück, kaufte Fahrkarten und fuhr mit uns zusammen bis in die Stadt Debrecen. Auch während der Fahrt waren wir noch immer überzeugt, verhaftet zu sein. Erst in Debrecen begegnete uns unser Kontaktmann Fodor, der den Polizisten herzlich umarmte, ihm ein Bündel Geld in die Tasche steckte und uns in gebrochenem Jiddisch willkommen hieß. Von nun an lief alles wie geschmiert. Wir mußten uns nur vorsehen, nicht in die Hände unbestochener Polizisten zu fallen. Von Ungarn aus überquerten wir die Grenze nach Österreich. Dieses Mal waren wir aber nicht allein, sondern Teil eines illegalen Transportes, der mehrere hundert Menschen über die Grenze schmuggelte.

Dabei wurde ich mit einer mir völlig neuen Dimension der jüdischen Tragödie konfrontiert. Nach dem Zweiten Weltkrieg hatten die rumänischen Juden zum ersten Mal in ihrer Geschichte die gleichen Rechte wie der Rest der rumänischen Bevölkerung. Als Folge dieser neuen Freizügigkeit entwickelte sich ein ideologischer Streit unter der jüdischen Bevölkerung, der sich an der Frage entzündete, ob es möglich sein würde, sich in diesen neuen sozialistisch-kommunistischen Staat zu integrieren. Die meisten bezweifelten dies und wanderten nach Palästina aus. Diese Menschen nahmen freiwillig

Leiden, Anstrengung und Gefahr auf sich und ließen alles zurück, um sich mit zwei Koffern in der Hand eine neue Heimat zu suchen.
Die Atmosphäre bei diesen nächtlichen Wanderungen war gespenstisch. In hellen Nächten konnte man eine lange Reihe von Koffern sehen, die sich bis zum Horizont zu erstrecken schien. Insbesondere ältere Menschen hatten ihre Kräfte überschätzt. So stellten sie - einer nach dem anderen - ihre Koffer ab und gingen weiter. Manche blieben auch einfach auf ihren Koffern sitzen. Aber die Begleiter machten ihnen schnell klar, daß sie entweder ohne Koffer mitkommen oder mit Koffern als Illegale in ungarischen Gefängnissen landen würden. So schleppten sie sich also weiter.
In einer dieser Nächte wurde mir bewußt, daß es zwischen unserem Denken beziehungsweise unseren Überzeugungen und unserem Handeln eine große Kluft gibt. Wir waren eine kleine Gruppe von jungen Idealisten, Pionieren, die in einen Kibbuz gehen wollten, in dem es keinen Privatbesitz gab. Dennoch konnten sich zwei junge Männer aus unserer Gruppe nicht zurückhalten, öffneten einen der abgestellten Koffer und durchwühlten ihn. Sie zogen einen rechteckigen Gegenstand in einer Lederhülle heraus, begannen, darüber zu streiten, wer diesen Gegenstand zuerst bemerkt habe, und standen sich plötzlich wie Feinde gegenüber. Beide zerrten an dem Gegenstand, bis die Hülle sich öffnete und sie enttäuscht feststellen mußten, daß es sich nicht um einen Photoapparat handelte, wie sie gedacht hatten, sondern um eine besonders schöne, in Leder gebundene Ausgabe einer Bibel. Verächtlich warfen sie die Bibel weg. Sehr deprimiert nahm ich das Buch an mich in der Absicht, es meinem Vater zu schenken. Leider hat er es nie bekommen, denn ich mußte es bei meiner Flucht aus Rumänien im Jahre 1949 zurücklassen, was ich bis heute bedauere.
Wir liefen fast die ganze Nacht zu Fuß und wurden in Österreich von den Studebakers[20] des *Joint* nach Wien gefahren, wo wegen der Kriegsspuren nicht mehr viel von der alten Pracht zu sehen war. Unvergeßlich ist mir ein Konzert für jüdische

20 *Studebakers*: Lkws, die normalerweise von der amerikanischen Armee benutzt wurden. Da diese Militärfahrzeuge nicht so streng kontrolliert wurden, war es leichter, die Grenzen in ihnen zu passieren.

Flüchtlinge, das Jehudi Menuhin zusammen mit den Wiener Philharmonikern unter der Leitung von Bruno Walter gab. Es wurden die drei B-Violinkonzerte – Bach, Beethoven und Brahms – gespielt. Zum ersten Mal in meinem Leben hörte ich hier ein philharmonisches Orchester, den großen Geiger Menuhin und die drei Violinkonzerte live.
Der Weg von Wien nach Italien war mit großen Schwierigkeiten verbunden. Österreich war zu jener Zeit noch in vier Zonen aufgeteilt, die wir illegal durchqueren mußten. Wir trafen auf immer größer werdende Mengen überlebender Juden auf dem Weg nach Palästina. Die Bilder, die sich uns auf unserem nächtlichen Weg durch Ungarn geboten hatten, wiederholten sich. Nachdem wir mit den beiden jungen Männern, die die Bibel weggeworfen hatten, ein langes Gespräch geführt hatten, beschlossen wir, da wir jung und idealistisch waren, wenig Gepäck hatten und helfen wollten, älteren Menschen die Koffer solange zu tragen, bis sie sich etwas erholt hatten. Dabei gab es auch tragikomische Momente. Nicht alle trauten uns, dachten vielleicht, wir wollten ihre Koffer stehlen und wiesen unser Angebot zurück.
Auch wenn wir in der Gruppe manchmal Differenzen hatten, teilten wir doch grundsätzlich dieselbe Weltanschauung: Wir wollten einen Neuanfang – nur von unserer Hände Arbeit bescheiden an der Grenze des Existenzminimums leben. Diese Verherrlichung der Bescheidenheit, die heute wahrscheinlich kaum noch jemand versteht, kommt auch in der folgenden Geschichte zum Ausdruck, die man sich damals über die Kibbuzniks erzählte. Die meisten von ihnen lebten in Zelten, Frauen wie Männer. Als eine der Frauen ihr Zelt einmal mit schönen Feldblumen schmückte, schrie ein fanatischer Kibbuznik sie an: 'Nicht mit Blumen sollen wir unsere Wohnungen schmücken, sondern mit Arbeitskleidung und Werkzeugen!' Dieselbe Einstellung kommt auch in der Zeile eines Liedes zum Ausdruck, das bis heute gesungen wird:

Wie schön sind die Felder des Jesreeltals
mit dem Duft von Viehdung und Heu.

Für viele Jugendliche war es damals eine Selbstverständlichkeit, daß das Großbürgertum an allen Katastrophen Schuld war. In unserer Gruppe gab es zwei Mädchen, von denen eine einen sehr schweren Koffer hatte. Gewöhnlich gab ich ihr meine leichte Tasche und trug ihren Koffer. Da sie sehr hübsch und attraktiv war, bot auch ein anderer junger Mann seine Hilfe an. Einmal war sie so unvorsichtig zu erzählen, daß sich in dem Koffer ein Hauskleid befand. Alle machten sich darüber lustig. Obwohl wir auch weiterhin geduldig ihren Koffer trugen, zeigte der junge Mann während einer sehr anstrengenden Phase des Marsches seine wahre Einstellung, warf dem Mädchen den Koffer vor die Füße und brüllte: 'Hier hast Du Dein Hauskleid!'

Die beiden Vorfälle zeigen, daß es einen grundlegenden Unterschied im Denken von Frauen und Männern gibt. Während Frauen auch in Extremsituationen Wert auf Ästhetik legen, neigen Männer dazu, stur, fanatisch, engstirnig und doktrinär zu sein, die Ideologie als solche zu verherrlichen, anstatt sie als ein Mittel zu dem Zweck anzusehen, ein besseres und schöneres Leben zu führen.

Inzwischen hatte die *Bricha*, die für illegale jüdische Auswanderung zuständige Organisation, entschieden, daß unsere Gruppe sich nicht nur bemühen sollte, selbst nach Palästina zu gelangen, sondern auch möglichst viele andere Auswanderer über die Grenzen schmuggeln sollte. Der Strom der Auswanderer aus Polen, Rumänien, Ungarn und Jugoslawien traf sich an der österreichisch-italienischen Grenze. Die Grenzübertritte nach Italien nahmen zu, was zu Spannungen zwischen den englischen und italienischen Behörden führte, da die Engländer die jüdische Einwanderung nach Palästina energisch bekämpften. Um zu demonstrieren, daß auch die italienischen Behörden gegen die illegale Einwanderung nach Palästina vorgingen, verhafteten die Italiener von Zeit zu Zeit einige Illegale und brachten dies groß in den Zeitungen heraus.

Zur Lösung dieses Problems hatte der Vorstand der *Jewish Agency* eine bestechend einfache Idee: Wenn eine große Anzahl von Menschen über die Alpen zu schmuggeln war, wurden wir Jugendlichen der Grenzpolizei direkt in die Arme geführt, während die anderen auf Lastwagen verladen und später auf verschiedene Lager verteilt wurden, um noch später auf Schiffen – zumeist umgebauten Frachtschiffen – nach Palästina gebracht zu werden. Wir wurden im allgemeinen ein paar

Tage oder auch nur vierundzwanzig Stunden festgehalten und dann wieder nach Österreich abgeschoben. Am kommenden Tag konnten die italienischen Zeitungen dann in großer Aufmachung melden, daß eine Gruppe illegaler Auswanderer auf dem Weg nach Palästina nach Österreich abgeschoben worden war. Diese Praxis wiederholte sich über einen langen Zeitraum. Anfangs wußten wir allerdings nicht, daß die Festnahme nur kurzfristig und nur pro forma erfolgte. Zweifellos waren die Grenzpolizisten bestochen und mußten dafür sorgen, daß wir gut behandelt wurden und genug zu essen hatten.
Da wir alle aus Rumänien kamen, wo nach dem Krieg großer Hunger herrschte, waren wir Jungen immer hungrig und verschlangen riesige Portionen. Als uns einmal eine schmackhafte Nudelsuppe angeboten wurde, leerte ich den Teller mit ungewöhnlicher Geschwindigkeit. Auf die Frage des Kochs 'Ancora?' antwortete ich fünfmal mit 'ja'. Beim sechsten Mal brachte er mir einen großen Teller Spaghetti, weil die Suppe alle war. Als auch die Spaghetti noch Platz in meinem Magen fanden, fiel er fast in Ohnmacht.
Um das Wohlwollen der Italiener nicht zu sehr zu strapazieren, wurden wir nach einiger Zeit durch andere Jugendliche ersetzt. Wir selbst fuhren weiter gen Süden in einen kleinen Ort namens San Soriano nel Ciminno in der Nähe von Rom, wo wir längere Zeit blieben, um das schon erwähnte Seminar zu besuchen.
Das Jahr 1947 stellt ein entscheidendes Jahr in der jüdischen Geschichte dar, da es die Entstehung des Staates Israel einleitete. In der UNO begann eine Debatte über die Empfehlungen der Untersuchungskommission, die nach Palästina geschickt worden war, um die Möglichkeiten einer friedlichen Lösung des Konfliktes zwischen Juden und Arabern zu ergründen. Der UNO-Beschluß, das Land in zwei Teile zu teilen, einen jüdischen und einen palästinensischen Staat zu errichten und Jerusalem als internationale Stadt zu verwalten, wurde von vielen akzeptiert, nicht jedoch von der arabischen Welt, insbesondere nicht von den Palästinensern. Damit war klar, daß es einen Krieg geben würde. Die verantwortlichen Zionisten nahmen die Situation sehr ernst und versuchten, sich möglichst gut auf diesen Krieg vorzubereiten. Er würde nicht nur gegen die palästinensische Bevölkerung zu führen sein, sondern auch gegen

eine Reihe arabischer Staaten, die nach dem Zweiten Weltkrieg unabhängig oder so gut wie unabhängig geworden waren und deren Armeen besser ausgestattet waren als die jüdischen Kampfeinheiten. Diese waren zwar sehr gut ausgebildet, hatten aber kaum schwere Waffen, da zu jener Zeit noch die Engländer in Palästina herrschten und die jüdischen Kampfeinheiten deshalb illegal waren.

In dem Kibbuz Ein Gev entwickelte David Lewkowitsch eine merkwürdige Kanone, die nach ihrem Erfinder „Davidka" genannt wurde. Sie machte einen Heidenlärm und erschreckte die Araber bei ihrem illegalen Einsatz in arabischen Dörfern so sehr, daß diese ihre Dörfer „freiwillig" verließen. Trotz der Tatsache, daß die illegalen jüdischen Streitkräfte zu jener Zeit erhebliche Erfolge für sich verbuchen konnten, machten sich die *Jewish Agency* und die politischen und militärischen Führer der jüdischen Bevölkerung darüber Sorgen, daß die jüdische Bevölkerung zahlenmäßig sehr viel kleiner war als die palästinensische, die zudem von den arabischen Armeen unterstützt wurde.

Tausende jugendlicher Einwanderer wurden von den Engländern festgenommen und von Palästina aus in Lager nach Zypern gebracht. Um die Zahl der jüdischen Soldaten zu vergrößern, beschloß man, auswanderungswillige Jugendliche nicht mehr nur auf die Arbeit in Palästina vorzubereiten, sondern sie auch militärisch auszubilden. Da wir und viele andere eine solche Ausbildung schon hinter uns hatten, wurden wir von Italien nach Rumänien zurückgeschickt, um diese Aufgabe zu erfüllen.

Diese Entscheidung stellte einen furchtbaren Schlag für uns dar, da sie bedeutete, daß wir nicht in Palästina als Helden für unsere Unabhängigkeit kämpfen und eventuell für das Vaterland sterben konnten. Wir hatten auch keinen Zweifel daran, daß wir im Recht und die Palästinenser im Unrecht waren, da wir uns als ein verletztes, dezimiertes und heimatloses Volk betrachteten. Wir fanden es sogar sehr kompromißbereit, daß wir den UNO-Teilungsplan akzeptierten, der in unseren Augen für die Palästinenser erträglich war, weil er sie nicht zu Flüchtlingen werden ließ. Wir kämpften nicht nur für irgendeine Heimat, sondern für das Land unserer Urväter, die vor zweitausend Jahren aus diesem Land vertrieben worden waren. Heute bin ich froh, daß ich damals nicht in Palästina mitkämpfen und folglich auch nicht an der mit dem Kampf verbundenen Vertreibung der Palästinenser schuldig werden konnte. Zu jener Zeit aber war mir nichts wichtiger, als für den zukünftigen Staat Israel notfalls auch zu sterben. Voller Schmerz dachte ich nur daran, daß ich keinen Anteil an dem Ruhm der israelischen Armee haben würde.

In Rumänien hatte sich die Lage verschlechtert, seit die Kommunisten die Macht übernommen hatten und alle Ideologien und Parteien, die nicht orthodox-kommunistisch waren, bekämpften. Die zionistische Bewegung war zwar noch legal, aber ihre Mitglieder erhielten keine Auswanderungserlaubnis mehr. Allein in unserer Bewegung gab es fünftausend eingetragene Jugendliche, die gern ausgewandert wären, um sich am Unabhängigkeitskrieg zu beteiligen. Die kommunistischen Zeitungen starteten eine Verleumdungskampagne gegen den Zionismus, wobei sie die zionistisch-sozialistischen Bewegungen am meisten angriffen. Auch deren eindeutige Solidaritätsbekundung für das neue Regime half nichts. Zur Schwächung des Zionismus fällten die Kommunisten eine merkwürdige Entscheidung: Zionisten durften zwar nicht nach Palästina auswandern, aber das *Demokratische Jüdische Komitee der Kommunistischen Partei (CDE)* konnte eine große Gruppe jüdischer Auswanderer zusammenstellen, die als angebliche Kommunisten eine Auswanderungserlaubnis erhielten. In der Folge fielen viele von der zionistischen Bewegung ab und wurden Mitglieder der KP, weil sie hofften, auf diese Weise bald nach Palästina auswandern zu können.

Wie andere wurden auch wir bedrängt, bespitzelt, verfolgt und eingeschüchtert. Bald gab es eine offizielle Verlautbarung, nach der Zionisten aller Schattierungen als nationalistisch und folglich als Feinde des Kommunismus einzustufen seien. Innerhalb von zwei Wochen mußten sich alle zionistischen Bewegungen auflösen. In unserer großen – rührenden oder auch empörenden – Naivität beschlossen wir, unter Beweis zu stellen, daß wir keine Feinde des Kommunismus waren. Wir wollten die subversiven Tätigkeiten aufgeben und uns ausschließlich um die Auswanderungserlaubnis für die Mitglieder der aufgelösten zionistischen Bewegungen nach Israel bemühen. Dies war eine Dummheit. Ich hatte damals nicht die geringste

Ahnung, daß es zwischen der marxistischen Befreiungsideologie und dem totalitären stalinistischen Kommunismus, der den Zionismus ablehnte und eine bedingungslose Unterwerfung unter die Politik der Sowjetunion forderte, einen unüberwindbaren Abgrund gab.

Erneute Flucht und endgültige Niederlassung in Israel

In allen stalinistischen Staaten entfernte sich der Stalinismus von der Vernunft wie der Teufel vom Weihwasser. Auch wenn die zionistischen Sozialisten überzeugte Anhänger des Stalinismus waren, wurden sie doch bald verfolgt, bespitzelt oder durch Erpressung und andere Arten der Einschüchterung gezwungen, selbst ihre Freunde zu bespitzeln. Wer zu Mitarbeit und Bespitzelung bereit war, wurde mit einem Studien- oder Arbeitsplatz belohnt. Wer dazu nicht bereit war, wurde festgenommen, monatelang durch unerträgliche Verhöre psychisch gefoltert und dann zu langen Gefängnisstrafen verurteilt. Ich hatte Glück und konnte der Geheimpolizei – wenn auch nur mit Mühe – einige Male entkommen.
Meine illegale Ausreise wurde von unserer Jugendbewegung und den *Bricha*-Behörden vorbereitet. Im Gegensatz zu den rumänischen Zionisten durften die tschechischen auswandern. Sie fuhren in verplombten Zügen durch Rumänien nach Constanza. Hier lag meine Chance. Eine Zeitlang konnte man auf den Straßen Bukarests einen ziemlich verrückten jungen Mann hinter schnell fahrenden Straßenbahnen, die damals noch keine automatischen Türen hatten, herrennen und auf sie aufspringen sehen. Ich übte für meine Flucht.
In einem der Züge aus Prag war ein tschechischer Paß mit einem Bild von mir deponiert. Ich sollte ohne jegliches Gepäck auf den Zug aufspringen, der nicht halten würde. Zunächst mußte ich neben den Gleisen warten, so daß ich – durch den einrollenden Zug verdeckt – von den auf dem Bahnsteig patrouillierenden Soldaten nicht gesehen werden konnte, um dann ein paar hundert Meter neben dem Zug herzurennen, auf ein bestimmtes Zeichen aus einem bestimmten Fenster zu warten und zu versuchen, in eben jenes Abteil zu gelangen. Als ich

mich endlich dort befand, erfuhr ich, daß ich von nun an Erwin Berkowicz heißen würde.
Da in meinem Leben selten etwas ohne Aufregung abgeht, ließ der nächste Schreck nicht lange auf sich warten. In Constanza erwartete uns eine Einheit von Soldaten, die die Pässe kontrollieren sollten. Als ich einen von ihnen anschaute, sank mir das Herz in die Hose. Es war jener Unteroffizier aus Frumuşica, der mich davor bewahrt hatte, als Mörder verurteilt zu werden. Ohne Zweifel erkannte er mich. Als ich ihm meine tschechischen Ausweispapiere zeigte, begrüßte er mich freundlich mit meinem Namen. Ich reagierte nicht und tat so, als würde ich nichts verstehen. 'Erkennen Sie mich denn nicht, Herr Moscovici? Ich bin doch Moraru aus Frumuşica!' Ich antwortete ruhig auf russisch: 'Ne ponimaju.' (*Ich verstehe nicht.*) Nun dauerte es wieder eine Ewigkeit, bis mein Paß kontrolliert wurde und ich mich in die Schlange stellen durfte, um das Schiff nach Palästina zu betreten. Ich konnte noch hören, wie der Unteroffizier zu seinem Kollegen sagte: 'Hätte ich nicht mit eigenen Augen gesehen, daß er Erwin Berkowicz aus der Tschechoslowakei ist, hätte ich geschworen, daß es sich um Rubin Moscovici aus Frumuşica handelt.'
Die Aufregung nahm keine Ende. Sobald ich mich auf dem Schiff befand, bemerkte ich zwei Menschen, die die Einsteigenden betrachteten. Es waren Davidovici und Deanu – zwei jüdische Kommunisten, die in dem neuen rumänischen Konsulat in Tel Aviv arbeiten sollten. Mit Davidovici hatte ich während der Auflösung unserer Bewegung verhandelt. Er kannte mich gut, und wir hatten lange ideologische Streitgespräche geführt. Beide erkannten mich. Was würden sie wohl tun? Wir befanden uns noch auf rumänischem Territorium; auch das Schiff war rumänisch. Ich befürchtete, jeden Moment verhaftet zu werden. Es folgten bange Stunden des Wartens, bis das Schiff endlich den Hafen verließ. In den folgenden Tagen gingen wir uns aus dem Weg.
Nicht lange nach meiner Ankunft in Palästina erfuhr ich, daß einige unserer Freunde in Rumänien festgenommen worden waren. Ich war dumm genug zu glauben, daß es uns gelingen würde, sie durch eine Freundschaftsgeste gegenüber Rumänien zu befreien. Deshalb überzeugte ich den Vorstand der Mapam-Partei, eine Freundschaftsgesellschaft mit Rumänien zu

gründen. Zur Gründung wurden die Vertreter der rumänischen Botschaft – Davidovici und Deanu – eingeladen. Wir drückten uns lächelnd die Hand und sprachen nur über hohe Politik.
Endlich im Land meiner Träume, wartete ich gespannt und ungeduldig darauf, meinen Kibbuz, meine Freunde und vor allem meinen neuen Staat Israel zu sehen. Was heute für viele selbstverständlich ist, war für mich eine unglaubliche Neuigkeit: die blau-weiße Flagge Israels, die statt der englischen überall wehte, jüdische Polizisten mit dem Davidstern auf der Mütze, die Hafenarbeiter in Haifa, der Lotse, die Paßbeamten – alle, alle sprachen hebräisch. Es erschien mir wie ein Traum. Noch nie war mir der Psalm 126 so klar wie in dieser Stunde: „Wenn der Herr die Gefangenen Zions erlösen wird, so werden wir sein wie die Träumenden. Dann wird unser Mund voll Lachens und unsere Zunge voll Rühmens sein." Gleichzeitig war ich aber auch sehr traurig, weil ich nicht an dem einmaligen Ereignis der Staatsgründung hatte teilnehmen können. Deshalb kam mir die Fortsetzung des Psalms in den Sinn: „Die mit Tränen säen, werden mit Freuden ernten. Sie gehen hin und weinen und streuen ihren Samen und kommen mit Freude und bringen ihre Garben." Freud und Leid lagen wie immer dicht beieinander. Da war ich also in meiner Heimat. Ein jahrtausendealter Traum war wahr geworden.
Ich persönlich träumte davon, daß wir den Völkern, mit denen wir lebten und denjenigen, die uns verfolgt hatten, ein Zeichen setzen würden. Wir würden anders handeln als sie und keine Feindbilder anderen Menschen gegenüber haben. Wir würden frei leben und andere frei leben lassen. Wir würden in den Kibbuzim die schönsten Träume der Propheten und der vielen Denker und Träumer aus der ganzen Welt verwirklichen, die ihr Leben der Schaffung einer gerechteren, friedfertigeren und besseren Gesellschaft gewidmet hatten.
Ich fand mich schnell in meiner neuen Heimat zurecht. Dabei kam mir zugute, daß ich als Kind im Geist der biblischen Geschichten und Landschaften erzogen worden war und jetzt mit großer Begeisterung einen Teil dieser Stätten besuchen konnte. Durch meine Kenntnis des Hebräischen fühlte ich mich in der israelischen beziehungsweise in der Kibbuzgesellschaft zu Hause. Als Mitgründer und wichtiges Vorstandsmitglied einer Jugendbewegung in Rumänien, dessen gelungene Flucht Be-

wunderung und Begeisterung hervorrief, war ich nicht einer von vielen, sondern kam sehr bald in den Genuß gewisser Vorteile. So mußte ich nur kurze Zeit schwere Arbeiten verrichten, um dann schnell Teil der „aristokratischen" Schicht des Kibbuz zu werden. Was aber konnte aristokratischer sein, als auf einem Traktor oder einer Erntemaschine zu arbeiten?

Zu jener Zeit war die Verpflegung sehr dürftig. Das galt aber nur für Fleisch und andere Kostbarkeiten. Kartoffeln, Reis, Gemüse und, was für mich am wichtigsten war, Brot und Suppe gab es reichlich. Dieses Leben stellte für mich die Erfüllung eines langen Traumes dar.

Aber Euphorie und Begeisterung der ersten Tage hielten nicht lange an. Schon in Rumänien hatte ich in hebräischen Zeitungen gelesen, daß der lang erträumte Staat Israel nicht unbedingt unseren Vorstellungen entsprach. Wir hatten zwar gesiegt, Israel hatte gesiegt, aber wohin sollte dieser Sieg führen? Zu neuen Kriegen, so wie die europäischen Siege? Oder würde dieser Sieg die Voraussetzung für einen gerechten Frieden werden, der unseren Nachbarn keinen Anlaß zu weiteren Kriegen gegen uns geben würde?

Die hebräischen Zeitungen in Rumänien hatten über mehr als eine halbe Million Flüchtlinge berichtet, über Hunderte von zerstörten und verlassenen arabischen Dörfern, über Plünderungen, Vertreibungen und Gewalt. Meine ambivalenten Gefühle verstärkten sich, als ich meine Freunde aus unserem Kibbuz und aus der Jugendbewegung traf. Während in Rumänien unsere Bewegung aufgelöst worden war, Tausende unserer Mitglieder nach Israel auswandern wollten, um sich am Aufbau des Staates zu beteiligen, saßen wir in bequemen Sesseln und auf Sofas, die ohne Zweifel Teil der „Kriegsbeute" waren. Da ich wußte, daß es zwischen unserem Kibbuz und dem arabischen Nachbardorf keine kriegerischen Auseinandersetzungen gegeben hatte, ging ich davon aus, daß das von den Einwohnern aus Angst verlassene Dorf von unserem Kibbuz geplündert worden war. Ich hatte nicht den Mut, danach zu fragen.

Trauer und Enttäuschung verstärkten sich noch, als einer der Freunde, mit dem ich in Rumänien in der Jugendbewegung zusammen gearbeitet hatte, mir erschüttert über das brutale Vorgehen der israelischen Soldaten berichtete, die zu ausgewählten Einheiten der Palmach[21] gehörten und in den Kibbuzim geprägt und ausgebildet worden waren. Alle seine Erzählungen standen in krassem Widerspruch zu unserem sozialistischen Bewußtsein. Er erzählte mir von einem Dorf, dessen arabische Einwohner noch vor dem Krieg mit uns zusammengearbeitet hatten. Sie hatten uns sogar bei der Beschaffung von Waffen geholfen. Dennoch wurden sie von der israelischen Armee vertrieben.

Der Unabhängigkeitskrieg hatte unsere Gesellschaft auf den Weg des Verderbens gebracht. Die Frage war, wie man die Schraube wieder zurückdrehen und eine gerechte politische Lösung finden konnte. Mir schien, daß dies nur möglich sein würde, wenn man sich von der alten Realpolitik trennte und neue Wege der Völkerverständigung ginge.

Die kommunistischen Systeme schienen einen Modus gefunden zu haben, das ganze Spektrum ethnischer Gruppen und Nationalitäten auf einen Nenner zu bringen, wie zum Beispiel die Beendigung der unaufhörlichen Kriege und Feindseligkeiten auf dem Balkan zeigte. Da diese Zeit den Anfang des Kalten Krieges darstellte, fühlten sich die meisten politisch denkenden Menschen gezwungen, sich mit einem der beiden großen politischen Blöcke zu identifizieren.

Jeder Sozialist war sicher, daß der Kapitalismus die Ursache der beiden verheerenden Weltkriege gewesen war. Zu dem kapitalistischen Block gehörte auch Westdeutschland, in dem die Bemühungen um Entnazifizierung und Säuberung des Staatsapparates von nazistischen Elementen Augenwischerei waren. Die Sowjetunion hingegen profilierte sich als Befürworterin des Kampfes für den Frieden, gegen die Remilitarisierung Deutschlands sowie gegen atomare Waffen und Imperialismus. Jene Menschen, die in dem Krieg so furchtbar gelitten hatten oder von der sowjetischen Armee befreit worden waren, hielten die sowjetischen Positionen für glaubhaft. Der sowjetischen Politik gelang es, Millionen von Menschen in der westlichen Welt davon zu überzeugen, daß ihr wichtigstes Anliegen der Frieden war.

21 Die *Palmach* war eine linkssozialistisch orientierte Eliteeinheit der jüdischen Selbstschutztruppe Hagana in Palästina, die 1943 in den Untergrund gehen mußte. Sie war an entscheidenden Operationen im Unabhängigkeitskrieg beteiligt, erlitt hohe Verluste und ging 1948 in der israelischen Armee auf.

Im Jahre 1949 wurden in einer Zeit großer Begeisterung über die Fortschritte im Entkolonisierungsprozeß unter dem Einfluß der Sowjetunion die Weltfriedensbewegung begründet und eine Weltpetition für den Frieden und gegen atomare Waffen eingebracht. Der heutigen Generation, den Zeugen des Zusammenbruchs der Sowjetunion, kann man kaum klar machen, wie groß die Begeisterung war, die Millionen von Menschen für den Kommunismus empfanden. Es war so, als ob es weder die Moskauer Prozesse von 1936-38 noch Berichte über die traurige Wirklichkeit in der Sowjetunion gegeben und als ob niemand von der rücksichtslosen Machtausübung Stalins und seiner Schergen gewußt hätte.

Millionen von Menschen jubelten begeistert der Entstehung einer Volksdemokratie in China zu. In dem Streit zwischen Stalin und Tito, dem jugoslawischen Helden des Widerstands gegen Hitler, glaubten viele Kommunisten, daß Tito ein Henker und Spion sei, der Anführer einer Bande von Mördern und Verbrechern. Heute ist es nicht mehr zu verstehen, daß Menschen, die an die Vernunft und den wissenschaftlichen Sozialismus glaubten, die hofften, daß der Sozialismus eine neue humanistische Ära in der Geschichte einleiten würde, diese barbarischen, unmenschlichen Methoden mittrugen, die in den Prozessen gegen Kommunisten in Prag, Budapest, Sofia und anderen Städten[22] deutlich wurden. Aufgrund der Polarisierung im Rahmen des Kalten Krieges war man jedoch entweder für den Frieden und mußte sich dann mit der Sowjetunion identifizieren, oder man war gegen den Frieden und identifizierte sich mit den USA und dem kapitalistischen Block. Daraus erklärt sich die Blindheit vieler Kommunisten zu jener Zeit.

Ich persönlich deute diese Polarisierung als einen Drang nach totalen messianischen Lösungen, von denen in der Geschichte immer wieder Millionen von Menschen besessen waren. Wenn wir über Messianismus sprechen, denken wir gewöhnlich an religiösen Messianismus, der die Erlösung in der Ein-

22 In der Sowjetunion und Osteuropa wurde der Antisemitismus nach 1945 aus nationalistischen Gründen, zur Rechtfertigung innerparteilicher Säuberungen oder zur Diffamierung der Opposition von den Kommunistischen Parteien der verschiedenen Länder instrumentalisiert. Dies fand seinen Höhepunkt in Schauprozessen in den frühen fünfziger Jahren.

heit mit Gott und dem Reich Gottes sucht. Es gibt aber auch einen säkularen Messianismus, der von dem unerschütterlichen Glauben erfüllt ist, daß das Reich der Gerechtigkeit auf Erden errichtet werden kann. Der Verwirklichung dieser Gerechtigkeit stellen sich jedoch immer wieder Feinde entgegen, die auf Klassenprivilegien, auf die Beherrschung anderer Völker, auf Krieg und Kriegsprofite nicht verzichten wollen. In dem Kampf zwischen den Söhnen der sozialistischen Zukunft und denen des untergehenden Kapitalismus gab es keinen Kompromiß und niemanden, der sich heraushalten konnte. „Wer nicht für uns ist, ist gegen uns." Diese Parole wurde fast zur Religion.

Die Sowjetunion avancierte zum heiligen Land mit der heiligen Hauptstadt Moskau als der Heimstatt aller Unterdrückten dieser Welt und mit Stalin als Hohempriester und Vater aller Völker, der noch weniger als der Papst fähig war, Fehler zu begehen. Jedes Wort, jede Rede, jede Äußerung wurde in Millionen von Exemplaren wie eine Bibel vervielfältigt und verteilt. Während die Menschen in der Sowjetunion und in den sozialistischen Ländern gezwungen wurden, all dies zu glauben oder zumindest zu behaupten, es zu glauben, brachten in der kapitalistischen Welt Menschen freiwillig ihre Solidarität mit der sowjetischen Politik zum Ausdruck, auch wenn das mit den Regeln elementarster Vernunft nicht zu vereinbaren war. Zu diesen Millionen gehörte auch ich. Diese Zeit möchte ich als die Zeit der Irrwege meines Lebens bezeichnen. Die Frage ist, warum so viele Menschen auf solche Irrwege gerieten und warum es in Israel einen unaufhörlichen Gärungsprozeß gab, der dazu führte, daß viele Jugendliche sich der Kommunistischen Partei anschlossen.

Die Realität war äußerst kompliziert. Die politischen Entwicklungen in Israel und die Politik David Ben-Gurions gerieten in schweren Widerspruch zu dem ethischen Bewußtsein vieler israelischer Sozialisten, die sich die israelische Gesellschaft als eine gerechte und sozialistische Gesellschaft vorstellten. In der Partei Ben-Gurions und auch in anderen sozialistischen Kreisen entwickelte sich jedoch eine gewisse Pervertierung der Werte, die viele Sozialisten befremdete. Nicht nur der amerikanische Imperialismus wurde als Gefahr für den Weltfrieden betrachtet, sondern auch die Tatsache, daß sich die Politik Ben-Gurions mehr und mehr als eine gewaltorientierte Politik herausstellte, die die noch in Israel verbliebene arabisch-palästinensische Bevölkerung unterdrücken oder verdrängen wollte.

Bis zum Unabhängigkeitskrieg war die jüdische Gesellschaft in Palästina hauptsächlich eine puritanische Gesellschaft, die aus Bauern, Arbeitern, Kibbuzim und Gewerkschaften bestand, die gerechtere, nicht durch Ausbeutung gekennzeichnete Formen des Zusammenlebens suchten und fanden. Das für diese Zeit charakteristische Wort war *Chaluz* oder *Chaluziut*. Ein *Chaluz* ist ein Pionier, der seine individuellen Interessen zurückstellt und sein Leben der Befreiung und Erlösung des Volkes Israel widmet. Begriffe wie Karriere, Ehrgeiz, Gewinn waren ihm im Prinzip fremd. *Chaluziut* bedeutet Pioniergeist, der Geist, der die Juden auf den Weg der Befreiung und Unabhängigkeit brachte.

Nach der Gründung des Staates Israel begann dieser Geist, langsam aber sicher verloren zu gehen. Immer mehr Menschen interessierten sich immer weniger dafür, was für Gesellschaft und Staat gut war und konzentrierten sich auf ihre persönlichen Vorteile. So versuchten zum Beispiel auch ehemalige Offiziere der Armee und hohe Beamte der israelischen Regierung oder der *Jewish Agency*, ihre Machtpositionen auszubauen. Solche Tendenzen verstärkten sich durch den enormen Geldstrom, der seinen Weg von den amerikanischen Juden und später dann auch aus der Bundesrepublik Deutschland nach Israel fand. Es zeigte sich, daß auch ehemalige Pioniere oder deren Verwandte und Freunde korrumpierbar waren und versuchten, Vorteile aus dieser Entwicklung zu ziehen. Was aber der israelischen Gesellschaft mehr und mehr schadete, war der Konflikt zwischen Israel und der arabischen Welt, zwischen Israel und den Palästinensern. Dieser Konflikt hat mein ganzes Leben in Israel entscheidend geprägt. Ich war immer von einem tiefen Gefühl der Mitschuld und Mitverantwortung durchdrungen, das mir keine Ruhe gab. Dies machte mein Leben in Israel von Anfang an schwierig und schmerzhaft, ohne daß ich zunächst ahnte, daß ich in meiner neu gefundenen, geliebten Heimat dauerhaft als Exilant würde leben müssen.

4. *Als Exilant in der eigenen Heimat*

Der große jiddische Schriftsteller Itzig Manger[23] ließ sich in der letzten Phase seines Lebens in Israel nieder und schrieb darüber ein wunderbares Gedicht mit den folgenden Zeilen:

> *Ich hob mich joren in der fremd gewolgert;*
> *Itzt bin ich gekumen, mich in der hejm zu wolgern.*
> *(Jahrelang bin ich ruhelos in der Fremde umhergeirrt;*
> *jetzt bin ich gekommen, um ruhelos in der Heimat umherzuirren.)*

Diese Ruhelosigkeit ist auch für mein Leben kennzeichnend. Als ich im Kibbuz lebte, hatte ich allen Grund, glücklich zu sein. Ich liebte die Arbeit auf dem Traktor. Insbesondere der Sonnenaufgang während der Frühschicht gab mir ein richtiges Glücksgefühl. Ich konnte mich jeden Tag satt essen und hatte mein eigenes Zelt. Innerhalb kürzester Zeit besorgte ich mir auch ein paar Bücher und las begeistert die neue hebräische Literatur der Palmach-Schriftsteller oder noch lieber die marxistisch-leninistische Literatur, die in den Verlagen der Kibbuzbewegungen veröffentlicht wurde, insbesondere sowjetische Literatur über die Helden des Aufbaus des Sozialismus, des Zweiten Weltkrieges und der Oktoberrevolution.
Trotz der guten Lebensbedingungen empfand ich eine ständige innere Unruhe, sah mich für das Leid der ganzen Welt verantwortlich und dachte dauernd über das Leben im Kibbuz nach, das doch nur eine Lösung für eine kleine Minderheit darstellte. Auch die Probleme der Palästinenser und das Leid Hunderttausender von Neueinwanderern, die unter sehr schlechten Bedingungen lebten und unter dem ungewohnt heißen Klima litten, besorgten mich genauso wie die Massenarbeitslosigkeit. Wenn es überhaupt Arbeit gab, war dies physische Arbeit, die die meisten nicht gewohnt waren.
In dieser Zeit der Entkolonialisierung und der großen sozialistischen Erfolge, insbesondere der Revolution in China, wurde mir das Leben im Kibbuz bald zu eng. Da ich damals glei-

23 *Itzig Manger* (1901-1969)

chermaßen naiv wie fanatisch war, schien es mir vollkommen klar, daß man nur Ideen klar formulieren und den wissenschaftlichen Sozialismus richtig verstehen müsse, um sowohl unsere kleine als auch die große Welt in Ordnung zu bringen. Dazu gehörte auch, daß die Mapam-Partei, deren Mitglied ich war und die eine besonders starke Bindung an die Kibbuzbewegung hatte, ein vernünftiges marxistisch-leninistisches Programm verabschieden und bereit sein mußte, mit der von Moskau anerkannten Kommunistischen Partei zusammenzuarbeiten. Ich war voller Hoffnung, und im Grunde fehlten mir nur zwei Dinge zum vollkommenen Glück: die Ankunft meiner Freundin aus Rumänien und Gerechtigkeit für die Palästinenser.

In diesem Zusammenhang erinnere ich mich an ein Erlebnis aus meiner Kindheit. Nach der Schule sah ich oft unserem Nachbarn zu, einem Schmied, der mit einem kleinen Hämmerchen Pferdehufe beschlug. Dieses Hämmerchen wollte ich unbedingt haben. Es verfolgte mich sogar im Traum. Eines Tages war es dann soweit. Als der Schmied in der Dämmerung seine Arbeitsstelle verließ, stahl ich es. Was aber sollte ich damit anfangen? Und wo konnte ich es verstecken, damit meine Eltern es nicht fanden? In meiner Aufregung stellte ich mich so ungeschickt an, daß mein Vater mich schließlich erwischte. Natürlich glaubte er meinen Beteuerungen nicht und wies mich streng auf das siebte Gebot hin: Du sollst nicht stehlen. Er sagte, daß Gott vielleicht jemandem verzeihen könne, der ein Stück Brot stiehlt, um zu überleben, aber nicht jemandem, der das Werkzeug stiehlt, mit dem ein anderer sein tägliches Brot verdient. Reue überkam mich. Ich fing an zu weinen und bat meinen Vater, das Hämmerchen zurückzubringen. Er bestand aber darauf, daß ich es selbst zurückgab. Die ganze Zeit plagte mich mein schlechtes Gewissen, bis ich mir spät in der Nacht, zitternd vor Angst, schließlich ein Herz faßte und das Hämmerchen dorthin zurücklegte, wo ich es gestohlen hatte.

Ähnliche Gefühle überkamen mich, als ich einmal in der Mittagspause in der Ruine eines verlassenen Hauses in einem palästinensischen Dorf Schatten suchte. Ein arabischer Mann versuchte, sich unauffällig in das Haus hineinzuschleichen. Als er mich entdeckte, bekam er einen noch größeren Schreck als ich. Da ich nicht bewaffnet war, fürchtete ich um mein Leben. Schließlich erinnerte ich mich des schönen arabischen Brauchs, Vorbeikommende zu dem gerade stattfindenden Mahl einzuladen und forderte ihn dazu mit einem der wenigen arabischen Worte auf, die ich damals kannte, 'Tvadal'. Zögernd kam er näher, um festzustellen, ob ich bewaffnet war. Durch Zeichensprache bot ich ihm zu essen und zu trinken an und erklärte ihm in gebrochenem Arabisch, daß ich seine Sprache leider nicht beherrschte. Nachdem er seine größte Angst überwunden hatte, erzählte er mir in fließendem Hebräisch, daß er ein Bewohner dieses Dorfes gewesen sei und holen wolle, was von seinem Besitz zurückgeblieben war.

Zu jener Zeit lebten in der Nähe der neu entstandenen Grenzen Israels Tausende palästinensischer Flüchtlinge, die nicht begreifen konnten, daß sie nicht in ihre nahegelegenen Dörfer zurückkehren durften. Häufig überschritten sie die Grenze, um ihre ehemaligen Feigen-, Trauben- und Olivenplantagen abzuernten oder, wie dieser Mann, in ihre Häuser zurückzukehren, um noch etwas von ihrem Besitz zu retten, vielleicht auch Geld oder Schmuck auszugraben, die sie vor ihrer Flucht zurückgelassen hatten.

Für die israelischen Grenzposten waren diese Menschen Infiltranten, die mit feindlicher Absicht kamen. Sie nahmen jeden fest. Im besten Fall wurde er zurückgeschickt, im schlimmeren verhaftet und im schlimmsten Fall erschossen. Diese Vorkommnisse spitzten die Situation zu und hatten viele Racheakte zur Folge. So wurden Felder und Bewässerungsanlagen geplündert. Viele Juden mußten ihr Leben lassen. Dennoch konnte man nicht alle über einen Kamm scheren. Die Antwort der israelischen Politik bestand jedoch ausschließlich in Vergeltungsaktionen.

Die Situation war für uns beide sehr unangenehm. Er hatte Angst, daß ich Hilfe rufen würde. Ich wußte nicht, wie ich mich verhalten sollte und kam mir wie ein Eindringling vor. Unwillkürlich fühlte ich mich in die Kriegszeit, die Zeit der Vertreibung, zurückversetzt, in der ich mehr als einmal im Traum in mein Schtetl und in das Haus, in dem ich geboren wurde, zurückkehrte und die neuen Bewohner bat, einen Gang durch das Haus und den Garten machen oder auf die Obstbäume klettern zu dürfen. Dieser Traum wurde zum Alptraum, als ich nach dem Krieg tatsächlich dorthin zurückkehrte und es in ungefähr demselben Zustand vorfand, in dem sich das Haus des Palästinensers jetzt befand – ohne Türen, ohne Fensterscheiben und ohne Fußboden. Ich weiß nicht, ob die neuen Einwohner unser Haus als Ruine hinterlassen hatten oder ob sie aus Angst geflohen waren und andere geplündert hatten, was zu plündern war. Ich erinnere mich aber sehr gut daran, welchen furchtbaren Schmerz und welche Wut ich empfand. Ich fragte mich damals, warum Menschen nicht wenigstens mit Häusern barmherzig umgehen können.

Nun stand ich als Sieger vor einem Menschen in Todesangst - in seinem eigenen geplünderten Haus. Ich kann nicht behaupten, daß ausschließlich dieser Anblick meine leidenschaftliche Arbeit für den Frieden und eine Veränderung der Gesellschaft, die beiden Völkern Gerechtigkeit gewährleistet, bewirkt hat. Ich weiß aber, daß mich dieses Bild bis heute verfolgt und mich mit dem Gefühl schmerzhafter Hilflosigkeit erfüllt. Als ich mein zerstörtes Haus und das zerstörte Schtetl sah, schwor ich mir, alles in meiner Macht Stehende zu tun, um eine Wiederholung solcher Situationen zu verhindern.

Es ist leicht zu schwören, aber sehr schwer, sich ein Leben lang an einen Schwur zu halten. Am liebsten hätte ich diesen Mann mit in den Kibbuz genommen und mit den anderen die Frage diskutiert, weshalb wir in dieselbe Situation geraten waren, in der sich unsere Verfolger während des Zweiten Weltkrieges befunden hatten. Ich wußte aber, daß ich im besten Fall ausgelacht und im schlimmsten Fall der Palästinenser als Infiltrant festgenommen und für lange Zeit ins Gefängnis geworfen würde.

Diese Begegnung hatte mir die ganze Tragik der Situation in Israel noch deutlicher gemacht und verstärkte meinen Wunsch, mit einem Schlag die Vorkriegslage wiederherzustellen. Seitdem bin ich in meinem Bemühen, eine Lösung für das Problem der heimatlosen Palästinenser zu finden, nie wieder zur Ruhe gekommen.

Ich war zwar nicht der einzige, den das Schicksal der Palästinenser bewegte, war damit aber Teil einer Minderheit. Es erstaunte mich selbst, daß eine solche Begegnung notwendig gewesen war, damit ich endlich verstand, daß der Anspruch der Palästinenser auf ihr Land und ihren Besitz selbstverständlich war. Lange hatte ich – ohne an die ursprünglichen Besitzer zu denken – palästinensisches Land gepflügt und in sengender Hitze meinen Durst mit Orangen und Pampelmusen gestillt, die auf einer völlig heruntergekommenen, einstigen Palästinenserplantage hartnäckig weiterwuchsen. Es erschien mir selbstverständlich, daß wir zu unseren Grundstücken durch verlassene palästinensische Dörfer fuhren, in denen Gegenstände des täglichen Lebens noch von dem einst pulsierenden Leben zeugten. Nie hatte ich daran gedacht, daß hier Menschen gelebt, geliebt, gearbeitet und gehofft hatten, die jetzt in irgendwelchen trostlosen Flüchtlingslagern von ihrer Heimat träumten – genauso wie ich während des Krieges von meinem Schtetl als einem Paradies geträumt hatte, das eigentlich gar kein Paradies war. Aber es war meine Heimat.

Ich frage mich manchmal, ob mein Leben als Exilant erst in Israel begann. Schon meine Vorfahren irrten in den verschiedenen Ländern Europas – Polen, Rußland, Rumänien – umher. Aber auch mein eigenes Leben ist ein einziger Wirrwarr. Meine ursprüngliche Heimat waren die malerischen, fruchtbaren Hügel, Wälder und Flüsse der Moldau. Meine Traumheimat jedoch war Palästina: der Jordan, der Karmelberg, der Berg Tabor und Jerusalem. Ich mußte nicht nur oft die Sprache ändern, sondern auch mich selbst. Mit elf Jahren war ich ein Exilant bei der Schwester meines Vaters, mit zwölf bereits in der Vertreibung in einer Stadt, in der ich weder die Möglichkeit hatte, mich zu bilden noch mir eine Existenz aufzubauen.

Als Kind zu Hause und zur Verständigung mit meiner Umgebung sprach ich jiddisch. In der Schule und zum Überleben benötigte ich rumänisch; während der Vertreibung russisch, ukrainisch und sogar italienisch, als sich italienische Soldaten in unserer Gegend aufhielten. Nach dem Krieg erwies sich russisch wiederum als Vorteil. Als ich die aus Rumänien auswandernden Juden über die rumänische, die ungarische, die österreichische und die italienische Grenze schmuggelte, mußte ich das Unmögliche versuchen und ein paar Sätze auf ungarisch sagen. In Österreich half mir mein merkwürdig verdeutschtes Jiddisch und in Italien wiederum mein Italienisch. In Israel kamen mir meine Kenntnisse aus dem Bibelunterricht zugute. Allerdings hatte sich die hebräische Alltagssprache stark von der Sprache der Bibel entfernt. Schließlich wollte ich auch zu den palästinensischen Arabern Kontakte haben.

Also lernte ich ein bißchen arabisch. Als Student in Jerusalem blieb mir nichts anderes übrig, als mir auch die englische Sprache anzueignen. Da es manche für mein Studium wichtige Bücher nur auf französisch gab, kam auch noch das Französische hinzu. Vor zwanzig Jahren begann ich dann, deutsch zu sprechen. Ich war sicher, daß ich nach der Beendigung meines Studienaufenthaltes in Berlin nie wieder nach Deutschland zurückkehren würde. Heute scheint mir ein Monat in Deutschland wie ein kurzer Heimaturlaub.
Wie kann ein Mensch, der einem solchen Sprachenwirrwarr ausgesetzt ist, noch systematisch denken? Wie kann er zur Ruhe kommen und in welcher Sprache kann er seine Gedanken und Gefühle ausdrücken? Ich singe gern jiddische Lieder und erzähle meinen deutschen Freunden begeistert über jiddische Literatur. Wenn ich aber meinem Bruder begegnete, mit dem ich aus Gewohnheit jiddisch sprach, merkten wir beide, daß mein Jiddisch inzwischen eine merkwürdige Mischung aus jiddisch, deutsch, hebräisch und rumänisch geworden war. Das erinnert mich an die Geschichte von der Krähe, die bewundernd die harmonischen Bewegungen der Taube betrachtet. Lange versucht sie, sich wie die Taube zu bewegen, bleibt aber erfolglos. Zum Schluß kann sie weder wie eine Krähe noch wie eine Taube laufen.
Ich habe immer gehofft, in Israel eine richtige Heimat zu finden. Aber auch in Israel blieb ich ein Exilant. Unser Kibbuz hieß Misgav-Am und lag in der Nähe eines palästinensischen Dorfes, das seit längerer Zeit verlassen war. Vor dem Unabhängigkeitskrieg waren die Beziehungen zwischen unserem Kibbuz und dem palästinensischen Dorf durch Toleranz, gelegentlich auch Hilfsbereitschaft gekennzeichnet gewesen. Jetzt bemühten wir uns darum, daß die Einwohner des Dorfes, die inzwischen als Flüchtlinge im Libanon lebten, in ihr Dorf zurückkehren durften.
Die Behörden wollten diese Erlaubnis nicht erteilen. So lagen Land und Terrassen einige Jahre brach. Schließlich wurden sie unserem Kibbuz angeboten. Falls wir sie nicht haben wollten, sollten sie einer anderen Siedlung zugeteilt werden. Darüber geriet unsere Gemeinde in Streit. Die meisten wollten das Angebot annehmen, da sie sicher waren, daß die ursprüngliche Bevölkerung ohnehin nicht würde zurückkommen können.

Eine Minderheit, darunter ich, fanden aber, daß wir aus Prinzip und als Zeichen der Solidarität mit unseren Nachbarn auf das Land verzichten sollten. Wir konnten uns nicht durchsetzen.
Die Kommunistische Partei Israels war damals als einzige Partei für die Palästinenser offen und befürwortete das Recht der Flüchtlinge auf Rückkehr. Deshalb wollten wir sie bei den nächsten Wahlen wählen. Sie war aber auch antizionistisch. Unser Kibbuz jedoch war sozialistisch-zionistisch und wurde von der *Jewish Agency* unterstützt. Da damals eine sehr antikommunistische Atmosphäre in Israel herrschte, wurden Kibbuzmitglieder, die die Kommunistische Partei wählten, aus den Kibbuzim ausgeschlossen. Für mich bedeutete dies die Vertreibung aus meinem Paradies. Obwohl das Leben im Kibbuz sehr anstrengend war, gefiel es mir. Die schwere Arbeit machte mir Spaß, und das kollektive Leben entsprach meinen Hoffnungen und Vorstellungen von einer zukünftigen Gesellschaft. Als wir den Kibbuz verlassen hatten, fehlten mir in der Stadt lange Zeit die Weite der Felder, die Berge, der frische Duft der Erde, der wunderbare Blumenteppich im Frühjahr und der Duft der heranreifenden Ernte.
Als Kommunist verlor ich häufig meinen Arbeitsplatz, und wir mußten oft umziehen. In einem Schrank, den ich bei jedem Ortswechsel auseinandernehmen mußte, markierte ich jeden erneuten Aufbau mit einem Strich. Als ich ihn schließlich meiner gerade nach Israel eingewanderten Mutter schenkte, geschah dies zum vierzehnten Mal. Auch aus Neve Shalom wurde ich letztendlich vertrieben, obwohl ich sicher gewesen war, daß ich hier glücklich leben und sterben würde. Trotz meines dauerhaften Exils habe ich noch immer den Traum, meine endgültige und ausschließliche Heimat in Israel zu finden, einem Israel, das den Weg zur Versöhnung mit seinen palästinensischen Nachbarn und den arabischen Völkern findet.
Vor unserem Ausschluß aus dem Kibbuz Misgav-Am hatten wir zusammen mit vielen anderen versucht, die Politik unserer, der Mapam-Partei, von innen zu ändern. Das entsprach meiner Vorliebe für eine Politik von unten. Keinen Moment vergaß ich, daß meine besten Freunde in Rumänien geblieben waren und davon träumten, so schnell wie möglich nach Israel zu kommen. Rumänien aber hielt seine Tore für die jüdische

Auswanderung hartnäckig geschlossen. Naiverweise hoffte ich darauf, die Mapam-Partei zu einer Zusammenarbeit mit der Kommunistischen Partei bewegen zu können, so daß diese Einfluß auf die rumänischen Behörden nehmen würde, um eine jüdische Auswanderung aus Rumänien zu ermöglichen.
Da die Kommunisten nicht zionistisch waren und sich mit der strikt antizionistischen Sowjetunion identifizierten, wurde die KP von allen zionistischen Kreisen ausgegrenzt, sogar verfolgt. Das Prinzip der Ausgrenzung einer Partei ist also kein deutsches Patent. Meine Bemühungen in den fünfziger Jahren in Israel blieben genauso erfolglos wie meine Bemühungen in Deutschland in den letzten Jahren, Deutsche zu einer Mitwirkung an dem Friedensprozeß im Nahen Osten zu bewegen. Damals warfen wir unserer Partei vor, nicht mit den Kommunisten zusammenarbeiten zu wollen. Heute habe ich keinen Zweifel, daß selbst, wenn sie es getan hätte, sich nicht das Geringste an der sturen, unvernünftigen und herzlosen Politik der verschiedenen kommunistischen Führer geändert hätte.
Obwohl die Kommunistische Partei gegen den Zionismus war und ich auch nicht glaubte, daß es dem Sozialismus gelingen würde, das jüdische Problem zu lösen, jubelten in den fünfziger Jahren viele wie ich voller Begeisterung der Sowjetunion und Stalin als dem Vater und Erlöser der Völker zu. Trotz der Schauprozesse[24] in Prag, Budapest und Sofia unterstützte ich begeistert, wenn auch nicht ohne Zweifel die unverschämte und unmenschliche Lüge, daß sich in Prag, Budapest und Sofia sozialistisches Recht und sozialistische Gerechtigkeit behauptet hatten. Ich kann mich noch an Ausreden und Erklärungen erinnern, mit denen ich die Verfolgung von Kommunisten, die sich ein Leben lang für eine gerechte Gesellschaft eingesetzt hatten, rechtfertigen wollte. Aber den Mut, so wie das Kind in dem Märchen zu schreien, daß der König nackt sei, hatte ich nicht.
Darüber bin ich bis heute zutiefst beschämt. Es ist auch der Grund dafür, daß ich mich weigere, Andersdenkende zu verurteilen. Haß und Gewalt, mit denen unsere rechtsextremen und klerikalen Siedler gegen die Palästinenser vorgehen, erwecken den tiefsten Abscheu in mir. Aber ich reagiere nicht

24 vgl. S. 84, 97, 98

mit Haß, weil ich aus Erfahrung weiß, daß Ideale Menschen blind machen können. Die Neigung, sich für einen falschen Messias zu begeistern, hat eine unwiderstehliche Kraft. Manchmal nutzen weder Fakten noch negative Erfahrungen, um uns zum Verlassen des nur scheinbar richtigen Weges zu veranlassen.
Man sagt, daß Verstehen noch nicht Verzeihen bedeute. Sicher aber erleichtert das Verstehen das Verzeihen. Angesichts meiner Empörung über das Leid der Palästinenser wäre es ein Leichtes, ein dunkles und undifferenziertes Bild von Israel zu zeichnen. Da ich ständig gegen die Politik der israelischen Regierung opponiert habe, standen für mich die negativen Aspekte immer im Vordergrund. Aber schon als begeisterter Kommunist war ich innerlich sehr zerrissen, denn ich sah auch die Errungenschaften des neu entstehenden Israels.
Einerseits gab das Leid von fast einer Million Immigranten Anlaß zur Empörung, denn sie wurden in einem Land mit extrem heißem Klima in Blechbaracken untergebracht, in denen die Temperatur kurz vor dem Siedepunkt stand. Außerdem mußten sie notgedrungen auf die ihnen vertraute Sprache, Kultur und Bräuche verzichten. Andererseits erschien es mir als einem Menschen, der im Krieg fast immer gehungert hatte, wie ein Wunder, daß es dem neuen Israel gelang, jedem Einwanderer sein tägliches Brot und den Kindern eine Schulbildung zu geben, die sie schnell mit der hebräischen Sprache vertraut machte. Im allgemeinen bringen Eltern ihren Kindern die Sprache bei. Jetzt wurden die Kinder zu Lehrern ihrer Eltern, was bedauerlicherweise einen Autoritätsverlust der Eltern zur Folge hatte.
Alle Einwanderer waren krankenversichert und erhielten durch ein System, das den deutschen ABM-Maßnahmen vergleichbar ist, einen Arbeitsplatz. Heute sind die Gewerkschaften und ihre Krankenkasse in einer fast hoffnungslosen Krise. Dennoch sollte man nicht vergessen, daß sie einen wichtigen Beitrag zur wirtschaftlichen Infrastruktur des jungen Israels geleistet haben, indem sie Arbeitsplätze und ein System der sozialen Sicherheit schufen. Hätten sie sich vor vierzig Jahren an den Prinzipien der Marktwirtschaft orientiert, wäre es Israel nicht gelungen, in einem Prozeß von nur vier Jahren seine Bevölkerung zu verdreifachen.

Angesichts des Leidens der Einwanderer gab es damals viele Proteste und die Suche nach schnellen Lösungen. Menschen sind oft sehr ungeduldig. Tausende von Jugendlichen hofften mit unstillbarer Sehnsucht auf eine Revolution, die mit einem Schlag eine gerechte Gesellschaft herstellen sollte. Dabei wurde oft übersehen, daß trotz aller Fehler in Außen- und Wirtschaftspolitik, trotz der aggressiven Vergeltungspolitik und der Tatsache, daß das viele Geld aus Amerika und Europa nicht immer effektiv genug eingesetzt wurde, allmählich fast alle Einwanderer – heute bereits mehr als vier Millionen – Wohnungen bekamen und außer Schulbildung und Gesundheitsversorgung auch eine Berufsausbildung erhielten. Ein nicht unbedeutender Teil – etwa dreißig Prozent – der Berufstätigen im jungen Israel wurde auf die eine oder andere Weise in den Kibbuzim ausgebildet, in denen kaum drei Prozent der Gesamtbevölkerung lebten.
Ich erwähne diese Dinge, um einerseits auch dem altera pars gerecht zu werden und andererseits die Gründe für meine unaufhörliche innere Zerrissenheit aufzuzeigen. Gern hätte ich mich mit ungebrochener Begeisterung am Aufbau des Landes beteiligt, wären da nicht immer die geschilderten Ungerechtigkeiten gewesen. Als der jüdische Nationalfond zusammen mit der israelischen Regierung beschloß, den Hulasee im Norden des Landes trocken zu legen, um sechzigtausend Dunam Land (etwa sechstausend Hektar) urbar zu machen, half ich voller Enthusiasmus. Sobald mir aber bewußt wurde, daß ich mit den Ketten meines Baggers die noch von arabischen Bauern angebauten Auberginen, Tomaten und Paprikaschoten zerquetschte, legte sich meine Begeisterung schnell und mein Gefühl, im Exil zu leben, verstärkte sich.
In diesem Spannungsbogen zwischen der Begeisterung für meine neue Heimat – das Land, das ich schon kannte, bevor ich es betreten hatte –, der Bewunderung für dieses einmalige Experiment in der Geschichte – den Wiederaufbau eines Staates und einer Kultur, die Wiederbelebung einer Sprache – und der Abscheu vor den Ungerechtigkeiten, die sich aus diesem Vorgang ergaben, könnte ich mit Bertold Brecht sagen: „So verging mein Leben in diesem Land.“
Ein berühmter Spruch, der sowohl G.B. Shaw[25] als auch Winston Churchill[26] zugeschrieben wird, besagt, daß derjenige, der

sich mit zwanzig Jahren nicht für den Kommunismus begeistert, herzlos, derjenige aber, der sich mit vierzig Jahren noch immer dafür begeistert, kopflos ist. Wie kann man erklären, daß es so viele Kopflose – berühmte Dichter, Denker, Nobelpreisträger und erfahrene Politiker – in Israel und der restlichen Welt gab?

Damals lebte in Israel ein sehr kluger und gebildeter Mann namens Moshe Sneh. Obwohl er Arzt war, widmete er sein Leben der Politik. Als zionistischer Aktivist in dem von der Sowjetunion besetzten Polen saß er eine Zeitlang im Gefängnis. Nachdem es ihm gelungen war, nach Palästina auszuwandern, war er politisch sehr schnell erfolgreich und wurde Befehlshaber der militärischen Untergrundeinheit Hagana. Dort vertrat er die *Allgemeinen Zionisten*, eine rechtsliberale Partei. Nach der Entstehung des Staates Israel orientierte er sich politisch mehr und mehr nach links und wurde schließlich eine der führenden Persönlichkeiten der Mapam-Partei. Fast bis zu seinem Tode wählte man ihn immer wieder in das israelische Parlament, die Knesset, allerdings nicht nur als Vertreter der Mapam-Partei, sondern auch als Vertreter der Kommunistischen Partei.

Gerade als in Osteuropa die abscheulichen Schauprozesse stattfanden, begeisterten sich Moshe Sneh und viele andere für die sozialistische Gerechtigkeit, verließen die Mapam-Partei und traten in die KP ein. Dieser Mann war so berühmt, geschätzt und wegen seiner politischen Fähigkeiten bewundert, daß selbst seine Gegner meinten, wenn er sich der Arbeiterpartei angeschlossen hätte, wäre er ohne Zweifel der Nachfolger Ben-Gurions geworden.

Moshe Sneh ist nur ein Beispiel für das manchmal rätselhafte Verhalten von Menschen. Viele Juden, die in der Roten Armee gedient oder während des Krieges in der Sowjetunion gelebt hatten, wanderten nach Israel aus. Sie hatten keinen besonders überzeugenden Grund, sich für das kommunistische Regime zu begeistern. Nicht wenige von ihnen waren aufgrund nichti-

25 *George Bernard Shaw* (1856-1950), englisch-irischer Komödienschriftsteller, der 1925 den Nobelpreis erhielt.

26 *Sir Winston Spencer Churchill* (1874-1965), britischer Politiker; 1940-45 und 1951-55 Premierminister. Er schrieb mehrere historische Werke und erhielt 1953 den Literatur-Nobelpreis.

ger oder absurder Beschuldigungen nach Sibirien verbannt worden. In Israel entwickelten sie sich jedoch zu begeisterten Anhängern der Sowjetunion und traten der KP bei.
Vielleicht ist dieses Verhalten gar nicht so rätselhaft wie es auf den ersten Blick erscheint. Vor nicht allzu langer Zeit begingen wir den fünfzigsten Jahrestag der Befreiung von Auschwitz und erinnerten uns daran, daß die Juden, die Auschwitz überlebten, von der Sowjetunion befreit wurden. Viele polnische Juden überlebten, weil sie rechtzeitig vor dem deutschen Überfall auf Polen in die Sowjetunion geflüchtet waren. Während Eichmann mit seinen Schergen noch im Jahre 1945 ungarische Juden umbrachte, rettete der Vormarsch der sowjetischen Armee rumänische Juden vor diesem Schicksal genauso wie viele andere, die die Nazibesatzung überlebt hatten. Für diese Rettung waren sie der Sowjetunion zutiefst dankbar. Es war kein Zufall, daß in Israel ein „Wald der Roten Armee" gepflanzt wurde, der der ewigen Erinnerung an die Errettung großer Teile der europäischen Juden dienen soll und nicht etwa auf eine Initiative der Kommunistischen Partei zurückgeht.
In der Zeit, in der die Schauprozesse stattfanden, konnte jeder, der es wollte, erfahren, daß viele jüdische Dichter, Schauspieler und Künstler, überzeugte Kommunisten, von Stalin umgebracht wurden. Jeder, auch die Kommunisten, hätte über die antisemitischen Züge der kommunistischen Regierungen informiert sein können. Sehr berühmt war der Spruch Nikita Chruschtschows[27], daß es zu viele Rabinowitschs in den kommunistischen Gremien gebe. Die schamlose Anklage gegen jüdische Ärzte[28], denen man vorwarf, Stalin vergiften zu wollen, hat kaum einen begeisterten Kommunisten zur Abkehr vom Kommunismus veranlaßt.
Die Unmenschlichkeit der kommunistischen Führer beziehungsweise der Kommunistischen Partei bekam ich auch am

27 *Nikita Chruschtschow* (1894-1971), sowjetischer Politiker

28 Als *Ärzteverschwörung* bezeichnet man den Höhepunkt der antisemitischen Kampagne in der Sowjetunion in den Jahren 1948-1953. 1953 wurden neun prominente Moskauer Ärzte verhaftet, darunter sechs jüdischer Herkunft. Man warf ihnen vor, zwei sowjetische Politiker umgebracht zu haben und die Ermordung weiterer zu planen. Nach dem Tod Stalins wurden die Überlebenden freigelassen und die „Verschwörung" später offiziell als Teil der stalinistischen *Säuberungspolitik* entlarvt. Antisemitische Tendenzen blieben jedoch Bestandteil der sowjetischen Politik.

eigenen Leibe zu spüren. Bei Wahlen in Israel in den fünfziger Jahren errang die KP in dem Stadtteil, in dem ich wohnte, einen sensationellen zweiten Platz. Da dieser Erfolg auch meinen Aktivitäten zugeschrieben wurde, sollte ich zur Belohnung als Mitglied einer Jugenddelegation zu dem Weltjugendfestival in Bukarest geschickt werden. In meiner Naivität bat ich um die Erlaubnis, meine noch in Rumänien lebende Mutter für ein paar Tage besuchen zu dürfen. Dieses Ansinnen reichte aus, um mich von der Liste der Teilnehmer zu streichen. Solche und ähnliche Gemeinheiten waren an der Tagesordnung.
In meiner Nachbarschaft wohnte ein Mann, der das kommunistische „Paradies“ in Rumänien am eigenen Leibe erfahren hatte. Durch ein Wunder oder vielleicht weil er schon sehr alt war, hatte er eine Auswanderungserlaubnis erhalten; nicht so jedoch seine Tochter. Der Mann war ein hartnäckiger Gegner des Kommunismus und hatte nur den einen Wunsch, seine Tochter zu sich nach Israel zu holen. Schließlich war er so verzweifelt, daß er sich bereit erklärte, dem Zeitungsfond der Kommunistischen Partei alle seine Ersparnisse zu spenden, falls ich mich dafür einzusetzen würde, daß seine Tochter Rumänien verlassen dürfe. Mit Tränen in den Augen machte er mir klar, daß nichts außer der Hoffnung, seine Tochter noch einmal zu sehen, für ihn einen Sinn hatte. Lange versuchte ich, einflußreiche kommunistische Bekannte zu überzeugen, diesem alten Mann zu helfen – natürlich ohne Erfolg.
Nicht immer veranlassen uns menschliche Begeisterungsfähigkeit und Verführbarkeit zu vernünftigen Entscheidungen. Man sollte die Verführten jedoch mit Nachsicht behandeln, denn wir sind alle potentiell verführbar. Nach den Enthüllungen Chruschtschows auf dem 20. Parteitag (1956) entstand bei vielen ein tiefer Riß in ihrem unerschütterlichen Glauben daran, daß das sowjetische Gewaltsystem den Kommunismus zum Ziel führen würde. Bei mir entwickelte sich eine dauerhafte Abneigung und Abscheu vor Totalitarismus und totalitärem Denken.
Ich beschloß, meine Arbeit als Kranführer im Hafen von Haifa aufzugeben und nach Jerusalem zu ziehen, um dort Geschichte zu studieren und Lehrer zu werden. Dabei war es mein einziges Ziel, die junge Generation dazu zu motivieren, aus der Geschichte zu lernen. Ich wollte sie für die Ungerechtigkeit in der

Welt sensibilisieren und ihr zeigen, daß man mit Hilfe von Nachsicht und Toleranz friedlich miteinander leben kann. Sie sollte auch ihre Eltern mit Nachsicht und Toleranz beurteilen. Außer meiner konsequenten Friedensarbeit war dies mein wichtigstes Anliegen.

In den sechziger Jahren schien sich die politische Lage in Israel zu entspannen. Aufgrund „der schlimmen Affäre“[29] mußte Ben-Gurion als Ministerpräsident und Verteidigungsminister zurücktreten. Mit ihm geriet auch die Clique der „Gewaltaktivisten“ – Moshe Dayan und andere – ins Abseits. Der dritte Ministerpräsident Israels, Levi Eschkol[30], ein kluger, humorvoller und gütiger Mensch, versuchte, die israelische Politik in gemäßigtere Bahnen zu lenken. So beschloß er, die Militärverwaltung, unter der die israelisch-arabischen Bürger noch lebten, aufzulösen. Man ging jetzt mit weniger Sturheit an die Probleme heran. Arabische Familien, die durch den Krieg getrennt worden waren, wurden wieder vereint und israelisch-palästinensische Arbeiter gleichberechtigt in die Gewerkschaften integriert. Für mich stellte diese Phase die Zeit der Versöhnung mit meiner Regierung dar.

Als Lehrer lag mir viel daran, meine Schüler im Geist der Achtung und des Verständnisses für die Leistungen der Gründergeneration zu erziehen. Durch den Wohlstand war in der israelischen Gesellschaft ein gewisser Zynismus entstanden, der sich auf Ideologien im allgemeinen bezog, insbesondere aber auf die Ideologie, die zur Gründung des Staates Israel geführt hatte. Tradition und Kultur der Eltern wurden abgelehnt, die Lieder und Gedichte, die den Pioniergeist dieser Generation zum Ausdruck bringen, verspottet.

Heute mag uns ein Lied, das den Segen der Arbeit preist, tatsächlich merkwürdig erscheinen. Damals aber standen wir voll hinter häufig gesungenen Liedern, wie zum Beispiel: „Holt schnell die Ziegel, denn es kommt auf jede Minute an.“ oder: „Schaut staunend auf den großen Tag, an dem jüdische Bauern das Land bestellen.“ Solche Lieder wurden als „Tnuva-“ (Ernte-)Lieder bezeichnet. Jetzt verwendete man das

29 vgl. S. 193 und 194

30 *Levi Eschkol* (1895-1969) wurde 1963 Nachfolger Ben-Gurions als Ministerpräsident und Verteidigungsminister und trat 1969 als Ministerpräsident zurück.

Wort ironisch, um die Uneigennützigkeit von Kibbuzim[31] und Moshavim[32] in Frage zu stellen.
Auch das Wort *Zionismus* wurde ironisch verwendet und in Anführungszeichen gesetzt. Wollte man jemandem mitteilen, daß er aufhören solle, dummes Zeug zu reden, hieß es: 'Hör mit dem *Zionismus* auf!' Zionismus war für die Generation, die nach der Gründung des Staates Israel heranwuchs, gleichbedeutend mit Etablierung und Sonntagsreden im Sinne des berühmten Witzes, daß ein Zionist ein Jude sei, der versuche, einen zweiten Juden davon zu überzeugen, einen dritten Juden dazu zu bringen, Spenden für einen vierten - armen - Juden zu sammeln, damit dieser nach Palästina fahren könne. Für mich war es aber wichtig, das Wesentliche des sozialistischen Zionismus, insbesondere die Arbeiterbewegung, im Auge zu behalten und mich nicht mit Randerscheinungen aufzuhalten.
In den sechziger Jahren fing für mich als Geschichtslehrer und Erzieher eine fruchtbare Zeit an. Während viele Lehrer bitter über die unmögliche junge Generation klagten, hatte ich nie Grund zu Beschwerden. Ich fand den Weg zu den Herzen und zum Denken meiner Schüler, weil auch mein Herz für sie offen war. Zwar warnte man mich davor, zu freundlich mit Schülern umzugehen, und sagte, daß ein Lehrer Autorität verkörpern müsse, die er nur durch Distanz erreichen könne. Aber ich veranlaßte meine Schüler, Konzerte, Opern und Theater zu besuchen, und fungierte als Busfahrer, um sie dorthin zu fahren. Wir unternahmen viele gemeinsame Wanderungen, und ich versuchte als Geschichts- und Bibelkundelehrer immer wieder, die Geschichte an Ort und Stelle lebendig werden zu lassen. Wo dies in einer Zeit, in der es noch keine Videofilme gab, nicht möglich war, besorgte ich mit großem Zeitaufwand Filme und Dias, um Episoden aus der Geschichte Europas und der restlichen Welt anschaulicher zu machen.

31 *Kibbuz (pl. Kibbuzim)*: Gemeinschaftssiedlung in Israel, Genossenschaft auf freiwilliger Basis ohne Privatbesitz mit gemeinsamem Eigentum, gemeinsamer Produktion und Arbeit sowie gemeinsamen Einrichtungen des Konsums und der Lebensführung.

32 *Moschav* (pl. Moschavim): Im Gegensatz zum Kibbuz ist der Moschav eine Genossenschaftssiedlung, die auf Nationaleigentum beruht und in der jeder Siedler seinen eigenen Betrieb führt und ein eigenes Haus bewohnt; gemeinschaftlich sind Maschinenpark, Planung und Verkauf.

Bis zum Sechs-Tage-Krieg wurde ich nicht nur von meinen Schülern geschätzt, sondern auch von meinen Kollegen und meinem Schulleiter. Selbst das Erziehungsministerium würdigte meine erfolgreiche extracurriculare Arbeit im kulturellen, sozialen und politischen Bereich. Der Sechs-Tage-Krieg und die damit verbundene überhitzte nationalistische Euphorie leiteten eine neue Phase meines Lebens ein. Ich konnte mich der Begeisterung über die „Befreiung" der besetzten Gebiete genauso wenig anschließen wie der Begeisterung über das große, ruhmreiche und unbesiegbare Israel und seine territorialen Annexionen, die die Unterdrückung eines anderen Volkes und den Konflikt mit unseren Nachbarländern bedeuteten. Auch die Schwärmerei für Jerusalem als „einer Stadt, in der man zusammenkommen soll" (Psalm 122) war mir angesichts der Unterdrückung der Palästinenser zuwider. Man zerstörte nicht nur die Mauer, die die Stadt trennte, sondern machte gleich ein ganzes Viertel in der Nähe der Klagemauer dem Erdboden gleich. Mit großer Sorge verfolgte ich die seelische und politische Entwicklung der jungen Generation, die mir der in Europa vor den beiden Weltkriegen sehr ähnlich zu sein schien.
Meine Einstellungen zusammen mit meinem sehr aktiven Engagement für die Friedensbewegung führten dazu, daß mein Schulleiter und ein Teil des Kollegiums begannen, mich als Defätisten und Nestbeschmutzer zu bezeichnen. Der Schulleiter meinte, daß ein so einflußreicher Lehrer wie ich nicht Schüler und Studenten unterrichten sollte, die später in der Armee dienen müßten. Er war der Ansicht, daß ich den festen Glauben der jungen Menschen daran, daß wir richtig handelten und das Recht auf unserer Seite war, erschütterte und damit ihre Kampfbereitschaft für zukünftige Kriege schwächte. Die Auseinandersetzungen führten wieder einmal zu meiner Vertreibung – diesmal aus dem Lehramt.
Diese Vorgänge bestätigten meine Überzeugung, daß es in der politischen Problematik, in der Geschichte von Juden und Deutschen als zwei verspäteten Nationen[33], Gemeinsamkeiten gibt. Diese Gemeinsamkeiten wollte ich während eines Aufenthalts in Deutschland studieren. Tatsächlich aber lernte ich dann viel mehr und auch ganz andere Dinge, als ich erwartet hatte. Ich begegnete zu meiner Überraschung Menschen, die

an Gott glaubten und – im Gegensatz zu dem gefährlichen klerikalen Nationalismus in Israel nach dem Sechs-Tage-Krieg – antiklerikal, antinationalistisch, tolerant und freundlich gegenüber Juden und anderen Völkern und Religionen waren. Ich war stark von *Aktion Sühnezeichen*[34] beeindruckt, das als Initiative gläubiger Christen entstand und von der Evangelischen Kirche unterstützt wird. Beschämt muß ich gestehen, daß ich erst in Deutschland das Neue Testament aufmerksam und vorurteilsfrei las. Dabei stellte ich fest, daß es keine Sammlung von Geschichten und Gleichnissen über einen Wundermacher ist, der Aberglauben statt Glauben verbreitet, sondern ein tiefsinniges und zutiefst humanistisches Dokument, das mich zu einer erneuten Auseinandersetzung mit der Frage nach der Existenz Gottes veranlaßte.

Als Kind wuchs ich in einer streng orthodoxen Familie auf. Am frommsten war meine Mutter. Auch in für uns wirtschaftlich sehr schwierigen Zeiten gab sie den Armen Almosen. Um drei Uhr morgens pflegte sie aufzustehen, um Psalmen zu beten. Um dieselbe Zeit machte sich auch mein Großvater auf seinen alten, kranken Beinen auf den Weg in die Synagoge, um dort stundenlang zu beten. Mein Vater war Vorbeter in der Synagoge, und die Gläubigen sagten, daß seine schöne Stimme ganz sicher bis in den siebten Himmel reichte, wo Gott sie hören könne. Ich selbst legte eine Zeitlang täglich Gebetsriemen[35] und ließ kein Wort des sehr langen Morgengebets aus.

33 Viele Historiker versuchen, die aggressive deutsche Außenpolitik von Bismarck bis zu den beiden Weltkriegen dadurch zu erklären, daß sich Deutschland als Nationalstaat erst in der zweiten Hälfte des neunzehnten Jahrhunderts bildete und als verspätete Nation versuchte, nachzuholen, was ältere Nationen wie Frankreich, England und andere schon früher erreicht hatten. Als Deutschland entstand, schien die Welt schon unter England, Frankreich, Rußland und Österreich-Ungarn aufgeteilt zu sein.

34 *Aktion Sühnezeichnen/Friedensdienste e.V.* wurde 1958 gegründet mit dem Ziel, sich der Verantwortung der von Deutschen während des Nationalsozialismus begangenen Verbrechen zu stellen, Sühne zu leisten und ein Zeichen der Umkehr zu setzen. Zu diesem Zweck sollten junge Deutsche in Israel und den Ländern Hilfsdienste leisten, die von Deutschland während des Zweiten Weltkriegs überfallen worden waren.

35 *Gebetsriemen* (hebr.: *Tefillin*) legen: Außer am Sabbat und an den Feiertagen werden beim Morgengebet die Gebetsriemen angelegt, d.h. zwei schwarze Lederkapseln, die spezielle auf Pergament geschriebene Schriftverse enthalten, werden mit Lederriemen am linken Arm und an der Stirn festgebunden.

Gott aber blieb unseren Gebeten gegenüber gleichgültig, und nur den Frevlern – unseren Verfolgern, den Faschisten und Kriegstreibern – ging es gut.
Als junger zionistischer Sozialist teilte ich die sowohl aufklärerische als auch zionistische Ansicht, daß die jüdische Religion die Juden an die Bänder der Gebetsriemen fessele, um sie bei ihrem erstarrten und lebensfeindlichen Glauben zu halten. Da ich als junger Mensch nur Entweder-Oder-Lösungen akzeptierte, war mir klar, daß es entweder einen Gott gibt, der für das unendliche menschliche Leiden, auch für Auschwitz und die Judenvernichtung, verantwortlich ist, oder daß es Gott nicht gibt und allein die Menschen für die sozialpolitischen und wirtschaftlichen Voraussetzungen verantwortlich sind, die menschliches Leiden und Grausamkeiten bewirken. Heute bin ich mir nicht mehr so sicher, daß es Gott nicht gibt. Aber eines weiß ich genau: Wenn es ihn gibt, ist er nicht der Gott der jüdischen, christlichen oder moslemischen Fundamentalisten, sondern der Gott, der in Psalm 115, 15-16 beschrieben wird: „Ihr seid die Gesegneten des Herrn, der Himmel und Erde gemacht hat. Der Himmel ist der Himmel des Herrn; aber die Erde hat er den Menschenkindern gegeben."
Wir Menschen entscheiden über das, was auf dieser Erde geschieht. Die Größe Gottes zeigt sich in meiner Vorstellung gerade in seiner Bescheidenheit und Verborgenheit. Gott würde wahrscheinlich nichts dagegen haben, wenn die Menschen ihn ein bißchen weniger und ihre Mitmenschen dafür ein bißchen mehr liebten. Statt dessen schaffen wir uns Feindbilder und vernichten, unterdrücken und benachteiligen unsere Feinde oder erteilen Gott den Auftrag, sie zu vernichten. Da er in dieser Hinsicht etwas langsam ist, kommen wir ihm zuvor und führen in seinem Namen Kriege und verfolgen andere.
Ich glaube, daß sich die jüdische genau wie andere Religionen durch die Unterstützung von Krieg und Gewalt kompromittiert hat. Deshalb müssen Menschen, die aus der Geschichte lernen wollen, versuchen, neue Wege zu gehen, auch einen neuen Umgang mit Gott zu suchen. Genauso wie Kinderopfer durch Tieropfer und schließlich das Opfern durch das Fasten ersetzt wurden, müssen auch wir den Mut zu neuen Traditionen und Gebeten haben. In meiner Familie lesen wir zum Beispiel am Sederabend (Pessach) nicht alle traditionell üblichen

Texte, fügen aber einige Texte aus den in verschiedenen Kibbuzim verfaßten Haggadot[36] hinzu, die sowohl die Befreiungstradition des Auszugs aus Ägypten als auch den Aspekt der Wiedergeburt der Natur im Frühling besonders hervorheben. Motive, die Haß und Feindbilder erwecken, wurden hier weggelassen, was aber in der Regel nicht geschieht.
Anläßlich seiner Bar-Mizwa-Feier[37] bat mein Enkelkind mich, aus der Thora zu lesen. Bei dieser Gelegenheit spricht man den folgenden Segen: „Gesegnet seiest du, unser Gott, König der Welt, der du uns von allen Völkern auserwählt hast und uns die Thora gegeben..." Gern hätte ich hinzugefügt: '...auserwählt, um Frieden und Gerechtigkeit für alle Menschen zu stiften', tat es aber nicht, um niemanden zu verärgern. Ich frage mich auch, warum wir sagen müssen: „Derjenige, der in seinem Himmel Frieden schafft, der wird auch Frieden schaffen für uns und für ganz Israel." Warum soll er nicht Frieden schaffen für uns und die ganze Welt?
Entsprechend der Tradition wird das Bar- Mizwa-Kind zum Schluß aufgerufen, um aus der *Haftara*[38] zu lesen. Die Haftara kann ein Kapitel aus dem ersten Buch der Propheten wie zum Beispiel Josua, Richter, Samuel oder Könige sein oder ein Kapitel aus den letzten Propheten wie Jesajah, Amos, Jeremija. Mein Enkelkind las aus dem Buch der Könige 11, 17-18: „Und Jojada schloß einen Bund zwischen dem Herrn und dem König samt dem Volk, daß sie des Herrn Volk sein sollten; desgleichen auch zwischen dem König und dem Volk. Da ging alles Volk des Landes in das Haus Baals und brach seine Altäre ab, und sie zerschlugen alle seine Götzenbilder und töteten Mattan, den Priester Baals, vor den Altären."

36 Die *Haggada* (*pl. Haggadot*) ist Teil der Thora. Sie umfaßt Erzählungen verschiedenster Art und ist nicht halachisch. Haggadot können sich durchaus widersprechen. Zu Pessach ist das Familienoberhaupt am Sederabend zur Weitergabe der Tradition durch die Erzählung vom Exodus - vom Auszug aus Ägypten - verpflichtet.

37 Die jüdische *Bar-Mizwa* entspricht etwa der christlichen Konfirmation. Der dreizehnjährige Junge wird im religiösen Sinn volljährig, darf am öffentlichen religiösen Leben teilnehmen und wird beim Minjan mitgezählt.

38 Nach dem Abschluß der Thoralesung wird bei Morgengebeten sowie an Feiertagen ein entsprechender Propheten-Abschnitt gelesen. Dies nennt man *Haftara* (hebr. „abschließen").

Die Zerstörung von Altären und Tempeln, Intoleranz und Rechthaberei begleiten die gesamte Menschheitsgeschichte und sind selbst heute in demokratischen Staaten zu finden. Warum aber muß ein Bar-Mizwa-Kind an einem der wichtigsten Tage in seinem Leben etwas vorlesen, das Ausdruck der menschlichen Intoleranz und Zerstörungswut ist? Selbst wenn wir an die göttliche Herkunft der Bibel glauben, muß es doch möglich sein, daß wir Menschen darüber entscheiden, welche Texte heute gelesen werden und welche nicht. Warum werden Traditionen aufrecht erhalten, die uns zuwider sind, obwohl es in der Bibel wunderbare Texte gibt, die Toleranz loben und preisen? Wir haben es nicht geschafft, unseren neuen Glauben an eine Erlösung nicht durch Gott, sondern durch den Menschen, der Ausbeutung und Ignoranz abschafft, auch rituell zum Ausdruck zu bringen. Das gilt leider für eine ganze Generation nichtorthodoxer Israelis.
Im Frühjahr feiern wir Purim, ein Freudenfest für jung und alt. Man verkleidet sich und trinkt, bis man zwischen dem Feind Haman und dem Retter Mordechai nicht mehr unterscheiden kann. Es gibt Unmengen von Gebäck, mit denen Freunde beschenkt werden und die manchmal bis Pessach reichen. Während des Purimfestes wird feierlich das Buch Esther gelesen, und die Kinder lärmen voller Freude mit ihren Rasseln, sobald der Name des Feindes Haman erwähnt wird. Leider verlangt die Tradition dann weiter, daß die Kinder nicht nur bei der Hinrichtung Hamans jubeln, sondern auch bei der seiner zehn Söhne.
Es ist sicherlich kein Zufall, daß Baruch Goldstein[39] seine grausame Tat gerade während des Purimfestes beging. Anstatt Grausamkeit und Intoleranz zu predigen, sollte Religion für Verständnis und Toleranz eintreten. Auch die mittelalterlichen christlichen Darstellungen der Juden als widerwärtigen Mördern des Sohnes Gottes verhinderten Toleranz und haben viel Unheil angerichtet. Da Traditionen von Menschen geschaffen werden, können und müssen sie auch von Menschen verändert werden.

39 *Baruch Goldstein*, jüdischer fundamentalistischer Siedler, der 1994 auf die Betenden in der Patriarchenmoschee in Hebron schoß und dabei 29 Menschen ermordete.

In dieser Welt voller Unglück und Leiden betrachte ich mich als einen der glücklichsten Menschen. Immer aber ist mein Glück von einer tiefen Trauer begleitet, die durch meinen unstillbaren Durst nach Frieden und Gerechtigkeit auf der Welt bedingt ist. Das gilt insbesondere für das unglückliche, verletzte und benachteiligte palästinensische Volk, das für Sünden, die hauptsächlich in Europa begangen wurden, bestraft wird. Mein Herz ist auch voller Narben von den vielen Verletzungen, die ich aus Mitleid mit dem sinnlosen Leiden und Sterben so vieler, insbesondere junger Menschen erlitt. Wenig in meinem Leben hat mich mehr erschüttert, als die Trauer um ehemalige Schüler, die ich zum Grab geleiten mußte. Jeder Mensch sollte die ihm gegebene Lebensfrist zu Ende leben können. Es erscheint mir als furchtbarer menschlicher Hochmut, daß zumeist ältere Menschen sich anmaßen, junge Menschen in den Krieg und damit potentiell in den Tod zu schicken.

Haß und übertriebener Nationalismus sind herzlos und pervertieren überkommene Werte. So wird in Israel selbst die heilige hebräische Sprache mißbraucht, um Feindbildern gerecht zu werden. Man sagt, daß ein Israeli von Terroristen oder Freischärlern ermordet [nirzach], ein palästinensischer Terrorist hingegen erlegt oder erledigt [hussal] wird. Ein jüdischer Israeli wird festgenommen [neezar], ein Steine werfender Palästinenser gefaßt [nilkad]. Der Friedensnobelpreisträger Begin[40] hat die hebräische Sprache gar um den Begriff des zweibeinigen Tieres „bereichert“, mit dem er Arafat bezeichnete.

Auch nach dem Friedensvertrag (1993) hat sich nur wenig am Leiden der Palästinenser geändert, was zu weiteren Terrorakten und damit auch weiterem Leiden israelischer Juden führte. Rabin[41] weigerte sich weiterhin, palästinensische Gefangene freizulassen, weil ihre Hände mit Blut besudelt seien. Die hohen jüdischen Feiertage des Jahres 1994 wurden durch eine

40 *Menachem Begin* (1913-1992), Ministerpräsident Israels (1977-1983); 1978 schloß er mit Sadat das Camp-David-Abkommen und 1979 den israelisch-ägyptischen Friedensvertrag. Gemeinsam mit Sadat erhielt er 1978 den Friedensnobelpreis, zeichnete dann aber 1982 verantwortlich für einen militärischen Vorstoß in den Libanon, der zu wachsender Kritik an der Regierung führte. 1983 trat er zurück.

Geiselnahme überschattet. Die Geiselnehmer wollten die Geisel, einen jungen Soldaten, im Austausch für den Führer der Hamasbewegung, den fast völlig gelähmten Scheich Jassin, und andere Hamasgefangene freilassen. Rabin behauptete, zu Verhandlungen bereit zu sein, verhielt sich aber entsprechend seinem fragwürdigen Konzept, daß „wir mit Terroristen nicht verhandeln und nicht nachgeben".
Bei dem Versuch, die Geisel militärisch zu befreien, wurden der junge Soldat, ein Offizier und die Geiselnehmer getötet. Anstatt den Teufelskreis von Terror und Gegenterror, Gewalt und Gegengewalt endlich zu durchbrechen, kostete diese sinnlose Aktion nicht nur das unschuldige Leben zweier Soldaten, sondern sie verurteilte auch weitere Israelis und Palästinenser potentiell zum Tode.
Noch achtzehn Monate nach dem Friedensvertrag befanden sich sechstausend Palästinenser in israelischen Gefängnissen, gab es israelische Siedlungen im Gazastreifen, ein Stachel im Fleisch der Palästinenser. Die Zahl der zum Schutz der Siedler benötigten Soldaten war höher als die Zahl der Siedler selbst. Neue Siedlungen rechtsklerikaler Siedler wurden nicht verhindert, was den Protest der Palästinenser hervorrief. Dieselben Siedler aber empören sich über Terrorakte, die jüdisches Blut fordern. Auf jeden Terroranschlag folgt die Einsperrung der gesamten palästinensischen Bevölkerung, hauptsächlich im Gazastreifen, was für viele Arbeitslosigkeit und Hunger bedeutet. In diesem Teufelskreis von Terror und Gegenterror ist im Prinzip jeder zum Tode verurteilt. Man weiß nur nicht, wann es einen erwischen wird. Da ich noch lebe und über dieses sinnlose Morden trauere, weigert sich meine Seele, sich in diesem Land und dieser Welt wohl zu fühlen und bleibt im Exil.
Und so kann ich mit Bertold Brecht sagen:

41 *Jitzhak Rabin* (1922-1995), israelischer Politiker und Offizier; 1964-1967 Generalstabschef, 1968-1973 Botschafter in den USA, 1984-1990 Verteidigungsminister; 1974-1977 und 1992-1995 Ministerpräsident. Er wurde während einer Friedenskundgebung von einem jüdischen Fundamentalisten ermordet.

Wirklich, ich lebe in finsteren Zeiten!
Das arglose Wort ist töricht. Eine glatte Stirn
Deutet auf Unempfindlichkeit hin. Der Lachende
Hat die furchtbare Nachricht
Nur noch nicht empfangen. [...]
In die Städte kam ich zur Zeit der Unordnung
Als da Hunger herrschte.
Unter die Menschen kam ich zur Zeit des Aufruhrs
Und ich empörte mich mit ihnen.
So verging meine Zeit
Die auf Erden mir gegeben war.
Mein Essen aß ich zwischen den Schlachten
Schlafen legte ich mich unter die Mörder
Der Liebe pflegte ich achtlos
Und die Natur sah ich ohne Geduld.
So verging meine Zeit
Die auf Erden mir gegeben war. [...]
Die Kräfte waren gering. Das Ziel
Lag in großer Ferne.
Es war deutlich sichtbar, wenn auch für mich
Kaum zu erreichen.
So verging meine Zeit
Die auf Erden mir gegeben war. [...]
Gingen wir doch, öfter als die Schuhe die Länder wechselnd
Durch die Kriege der Klassen, verzweifelt,
Wenn da nur Unrecht war und keine Empörung.
Dabei wissen wir doch:
Auch der Haß gegen die Niedrigkeit
Verzerrt die Züge.
Auch der Zorn über das Unrecht
Macht die Stimme heiser. Ach, wir
Die wir den Boden bereiten wollten für Freundlichkeit
Konnten selber nicht freundlich sein.
Ihr aber, wenn es soweit sein wird
Daß der Mensch dem Menschen ein Helfer ist
Gedenkt unser
Mit Nachsicht.

(Auszüge aus dem Gedicht „An die Nachgeborenen“
von Bertolt Brecht)

5. Die Palästinenser

Die Frage, wer Palästinenser ist und wer nicht, ist lange kontrovers diskutiert worden. Da politische Überlegungen häufig von nationalen Egoismen bestimmt sind und sich nicht unbedingt an historischen Tatsachen orientieren, werden die einfachsten Fakten oft nicht berücksichtigt. So behaupteten die meisten Zionisten hartnäckig, daß es überhaupt kein palästinensisches Volk gebe. Viele Palästinenser hingegen bezeichnen sich als Nachfahren der Philister und anderer nichtjüdischer Völker Palästinas. Wahrscheinlicher ist, daß sie Nachfahren der alten Juden, Römer, Griechen und anderer Völker sind, eine Mischung aus verschiedenen religiösen und ethnischen Gruppen, die schon seit Jahrhunderten im Nahen Osten, dieser Zone der Begegnung und des Übergangs von Orient zu Okzident, leben.

Bereits die Römer nannten das Gebiet zwischen Jordan und Mittelmeer, Nordgaliläa und der Negevwüste im Süden *Palästina*. Für die ersten zionistischen Siedler im neunzehnten Jahrhundert war es *Erez Israel*. Nach der Eroberung durch die Engländer wurde es Palestine genannt. Die zionistische Bewegung und die Vertretung der jüdischen Bevölkerung in Palästina mußten große Anstrengungen unternehmen, um bei dem ersten englischen Gouverneur, dem Juden Herbert Samuel, zu erreichen, daß auf den offiziellen Münzen neben dem Wort *Palestine* in Klammern auch die Anfangsbuchstaben *E.I.* für Erez Israel erschienen.

Ohne Zweifel leben in diesem Land zwei ethnische Gruppen, Juden und Araber, wobei letztere sich als *Palästinenser* bezeichnen. Klare Konturen als Volk erhielten die Palästinenser erst während ihres hartnäckigen Widerstandes gegen die englische Mandatsmacht, die jüdische Einwanderung und die Gründung des Staates Israel.

Gegen Ende des neunzehnten und zu Beginn des zwanzigsten Jahrhunderts etablierte sich in Zusammenhang mit dem Aufkommen verschiedener nationaler Strömungen auch eine nationale arabische Bewegung. Wie alle anderen nationalen Bewegungen romantisierte sie die Vergangenheit. So entstand der Mythos von der arabischen Einheit, die sowohl die Gebiete früherer arabischer Kalifate als auch Ägypten und den arabischen Westen wie Tunesien, Algerien, Marokko und Libyen einschloß.

Die romantische Hoffnung auf die Wiederherstellung eines vereinten arabischen Königreiches wurde während des Ersten Weltkrieges realpolitisch durch die Engländer geschürt, die den Arabern einen souveränen Staat im ganzen Bereich des Fruchtbaren Halbmondes versprachen, wenn die arabische Bevölkerung des Türkischen Imperiums einen Aufstand gegen die Türken machen würde, um sie als Verbündete Deutschlands und Österreichs aus dem Nahen Osten zu vertreiben. Dieser Aufstand, durch den Lawrence von Arabien berühmt wurde, fand sein Ende dadurch, daß England und Frankreich im Ersten Weltkrieg über Deutschland, Österreich-Ungarn und die Türkei siegten.

Obwohl die Wiederherstellung eines vereinten arabischen Kalifats propagiert wurde, entwickelten sich einzelne Nationalbewegungen, die das Ziel hatten, unabhängige Staaten zu gründen. In Ägypten, Tunesien, Marokko und Libyen waren sie erfolgreich. Auch die Palästinenser hofften zunächst auf die Entstehung eines großen, vereinten arabischen Staates. Während ihres hartnäckigen Widerstandes gegen die englische Herrschaft und die jüdische Einwanderung entwickelte sich aber auch bei ihnen der Wunsch nach nationaler Unabhängigkeit.

Um seine heimliche Hoffnung auf politische Souveränität in dem Gebiet, das wir heute als Jordanien und Israel-Palästina kennen, zu rechtfertigen, unterstützte der Zionismus den arabischen Anspruch auf einen selbständigen Staat. In der Balfour-Deklaration[42] war überhaupt nicht von einem Staat die Rede, sondern nur von einer „nationalen Heimstätte“ für die Juden. Abgesehen von einer Minderheit der Zionisten wagte

42 Diese in einen Brief des britischen Außenministers Balfour an Baron Rothschild gekleidete Erklärung der britischen Regierung betrachtete „die Schaffung einer nationalen Heimstätte in Palästina für das jüdische Volk mit Wohlwollen“ und versprach, „die größten Anstrengungen [zu] machen, um die Erreichung dieses Ziels zu erleichtern.“ (1917) Die Balfour-Deklaration wurde später als Teil der Präambel in das Völkerbundsmandat für Palästina von 1922 ausdrücklich aufgenommen.

zu jener Zeit kein verantwortlicher zionistischer Politiker, öffentlich über die Entstehung eines jüdischen Staates zu sprechen. Für Faisal[43] stellte es kein Problem dar, eine nationale jüdische Heimstätte in Palästina zu akzeptieren, vorausgesetzt, daß ein vereinter arabischer Staat entstehen würde. „Nationale Heimstätte“ bedeutete für ihn nicht mehr als religiös-kulturelle Autonomie, während Weizmann[44] diese nationale Heimstätte nicht als Bestandteil eines arabischen Staates sah. Beide Politiker irrten sich: Faisal, weil er glaubte, daß die Juden sich mit religiös-kultureller Autonomie begnügen würden; Weizmann, weil er dachte, daß Faisal sich mit einem autonomen jüdischen Staat abfinden würde. Der wesentliche Irrtum beider aber bestand in der Annahme, daß die Engländer auch noch andere als ihre eigenen kolonialen Interessen vertraten.
Sie konnten ihr Versprechen den Arabern gegenüber gar nicht halten, denn sie hatten noch vor Ende des Ersten Weltkrieges mit Frankreich den Sykes-Picot-Vertrag geschlossen, der die Aufteilung der arabischen Gebiete des türkischen Imperiums zwischen Frankreich und England regelte und die Entstehung eines vereinten arabischen Staates unmöglich machte. Die Schaffung eines jüdischen Staates war ohnehin nie Bestandteil ihrer Überlegungen gewesen. Dieses Abkommen sah statt eines großen arabischen Staates die Schaffung mehrerer Einzelstaaten beziehungsweise Mandatsgebiete vor.
Die arabische Welt war empört. Nationalgefühle flammten auf und entluden sich in mehreren Aufständen. Um die Araber zu beruhigen, ernannten die Engländer Faisal zum König von Irak, behielten dort allerdings die Oberhoheit. Faisals Bruder Abdallah wurde Emir von Jordanien. Syrien ging als Mandat an Frankreich, und der Libanon wurde von Syrien abgetrennt, damit dort ein christlicher Staat entstehen konnte. Palästina wurde englisches Mandatsgebiet. Diese Aufteilung in mehrere Staaten hatte zur Folge, daß sich die Araber in verschiedene Völker mit unterschiedlichen politischen Prägungen und Zielen auseinanderentwickelten. Das jüngste Beispiel für arabi-

43 *Faisal und Abdallah*, die Begründer der haschemitischen Dynastie, waren die Söhne Scheich Husseins, des Sheriffs von Mekka. Sie waren Anführer des Aufstandes gegen das Türkische Imperium während des Ersten Weltkrieges.

44 *Chaim Weizmann* (1874-1952), zionistischer und israelischer Politiker; erster Staatspräsident Israels (1948-1952).

sche Antagonismen ist der Golfkrieg von 1991, in dem sich die meisten arabischen Länder wie Ägypten, Syrien und Saudi-Arabien gegen den Irak wandten.
Sicherlich gab es auch schon vor dem Ersten Weltkrieg Unterschiede zwischen den Arabern im Irak, in Syrien oder Palästina. Ohne Zweifel aber hat der Widerstand gegen das englische und französische Mandat die oben genannten Völker in unterschiedlicher Weise geprägt. So litten die Palästinenser nicht nur unter der verhaßten englischen Herrschaft an sich, sondern auch unter der ihnen von England aufgezwungenen Balfour-Deklaration, die zwar den Juden eine nationale Heimstätte in Palästina versprach, den Arabern aber kein Recht auf nationale Selbstbestimmung einräumte. Die ungeklärte Situation war für den erbitterten Kampf beider Seiten bezüglich der gegenseitigen Nichtanerkennung ausschlaggebend. Sie bildete den Nährboden für das nationalistische Unheil, das beide Völker in einen fast unlösbaren Konflikt verstrickt hat.
Dieser Konflikt ist nun schon mehr als hundert Jahre alt. Bereits gegen die Gründung der ersten jüdischen Siedlungen in Palästina erhob sich heftiger arabischer Widerstand, häufig in Form von Mord und Raub. Insbesondere arabische Christen opponierten gegen die jüdische Besiedlung aus Sorge um die heiligen christlichen Stätten und aus traditioneller Abneigung gegen das „verstockte" jüdische Volk, das Jesus gekreuzigt hatte. Die Intensivierung der jüdischen Kolonisierung rief auch den Widerstand der palästinensischen Bauern hervor, die direkt von dem Kauf des Landes durch Juden betroffen waren. Da sie häufig nicht die Besitzer des Landes waren, das sie bearbeiteten und auf dem sie lebten, sondern nur Pächter, mußten sie einen Teil der Ernte an die Besitzer abgeben, aristokratische Familien, die in Beirut, Kairo oder Paris wohnten. Diese erzielten aus diesem Land keine großen Gewinne, und so war es vielen von ihnen sehr willkommen, ihr Land zu verkaufen. Manchmal handelte es sich dabei um Sumpf- oder Dünenland, auf dem Beduinen ihre Herden geweidet hatten. Gelegentlich wurden aber auch ganze Dörfer verkauft, woraufhin die Bewohner ihr Heimatdorf verlassen mußten. Rechtlich war dieses Vorgehen nicht immer in Ordnung, denn laut einem Erlaß der türkisch-osmanischen Regierung durften Juden weder als Privatleute noch als zionistische Gesellschaften Land erwer-

ben. Aber der jüdische Überlebensgeist fand fast immer Mittel und Wege, um die Vorschriften zu umgehen.
Schließlich begannen palästinensische Kreise, diese Landkäufe als Gefahr und offensichtliche Ungerechtigkeit anzusehen. Unfähig, die Notlage der Juden in Europa zur Zeit des Nationalsozialismus zu erkennen, behaupteten sie, daß der jüdischen Kolonisation imperialistische Interessen zugrundelagen, was nur bedingt richtig war. Anstatt die jüdische Einwanderung kompromißbereit so zu begrenzen, daß die Palästinenser nicht zu einer Minderheit wurden, zeigten sich die palästinensischen Politiker unerbittlich. Als nicht weniger unerbittlich bezüglich des unantastbaren Rechts der Juden auf das Land ihrer Väter erwiesen sich die zionistischen Führer.
Zionistische Kreise erkannten schließlich die Gefahr eines jüdisch-palästinensischen Konflikts und versuchten, sich für Kompromißlösungen wie einen binationalen Staat oder später den Peel-Plan[45] einzusetzen. Danach sollte das Land in drei Zonen aufgeteilt werden: eine größere Zone für die Palästinenser, eine militärisch-strategische Zone mit Jerusalem für die Engländer und einen winzigen Teil für die Juden, der die Küstenebene südlich von Haifa bis südlich von Tel-Aviv umfaßte. Viele zionistische Gegner dieses Planes bezeichneten diese Zone als neues jüdisches Ghetto. Chaim Weizmann aber sah mit großer Klarheit die düstere Zukunft der Juden in Europa schon mehrere Jahre vor dem Zweiten Weltkrieg voraus und befürwortete deshalb den Plan. Die Palästinenser hingegen wiesen ihn mit großer Entschiedenheit zurück.
Es gab auch Zionisten, die sich sehr kritisch darüber äußerten, daß palästinensische Bauern durch die Landkäufe ihre Arbeit und ihre Heimat verloren. Zu Recht waren sie der Meinung, daß man nach Wegen suchen sollte, wie Juden und Palästinenser nebeneinander leben konnten, anstatt die Palästinenser zu vertreiben. Diese Meinung vertrat auch Arthur Ruppin[46], Lei-

45 Nach dem Ausbruch des arabischen Aufstands in Palästina 1936 setzte die britische Regierung eine Kommission ein, die die Hintergründe der arabischen und jüdischen Beschwerden gegen die Mandatsregierung untersuchen sollte. In ihrem 1937 vorgelegten Bericht schlug die Kommission die Teilung des Mandatsgebiets vor (*Peel-Plan*).

46 *Arthur Ruppin* (1876-1943), Soziologe und Nationalökonom; lebte seit 1908 in Palästina.

ter der Kolonisationsabteilung der *Jewish Agency* und in dieser Funktion für den Landerwerb zuständig. Er versuchte durchzusetzen, daß bei jedem Landankauf ein bestimmter Teil des Landes den Palästinensern überlassen wurde, so daß sie ihre Dörfer nicht verlassen mußten. Ruppin war auch einer der Begründer der zionistischen Friedensbewegung in Israel, die versuchte, Juden und Palästinenser zu versöhnen. Mit diesem Versuch aber stieß er auf den erbitterten Widerstand palästinensischer Führer, insbesondere des Geistlichen Hadsch Amin el-Husseini[47], den diese mit der Angst vor Vertreibung durch die Juden begründeten. So entstand eine Dynamik, die sich schließlich als self-fulfilling prophecy erwies.

Unter rein menschlichen Aspekten ist der entschlossene Widerstand der Palästinenser gegen die jüdische Einwanderung nach Palästina genauso verständlich wie der jüdisch-zionistische Anspruch auf Palästina, der auf zwei Säulen beruht: der Bibel, die die Verheißung enthält, und der Balfour-Deklaration. Die Palästinenser reagierten wie normale Besitzer, die ihren Besitz nicht freiwillig hergeben wollten. Auch aus theologischer Sicht waren weder moslemische noch christliche Palästinenser damit einverstanden, daß die Juden ins Land ihrer Väter zurückkehren wollten. Die Juden aber sahen unter dem Druck der Verhältnisse keine Alternative.

Während die palästinensische Ablehnung der jüdischen Einwanderung eventuell noch für die Zeit nachvollziehbar ist, in der in Palästina nur etwa einhunderttausend Juden lebten und die Juden in Europa mehr oder weniger integriert waren, mußte man zur Zeit des Nationalsozialismus politisch vollkommen blind sein, um nicht zu verstehen, daß die jüdische Einwanderung nach Palästina nicht auf irgendwelchen theologischen Träumen oder Wünschen beruhte, sondern auf der Notwendigkeit zu überleben.

Aber nicht nur das Verhalten palästinensischer Politiker war von Blindheit gekennzeichnet. Auch die Zionisten und der Westen hofften viel zu lange, daß die Palästinenser nicht auf ihrer Selbstbestimmung bestehen würden und sich das Flüchtlingsproblem irgendwie mit Hilfe der bestehenden arabischen

47 Hadsch Amin el-Husseini entstammte einer adligen Familie in Jerusalem und wurde von dem englischen Gouverneur Herbert Samuel zum Mufti von Jerusalem ernannt.

Staaten lösen würde. Ich bin der festen Überzeugung, daß die beiden einzigen Völker, die noch unter den Ergebnissen des Zweiten Weltkrieges zu leiden haben, das palästinensische und das jüdische sind.

Man kann die palästinensische Tragödie nicht einfach mit der Behauptung unter den Teppich kehren, daß die Palästinenser selbst an allem Schuld seien. Indirekt sind auch sie Opfer der deutschen Verbrechen. Insofern ist es nicht richtig, wenn sich deutsche Humanisten und Demokraten zwar zur Verantwortung Israel gegenüber bekennen, diese Verantwortung aber nicht auf die Palästinenser ausdehnen wollen. Das heißt jedoch nicht, daß die Palästinenser von politischer und menschlicher Blindheit freizusprechen sind. Diese hat sehr viel zu ihrer Tragödie beigetragen.

Die politische Blindheit in den späten dreißiger Jahren nahm kein Ende. Der Mufti Hadsch Amin el-Husseini setzte auf das nationalsozialistische Deutschland und das faschistische Italien und wurde ein begeisterter Anhänger Hitlers. Er traf in seiner Funktion als Führer des obersten Nationalkomitees der Palästinenser die Entscheidung, einen Generalstreik der Palästinenser (1936) gegen die englischen Behörden auszurufen. Dieser Aufstand dauerte drei Jahre und endete mit einer palästinensischen Niederlage.

Die Entscheidung des Muftis für den Aufstand hatte die verhängnisvolle Folge, daß die Engländer, die sich bis 1936 um eine ausgleichende Politik zwischen den verfeindeten Seiten bemüht hatten, jetzt die jüdisch-zionistische Bevölkerung um Hilfe baten, um unter Ausnutzung der in der Zwischenzeit entstandenen jüdischen Infrastruktur den Aufstand niederzuschlagen. Zur Erklärung sei hinzugefügt, daß im Jahre 1936 bereits etwa vierhunderttausend Juden in Palästina lebten, die ihr Zusammenleben in dieser feindlichen Umgebung organisiert hatten. Ein Engländer namens Ord Wyngate, General, begeisterter Bibelleser und Verehrer biblischer Helden, sah in den Arabern den Erbfeind der Juden und kam nach Palästina, um jüdische Jugendliche in Antiterroreinheiten im Kampf gegen den Aufstand auszubilden. Die Niederlage der Palästinenser in diesem dreijährigen Aufstand bildete den Auftakt zu einem Leidensweg, der sie bis heute von Niederlage zu Niederlage führt.

Es gibt Niederlagen, die sich als Siege erweisen, und es gibt Siege, die in Wirklichkeit Niederlagen sind. Um ihre Stellung im Nahen Osten zu stärken, versuchten die Engländer, die Araber zu versöhnen. Ausdruck der englischen Versöhnungspolitik war das berühmte englische „Weißbuch“ von 1939, ein Plan, der strenge Beschränkungen des Landerwerbs und der jüdischen Einwanderung sowie die Errichtung eines Staates innerhalb von zehn Jahren beinhaltete. In einem solchen Staat wären die Juden eine Minderheit gewesen. Für die Zionisten stellte das „Weißbuch“ also eine tödliche Gefahr dar. Die Palästinenser empfanden es als einen berauschenden Sieg, der Hadsch Amin el-Husseini nicht nach London führte, sondern direkt in die Arme Hitlers nach Berlin.

Was Husseini durch Aufstand und Streik nicht hatte erreichen können, wurde im Zweiten Weltkrieg durch den Einmarsch Hitlers in Polen und durch die großen militärischen Siege Deutschlands in Europa und Afrika (Rommel) erreicht. Das Blatt schien sich im Sinne der Palästinenser zu wenden. England war durch die Kapitulation Frankreichs, die Bombardierung englischer Städte sowie die Vorbereitung einer Invasion durch Deutschland bedroht, geschwächt und in Gefahr, Ägypten und den ganzen Nahen Osten an Deutschland und Italien zu verlieren.

Wie bekannt, kam es dann anders. Der Aufmarsch Rommels in Afrika wurde 1942 in El Alamein gestoppt. Hitler erlitt 1943 in Stalingrad eine vernichtende Niederlage. Nicht mehr eine deutsche Invasion Englands stand auf der Tagesordnung, sondern die Invasionen und Kriegsoperationen der „vereinten“ Völker Rußlands, Englands und der USA. Das tausendjährige Reich befand sich kurz vor seiner Niederlage und der Traum Hadsch Amin el-Husseinis, die Juden aufgrund der Siege Hitlers aus Palästina vertreiben zu können oder sie zu vernichten, so wie es in Europa geschah, scheiterte ebenfalls. Die Niederlage Hitlers und Husseinis hätte die Palästinenser eigentlich zum Umdenken veranlassen müssen. Dies geschah jedoch nicht.

Während die meisten zionistischen Führer den Palästinensern bis zum Zweiten Weltkrieg jeden politischen Anspruch auf das Land zwischen Jordan und Mittelmeer absprachen, kamen wichtige zionistische Politiker wie Weizmann und Ben-Guri-

on nach der Machtergreifung Hitlers zu dem Schluß, daß ein Kompromiß mit den Palästinensern unerläßlich war, um die Juden aus Europa zu retten. Sie waren bereit, ein sehr viel kleineres jüdisches Territorium zu akzeptieren als jenes, das ihnen schließlich aufgrund der UNO-Beschlüsse von 1947 zugesprochen wurde.
Nach 1945 versuchten die Engländer verzweifelt, ihre imperialistischen (Öl-) Interessen im Nahen Osten dadurch zu sichern, daß sie mit verschiedenen arabischen Völkern Verhandlungen über deren Unabhängigkeit führten. Der englische Außenminister Bevin[48] versuchte, die Palästinenser mit der Erklärung zu versöhnen, daß Palästina keine Lösung für die Holocaustüberlebenden sein könne. In der Nachkriegswelt, die von der barbarischen Judenvernichtung überschattet war, hätten die palästinensischen Politiker die politische Karte besser lesen müssen, um zu verstehen, daß der Prozeß der Entstehung einer jüdischen Heimat nicht rückgängig gemacht werden konnte. Sie blieben sich jedoch treu und begingen weitere Torheiten. Sechs Kriege zwischen Israel und den arabischen Staaten waren die Folge. Ein Mann wie Anwar el-Sadat[49] hätte den Palästinensern klar machen können, daß ein Kompromiß mit den Juden unausweichlich war. Ein so kluger, durchsetzungsfähiger Kopf erschien aber erst 1977 in der politischen Arena.
An der Kette der Torheiten beteiligte sich auch England mit dem Einwanderungsverbot nach 1945, der herzlosen Jagd auf Einwanderer nach Palästina und der Internierung von Tausenden von Emigranten auf Zypern[50]. Diese Politik versetzte dem gemäßigten Zionismus, vertreten durch Chaim Weizmann, den Todesstoß. Stattdessen setzten sich verschiedene jüdische Terrorgruppen wie Hagana, Palmach, Ezel und Lechi in Erez Israel/Palästina durch. Die Engländer begingen den üblichen Fehler von Machthabern und versuchten, den Terror mit Gewalt niederzuschlagen. Dieser Versuch, genauso wie der spä-

48 *Ernest Bevin* (1881-1951)

49 *Anwar el-Sadat* (1918-1981 ermordet), ägyptischer Politiker, der zu dem engen Kreis der Offiziere um Nasser gehörte, die 1952 die Revolution gegen König Faruk erfolgreich durchführten. 1970 wurde er Staatspräsident. Wegen seiner Bemühungen um den Frieden mit Israel erhielt er 1978 den Friedensnobelpreis. 1979 schloß er in Camp David einen Friedensvertrag mit Israel.

50 vgl. S. 77

tere Versuch Israels, die Intifada niederzuschlagen, scheiterte. So waren die Engländer gezwungen, die Frage Palästinas vor die UNO zu bringen, die im November 1947 entschied, das Land zwischen beiden Völkern aufzuteilen und Jerusalem als internationale Stadt zu verwalten. Obwohl diese Entscheidung vernünftig war, begann einen Tag danach eine palästinensische Minderheit den Krieg und verurteilte damit das ganze palästinensische Volk zu einer Niederlage, die nur wenige Monate später mindestens die Hälfte aller Palästinenser heimatlos machen sollte.
Die israelisch-zionistische Propaganda behauptete damals, daß ein Aufruf an die palästinensische Bevölkerung ergangen war, ihre Dörfer und Städte zu verlassen und eine große Armee zu bilden, um Israel zu überfallen und die Juden ins Meer zu treiben. Ob dies nur Propaganda war, sei dahingestellt. Sicher ist, daß die Palästinenser sich mit Hilfe ihrer arabischen Nachbarn wieder einmal in eine Niederlage steuerten.
Die Verführbarkeit von Menschen und Völkern ist ein Phänomen, das mich schon seit Jahrzehnten beschäftigt. Die Frage ist, wie es immer wieder gelingt, ganze Völker für Kriege und Konflikte zu begeistern, die sich im Nachhinein für alle Beteiligten, Sieger wie Besiegte, immer auch als Niederlagen erweisen. Nach dem Zweiten Weltkrieg glaubte ich – wie Millionen andere –, daß die Völker aus den beiden großen Weltkriegen ihre Lektion gelernt hatten und es in einer Zeit unbegrenzter Informationsmöglichkeiten nicht mehr möglich sein würde, die Erfahrungen der Geschichte zu negieren.
Während der Sozialismus in vieler Hinsicht versagt hat, hat der Nationalismus seine Vitalität und Unwiderstehlichkeit nie verloren. Er schafft es in Krisensituationen innerhalb von Wochen oder Monaten, durch ein paar Massenkundgebungen, Fackelzüge, Überfälle oder Hetze gegen andere Völker, Religionen oder Weltanschauungen Massen von Menschen zu begeistern und sie dazu zu bringen, freiwillig in den Tod zu ziehen. Mit welcher blinden Begeisterung marschierten deutsche Sozialisten, Demokraten, Liberale, einfache Kleinbürger und ordentliche Familienväter im Ersten Weltkrieg nach Paris. Und mit welcher blinden Begeisterung setzten sich die Franzosen in die entgegengesetzte Richtung in Bewegung. Für den Verlauf der Geschichte war es völlig unwichtig, daß nach vier

blutigen Kriegsjahren zufällig die Franzosen gewannen. Die Verlierer waren die Millionen, die in dem Krieg gekämpft hatten, verwundet wurden oder starben. In noch größerem Maßstab wiederholte sich die Zerstörung im Zweiten Weltkrieg.
In dem jüdisch-palästinensischen Konflikt haben sich Gott sei Dank nicht Millionen gegenseitig niedergemetzelt. Aber die nationalistische Begeisterung war und ist vergleichbar. Es wäre zwar nicht richtig, die Begeisterung der Juden für den Unabhängigkeitskrieg mit der Begeisterung anderer Völker für Kriege über einen Kamm zu scheren, denn die Juden hatten den Holocaust vor Augen und empfanden diesen Krieg als die letzte Chance des jüdischen Volkes zu überleben. Dennoch schießt nationalistische Begeisterung hier wie dort oft über das Ziel hinaus.
Dasselbe gilt auch für den palästinensischen Nationalismus. Mit großer Begeisterung schrien Massen von Palästinensern auf den Straßen 'Itbach el-Jahud!' (*Schlachte den Juden!*). Und es wurden nicht wenige Juden umgebracht. Viel größer allerdings ist die Zahl der Palästinenser, die in dem durch palästinensische Nationalisten verursachten Krieg starben. Diese Nationalisten entwickelten eine unerhörte Überheblichkeit gegenüber den Juden, betrachteten sie als Schwächlinge und verspotteten sie als 'Wallad el-Muth' (*Kinder des Todes*). In ihrem Machtwahn waren sie sicher, daß es nur eine Angelegenheit von Tagen oder Wochen sein konnte, bis die palästinensischen Helden und die heldenhafte arabische Welt die kleine jüdische Bevölkerung besiegt und vertrieben haben würde. Diese blinde Begeisterung bewirkte wahrscheinlich auch, daß die Palästinenser sich jämmerlich schlecht auf den Krieg von 1947/49 vorbereiteten. Noch bevor der Staat Israel am 14. Mai 1948 seine Unabhängigkeit erklärte, waren die Palästinenser vernichtend geschlagen.
Als ebenso unvernünftig wie der palästinensische hat sich der jüdische Nationalismus erwiesen. Es ist erstaunlich, wie schnell fast zweitausend Jahre humanistischer und gewaltfreier jüdischer Prägung in der Folge des Traumas der Nazizeit und der Notwendigkeit, sich in Israel/Palästina eine sichere Heimat aufzubauen, verschwanden. Ähnlich dem palästinensischen Überheblichkeitswahn entwickelte sich in Israel ein Sicherheitswahn, der zu einem verhängnisvollen Gefühl

der Überheblichkeit gegenüber den Palästinensern führte. Humanistische Prägung und die gewaltfreie, barmherzige Tradition des Judentums hätten die neuen israelischen Politiker dadurch zu Helden werden lassen können, daß sie den Feind in einen Freund verwandelt hätten. Dies aber war nicht der Fall. In dem neu entstandenen Israel lebten fast zweihunderttausend Palästinenser, die überhaupt nicht gefragt wurden, ob sie Freunde oder Feinde sein wollten. Eine Million Flüchtlinge, zum Teil vertrieben, zum Teil aus Angst geflohen, wurden als tödliche Gefahr für die Sicherheit der Existenz Israels betrachtet.

Aus der Geschichte hätten die israelischen Politiker auch etwas über den Segen des Kompromisses lernen können, anstatt das Volk durch ihren Sicherheitswahn in Angst und Schrecken zu versetzten. Aber in ihrem Bewußtsein spielte der Kompromiß, zum Beispiel einen Teil der palästinensischen Flüchtlinge ins Land zurückzulassen, keine Rolle. Stattdessen wurde über die Massenmedien der Mythos vom jüdischen David verbreitet, der vom arabischen Goliath bedroht wurde. Tatsächlich befanden sich die Massen der Palästinenser aber in Flüchtlingslagern und führten als angebliche Bedrohung Israels ein unwürdiges Leben in hoffnungsloser Verzweiflung, das sie nicht selten mit Rachegefühlen erfüllte. Es gab Palästinenser, die versuchten, als Infiltranten die Grenzen zu überschreiten; andere organisierten sich in Mörderbanden, um Juden zu überfallen. Aus den neu gegründeten Kibbuzim und Moschavim wurden Vieh, Bewässerungsanlagen und anderes gestohlen. So schmerzhaft und unerfreulich diese Aktionen auch waren, die Existenz Israels haben sie niemals ernsthaft bedroht.

Die wesentliche Bedrohung bestand in der von Ben-Gurion geprägten Politik, die die palästinensische Frage konsequent und hartnäckig unter den Teppich kehrte und sich weigerte anzuerkennen, daß das palästinensische Volk heimatlos und seiner nationalen Selbstbestimmung beraubt war. Die wirkliche Bedrohung lag in der falschen Überzeugung, daß der palästinensische Widerstand gegen die durch den Krieg von 1947/49 entstandene Lage nur mit Gewalt bekämpft werden konnte. Der biblische Spruch „Auge um Auge, Zahn um Zahn", ein Stereotyp bezüglich des jüdischen Racheethos, wurde von Juden in der Realität bis zur Entstehung des Staates Israel fast nie verwirklicht. Danach allerdings nahm er verheerende Formen an. Durch die Vergeltungspolitik mußten für einen Juden manchmal zehn oder mehr Araber sterben. Es fiel Israel nicht schwer, Teile der westlichen Welt davon zu überzeugen, daß die Flüchtlinge freiwillig geflohen waren und daß mehr als ein Dutzend arabischer Länder das Flüchtlingsproblem leicht hätte lösen können.

Aber nicht so sehr die westliche Welt galt es zu überzeugen als vielmehr die Palästinenser, die unter unerträglichen Bedingungen verzweifelt und hoffnungslos in den Flüchtlingslagern lebten und sich vermehrten, bis die erste Generation palästinensischer Lagerkinder beschloß, ihr Recht auf Heimat und Selbstbestimmung mit Gewalt durchzusetzen. Sie wiederholte die Fehler der Väter: blinde Begeisterung, Rache und Kompromißlosigkeit. Als die Palästinenser sich politisch in der PLO und militärisch in El-Fatah und anderen Terrorgruppen organisierten, lebten in Israel schon fünfmal mehr Juden als 1948. Dennoch steht in der palästinensischen Verfassung, daß in dem angestrebten Staat von Juden, Christen und Moslems nur diejenigen Juden und ihre Nachkömmlinge gleichberechtigt sein werden, die schon vor der Balfour-Deklaration nach Palästina eingewandert waren.

Angeblich hassen sich die Nationalisten verschiedener Völker. Tatsächlich aber helfen sie sich gegenseitig. So kam der nationalistischen israelischen Politik die bereits erwähnte Dummheit der Palästinenser gerade recht, um Millionen von Israelis in Angst und Schrecken zu versetzen und zielstrebig eine Politik zu machen, die zur Zuspitzung des Konfliktes führen mußte. Dadurch wuchs gleichzeitig die Bedrohung Israels.

Zwischen 1948 und 1956 wurde dem israelischen Volk vorgegaukelt, daß die Situation durch Überfälle der palästinensischen Fedajin unerträglich geworden war. Ein nie in Frage gestellter Mythos besagt, daß die Kriege von 1956 und 1967, unzählige Vergeltungsaktionen und die späteren Kriege die Existenz Israels gerettet hätten. Solche Dinge kann man nur Menschen glaubhaft machen, die in großer Angst leben. Selbst eine oberflächliche Statistik würde zeigen, daß die Opfer palästinensischer Überfälle nach dem Krieg von 1947/49 nur einen unwesentlichen Bruchteil der Opfer darstellen, die die ver-

schiedenen Kriege oder spätere Terror- und Racheaktionen gefordert haben.
Eine jüdische Weisheit, die im modernen Israel selten berücksichtigt wird, sagt: „Beurteile deinen Nachbarn nicht, bevor du in seiner Lage bist.“ Wir israelischen Juden haben uns an die Opferposition gewöhnt. Das hat uns gegenüber der Tatsache blind gemacht, daß sich durch die Gewalt- und Vergeltungspolitik Israels auch die Palästinenser und die arabischen Nachbarn bedroht fühlten.
Realpolitik muß nicht immer realistisch und friedfertige Kompromißbereitschaft nicht immer utopisch oder unrealistisch sein. Nach der Entstehung des Staates Israel waren die meisten Israelis der Meinung, daß die friedfertige Kompromißbereitschaft von Martin Buber[51] und anderen blauäugig war. Statt dessen wurden Probleme mit Waffengewalt gelöst. Wenn man von den Überfällen palästinensischer Infiltranten und Fedajin absieht, funktionierte diese Methode im allgemeinen hervorragend. Millionen von Juden wurden nach Israel gebracht. Israel prosperierte und erweckte Bewunderung in der ganzen Welt. Das Problem der mehr als eine Million umfassenden palästinensischen Flüchtlinge beschäftigte die Israelis nur insofern, als sie hartnäckig behaupteten, daß die arabischen Länder sich weigerten, die eigenen Brüder aufzunehmen, und die Flüchtlingslager in Jordanien, Ägypten und im Libanon aufrechterhielten, um Israel zu bedrohen. Angeblich wollte die arabische Welt eine „zweite Runde“ gegen Israel austragen, um die Juden endgültig ins Meer zu treiben. Dabei sollten die Flüchtlingslager im Angriffsfall als menschliche Ressourcen dienen. Sicherlich träumten die meisten Flüchtlinge noch mehr als die arabischen Länder von einem Überfall auf Israel. Aber die Verwirklichung dieses Traumes war absolut unrealistisch.
Realistisch wäre eine israelische Politik der Kompromißbereitschaft gewesen, wie sie der zweite Ministerpräsident Israels, Moshe Sharett, anstrebte. Das von Ben-Gurion und Moshe Dayan geprägte Israel hingegen war davon überzeugt, daß jede Kompromißbereitschaft eine absolut tödliche Gefahr für Isra-

51 *Martin Buber* (1878-1965), jüdischer Schriftsteller und Religionsphilosoph, der den Chassidismus erforschte.

el darstellte. Bei verschiedenen Versuchen, zwischen Israel und den arabischen Ländern sowie den Palästinensern zu vermitteln, tauchte der Vorschlag auf, etwa einhunderttausend palästinensische Flüchtlinge nach Israel zurückkehren zu lassen und auch gewisse territoriale Zugeständnisse in solchen Gegenden zu machen, die ohnehin überwiegend von israelischen Palästinensern bewohnt waren. Ben-Gurion aber vertrat den Standpunkt: „Kein Zentimeter Boden, kein einziger Flüchtling!" So wurden die Flüchtlingslager im Libanon, in Jordanien und im Gazastreifen zu einem Pulverfaß, das in einem bestimmten Moment explodieren mußte. Der mangelnde Realismus israelischer Politiker kam dadurch zum Ausdruck, daß sie versuchten, die Gefahr durch vernichtende Schläge gegen die stärksten arabischen Staaten – Ägypten und Syrien – zu bannen. Der Sieg von 1967 war ein militärischer Erfolg, der aber eine Zuspitzung der Lage zur Folge hatte.

Der mangelnde Realismus israelischer Politiker kam nicht nur in ihrer Blindheit den palästinensischen Flüchtlingen gegenüber zum Ausdruck, sondern auch in ihrer Blindheit gegenüber den Palästinensern, die in Israel lebten. Eine Zeitlang hoffte Ben-Gurion darauf, daß die israelischen Palästinenser Israel freiwillig verlassen würden, um sich in arabischen Ländern wie Ägypten, Jordanien oder dem Libanon niederzulassen. Wer aber ist schon bereit, freiwillig seine Heimat aufzugeben? Um dieses Ziel zu erreichen, mußte eine Politik gefunden werden, die die Palästinenser zwingen würde, Israel „freiwillig" zu verlassen. Eines der Mittel zu diesem Zweck war die Maßnahme, die israelischen Palästinenser, reguläre Bürger des Staates Israel, der Militärverwaltung und Militärgesetzgebung zu unterstellen. Diese Drangsalierung dauerte über zehn Jahre, führte aber nicht zum gewünschten Erfolg.

Als weiteres Mittel der Schikane wurde die sehr harte Enteignungspolitik eingesetzt. Permanent verunsicherte man palästinensische Dörfer dadurch, daß man ihr Land enteignete und jüdische Siedlungen wie zum Beispiel Carmiel oder den jüdischen Teil Nazareths auf diesem Land gründete. Große Flächen Landes wurden willkürlich zu militärischen Übungsgebieten erklärt, was bedeutete, daß die palästinensischen Bauern das Land nicht mehr bearbeiten konnten. Nach der Entstehung des Staates Israel ließen sich palästinensische *ab-*

wesende Anwesende[52] in verschiedenen verlassenen Dörfern nieder. Diese Dörfer wurden vom Staat aber nicht als munizipale Ortschaften anerkannt und erhielten deshalb keine entsprechende Infrastruktur.

Die geschilderten Maßnahmen stellen aber nur einen Teil der schikanösen israelischen Politik dar, die die Palästinenser zum Verlassen des Landes bewegen sollte. In den berühmt gewordenen Gesprächen Ben-Gurions mit verschiedenen israelisch-palästinensischen Persönlichkeiten bemühte sich Ben-Gurion, die Palästinenser davon zu überzeugen, daß ein Araber, der sich selbst achtet, nicht akzeptieren darf, als Teil einer Minderheit in Israel zu leben. Die israelischen Palästinenser aber ließen sich nicht nur nicht von einem Rückzug aus Israel überzeugen, sondern sie vermehrten sich und begannen, wenn auch nicht in demselben Maß wie die jüdischen Israelis, den Wohlstand, den Israel insbesondere in den fünfziger Jahren erlebte, zu genießen.

Wenn die Anwesenheit der Palästinenser den jüdischen Israelis auch nicht gefiel, so mußte Israel als demokratischer Staat den Palästinensern dennoch Bildungsmöglichkeiten und medizinische Versorgung gewährleisten, die in der Regel viel besser waren als der palästinensische Standard. Große Geldströme aus den USA und Deutschland entfernten viele Israelis von ihrem ursprünglichen Traum, Bauern und Arbeiter werden zu wollen, und so wurden stattdessen israelische Palästinenser als Arbeiter beschäftigt. Eine Zeitlang diskriminierte man palästinensische Israelis dadurch, daß sie nicht denselben Lohn wie jüdische Israelis für dieselbe Arbeit erhielten. Sie wurden auch nicht in die Gewerkschaften aufgenommen. Allmählich aber entstand ein gewaltiger gesellschaftlicher Druck, der in den sechziger Jahren zur Auflösung der Militärverwaltung führte. Dadurch wurde auch der Weg zur Aufnah-

52 Bald nach der Entstehung des Staates Israel noch während des Unabhängigkeitskrieges wurde ein Gesetz erlassen, wonach jeder, der sich zu einem bestimmten Zeitpunkt nicht in seinem Dorf oder seiner Stadt befand, zum Abwesenden erklärt wurde, d.h. keinen Anspruch auf seinen Landbesitz hatte. Auf diese Weise verloren viele Palästinenser ihren Besitz und wurden heimatlos, da sie wegen des Krieges ihre Dörfer verlassen hatten und zu diesem Termin im Sinne des Gesetzes „abwesend“ waren, obwohl sie sich innerhalb der Grenzen des Staates Israel aufhielten.

me palästinensischer Arbeiter in die Gewerkschaften und zu gleichen Löhnen für alle frei.

Nach dem ruhmlosen Niedergang der Ära Ben-Gurions kam Levi Eschkol als dritter israelischer Ministerpräsident an die Macht. Er war toleranter und klüger, was die palästinensischen Israelis betraf. Dadurch fanden sie zunehmend den Weg in die Universitäten oder wurden Unternehmer. Ihre Zahl verdreifachte sich; palästinensische Dörfer wuchsen und wurden zu Städten. Nur ganz allmählich begannen israelische Politiker zu verstehen, daß es falsch war, die palästinensischen Israelis weiterhin als Feinde zu bezeichnen. Paradoxerweise verstanden die Politiker des Likud[53] dies eher als die Politiker der Arbeiterpartei, die noch den alten Feindbildern anhingen.

Nachdem arabische Ortschaften und Schulen lange Zeit finanziell benachteiligt worden waren, erhielten sie jetzt vom Innenministerium Gelder, so daß sich ihre Lage etwas verbesserte. Das israelische Bewußtsein bezüglich der israelischen Palästinenser änderte sich durch die Entstehung der großen Koalition zwischen Schimon Peres[54] und Jitzhak Schamir[55] Ende der achtziger Jahre, in der Eser Weizman[56] als Beauftragter für die palästinensisch-israelische Minderheit verantwortlich war. Der friedfertig gewordene Falke Weizman verstand nicht nur, daß wir uns mit dem palästinensischen Volk versöhnen müssen, sondern auch, daß die israelischen Palästinenser eine wichtige Brücke zu den nichtisraelischen Palästinensern bilden können. Viele Ungerechtigkeiten wurden abgebaut. Man hörte auf, Land zu enteignen, und große Flächen des Landes, das jahrzehntelang als militärisches Übungsgebiet genutzt worden war, wurde den israelisch-palästinensischen Besitzern in der zweiten Hälfte der achtziger Jahre zurückgegeben.

53 Likud: konservative israelische Partei

54 Shimon Peres (*1923), israelischer Politiker (Arbeiterpartei); seit 1969 mehrfach Minister; 1977-92 Vorsitzender der Arbeiterpartei, 1977 und 1984-86 Ministerpräsident, 1986-88 und seit 1992 Außenminister, 1988-90 Finanzminister; nach der Ermordung Rabins am 4.11.1995 bis zu den Wahlen 1996 Ministerpräsident.

55 Jitzhak Schamir (*1914), israelischer Politiker (Cherut). Während der englischen Mandatszeit (bis 1948) war er Führer der extremistischen Lechi-Terrorgruppe. 1983/84 und 1986-92 Ministerpräsident Israels.

56 Eser Weizman (*1924), israelischer Offizier und Politiker; seit 1993 Staatspräsident; Neffe Chaim Weizmanns

Die Landenteignung stellt eine der tiefsten Wunden der Palästinenser dar, derer sie am *Tag des Bodens* gedenken. Dieser Gedenktag geht auf einen Streik gegen die Landenteignung im März 1977 zurück. Hätten sich die israelische Polizei und Armee nicht eingemischt, wäre der Streik vermutlich friedlich verlaufen. Da der sozialistische Polizeiminister Israels, Shlomo Hillel, aber der Meinung war, daß die Palästinenser ausschließlich die Sprache der Gewalt verstünden, griffen Polizei und Armee ein. Es gab Tote und Verletzte, was große Verbitterung bei den israelischen Palästinensern hervorrief. Die Politik Eser Weizmans half, diese tiefe Wunde zu heilen.
Lange beschwerten sich israelische Palästinenser darüber, daß sie wegen der Diskriminierung und Benachteiligung durch die Israelis keine Vermittlungsfunktion zwischen Israel und den nichtisraelischen Palästinensern beziehungsweise den arabischen Staaten übernehmen konnten. Die Tatsache, daß sich die palästinensischen Israelis 1987 nicht der Intifada anschlossen, ist nur ein weiterer Beweis dafür, wie unrealistisch die israelische Politik gegenüber den israelischen Palästinensern war. Menschen wie der israelisch-palästinensische Arzt Achmed Tibi, der sich für Vermittlungsgespräche zwischen Israel und der PLO zur Verfügung stellte, bestätigen dies.
Die israelischen Palästinenser machen fast zwanzig Prozent der Bevölkerung Israels aus. Das Bild von einem ethnisch reinen jüdischen Staat ist also falsch. Die Verbesserung der sozialen und politischen Bedingungen der israelisch-palästinensischen Bevölkerung hat auch dazu geführt, daß trotz der jahrzehntelangen Benachteiligung und Diskriminierung viele von ihnen von der israelischen Demokratie überzeugt sind und sich mutig von palästinensischem Nationalismus und Fundamentalismus distanzieren.

6. Zionismus – Utopie und Wirklichkeit

Der Zionismus ist eine Folge der jahrtausendealten jüdischen Sehnsucht nach dem Land der Väter, nach Erez Israel. Er entstand im neunzehnten Jahrhundert und vereint die beiden ebenfalls im neunzehnten Jahrhundert entstandenen Bewegungen des Nationalismus und des Sozialismus.

Während der langen Zeit der Diaspora gab es verschiedene Versuche der Juden, nach Erez Israel zurückzukehren. Wenn sie auch ihre Sehnsucht nach der verlorenen Heimat im täglichen Gebet zum Ausdruck brachten, so wurden konkrete Versuche der Rückkehr im wesentlichen doch nur in Krisenzeiten unternommen. Messianische Bewegungen wie die des Sabbatai Zewi[57] erfaßten fast das gesamte europäische Judentum. Allerdings endeten seine Aktivitäten in einem schmerzhaften Fiasko: Aus Feigheit vor den Türken trat der „Messias" zum Islam über. Die frühen Einwanderungswellen nach Erez Israel hatten zwar zur Folge, daß es in Jerusalem, Hebron, Safed, Tiberias und anderen Städten eine ziemlich arme, alte jüdische Bevölkerung gab, blieben jedoch politisch bedeutungslos.

Der moderne politische Zionismus entwickelte sich hauptsächlich aus zwei Gründen: Zum einen fühlten sich die Juden aufgrund der Verfolgungen in Osteuropa, insbesondere in Polen und Rußland, und des unaufhörlichen Antisemitismus in West- und Mitteleuropa trotz der Emanzipation nicht sicher. Zum anderen war die schon oben erwähnte Entstehung nationaler Bewegungen nach der Revolution von 1848 für die Entstehung des Zionismus ausschlaggebend. Während die Versuche der Polen, Ungarn, Tschechen, Rumänen, Deutschen und anderer, sich als Nation zu definieren, selbstverständlich erschienen, war der Zionismus in den Augen vieler Betrachter eine sinnlose und merkwürdige Utopie. Das lag daran, daß alle anderen nationalen Befreiungsbewegungen an bestimmte Territorien gebunden waren, die Juden aber über die Welt verstreut lebten und teilweise auch politische Gleichberechtigung genossen.

57 Sabbatai Zewi (1626 - 1676), Pseudomessias

Der Antisemitismus in Mittel- und Westeuropa schien, obwohl lautstark und angeberisch, eine Randerscheinung zu sein. Auch in Deutschland waren die antisemitischen Parteien bei den Wahlen nicht sehr erfolgreich. Man war zwar durch die Wahl des antisemitischen Bürgermeisters Lueger in Wien (1893) etwas verunsichert, aber aus Wien wurden Juden weder vertrieben noch in Konzentrationslager geschickt. Viele fragten sich, wozu die Juden einen eigenen Staat brauchten. Selbst die osteuropäischen Juden wollten sich trotz gelegentlicher Pogrome integrieren, denn auch dort zeichnete sich größere Freizügigkeit ab. Die demokratische Revolution im zaristischen Rußland war nur noch eine Frage der Zeit. Die sozialistische Bewegung hatte stark an Boden gewonnen und die Hoffnung auf eine Befreiung der Völker, insbesondere der Arbeiter, und auf ein Leben in einer klassenlosen, internationalen Gesellschaft genährt.

Zweifel an der zionistischen Idee kamen nicht nur aus dem demokratischen und sozialistischen Lager, das eine Schwächung des Kampfes für Demokratie und Sozialismus befürchtete, falls die Juden die europäischen Länder verlassen würden. In erster Linie hatten jüdische Kreise selbst Zweifel. In religiösen Kreisen unterstützte nur eine Minderheit den Zionismus. Reformjuden in Deutschland, Österreich, Ungarn und anderen Ländern lehnten ihn ab. Besonders heftig wurde er von den streng orthodoxen Juden bekämpft. Sie waren davon überzeugt, daß der Aufruf zur Selbstbefreiung beziehungsweise Selbsterlösung eine Gotteslästerung sei. Juden, die bereits gleichberechtigt in ihren Gastländern lebten, lehnten den Zionismus ebenso ab wie jüdische Arbeiterkreise in Osteuropa, die sich als Sozialisten in der *Bundbewegung*[58] organisiert hatten. Sie setzten sich für die Verbesserung der Lebensbedingungen und des kulturellen Standards der rückständigen jüdischen Arbeiter ein sowie für ihre Integration in eine erhoffte

58 *Bund* ist die Abkürzung für „Allgemeyner Yidisher Arbeter Bund in Lite, Polyn un Rusland“. Er war die erste jüdische sozialistische Partei, die 1897 in Wilna gegründet wurde und für die nationale und soziale Gleichheit der jüdischen Bevölkerung kämpfte sowie für die Anerkennung des Jiddischen als Nationalsprache der Juden. Sie war gegen den Zionismus und eine territoriale Lösung der jüdischen Frage. Der *Bund* hat viel zur kulturellen Bildung der Massen arbeitender Juden in Polen und Rußland beigetragen.

sozialistische Gesellschaft, in der es auch eine kulturelle jüdische (jiddische) Autonomie geben würde. Ihr Glaube an den unaufhörlichen Fortschritt, an den historischen Determinismus, der die Geschichte zu immer höheren Entwicklungsstufen führen und Völker und Menschen befreien würde, war unerschütterlich.

So wurde also dem Zionismus von jüdischer wie von nichtjüdischer Seite heftiger Widerstand entgegengebracht. Hinzu kam, daß Herzl[59] den Zionismus dadurch in Verruf brachte, daß er sich bei Vertretern der kolonialen und imperialistischen Großmächte anbiederte, um deren Zustimmung zu einer jüdischen Heimstätte in Palästina zu erhalten. Es erschien völlig unsinnig, in dieser Atmosphäre über Antisemitismus und Judenverfolgung zu sprechen, da diese, wie die Gegner der Zionisten sagten, Ergebnisse der Klassengesellschaft, der absolutistischen, autokratischen und klerikalen Vorurteile seien, die mit der Abschaffung dieser alten undemokratischen Welt von selbst verschwinden würden. Diese Hoffnung, die auch ich lange hegte, würde ich heute mit dem Begriff *aufklärerische Vorurteile* umreißen, denn, wie wir wissen, hat sich die Geschichte nicht in diesem Sinne entwickelt.

Herzl organisierte 1897 in Basel den ersten, sehr erfolgreichen zionistischen Kongreß, aber viele der Menschen, die mit der ersten Alija (Einwanderungswelle) 1882 nach Palästina gekommen waren, verließen das Land bald wieder. Die meisten gingen nach Amerika. Nach dem Ersten Weltkrieg – zwanzig Jahre nach der Entstehung des politischen Zionismus – lebten in Palästina nur etwa fünfundfünzigtausend Juden. Nach den großen antisemitischen Ausschreitungen in Rußland Anfang des zwanzigsten Jahrhunderts (1903–1906) gab es eine zweite Alija. Bis 1924, dem Todesjahr Lenins, wanderten viele Jugendliche aus der Sowjetunion nach Palästina aus. Stalin, der Nachfolger Lenins, schloß die Grenzen und machte dadurch eine weitere Auswanderung unmöglich. Der große Durchbruch für Juden in Palästina als einer gut organisierten Gemeinschaft kam erst nach der Machtübernahme der Nationalsozialisten. Die Akkumulation von Verfolgungen in Europa

59 *Theodor Herzl* (1860-1904), österreichischer Schriftsteller und Zionist; einer der Begründer des politischen Zionismus.

und deren schrecklicher Höhepunkt, die Ausrottung der Juden durch den Nationalsozialismus, gaben dem Zionismus die Bedeutung im jüdischen Leben, die er noch heute hat.
Im Grunde genommen ist der Zionismus ein nationalistischer Anachronismus. Zur Zeit seiner Entstehung am Ende des neunzehnten Jahrhunderts stellte er eine unsinnige, kleinbürgerliche Träumerei dar. Die Zeit war von dem Gedanken der Emanzipation geprägt. Die Idee, das fortschrittliche, liberale, sozialistische Europa zu verlassen, um in ein unterentwickeltes Wüstenland auszuwandern, erschien absurd. Damals hoffte man auf den Fortschritt und dachte, daß die Menschen sich bilden und aus der Geschichte lernen, die Gesellschaften sich demokratisieren und die Integrationschancen gut sein würden. Die Hoffnung auf Demokratisierung und Integration gab es sogar noch nach dem Zweiten Weltkrieg, als mehr als die Hälfte der rumänischen Juden in Rumänien bleiben wollte und den Zionismus bekämpfte. Auch viele polnische Juden wollten sich in die kommunistische Gesellschaft integrieren. Die Pogrome von Kielce gleich nach dem Zweiten Weltkrieg (1945) allerdings erschütterten viele so sehr, daß sie schließlich doch nach Palästina auswanderten. In der Sowjetunion gab es jüdische Theater, jüdische Schriftsteller und jüdische Zeitungen, die von bewußten Kommunisten, aktiven Antizionisten, geschrieben wurden, die sich von ihrem Integrationswillen nicht abbringen ließen, obwohl Dichter wie Itzik Fefer, Peretz Markisch[60] oder Isaak Babel[61] ebenso wie der große Schauspieler Michoels[62] und Hunderte anderer nach dem Zweiten Weltkrieg niederträchtig umgebracht wurden. Jüdische Zeitungen hörten nicht auf zu erscheinen, weil sie verboten wurden, sondern weil Juden aufhörten, sie zu lesen.
Nicht nur einmal schien es, daß der Zionismus in eine Krise geraten sei. Dies war bereits der Fall nach der Gründung der ersten zionistischen Bewegung *Chowewe Zion* im Jahre 1884, nach dem ersten zionistischen Kongreß in Basel sowie nach den ersten Kolonisierungsversuchen in Erez Israel/Palästina in den Jahren 1882, 1890, 1904–14. Immer schien es, daß der

60 *Peretz Markisch* (1895-1952)
61 *Isaak Babel* (1894-1941)
62 *Salomon Michoels* (1890-1948)

Zionismus nicht verwirklicht werden könne. Dennoch hat er sich als eine nationale Befreiungsideologie durchgesetzt. Nach dem Zweiten Weltkrieg begann ein weitreichender Prozeß der Entkolonisierung und der nationalen Befreiung. Der Zionismus, der durch den Staat Israel verkörpert und in ihm verwirklicht wird, war nur ein Glied in einer langen Kette von Staaten, die sich unabhängig machten, wie zum Beispiel in Afrika und Südamerika. Während diese Staaten aber häufig instabil und undemokratisch waren, hat sich der zionistische Staat Israel zu einer stabilen Demokratie entwickelt. Von dieser Demokratie wurden allerdings die israelischen Palästinenser und später die nicht-israelischen Palästinenser in der Westbank und im Gazastreifen als Folge der Konfliktsituation ausgeschlossen. Dennoch gibt es einen andauernden Prozeß der Demokratisierung auch für die israelischen Palästinenser. Sie haben heute das Wahlrecht, können Parteien gründen, Zeitungen und Bücher veröffentlichen. Die noch existierenden Diskriminierungen werden nach und nach abgebaut.
Manche Nationalbewegungen haben sich in Diktaturen verwandelt, gelegentlich auch blutige Revolutionen und Bürgerkriege durchgemacht. Im Vergleich dazu war die zionistische Revolution eine der sanftesten Revolutionen in der Weltgeschichte. Schließlich profilierte sich der Zionismus als wichtigster Faktor in der jüdischen Geschichte und als Grundlage für die Bildung eines jüdischen Staates in Erez Israel/ Palästina. Dazu bedurfte es eines harten Kerns von Visionären und Politikern, die von der Überzeugung durchdrungen waren, daß die Juden in Europa gefährdet waren und dort keine Zukunft hatten - und des Holocaust. Trotz unzähliger Rückschläge und Niederlagen, trotz der Diskrepanz zwischen zionistischem Bewußtsein und mangelnder Bereitschaft zur Auswanderung nach Palästina, trotz der Tatsache, daß die meisten Einwanderer nicht aufgrund ihres zionistischen Bewußtseins, sondern auf der Suche nach einem Zufluchtsort kamen, haben zionistische Institutionen und Politiker mit großer Geduld und Zuversicht die neue jüdische Gesellschaft in Palästina aufgebaut.
Nach den erfolglosen Versuchen Theodor Herzls, von den Türken einen politischen Freibrief für Palästina zu erhalten, entwickelte sich der praktische Zionismus. Auf dem Weg der kleinen Schritte erwarb man nach und nach Grundstück für

Grundstück, gründete Kibbuz für Kibbuz, Dorf für Dorf, und allmählich bildete sich eine Gesellschaft, die trotz dauerhafter Bedrohung, Einschränkungen und Überfällen überleben konnte. Die großen Schwierigkeiten und Probleme beim Aufbau dieser Gesellschaft haben die Zionisten nur abgehärtet und in dem Glauben bestärkt, den richtigen Weg zu gehen, insbesondere angesichts des Sieges des Faschismus und Nationalsozialismus in Europa. Obwohl die Palästinenser hartnäckigen Widerstand leisteten, entstand in Erez Israel eine fast autonome jüdische Gesellschaft, die die Voraussetzung dafür bildete, daß Millionen verzweifelter und heimatloser Juden den Weg in den neuen Staat finden konnten.

Selbstverständlich wäre der Zionismus nicht so erfolgreich gewesen, hätte die Welt nicht unter dem Schock des Holocaust gestanden. Durch den Holocaust bestätigte sich die zionistische These, daß sich nicht die Emanzipation, sondern der Antisemitismus durchsetzen würde. Der Aufbau des Staates Israel basierte auf einer genialen pragmatischen Vision und wurde mit großer Entschlossenheit und Tüchtigkeit verfolgt. In unserer Welt gescheiterter Ideologien kann man den Zionismus als eine der erfolgreichsten Ideologien bezeichnen, auch wenn es gute Gründe gibt, sich von manchen übertrieben realpolitischen Überlegungen des Staates Israel zu distanzieren. Diese haben Israel in überflüssige Konflikte mit der arabischen Welt und auch mit dem Rest der Welt gestürzt, der die Ungerechtigkeiten des Zionismus gegenüber den Palästinensern kritisierte.

Nach dem Zweiten Weltkrieg geriet der Zionismus in ein Dilemma. In der Zeit des Kalten Krieges wurde von jedem eine eindeutige Solidarisierung mit einem der beiden politischen Blöcke erwartet. Juden aber lebten auf der ganzen Welt - in den USA, der Sowjetunion, den arabischen und südosteuropäischen Ländern. In dieser schwierigen Situation mußten die zionistischen Führer politische Prioritäten setzen. Die linkssozialistischen Zionisten sahen die Welt der Zukunft durch die Sowjetunion und den Kommunismus vertreten. Sie forderten die Distanzierung vom Kapitalismus, auch wenn es nicht möglich war, sich völlig mit der Sowjetunion zu identifizieren. Die zionistischen Politiker, die Israel regierten, erkannten nüchtern und realistisch, daß die einzige Hoffnung für die weitere

Entwicklung des Staates Israel nur aus der westlichen Welt kommen konnte, hauptsächlich aus den USA, wo Juden einflußreiche Positionen innehatten und eine messianische Begeisterung für den Staat Israel entwickelten.
Tüchtigkeit, Kühnheit und Entschlossenheit, mit der die Einwanderung und Eingliederung von Millionen organisiert wurde, verdient größte Bewunderung. Jeder erhielt das Existenzminimum zum Leben, bis er einen Arbeitsplatz bekam oder seine Ausbildung beendet hatte. Hunderttausende von Wohnungen, Straßen und Wasserleitungen wurden gebaut; eine der ertragreichsten Landwirtschaften der Welt und eine hoch entwickelte High-Tech-Industrie entstanden.
Die sozialen und wirtschaftlichen Leistungen des Staates Israel sind eindrucksvoll. Nach 1948 integrierten sechshunderttausend Israelis in einem Prozeß von nur zehn Jahren mehr als die doppelte Anzahl der ursprünglichen Bevölkerung. Dies war mit vielen Schwierigkeiten verbunden. Es gab Zeiten der Arbeitslosigkeit. Viele lebten in Zelten oder Übergangslagern, aber niemand mußte hungern, kein Kind ging barfuß in die Schule. Jeder war medizinisch versorgt. Diese Errungenschaften wurden allzu schnell selbstverständlich. Für mich, der ich in Armut aufwuchs und nicht daran gewöhnt bin, von anderen versorgt zu werden, ist es überhaupt nicht selbstverständlich, daß der Staat alle diese Dinge in die Hand nimmt. Die Darstellung der Entwicklung einer Gesellschaft von weniger als sechshunderttausend Menschen innerhalb von fünfundvierzig Jahren zu einer Gesellschaft mit mehr als vier Millionen Menschen sucht noch ihren adäquaten literarischen und künstlerischen Ausdruck.
Trotz der vielen Erfolge hat der Zionismus längst nicht alle seine Ziele erreicht. Vielleicht hat er sogar die meisten seiner Ziele nicht erreicht. Das eine wesentliche Ziel aber, den Juden der Welt eine Heimat zu geben, wurde verwirklicht. In der erfolgreichen Phase des Aufbaus gingen viele der ursprünglichen Ziele verloren. In meiner Beurteilung des Zionismus gehe ich von einer humanistisch-aufklärerischen Position aus, die keine unlösbaren Probleme kennt, da sie die Vernunft zur Grundlage aller Entscheidungen macht, ausschließlich vernünftige Lösungen sucht und dadurch Haß und Vorurteilen keine Chance gibt. Von dieser Position aus möchte ich die Ent-

wicklung des Zionismus in den letzten fünfundvierzig Jahren beurteilen.
Die israelischen Realpolitiker haben nicht immer nach fortschrittlichen, humanistischen Maßstäben gehandelt, und sie haben auch nicht immer die Tatsache berücksichtigt, daß wir als Volk Abrahams, als die Nachfolger der Propheten dem Frieden und der Gerechtigkeit verpflichtet sind. Ihr übertriebener Pragmatismus setzte auf Gewalt und Rücksichtslosigkeit anderen Völkern gegenüber. Der Zionismus ist in erster Linie wegen seiner Palästinenserpolitik in Verruf geraten. Diese bildete auch den Hintergrund für die UNO-Resolution von 1975, die den Zionismus als rassistisch verurteilte. Meiner Meinung nach hat die Resolution den Zionismus in zu pauschaler Weise verurteilt, indem sie nur einen Aspekt seiner Politik in Betracht zog, nicht aber seine Erfolge und Errungenschaften würdigte.
Dennoch besteht einer der Nachteile des Zionismus heute darin, daß politische Entscheidungen in Israel immer noch in übertriebener Weise von der Vergangenheit beeinflußt werden. Die politisch-zionistischen Führer Israels und der USA haben den Holocaust instrumentalisiert und versucht, die als Folge des Holocaust entstandene amerikanische und westeuropäische Empfindlichkeit auszunutzen, um politische Erfolge zu erzielen, die langfristig gefährliche Auswirkungen haben können.
Einer der schlimmsten Mängel des Zionismus heute ist seine fast völlige Vernachlässigung der ursprünglichen Vielfalt zionistischer Ziele und die Verherrlichung des Staates Israel, der eigentlich nicht mehr als ein Mittel zu dem Zweck sein sollte, den Juden eine sichere Heimat zu geben. Dieses Ziel wurde durch die aggressive Politik Israels gefährdet, die das Leben der Juden in Israel viel weniger sicher machte, als es zum Beispiel das Leben der Juden in Amerika oder Westeuropa ist.
Der Zionismus wollte auch eine Gesellschaft aufbauen, die auf den Prinzipien der Gerechtigkeit und des prophetischen Humanismus beruht. Sozialwirtschaftliche Strukturen wie Kibbuzim, Moschavim und Gewerkschaftsunternehmen stellten das Rückgrat des jungen Staates Israel dar. Ohne die kollektive Anstrengung von Menschen, die diese neue jüdische Gesellschaft in Palästina aus Idealismus gründen wollten, wäre der

Staat Israel nicht entstanden. In den Jahren des Aufbaus von Kibbuzim, Moschavim und Industrie, die Arbeitsplätze für die vielen Einwanderer schaffen mußten, wäre eine rein kapitalistische Gesellschaft zum Scheitern verurteilt gewesen.
Es gibt eine Anekdote über einen erfolgreichen jüdischen Kapitalisten, der Israel nach der Staatsgründung besuchte. Voller Begeisterung zeigte man ihm blühende, in mühseliger Arbeit angelegte Apfel- und Orangenplantagen. Er fand, daß für das Geld, das in die Pflanzung der Plantagen investiert worden war, mühelos alle Mitglieder des Kibbuz für lange Zeit in einem luxuriösen Hotel hätten leben können, ohne zu arbeiten.
Wie viele andere hatte auch er nicht verstanden, daß es gar nicht um das investierte Geld ging, sondern um die Schaffung von Arbeitsplätzen und einer wirtschaftlichen und sozialen Infrastruktur, die die Voraussetzung für die Aufnahme von Millionen Juden nach der Entstehung des Staates Israel bildeten.
Gewerkschaften, wirtschaftliche Unternehmen der Gewerkschaften, Moschavim und Kibbuzim funktionierten nach den Grundsätzen der sozialen Gerechtigkeit, der gegenseitigen Verantwortung, der guten medizinischen Versorgung sowie einer guten Ausbildung, die Voraussetzung für die Entwicklung von Landwirtschaft und High-Tech-Industrie in Israel waren. Diese Strukturen, die sich in der Periode der Vorstaatlichkeit gebildet hatten, existierten auch nach der Gründung des Staates Israel weiter und wurden ausgebaut. Nach und nach aber verloren jene sozialen und wirtschaftlichen Strukturen, die nicht auf Profitüberlegungen basierten, an Bedeutung. In unser modernen marktwirtschaftlich orientierten Gesellschaft haben sie keinen Platz mehr. Aus diesem Grunde befinden sich Moschavim, Kibbuzim und Gewerkschaftsunternehmen in der Krise.
Für Menschen meiner Generation, die aus idealistischen Gründen nach Israel kamen und auf viele individualistische Ansprüche verzichteten oder bereit waren, diese einzuschränken, ist das eine bedauerliche Entwicklung. Es geht aber nicht so sehr um nostalgische Trauer, als um die Frage, wie man zwischen den Bedürfnissen des Einzelnen, die am besten in der Marktwirtschaft verwirklicht werden können, und der Verwirklichung der zionistischen Idee, die ein kollektives Bewußtsein voraussetzt, vermitteln kann. Grundsätzlich stehen

freie Marktwirtschaft und Zionismus in einem unlösbaren Widerspruch. Vom Standpunkt der Marktwirtschaft aus ist der Zionismus ein unaufhörliches Verlustgeschäft.
Israel ist dem Zionismus auch heute noch insofern verpflichtet, als es die Aufnahme und Integration von Millionen jüdischer Einwanderer zu seiner Aufgabe macht. Deshalb zahlte Israel an Länder wie Rumänien, die die Ausreise von Juden nicht gestatten wollten, pro-Kopf-Gelder. Im Irak, in Marokko und anderen Ländern wurden Zionisten sogar beschuldigt, die dort lebenden Juden mit Schreckensmeldungen über ihre Gastländer in Panik zu versetzen, so daß sie diese sofort verlassen wollten, um nach Israel auszuwandern. Massen von Juden wurden aus Marokko, Tunesien, dem Jemen und anderen Ländern nach Israel gebracht.
Diese Einwanderung verschlingt Riesensummen unter anderem für Wohnungsbau, Ausbildung und Arbeitsplatzbeschaffung. Hätte Israel diese Kosten nur aus den Erträgen der israelischen Marktwirtschaft finanzieren müssen, wäre es wahrscheinlich wieder in der Situation gewesen, in der sich Ben-Gurion nach der Staatsgründung befand. Man erzählte sich, daß er als Ministerpräsident hohe Schecks für Waffenlieferungen und Einwanderungskosten unterschreiben mußte. Bevor er dies tat, zog er die Kippa (Gebetsmütze) aus der Tasche und bedeckte damit sein Haupt. Auf die Frage, warum er als weltlicher Sozialist und nichtorthodoxer Jude es für nötig halte, sein Haupt zu bedecken, antwortete er, daß dies die einzige Deckung für den Scheck sei. Die mißliche finanzielle Lage Israels verbesserte sich jedoch, als Milliarden vom jüdischen Volk gespendet wurden, Hilfe aus Amerika und Wiedergutmachungsgelder aus Deutschland nach Israel flossen.
Der Zionismus wollte auch durch die Auswanderung der Juden aus ihren Gastländern und den Aufbau einer normal strukturierten Gesellschaft von Bauern, Arbeitern, Kaufleuten, Unternehmern und Intellektuellen in Israel/ Palästina die Ursachen des Antisemitismus ausrotten und mit den Völkern der Welt in Frieden leben. Der dauerhafte Konflikt mit den Palästinensern und den arabischen Völkern, die Benachteiligung und Bedrängung der Palästinenser, die aggressive Politik Israels und die fast dreißigjährige Besatzungspolitik, die den Palästinensern so viel Leid verursachte, haben Empörung hervorge-

rufen, die sich bei vielen in antisemitische Gefühle verwandelte und sich auch in der UNO-Resolution von 1975 widerspiegelt.
Das ultimative Ziel des Zionismus besteht in der Einwanderung aller Juden nach Israel, was einer Liquidierung der Diaspora gleichkäme. Diese Erwartung hatte noch nicht einmal der Begründer des Zionismus, Theodor Herzl. Aus der Geschichte können wir lernen, daß die Einwanderung nach Israel/Palästina immer durch unerträgliche antisemitische Verfolgungen in den Gastländern bedingt war. Wenn man davon ausgeht, daß dieser Ablauf nicht durchbrochen wird, hätte die Abschaffung der Diaspora neue antisemitische Verfolgungen zur Voraussetzung. Das würde praktisch bedeuten, daß in den USA, wo die meisten Juden leben, Verfolgungen beginnen und die Juden zum Auswandern veranlassen würden.
Diese Vorstellung ist zwar nicht ganz auszuschließen, aber doch unwahrscheinlich und außerordentlich erschreckend. In einer Welt, in der das Leben für Juden in den USA, England, Frankreich und anderen Ländern unmöglich würde, wäre auch die Existenz Israels gefährdet. An diesem Beispiel kann man erkennen, daß sich der Zionismus seiner Grenzen nicht immer bewußt ist und auch seine Einstellungen und Ziele nicht immer kritisch prüft.
Der Gedanke einer Liquidierung der Diaspora am Ende des zwanzigsten Jahrhunderts ist anachronistisch. Trotz des Holocaust leben fast fünfzig Jahre nach der Entstehung des Staates Israel die meisten Juden noch immer in der Diaspora. Die zionistische Weigerung, das Ziel der Liquidierung der Diaspora zu revidieren, kann ein verhängnisvolles Hindernis für eine realistische Orientierung in unserer zugegebenermaßen bedrohlichen Welt sein. Tatsächlich widersprechen viele Überlegungen der zionistischen These, daß Juden in der Diaspora keine Zukunft haben. Die heutige Welt ist sowohl in politischer als auch in wirtschaftlicher Hinsicht eher durch vereinende, grenzüberschreitende als durch isolationistische, nationalistische oder rassistische Tendenzen gekennzeichnet.
Bis zum Zweiten Weltkrieg, solange es keinen jüdischen Staat gab, konnte man vielleicht sagen, daß die Alternative der Juden zwischen Assimilation und Isolation bestand. Die Existenz des Staates Israel, der von jüdischer Religion, Kultur, jü-

dischen Traditionen und der Wiederbelebung der hebräischen Sprache geprägt ist, verringert die Gefahr, die sich aus der Assimilation ergibt. Zwar mag es Juden geben, die sich in Amerika und Europa integrieren oder assimilieren, aber durch die Existenz Israels wird das Judentum vor dem Untergang bewahrt.

Dennoch neigen auch säkulare Zionisten zu hysterischer Panik, wenn es zum Beispiel um die Frage der Mischehen geht. Heutzutage stehen wir Juden vor der Wahl, uns in eine Welt ohne wirtschaftliche Grenzen, geprägt von Demokratie und Toleranz, zu integrieren oder uns in einem nationalen Stammesklerikalismus zu isolieren, der die romantische Rückkehr zu einer herrlichen Vergangenheit predigt, die es während der Existenz der Tempel angeblich gab. Diese falsche Vorstellung beruht auf der Angst vor einer feindlichen Welt, die unseren historischen göttlichen Auftrag gefährdet.

Bis zur Gründung Israels fanden sich solche isolationistischen, rechtsklerikalen Tendenzen nur bei einer Minderheit. In der Periode zwischen den beiden Weltkriegen war die zionistische Politik durch Zurückhaltung und Geduld, den Versuch, nicht alle Brücken zwischen uns und den Engländern oder uns und unseren Nachbarn abzubrechen, gekennzeichnet. Die meisten Zionisten glaubten an den jüdischen Selbstschutz als Reaktion auf palästinensische Terroranschläge, Morde und Überfälle. Man war sich weitgehend einig, daß nur die Täter selbst bestraft werden sollten. Lediglich eine Minderheit, vertreten durch die Terrorgruppen Ezel (Menachem Begin) und Lechi (erst Stern, später Jitzhak Schamir), unternahmen Vergeltungsaktionen, die nicht nur gezielt gegen die Täter vorgingen, sondern zum Beispiel den Mord an einem Juden mit Vergeltungsaktionen gegen sein ganzes arabisches Heimatdorf rächten. Dabei kamen viele unschuldige Menschen ums Leben.

Diese Strategie wurde von der Hagana, der militärischen Untergrundeinheit, die aus dem Bund zwischen sozialistischen und liberalen Zionisten entstanden war, scharf kritisiert. Dennoch vereinigten sich nach dem Zweiten Weltkrieg alle illegalen militärischen Einheiten zu einer einzigen Widerstandsbewegung – *Tenuath Hameri*. Diese Vereinigung war die Reaktion auf die englische Politik, die Tore Palästinas vor den jüdi-

schen Einwanderern zu schließen. Aufgrund des von Lechi und Ezel verübten, in die Geschichte eingegangenen Anschlages auf das King David Hotel in Jerusalem im Jahre 1946, in dem viele unschuldige Menschen starben, spaltete sich die Hagana von den rechtsextremen Terrorgruppen Ezel und Lechi wieder ab. Bei der Entstehung des Staates Israel gingen alle diese Gruppen in der israelischen Armee auf.
Dennoch versuchte Ezel auch weiterhin, eigene Wege zu gehen. So beanspruchten sie ein Schiff namens *Altalena* für sich, das voller Immigranten – Anhängern Ezels – und Waffen war. Sie weigerten sich, dem israelischen Generalstab die Waffen zur Verfügung zu stellen. Nach langen Verhandlungen reagierte Ben-Gurion schließlich mit der Versenkung des Schiffes. Der Fall *Altalena* brachte Israel an den Rand eines Bürgerkrieges.
Erstaunlicherweise übernahmen Ben-Gurion und der israelische Generalstab die Einstellungen von Ezel und Lechi als Norm, so daß viele unschuldige Menschen bei Vergeltungsaktionen umgebracht wurden. Hierbei handelt es sich aber nur um ein Beispiel unter vielen für die stetige Übernahme rechtsradikaler und klerikaler politischer Normen durch israelische Führer, die angeblich die sozialistisch-zionistischen Normen des liberalen und humanistischen Zionismus vertreten.
Durch die verblendete Euphorie des Sechs-Tage-Krieges (1967) wurde die Tendenz zu nationalistischen, klerikalen und rechtsradikalen Einstellungen noch verstärkt. Selbst einflußreiche israelische Politiker wie Golda Meir[63], Moshe Dayan, aber auch Rabin und Peres ließen sich davon beeinflussen und setzten ihre eigenen politischen Entscheidungen nicht gegen den Widerstand durch, der aus diesen Reihen kam. So war die Entscheidung, die Siedlungspolitik in den besetzten Gebieten zu unterstützen, ein Irrtum, der später allerdings durch den Beschluß entschärft wurde, keine neuen Siedlungen in den Gebieten zuzulassen, die dicht von Palästinensern besiedelt waren.
Die national-klerikale *Gusch-Emunim*-Bewegung aber war entschlossen, den politischen Entscheidungen der israelischen

63 *Golda Meir* (1898-1978), Mapai, Arbeiterpartei; 1949-56 Arbeitsministerin, 1956-66 Außenministerin, 1969-74 (zurückgetreten) Ministerpräsidentin.

Regierung zu trotzen und gründete vorzugsweise in den verbotenen Gebieten Siedlungen. Jede Regierung, die auch nur die geringste Selbstachtung für ihre eigenen Entscheidungen hat, hätte ein solches Vorgehen sofort bremsen und die Räumung der Siedlungen veranlassen müssen. Die Tatsache, daß dies nicht geschah, hat dazu beigetragen, daß der Friedensprozeß heute gefährdet ist, denn nun muß die Regierung diese neuen Siedlungen schützen.

Ein weiteres Beispiel für die Infizierung der sozialistisch-zionistischen Führer mit dem national-klerikalen Geist bilden ihre Zugeständnisse an den klerikalen Extremismus, die etwa in der Duldung von Terrorakten und Pogromen israelischer Siedler an Palästinensern zum Ausdruck kommen. Nach der furchtbaren Tat des Baruch Goldstein stellte eine Untersuchungskommission fest, daß sowohl das Verteidigungsministerium als auch der Generalstab Anweisungen erlassen hatten, nach denen israelische Soldaten keine Gewalt gegen bewaffnete Siedler anwenden durften, auch wenn diese sich als Reaktion auf Terroranschläge gegen Juden an Überfällen und Gewaltaktionen gegen die unschuldige palästinensische Bevölkerung beteiligten.

Es handelt sich hierbei sicherlich nicht um bewußt rassistische Politik, aber diese Politik ist dennoch das Ergebnis eines rassistischen Bewußtseins. Während die Gewalttaten der Palästinenser als Terror bezeichnet wurden, duldete man vergleichbare Terrorakte von Juden oder bestrafte sie wie Bagatelldelikte. Nicht wenige Publizisten betonten, daß Baruch Goldstein seine Untat in Hebron nicht hätte verüben können, wenn es nicht diese falsche Unterscheidung zwischen jüdischem und palästinensischem Terror gegeben hätte. Ich kann nur hoffen, daß diese Abfolge von Torheiten enden und der Friede zwischen Israelis und Palästinensern, der sich erst in seinem Anfangsstadium befindet, von Dauer sein wird. Das hieße, mit den vergangenen fünfundvierzig Jahren brechen, die den Zionismus teilweise auf die Seite konservativer und friedensfeindlicher Kräfte getrieben haben.

Die kritische Reaktion vieler Israelis, insbesondere junger Menschen, auf den Zionismus heute zeigt, daß die Entwicklung der vergangenen fünfundvierzig Jahre nicht ohne Wirkung geblieben ist. Sie nehmen den Zionismus nicht ernst, weil sie sehen, daß er seine Ideale verraten hat, korrumpiert und übertrieben pragmatisch geworden ist, obwohl sich fast alle zionistischen Strömungen zu der moralischen und geistigen Erbschaft der Propheten und der jüdischen Sehnsucht nach Gerechtigkeit bekennen. Die Tatsache, daß der Staat Israel rassistische und rechtsextreme Kreise in den USA, Südamerika, Südafrika und anderswo unterstützt, nur weil diese eine israelfreundliche Haltung einnehmen, will vielen nicht in den Kopf. Auch die offizielle Ablehnung verschiedener Friedens- und Befreiungsbewegungen wie zum Beispiel der Sandinisten in Nicaragua, nur weil diese nicht mit der israelischen Politik einverstanden waren, steht den humanistischen Zielen des Zionismus entgegen. Man erwartet eine bedingungslose Solidarität mit der israelischen Politik, und jede Kritik wird als Ausdruck des Antisemitismus gewertet. Diese Haltung wird mit der Verfolgung und Vernichtung der Juden in Europa gerechtfertigt.

Im Sinne einer gerechten Beurteilung des Zionismus muß man aber erwähnen, daß es immer auch zionistische Strömungen gab, die gegen die offizielle Politik Israels kämpften. So kommen in den USA viele Gegner der israelischen Palästinenserpolitik aus zionistischen Kreisen. Ebenso besteht die Mehrheit der israelischen Friedensbewegung aus Zionisten, die in der Unterdrückung der Palästinenser einen Verrat an den zionistischen Idealen sehen.

Wie schon erwähnt, ist die Liste des Versagens des Zionismus vielleicht länger als die Liste seiner Erfolge. Zur Klärung dieses Versagens gibt es verschiedene Ansätze. Ein wichtiger Aspekt dabei ist die Tatsache, daß alle Nachkriegspolitiker Israels nicht in Israel/Palästina geboren wurden. Sie erlebten als Kinder oder Jugendliche in Ost- oder Mitteleuropa den großen Bruch im einheitlichen jüdischen Leben, der als Ergebnis der Emanzipationshoffnungen entstanden war. Junge Juden verließen plötzlichen in Massen die Jeschiwot[64] und Cheder, um säkulare Schulen zu besuchen. Die Sonne der Wissenschaft und der weltlichen Literatur war über ihnen aufgegangen, und Berlin, Wien oder Paris wurden zu heiligeren Städten als Jerusalem. Dann aber kam der große Katzenjammer. Der Weg

64 *Jeschiwa (pl. Jeschiwot)*: religiöse Fach- und Volkshochschulen

zurück ins Schtetl war verschüttet, der Weg der Emanzipation mit Tausenden von Hindernissen übersät. Als Ausweg blieb für viele junge Zionisten und Sozialisten nur der Weg nach Palästina.

Häufig hatten sie idealistische und naive Vorstellungen, waren von der sozialistischen Idee in der einen oder anderen Form und vom Glauben an die mächtige Wirkung des Wortes berauscht. Man sprach von einem neuen Bewußtsein, von Gleichberechtigung, dem Verzicht auf Ausbeutung und einer neuen Solidarität der Völker, die aus der Geschichte gelernt hatten. Die Wirklichkeit aber erwies sich als hart und erbarmungslos. Die palästinensischen Beduinen und Bauern wußten von diesen Ideen nichts und hatten kein Verständnis für die schwärmerischen Losungen der jungen Sozialisten. Auch deren freizügigere Einstellung zur Liebe stieß bei der konservativen palästinensischen Gesellschaft auf Unverständnis. Ein Teil der palästinensischen Bauern beziehungsweise Beduinen mußte zudem noch ihr Land verlassen, weil es an Zionisten verkauft worden war. Letztere waren somit in den Augen der Araber nicht nur moralisch verkommen, sondern auch Feinde, die ihnen das Land wegnahmen.

Mord und Terror griffen um sich. Die jungen Zionisten waren nun nicht mehr nur der unerträglichen Hitze, der schweren Arbeit, der schlechten Versorgung und der mangelnden Erfahrung ausgesetzt, sondern sie fühlten sich auch bedroht. Diese Generation, deren Vorfahren fast eintausendneunhundert Jahre lang Verfolgungen und Demütigungen ausgesetzt waren, ohne sich zu wehren, bezeichnete sich als Rebellen. Sie wollten nicht länger wehrlos sein.

Nach dem Pogrom von Kishinev (1903) erschien ein großes Poem des jüdischen Nationaldichters Bialik[65], der mit seinen erschütternden Schilderungen die Jugendlichen mit Empörung gegen ihre feigen Eltern erfüllte. So schilderte Bialik, wie die Kosaken Frauen überfielen und vergewaltigten, während die Männer sich voller Angst in den Kellern versteckten und danach zum Rabbi liefen, um ihn zu fragen, ob sie un-

65 *Chajim Nachman Bialik* (1873-1934) förderte mit Lyrik, Epik und Übersetzungen das Hebräische als Literatursprache.

ter diesen Umständen mit ihrer Ehefrau noch weiter zusammenleben durften.
Der Gedanke des Selbstschutzes und die Entschlossenheit, im Falle eines Angriffs zurückzuschlagen, waren bei diesen Jugendlichen schon in Europa geboren worden. Genauso wie den Mythos von Masada nahmen sie diese Gedanken mit nach Israel/Palästina, wo das Leben hart war und nur die besonders Abgehärteten überlebten und sich durchsetzten.
So entstand eine widersprüchliche Situation. Einerseits basierten die neu gegründeten Dörfer und Kibbuzim auf gegenseitiger Hilfe und Kollektiveigentum. Andererseits war man durchaus bereit, im Falle einer Bedrohung notfalls auch mit übertriebener Härte zurückzuschlagen. Dieser Gegensatz prägte eine ganze Generation, die später auch als diejenige bezeichnet wurde, die schießt und anschließend weint. Grundsätzlich waren diese Menschen den Werten des Humanismus, der Gleichberechtigung, des Sozialismus, der Liebe zum Menschen und der internationalen Solidarität verpflichtet. Allmählich aber paßten sie sich der Wüstenmentalität an, die in Palästina herrschte.
Westeuropäer können im allgemeinen nicht verstehen, warum ein arabischer Vater unglücklich ist, wenn er mehr Töchter als Söhne hat. Schon in der Bibel fällt der Wunsch nach Fruchtbarkeit auf. Wer in der Wüste nicht stark ist, ist verloren. Er wird nicht nur von Hitze und Trockenheit bedroht, sondern auch von anderen Stämmen. Je mehr Männer ein Stamm hat, desto stärker und siegreicher ist er. Der Begriff der *Blutrache*, ein Bestandteil der Wüstenmentalität, wird oft mißverstanden. Ein Stamm oder eine Familie, die einen Mord ungesühnt läßt, wird von anderen Stämmen verachtet und ist neuen mörderischen Überfällen ausgesetzt. Die abgehärteten Zionisten lernten diese Lektion gut. Ein Teil von ihnen eignete sich die Rachementalität an und schoß weit über das Ziel „Auge um Auge, Zahn um Zahn" hinaus.
Am Anfang des zwanzigsten Jahrhunderts gab es nicht nur Formen der Zusammenarbeit zwischen Arabern und Juden, sondern sogar Freundschaften. Häufig arbeiteten Kinder der von ihrem Land vertriebenen arabischen Bauern auf jüdischen Bauernhöfen und wurden wie ein Teil der Familie behandelt. Dies änderte sich erst später. Die Menschen in Palästina sind

nicht nur großzügig und gastfreundlich, sondern auch schnell emotional entflammbar. Leicht vergessen sie die Grenzen der Vernunft. So war es häufig ein Kinderspiel, den Pöbel zu Vergewaltigung, Mord und Zerstörung aufzuhetzen.

1929 zum Beispiel gab es blutige Auseinandersetzungen, nachdem an der Klagemauer ein Zaun aufgestellt worden war, der Männer und Frauen voneinander trennen sollte. Das arabische Nationalkomitee unter der Führung des Muftis reagierte scharf und behauptete, daß der Zaun den Status quo verletze. In dem darauf folgenden Aufruhr floß auf beiden Seiten viel Blut. Insbesondere in Hebron wurden viele Juden ermordet und die überlebenden mußten die Stadt verlassen. Die Zionisten nannten diesen Vorfall den *Mord von Hebron*. Als die israelischen Truppen 1967 Hebron eroberten, forderten viele eine späte Rache. Die öffentliche Diskussion ergab jedoch, daß damals viel mehr Juden von ihren arabischen Nachbarn gerettet als ermordet worden waren. Diese Tatsache hatte man bis dahin verschwiegen.

1936 organisierten die Palästinenser den Generalstreik, der sich zu einem bewaffneten Aufstand gegen die englische Mandatsherrschaft ausweitete, in dem aber auch viele Juden grausam ermordet wurden. Diese Periode war für die Entstehung einer künftigen jüdischen Armee und für die große palästinensische Niederlage von 1948 entscheidend.

Menschen, die diese Zeit miterlebten, wurden die führenden Politiker des Staates Israel. Sie waren nicht nur von dem eigenen Leid geprägt, von einem Leben in Bedrohung sowie dem hartnäckigen und unablässigen Widerstand gegen die jüdische Einwanderung, sondern auch von den furchtbaren Nachrichten aus Europa. Sie spürten die ganze Last der jüdischen Geschichte auf ihren Schultern und waren in ungewöhnlichem Maße von dem Gefühl beseelt, keine Fehler machen zu dürfen. Die Unterwerfung in der Diaspora, die Bereitschaft, ohne jeglichen Widerstand in den Tod zu gehen, erfüllte sie mit Scham. Es entwickelte sich die verständliche, aber dennoch falsche Überzeugung, daß der Holocaust durch die jüdische Schwäche und Unterwerfung verursacht worden war. Wären die Juden stark gewesen, hätten sie Widerstand geleistet und zurückgeschlagen, dann hätten die Nazimörder nicht gewagt, sie wie Vieh in die Schlachthäuser zu treiben.

Aus dieser Haltung heraus entstanden ein Staat, eine Armee und viele Waffenlager. Man mußte nicht mehr wie bisher Befehlen Folge leisten, sondern erteilte diese jetzt selbst. Die jüdische Angst saß so tief, daß man gar nicht bemerkte, daß der gestern noch bedrohliche Feind plötzlich selbst Angst hatte. In dem aufkommenden Machtrausch brachen verdrängte Haßgefühle auf, die in Europa nicht hatten ausgelebt werden können. Die Palästinenser waren nicht nur die unmittelbaren Feinde, sondern sie standen auch stellvertretend für alle, die die Juden über Generationen hinaus verfolgt hatten.

Heute ist die ganze Welt mit der Frage beschäftigt, ob man den Frieden und eine friedliche Entwicklung in der Welt noch weitere fünfzig Jahre aufrechterhalten kann. Die Aufklärung ist nicht in jeder Hinsicht gescheitert. Der Glaube, daß Menschen nicht unbedingt Kriege führen müssen, daß Hunger nicht fatalistisch hingenommen werden muß, daß Kinderarbeit keine Notwendigkeit ist und man auch bei kürzerer Arbeitszeit gut leben kann, hat sich bestätigt. Nicht bestätigt hat sich jedoch der Glaube, daß diese Erfolge sich durch revolutionäre Umwälzungen erreichen lassen. Durch diese kann man zwar Regierungsformen schnell ändern, nicht aber die Menschen. Hierzu bedarf es eines langen Weges. Die Prägung unseres Denkens, Handelns und Empfindens entstand in einem jahrhundertelangen Prozeß. Sie kann nicht in ein oder zwei Generationen verändert werden. Man muß Geduld und Ausdauer haben und den Weg entschlossen gehen, ohne der Versuchung zu erliegen, zurückzuschauen und die Lösungen in einer verklärten Vergangenheit zu suchen.

Das zionistische Israel steht vor einer großen, aber nicht unlösbaren Aufgabe. Es muß die kriegerischen Konfrontationen mit seinen arabischen Nachbarn beenden und beginnen, den langen Weg der Integration zu gehen, um als zuverlässiger Handelspartner eine neue und friedliche Ära im Nahen Osten einzuleiten. Es muß aber auch gute Beziehungen zu den westlichen Demokratien humanistischer Prägung pflegen und ein leidenschaftlicher Träger dieser Ideen im Nahen Osten sein. Durch die Tragik unserer Geschichte und des Kalten Krieges ist Israel zeitweilig in den Ruf geraten, Vorposten des Kolonialismus und Imperialismus im Nahen Osten zu sein, eine Behauptung, die durch die vielen Kriege und Grenzansprüche

angeblich bestätigt wurde. In Wahrheit führten nicht koloniale Absichten, sondern das übertriebene Sicherheitsbedürfnis Israels zu territorialen Ansprüchen. Die westliche Prägung Israels darf nicht dazu führen, daß wir zwar gut und erfolgreich Kriege führen, darüber aber vergessen, die Wirtschaft und neue gesellschaftliche Lebensformen zu entwickeln, um die Menschen von Not, Armut und Bedrohung zu erlösen.
Mancher wird diese Haltung vielleicht für übertrieben optimistisch halten. Ich selbst bezeichne mich als Opsimisten, als eine Mischung aus Optimisten und Pessimisten. Die Zeit, in der wir leben, gibt keinen Anlaß zu blauäugigem Optimismus. Aber reine Schwarzseherei scheint mir auch nicht angebracht zu sein. Der Mensch, der den Weg zu Errungenschaften fand, die vor einigen hundert Jahren noch unvorstellbar waren, kann auch Wege finden, die außerordentlich komplizierten Probleme unserer Zeit zu lösen – wenn er es nur will.

7. *Die ganze Geschichte auf einem Bein*

In der jüdischen Tradition haben sich, ausgehend von zwei starken und prägenden Persönlichkeiten, zwei berühmte Schulen entwickelt: die Schule des Schammai und die Schule des Hillel. Die erste repräsentiert die konservative, letztere die liberale Seite des Judentums. Über die Begründer dieser beiden Schulen wird folgende Anekdote erzählt: Ein Nichtjude, der begeisternde Erzählungen über das Judentum gehört hatte, kam zu Schammai und sagte: 'Ich habe von der wunderbaren Thora der Juden gehört. Ich bin aber nur ein einfacher, unwissender Mensch. Kannst Du mir nicht die ganze jüdische Thora beibringen, während ich auf einem Bein stehe?' Der gestrenge Schammai fühlte sich durch dieses Ansinnen beleidigt und vertrieb den Mann mit einem Stock. Daraufhin ging dieser mit derselben Frage zu Hillel, der einen Arm um seine Schultern legte und sanftmütig sagte: 'Das ist schwierig, mein Sohn. Aber während ich auf einem Bein stehe, kann ich Dir sagen, worin das Wesen der Thora besteht: Tue das, was Du haßt, nicht Deinem Nächsten an, und liebe Deinen Nächsten wie Dich selbst. Für alles Weitere solltest du dir einmal viel Zeit nehmen und es lernen.' Diese Antwort beeindruckte den Mann so sehr, daß er tatsächlich die Thora studierte, um schließlich zum Judentum überzutreten und ein berühmter jüdischer Schriftgelehrter zu werden.

Da mich mein ganzes Leben hindurch das Unmögliche gereizt hat, möchte ich in diesem Kapitel den Versuch unternehmen, sozusagen auf einem Bein stehend, einen Zeitraum von mehr als dreitausendfünfhundert Jahren jüdischer Geschichte zu durchmessen.

Im allgemeinen werden die Begriffe *Juden* und *Judentum* synonym gebraucht. Manche Historiker gehen aber davon aus, daß beide Begriffe seit der Aufklärung nicht mehr synonym sind. Ich glaube, daß sie es nie waren. Die Juden sind ein Volk, während das *Judentum* eine Heilsreligion ist, die die Juden und die Welt erlösen soll. Allenfalls kann man *Judentum* als Sammelbegriff für die gesamte Literatur, Philosophie und Theologie benutzen, die Juden im Laufe ihrer Geschichte ge-

schaffen haben. Das Judentum als Heilsreligion, die von den Juden erwartet, daß sie gemäß dieser Religion leben, ist nie verwirklicht worden.
Es mag sein, daß die Aufklärung einen Bruch im Judentum bedeutet, da sie davon ausgeht, daß die Erlösung nicht unbedingt an die Rückkehr ins Land der Väter gebunden ist. Dennoch war das Judentum auch bis zur Aufklärung keine monistische Religion und Kultur in dem Sinne, daß es eine einheitliche Auslegung des Judentums gegeben hätte. Stattdessen gab es viele verschiedene Strömungen und Richtungen, die in diversen Auseinandersetzungen deutlich werden, wie zum Beispiel in denen zwischen Hillel und Schammai, den Schriftgelehrten in Mischna und Talmud, den Karäern[66] und den etablierten Juden (Rabbi Saadja Gaon[67]) sowie dem rationalen Judentum (Maimonides[68]) und dem mystischen (kabbalistische Strömungen).
Eine kurze Anekdote aus der mündlichen Überlieferung soll diese Tatsache illustrieren: Drei Jahre lang war das Volk Israel zwischen der Schule des Schammai und der Schule des Hillel zerstritten. Schließlich kam eine Stimme vom Himmel auf die Erde herab und sagte: 'Das Haus Hillel und das Haus Schammai vertreten beide den lebendigen Geist Gottes. Das Gesetz aber soll sich nach dem Hause des Hillel richten.'
Das Wort *Jude* leitet sich von dem Stamm Jehuda ab, dem König David entstammte. Das uralte Wort für Juden ist *Ivri* - Hebräer. *Ever* bedeutet *jenseits* – wahrscheinlich *jenseits des Flusses* (in Mesopotamien). Viele historische Quellen und archäologische Funde erzählen uns von den *Hapiri*, die, wie Wissenschaftler meinen, möglicherweise mit den Hebräern verwandt sind. Als Söldner dienten sie Königen oder imperialen Mächten zur Aufrechterhaltung der öffentlichen Ordnung.

66 Die *Karäer* sind eine jüdische Sekte, die im Irak entstand und die sich weigert, die mündliche Überlieferung (die talmudisch-rabbinische Gesetzestradition) als heilig anzuerkennen. Sie fußt streng auf den Gesetzen der fünf Bücher Mose. Nach Schätzungen lebten 1988 in Israel noch ca. 20.000 - 25.000 Karäer.

67 *Saadja ben Josef*, hebr. Gaon (882-942n.Chr.), Religionsphilosoph und führende rabbinische Autorität seiner Zeit. Er führte die rationale Theologie ins Judentum ein, bekämpfte die Karäer fanatisch und gilt als Schöpfer der jüdischen Religionsphilosophie.

68 *Mose ben Maimon*, genannt RaMBaM (1135-1204), Philosoph, Rechtsgelehrter und Arzt

Sie werden aber auch als gefährliche Räuber dargestellt, die die gesellschaftliche und politische Ordnung gefährdeten und häufig verfolgt und vertrieben wurden. In seinem Verhalten den Palästinensern und den Nachbarvölkern gegenüber hat mein Volk in den letzten Jahrzehnten erstaunlich viele Ähnlichkeiten mit den Hapiri gezeigt.

Falls die Vermutungen der Wissenschaftler also richtig sind, haben wir Juden keine besonders ehrenvolle Herkunft. Aber sind etwa die Deutschen, Dänen, Engländer oder sogar die alten Griechen, die als Räuber Troja belagerten, von edlerer Herkunft als wir Juden, die Kinder Abrahams? Da unser Vater Abraham aus Mesopotamien kam, was durch die Bibel belegt ist, war er vermutlich ein Nachkomme der Hapiri.

Abraham wird in der Bibel als friedfertiger, barmherziger, kompromißbereiter, weiser und gesetzestreuer Mensch dargestellt. Im 1. Buch Mose erfahren wir, daß er nach seiner Ankunft im Lande Kanaan trotz der Verheißungen Gottes ein Fremdling bleibt, der versucht, durch Sanftmut, aber auch durch Bestechung und kleine Listen zu überleben. Im 14. Kapitel des 1. Buches Mose begegnen wir Abraham als siegreichem Feldherrn. Während sich die Hapiri in ähnlichen Situationen wie Räuber und hochmütige Sieger verhielten, bleibt Abraham auch als Sieger bescheiden. Es ist ihm wichtig, gerecht zu handeln. „Aber Abraham sprach zu dem König von Sodom, ich hebe meine Hand auf zu dem Herrn, dem höchsten Gott, der Himmel und Erde geschaffen hat, daß ich von allem, was dein ist, nicht einen Faden noch einen Schuhriemen nehmen will, damit du nicht sagest, du habest Abram reich gemacht.“ (1. Mose 14, 22-23) Wahrscheinlich hat Abraham aus dem Leiden und dem Scheitern der Gewalt gelernt und wurde friedfertig.

Das Spannungsfeld zwischen den Hapiri als Vertretern von Gewalt und Willkür und den Ivri (Israel) als Vertretern der Liebe, Barmherzigkeit und Friedfertigkeit begleitet die ganze jüdische Geschichte in Erez Israel. Dafür gibt es viele Belege. Der überzeugendste ist der der Söhne Jakobs – Simeon und Levi –, die die Männer aus Sichem (Nablus) umbrachten, worauf Jakob sehr wütend wurde. Auf seinem Totenbett segnete Jakob alle Stämme außer Simeon und Levi, die er verfluchte. Abrahams, Isaaks und Jakobs Gott ist nicht nur der Schöpfer des Himmels und der Erde, sondern Gott der Gerechtigkeit, und der gerechte Gott hat sie als Väter nicht nur des jüdischen Volkes, sondern auch des jüdischen Glaubens beauftragt, in seinem Namen die Gerechtigkeit zu vermehren. Das wird auch im 18. Kapitel des 1. Buches Mose deutlich. Als die Boten Gottes Abraham in Mamre[69] besuchen, werden sie von ihm sehr gastfreundlich empfangen und verkünden ihm die Geburt seines Nachkömmlings Isaak: „Da brachen die Männer auf und wandten sich nach Sodom und Abraham ging mit ihnen, um sie zu geleiten. Da sprach der Herr: Wie könnte ich Abraham verbergen, was ich tun will, da er doch ein großes und mächtiges Volk werden soll und alle Völker auf Erden in ihm gesegnet werden sollen? Denn dazu habe ich ihn auserkoren, daß er seinen Kindern befehle und seinem Hause nach ihm, daß sie des Herrn Wege halten und tun, was recht und gut ist, auf daß der Herr auf Abraham kommen lasse, was er ihm verheißen hat" (1. Mose 18, 16–20).

In diesen Sätzen kommt das Wesentliche des Judentums zum Ausdruck. Die Juden als Volk sind wie alle anderen Völker und handeln genauso wie andere Völker. Das Judentum aber ist durchdrungen vom Geist der Gerechtigkeit. Die Verheißung gilt nur bedingt, denn nur durch Gerechtigkeit und gerechtes Handeln kann die Welt durch Abraham und seine Nachkömmlinge erlöst werden. Das Judentum ist also eine bisher noch nicht verwirklichte religiöse Utopie wie auch das Christentum, der Islam oder andere Heilsreligionen.

Seit Abraham bewegt sich die jüdische Geschichte in einem Spannungsfeld zwischen dem Auftrag Gottes, ihm gegenüber immer gehorsam und gerecht zu sein, und den realpolitischen Gegebenheiten, die die Juden an dem gerechten Auftrag Gottes zweifeln und scheitern lassen. Gott verheißt Abraham und seinen Nachkommen das Gelobte Land, prüft aber immer wieder, ob sie der Verheißung würdig sind. Diese Prüfungen sollen die Juden daran erinnern, daß die Verheißung nicht selbstverständlich ist, sondern von ihrer Treue zu Gott und der Erfüllung seines ethischen Auftrags abhängt. Diese eindeutige biblische Aussage verpflichtet Abraham und das Volk Israel,

69 *Mamre*: Aufenthaltsort Abrahams und Saras bei Hebron; alter Kultort, wo sie die drei Engel beherbergten, die ihnen die Geburt ihres Sohnes Isaak verkündeten.

sich diesem Auftrag zu unterwerfen, ohne an ihm zu zweifeln. Gott gibt Abraham und seinen Nachkommen viele Beweise dafür, daß sie ihm vertrauen können. So verspricht er ihnen zum Beispiel das Gelobte Land und rettet Abraham, Isaak und Jakob aus verschiedenen gefährlichen Situationen. Schließlich führt er das Volk Israel aus Ägypten in die Freiheit.
Abraham und das jüdische Volk leben nicht im Reich Gottes, sondern unter bestimmten sozialen und geopolitischen Bedingungen. Diese Bedingungen sind Unsicherheit, Gewalt, Besitzlosigkeit und stehen dem unbedingten Vertrauen zu Gott sehr oft entgegen. Deshalb scheitern die Juden immer wieder an der Erfüllung der Erwartungen Gottes. Deshalb – so erklärt uns die Bibel – haben die Juden das Gelobte Land mehrfach verloren. Wenn man von diesen theologischen Wahrheiten zu den historischen Realitäten kommt, zeigt sich, daß die Juden von den Tagen der Hapiri bis heute immer von quälenden Problemen des Überlebens begleitet und verfolgt wurden, daß sie immer in Gefahr und von einer ihnen feindlich gesinnten Umgebung bedroht waren. Theologisch gesehen müssen sich die Juden auf Gott verlassen und darauf hoffen, daß er sie nicht im Stich läßt – und seine Gebote erfüllen. Historisch und realpolitisch betrachtet haben sie dies als Volk im eigenen Land nie geschafft.
Es gibt einen wesentlichen Unterschied zwischen normal lebenden Menschen und solchen, die ums nackte Überleben kämpfen müssen. Menschen, die an einem bestimmten Ort als Bauern, Handwerker oder Kaufleute leben, müssen zwar die üblichen Probleme des Lebens bewältigen, sind aber nur selten bedroht, und selbst dann brauchen sie sich in der Regel nicht davor zu fürchten, vertrieben zu werden, da sie ein legitimes Recht auf Heimat haben. Dieses legitime Recht wurde Juden von einer feindlichen Umgebung schon seit uralten Zeiten verweigert.
Der Versuch, sich im Gelobten Land niederzulassen und unter dem Feigenbaum und der Weinrebe glücklich zu werden, scheiterte. Dabei spielt es keine Rolle, ob die Vertreibung aus dem Gelobten Land ein Gottesurteil oder eine Folge der politisch-historischen Verhältnisse war. Es ist auffällig, daß sich ein Teil der Juden schon während der Babylonischen Gefangenschaft[70] so integrierte, daß sie auf das Recht, in das Gelobte

Land zurückzukehren, verzichteten. Dies war der Beginn der Diaspora, die bis heute eine Konstante in der jüdischen Geschichte darstellt.
Aus der Zeit der Babylonischen Gefangenschaft ist uns die Geschichte von Esther überliefert. Hierbei geht es wieder einmal um den Versuch, alle Juden umzubringen. Jedoch wurden sie durch die Weisheit eines Mannes namens Mordechai und durch die Schönheit Esthers gerettet. Die Namen Mordechai und Esther werden heute ganz selbstverständlich als jüdische Namen betrachtet. Esther, die eigentlich Hadassa hieß, ist von Ishtar abgeleitet, dem Namen einer in der Bibel erwähnten verhaßten babylonischen Göttin. Auch Mordechai ist kein jüdischer Name, denn Morduch war eine persisch-babylonische Gottheit, ein Götze. Im Buch Esther erfahren wir, daß er der Sohn Jairs war, eines Mannes also, der noch seinen jüdischen Namen trug und sich im Gegensatz zu seinem Sohn nicht in die persische Kultur integriert hatte. Der Name Mordechai taucht an dieser Stelle zum ersten Mal in der Bibel auf. Wie anders könnte man diese Namensgebung interpretieren, denn als Ausdruck der Integration?
Viele Juden und auch Nichtjuden sind davon überzeugt, daß die jüdische Integration mit Moses Mendelssohn[71] begann. Tatsächlich aber wird man sowohl die oben erläuterte Namensgebung als auch Namen wie *Abulafia* (ein moslemischer Name) und *Cordovero* (nach der Stadt Cordoba) im moslemischen und christlichen Spanien als Ausdruck der Integration deuten müssen. Obwohl schon seit der Babylonischen Gefangenschaft die Möglichkeit bestand, nach Zion zurückzukehren, haben sich Juden immer wieder für die Diaspora entschieden. Dort lebten sie als seltsame Fremdlinge, die an einen Gott glaubten, dessen Existenz schwer vorstellbar war, und die von festen und strengen Traditionen geprägt waren. Als Fremdlinge und Träger einer manchmal überlegenen Kultur wurden sie beneidet und gehaßt. Hinzu kam noch, daß List und Betrug häufig genug unumgänglich waren, um das Überleben zu si-

70 *Babylonische Gefangenschaft* (586 - 538 v. Chr.)

71 *Moses Mendelssohn* (1729-1786), jüdischer Philosoph; einer der Hauptvertreter der Aufklärung in Berlin; wichtigster Förderer der Emanzipation der deutschen Juden.

chern. Hier liegen die Ursachen für das Feindbild Jude, das der Grund für die schrecklichen Verfolgungen in verschiedenen Epochen war.
Juden wurden nicht nur im christlichen Europa gehaßt, sondern auch in Ägypten, Babylonien und wo immer sie versuchten zu überleben. Schon Josephus Flavius[72] verfaßte ein polemisches Buch über Apion, einen griechischen Rhetoriker, der Verleumdungsschriften gegen die Juden veröffentlichte. Völker, die Göttern dienten, konnten den Glauben an einen abstrakten, unsichtbaren Gott nicht verstehen. Aus Neid und Ignoranz wurde behauptet, daß die Juden im allerheiligsten Teil des Tempels einen Eselskopf anbeteten. Trotz Haß, Spott und Verfolgung hielten sie treu an ihrem Glauben an einen strafenden, aber auch barmherzigen Gott fest, der sie abermals wie schon aus Ägypten ins Gelobte Land zurückführen würde, wo Milch und Honig fließen, wo Trauben und Datteln in großer Fülle vorhanden sind und wo man im Schatten der Weinrebe und des Feigenbaumes zur Ruhe kommt.
Nach der Zerstörung des Ersten Tempels (587/86 v. Chr.) entwickelten sich innerhalb des jüdischen Glaubens immer strengere Gesetze und eine zunehmend reglementierte Lebensweise. Diese Tendenz setzte sich nach der Zerstörung des Zweiten Tempels (70 n. Chr.) fort. Es entstand der Mythos vom verlorenen Paradies, vom verlorenen Gelobten Land. Da der Tempel in Jerusalem gewesen war, konzentrierten sich die Hoffnungen besonders auf diese Stadt, in der die Schechina[73] noch waltet, obwohl Stadt und Tempel zerstört sind. Man hoffte, Gott durch eine strenge Lebensweise gnädig zu stimmen und so das Gelobte Land wiederzugewinnen.
Für Nichtjuden ist es wohl kaum verständlich, daß bis zum heutigen Tage in orthodoxer, nicht unbedingt nur fundamentalistischer Vorstellung Jerusalem immer noch als zerstört gilt, weil der Tempel nicht wieder aufgebaut ist. Der Wunsch

72 *Josephus Flavius* (um 37-100 n. Chr.), jüdischer Geschichtsschreiber; besonders berühmt für seine ausführliche Darstellung des Krieges der Juden gegen die Römer und der Belagerung von Masada in dem Buch „Der jüdische Krieg".

73 *Schechina*: Gottesbezeichnung; in der rabbinischen Literatur die Bezeichnung für die Gegenwart Gottes in der Welt. Ihre Anwesenheit verschafft einem Ort Heiligkeit.

„Nächstes Jahr in Jerusalem“ wurde von den orthodoxen Juden nach der Entstehung des Staates Israel in „Nächstes Jahr im aufgebauten Jerusalem“ umbenannt.
Von dieser merkwürdigen Haltung ist sogar das neue, säkulare Israel nicht verschont. Naomi Shemer, eine der berühmtesten israelischen Dichterinnen und Komponistin israelischer Lieder, erlangte unsterblichen Ruhm mit ihrem Lied „Das goldene Jerusalem“, das etwa einen Monat vor dem Sechs-Tage-Krieg entstand. Während des Sechs-Tage-Krieges und später gab es fast keinen Israeli, der von diesem Lied nicht gerührt war:

Die Wasserzisternen sind trocken.
Der Markplatz ist leer.
Niemand besucht den Tempelberg.
In den Felsenhöhlen heult der Wind.
Niemand fährt über Jericho hinunter zum Toten Meer.
Refrain:
Goldenes Jerusalem aus Licht und Kupfer.
Ich spiele die Geige zu allen deinen Liedern.

Naomi Shemer wurde in einem Kibbuz geboren und erzogen und ist vom Geist des neuen Israels geprägt, das nach Sozialismus und Gleichheit strebte. Obwohl sie weder Theologie studiert noch im Sinne orthodoxer Juden den Aufbau des Tempels gefordert hat, ignoriert sie in ihrem Lied die Anwesenheit der Palästinenser und anderer Gläubiger in der Altstadt Jerusalems. Ohne Zweifel waren die Kirchen Jerusalems auch zu jener Zeit während der Oster- und Weihnachtsfeiertage voller gläubiger Christen, die Al-Aqsa Moschee und der Tempelberg jeden Freitag voller gläubiger Moslems. Auf dem Markt ging es immer hoch her, und der Verkehr zwischen Jerusalem und Jericho brach nie ab. Für Naomi Shemer aber war die Altstadt öde und leer, weil dort keine Juden waren. Sie und viele andere Rechtsextremisten, die keinen Zentimeter Boden an die Palästinenser abgeben wollen, sind ein Beispiel für die Verbindung von Nationalismus und Klerikalismus im heutigen Israel, die den Weg zu Frieden und Versöhnung zwischen Juden und Palästinensern behindern.

Das Feindbild vom Juden nahm mit dem Aufkommen des Christentums neue Dimensionen an. Viel Unheil ergab sich aus dem Verhalten früher Christen wie Paulus, die – wie die meisten Konvertiten – ihre Ziele mit blindem Übereifer verfolgten, aus dem allgemeinen christlichen Haß Juden gegenüber, aus dem Drang nach Selbstbehauptung und Rechthaberei – einer bedauerlichen menschlichen Eigenschaft – sowie aus dem Glauben, als das „wahre Israel" von Gott bevorzugt zu sein. Aus diesen Gründen wurden auch die Juden als Volk, das die Kreuzigung des (jüdischen) Jesu gefordert und durchgeführt hat, pauschal verurteilt.
Aber auch Jesus und seine Apostel waren Juden, so wie die Tausende, die ihm folgten, zumeist Juden waren. Selbst wenn nur die von Jesu gespeisten Fünftausend am See Genezareth Juden gewesen wären, wäre es schon falsch, alle Juden als das „verstockte Volk" zu bezeichnen, das die Kreuzigung Jesu wollte. Dennoch wurde dieses pauschale Feind- und Haßbild systematisch gepflegt. Wenn aber alle Juden schuldig waren, mußten auch alle Juden verfolgt, gedemütigt und gezwungen werden, so zu leben, daß sie nur Haß, Spott und Verachtung hervorriefen.
Die Tragik des Christentums genau wie die des Judentums besteht darin, daß diejenigen, die an diese Religionen glauben, sich schnell von Opfern zu Tätern verwandeln, von Verfolgten zu Verfolgern. Der Konvertit Paulus wurde von den Juden genauso gehaßt wie die Christen von der römischen Regierung. Sobald aber das Christentum zur Staatsreligion geworden war, entwickelte es sich selbst zu einer Verfolgungsreligion. Nicht das Christentum als Glaube hat sich schuldig gemacht, sondern die Christen, die abweichend vom Christentum zu Verfolgern wurden.
Es waren Päpste, die bestimmten, daß Juden nur noch Berufe wie Wucherer, Trödler und andere im Sinne christlicher Auffassungen verächtliche Tätigkeiten ausüben durften. So hatten die Juden nicht nur die schwere Last zu tragen, als Mörder des Sohnes Gottes zu gelten, sondern wurden zusätzlich auch noch als Wucherer und Betrüger verachtet. Der moderne (rassistische) Antisemitismus hat seine Wurzeln ohne Zweifel im religiösen Antisemitismus. Die Tragik besteht darin, daß Feindbilder und Vorurteile nicht nur willkürliche Erfindungen

sind, sondern immer auch ein Körnchen Wahrheit in sich tragen. Ganz sicher gab es viele Juden, die sich als unehrliche Händler oder Trödler durchs Leben schlugen. Bedingt durch den Zwang, nur bestimmte Tätigkeiten ausüben zu dürfen, war Unehrlichkeit unter Juden wahrscheinlich häufiger anzutreffen als bei anderen. Aufgrund dieser Tatsache aber ein pauschale Verurteilung vorzunehmen, war verhängnisvoll.

Es ist wichtig, einen Aspekt der jüdischen Geschichte hervorzuheben, der oft unbeachtet bleibt: den Mythos, daß Juden fanatisch an ihrem traditionellen Glauben festhielten und sich weigerten, andere geistige und kulturelle Strömungen in ihr Denken zu integrieren. Eine jüdische Erzählung berichtet über ein Seil, an dem man sich festhält, um auf dem stürmischen Meer nicht unterzugehen. Das Seil ist der jüdische Glaube; das stürmische Meer die feindliche Umwelt. Bis heute glauben nicht nur Juden, daß das einzige, was sie vor der Assimilierung und ihrem Untergang als Volk bewahrt hat, das fanatische Festhalten an ihrem Glauben war. Manche historischen Tatsachen widerlegen diese Behauptung. Nicht weniger als der Glaube haben Verfolgungen die Juden ans Judentum gefesselt. Die Bereitschaft, sich zu integrieren und Elemente nichtjüdischer Kultur in die eigene Kultur und Lebensweise aufzunehmen, ist uralt.

Schon in der Bibel finden sich viele Elemente aus der mesopotamischen und ugaritischen Kultur[74]. Philo von Alexandria[75] gilt als Hauptvertreter der Synthese von griechischer Philosophie und Judentum. Während noch im zweiten Jahrhundert vor Christus ein orthodoxer chassidischer[76] Aufstand gegen die hellenistische Macht und Kultur ausbrach (166/5 v. Chr.), war nach der erfolgreichen Wiederherstellung eines jüdischen

74 *Ugar'it* war eine antike Stadt an der Ostküste des Mittelmeeres, die im zweiten Jahrtausend vor Christus ihre Blütezeit erlebte. Durch die Entzifferung der ugar'itischen Sprache, die zu den semitischen Sprachen gehört, konnten viele für das Verständnis des Alten Testaments hochbedeutsame Erkenntnisse gewonnen werden.

75 *Philo von Alexandria* (um 20 v. Chr. - um 50 n. Chr.), ägyptischer Jude, war ein Philosoph, der in der hellenistischen Bildungswelt erzogen wurde.

76 *Chassid*: Seit uralten Zeiten bezeichnet man einen Menschen, der sich durch Frömmigkeit und strenge Gesetzestreue auszeichnet und sich dadurch von anderen Menschen absondert, als einen Chassid.

Staates durch die Dynastie der Makkabäer ein guter Teil der jüdischen Gesellschaft – Könige, Priester und Schriftgelehrte – fast vollkommen hellenisiert.
Auch die römische Kultur wurde von vielen Juden bewundert. Der überzeugendste Vertreter dieser Richtung, Josephus Flavius, war und blieb ein bewußter Jude. In der byzantinischen Zeit[77] finden wir viele hellenistisch-römische Elemente in der ornamentalen Kunst der Synagogen, auf Friedhöfen und Sarkophagen. Synagogen wurden mit Mosaikfußböden ausgestattet, die Tierkreiszeichen und Jahreszeiten, den Sonnengott Helios oder die Opferung Isaaks mit menschlichen Gesichtern darstellen, obwohl das eine eindeutige Verletzung des Gebotes „Du sollst dir kein Bildnis machen“ ist. In Kapernaum kann man in den Ruinen einer vom Erdbeben zerstörten Synagoge den siebenarmigen Leuchter neben Muschel, Amphora oder Lorbeerkranz – typisch heidnischen Symbolen – sehen.
Beim Studium der jüdischen und der christlichen Mystik wird ein Prozeß gegenseitiger Beeinflussung deutlich. Der streng asketische Chassidismus eines Eleasar aus Worms[78] steht der christlichen Askese viel näher als der typisch jüdischen Lebensfreude, die ihren Ausdruck zum Beispiel in dem im achtzehnten Jahrhundert in Osteuropa entstandenen Chassidismus findet.
Derselbe Hang zur Integration gilt auch für die Juden während der islamischen Blütezeit in Spanien, die eine goldene Epoche der jüdischen Literatur, Philosophie und Theologie unter islamischer und christlicher Herrschaft darstellt. Im christlichen Spanien traten nicht wenige Juden weitgehend aus eigenem Entschluß und freiwillig zum Christentum über. Diese Erscheinung wurde nur durch die menschliche Bosheit beendet, die den Feind auch noch dort sucht, wo er zum Freund geworden ist. So wurden zum Christentum konvertierte Juden vor die Inquisition gebracht, gefoltert, verurteilt und verbrannt, nur weil irgendein kleinkarierter Nachbar oder intoleranter, von Vorurteilen und Haß getriebener Priester sie beschuldigte, die jüdische Religion heimlich weiter zu praktizieren. Aus England und Frankreich vertrieb man Juden, weil Könige und

77 *byzantinische Zeit* (4.-7. Jahrhundert n. Chr.)
78 *Eleasar aus Worms* (ca. 1165-1230)

Fürsten bei ihnen, den jüdischen Bankiers, hoch verschuldet waren.
Das regelmäßige Versagen von Vernunft und Toleranz auf seiten der Gastvölker hat die Juden immer wieder in die Isolation getrieben und ein verzweifeltes Festhalten am streng orthodoxen Judentum bewirkt, das sich von anderen Glaubensrichtungen isolierte. Dabei muß man nicht nur zwischen den Juden als Volk und dem Judentum als Glauben unterscheiden, sondern auch zwischen verschiedenen Wegen, das Judentum zu praktizieren. Schon zu biblischen Zeiten war die Frage umstritten, was Gott von seinem auserwählten Volk verlange. In der Zeit des Ersten und Zweiten Tempels opferte man Tiere, was ein Überbleibsel heidnischer Rituale war. Die meisten Propheten aber waren heftige Gegner von Tier- und Brandopfern. Wie das 1. Buch Mose, in dem das Wesen des Judentums durch gerechtes Handeln definiert wird, äußert sich auch der Prophet Micha: „Womit soll ich mich dem Herrn nahen, mich beugen vor dem hohen Gott? Soll ich mich ihm mit Brandopfern nahen und mit einjährigen Kälbern? Wird wohl der Herr Gefallen haben an viel tausend Widdern, an unzähligen Strömen von Öl? Soll ich meinen Erstgeborenen für meine Übertretung geben, meines Leibes Frucht für meine Sünde? Es ist dir gesagt, Mensch, was gut ist und was der Herr von dir fordert, nämlich Gottes Wort halten und Liebe üben und demütig sein vor deinem Gott“ (Micha 6, 6-8).
Dadurch, daß die unaufhörlichen Verfolgungen den Juden nicht den Weg zur Integration öffneten, gibt es auch zweitausendfünfhundert Jahre, nachdem diese Worte gesagt wurden, im gegenwärtigen Israel intelligente und gebildete Menschen, die glauben, daß man durch den Wiederaufbau des Tempels und die Opferung von Tieren die Erwartungen Gottes an sein Volk erfüllen und die Erlösung beschleunigen könne. Diese Tatsache an und für sich ist am Ende des zwanzigsten Jahrhunderts schon merkwürdig genug. Erschwerend kommt aber noch hinzu, daß sich dort, wo der Tempel stehen soll, zwei moslemische Moscheen befinden, die den drittheiligsten Ort des Islams darstellen. Man kann sich vorstellen, welchen Sprengstoff eine solche Forderung enthält.
Intoleranz, die Unfähigkeit der Menschen, Verständnis füreinander aufzubringen, hat den Gang der Geschichte nur allzu oft

beeinflußt. Selbst Menschen mit denselben Zielen sind häufig unfähig, miteinander auszukommen und beginnen, sich zu bekämpfen. Kern dieser Auseinandersetzungen sind Rechthaberei, Neid und Unsicherheit, die zu Aggressivität führen und sich bis zur Feindseligkeit steigern können. Im schlimmsten Fall bringen Menschen sich gegenseitig um, wie Kain seinen Bruder Abel oder wie die vielen Kriege in der Geschichte der Menschheit zeigen. Wenn wir Menschen nicht den Weg zur Selbstentfaltung finden, ohne unser Gegenüber zu verunsichern, werden wir nie erlöst werden und sind dazu verurteilt, die grausamsten Episoden der Geschichte zu wiederholen. Das menschliche Bedürfnis, sich zu profilieren, indem man den anderen erniedrigt, hat viel Unglück und Leid über die Menschheit gebracht.
Betrachten wir nur das Beispiel der Juden und Christen. In unserem Schtetl riefen einige „Fromme“ dazu auf, einen Pfarrer, der den Juden freundlich gesinnt war, zu steinigen, nur weil er gewagt hatte zu sagen: ‘Wer die Juden haßt, der haßt auch unseren Herrn Jesus, seine Eltern Maria und Joseph, Johannes den Täufer und seine Familie sowie die Apostel, die alle Juden waren.’ Die Vorstellung, daß das Christentum aus dem Judentum hervorgegangen ist, rief Entsetzen hervor. Als der Pfarrer starb, beschloß unser Schächter, der gleichzeitig Kantor der Synagoge war und fast wie ein Rabbi verehrt wurde, zum Beisetzungsgottesdienst eine jüdische Vertretung mit einer Thorarolle zu entsenden. Lange Zeit wurde in der jüdischen Gemeinde ein erbitterter Streit darüber geführt, ob der Schächter dadurch nicht die heilige Thora entweiht habe.
Jede Heilsideologie hat im Prinzip totalitäre Ansprüche, duldet neben sich keine anderen Heilsrichtungen und reklamiert die absolute Wahrheit für sich. Auch hier spielt wieder der allgemein menschliche Zug der Rechthaberei eine wichtige Rolle. Die Frage ist nur, ob dieser Zustand ein unabänderliches, tragisches Schicksal darstellt, das wie ein Damoklesschwert über dem Menschen schwebt, oder ob wir diesem Schicksal durch einen Glauben, der durch mehr Vernunft geprägt ist, entrinnen können.
Der Andersdenkende und -glaubende erweckt in uns Angst und das Bedürfnis, sich von ihm zu distanzieren. Sobald er nicht nur als Gast kommt, sondern für immer bleiben will, ruft

er Ablehnung hervor, die leicht in Haß umschlägt. Die Bibel beschäftigt sich oft mit der Frage des Fremden, findet aber keine einheitliche Antwort. Unser Urvater Abraham war ein Fremdling. Man kann sich fragen, ob das ein Zufall ist. Warum schickte Gott Abraham nach Kanaan, verhieß ihm das Land und gab es ihm dann doch nicht? Mesopotamien hätte doch genauso gut das Gelobte Land sein können. Gott, der Herrscher der Welt, kann nach jüdischem Verständnis alles bestimmen, überläßt aber die Wahl zwischen Gut und Böse dem Menschen.

In der Bibel lesen wir, daß es Abraham und seinen Kindern von Gott bestimmt war, das Land Kanaan zu besitzen. Dieser Besitz ist aber an Bedingungen geknüpft. So muß Abraham nicht nur seine Heimat verlassen, sondern er muß auch weitere Prüfungen bestehen, wie zum Beispiel die Opferung seines Sohnes Isaak. Obwohl er diese Prüfungen besteht, bleibt er in seinem Land ein Fremdling. Den Grund hierfür erfahren wir im 1. Buch Mose, 15.16: „Sie [*die Kinder Abrahams*] aber sollen erst nach vier Menschenaltern wieder hierher kommen; denn die Missetat der Amoriter ist noch nicht voll.“ Das bedeutet, daß Gott noch warten will, bis die Amoriter so viele Sünden begangen haben, daß er sie endgültig vertreiben kann. Aus ethischen Überlegungen also kann er Abraham das verheißene Land nicht sofort geben.

Wer als Fremdling kommt und, später zu Erfolg und Besitz gekommen, den Fremden nicht achtet, der wird von Gott verachtet. Auch die Kinder Abrahams waren Fremdlinge in Ägypten, und Gottes Gesetz gebot ihnen, dies nie zu vergessen. Die Gebote, den Fremden gerecht zu behandeln, werden in der Bibel sehr oft wiederholt. Aber es gibt diesbezüglich auch Widersprüchliches. So schickt Abraham seinen Knecht nach Haran in Mesopotamien, damit er dort eine Frau für seinen Sohn suche. Er soll also keine Kanaaniterin, keine „Fremde“, heiraten. Derselbe Abraham aber heiratet als zweite Frau die Fremde Ketura. Auch Jakob, sein Enkel, geht nach Mesopotamien, um sich dort eine Frau zu suchen; nicht so dessen Bruder Esau. Alle Söhne Jakobs heiraten Kanaaniterinnen. Vielleicht ist für die Frage der Haltung gegenüber Fremden die Geschichte Ziporas, der Frau Moses, lehrreich. Da Mirjam und Aaron sich über die schwarze Kuschitin lustig machten, wird Mirjam von

Gott bestraft (Moses 4.12). Im Buch Josua, das wenig humanistischen Geist atmet, lesen wir über eine Gesetzeslesung: „Es war kein Wort, das Mose geboten hatte, das Josua nicht hätte ausrufen lassen vor der ganzen Gemeinde Israel und vor den Frauen und Kindern und *Fremdlingen,* die mit ihnen zogen." (Josua 8.35) Selbst Josua schloß also die Fremden nicht aus.
Einerseits lesen wir im 5. Kapitel des Buches Nehemia, daß die Versklavung vieler armer Juden zu jener Zeit eine schwere Sünde war. Andererseits finden wir im 13. Kapitel die Forderung, alle Fremden aus dem Gottesvolk auszusondern. Wenn diese Fremden auch die Kinder der Moabiter und Ammoniter waren, deren Eltern die Kinder Israels auf ihrem Weg von Ägypten nach Palästina nicht mit Brot und Wasser begrüßt hatten, so kann man diese Einstellung nicht anders als rassistisch bezeichnen.
Ähnlich wird der Fremde im Buch Esra behandelt. Esra war eine der wichtigsten Figuren in der jüdischen Geschichte nach der Rückkehr aus dem Babylonischen Exil. Vieles im Judentum wurde von ihm geprägt, und man vermutet, daß er auch die Bibel mitverfaßt hat. Beim Lesen des Buches Esra stellt man jedoch mit Entsetzen fest, daß Esra Mischehen für die größte Sünde hielt. Die letzten beiden Kapitel des Buches beschäftigen sich mit der unmenschlichen Entscheidung, den Juden die Trennung von ihren nichtjüdischen Frauen aufzuerlegen. Aus der Zeit zwischen der persischen Macht im fünften und der hellenistischen Macht im dritten Jahrhundert gibt es wenig Geschichtsschreibung. Man kann sich aber vorstellen, welchen Haß die Kinder und Kindeskinder der geschiedenen Frauen empfunden haben müssen, die als Fremde der Not und dem Hunger ausgeliefert waren.
Noch mehr erschüttert mich, daß auch in der modernen Historiographie Esras Entscheidung als historisch notwendig bezeichnet wird, obwohl man einen solchen Mann heute als fanatischen, ungerechten, unmenschlichen und rassistischen Fundamentalisten bezeichnen würde.
Es gibt aber auch viele andere Stellen in der Bibel, in denen dem Fremden eine große Wertschätzung zuteil wird. Auch wenn Juden und Moabiter als Erbfeinde gelten, so stammt König David doch von Ruth, der Moabiterin, ab. Und dies ist nur eines von vielen Beispielen.

Bei meinem schnellen Gang durch die jüdische Geschichte möchte ich noch an zwei Stellen Halt machen. Die Zeit nach Alexander dem Großen[79] brachte fundamentale Veränderungen im ganzen östlichen Mittelmeerbereich, denn durch die Eroberungen Alexanders entstand ein riesiges Reich ohne Grenzen, in dem die verschiedenen Völker zusammenlebten. Auch die Juden blieben hiervon nicht unberührt. Handelsmöglichkeiten und Begegnungen mit der hellenistischen Kultur und Lebensweise beeinflußten vor allem die höheren Schichten der Gesellschaft. Der ärmere Teil der jüdischen Bevölkerung – Bauern, Handwerker und Arbeiter – blieb, hiervon relativ unberührt, den alten Traditionen treu.

Eine große Krise ergab sich dadurch, daß wohlhabende jüdische Kreise versuchten, Einfluß auf den Tempel zu gewinnen, indem sie sich in das Amt des Hohenpriesters einkauften. Dies erschütterte die orthodoxen Gläubigen, insbesondere da die Juden zu jener Zeit keinen Staat mehr hatten und der Hohepriester eine außerordentlich angesehene geistlich-ethische Autorität war. Als dann noch Jerusalem modernisiert und zu einer griechischen Polis umgestaltet werden sollte, war das Maß voll, und der Makkabäeraufstand brach aus (166/5 v. Chr.). Erst nach einer Reihe von Rückschlägen gelang es dem Helden dieses Aufstands, Jehuda Hamakkabi, Jerusalem zu befreien, den Tempel zu reinigen und ihn einzuweihen. Einweihung heißt im Hebräischen *Chanukka*. Das berühmte Chanukkafest, das etwa zeitgleich mit dem christlichen Weihnachtsfest begangen wird, hat hier seinen Ursprung.

Jehuda Hamakkabi war einer von fünf Söhnen aus der Priesterfamilie der Hasmonäer. Von dieser Familie stammt die königliche Dynastie der Makkabäer ab. Die Ereignisse um den Aufstand sind in den beiden Makkabäerbüchern[80] geschildert. Jedes jüdische Kind weiß, wie tapfer die Makkabäer waren, welche Heldentaten sie vollbrachten und wie schön der siebenarmige Leuchter – das Urbild des neunarmigen Leuchters, der Chanukkia – war, der trotz des wenigen Öls, das die Makkabäer in dem Tempel vorfanden, in wundersamer Weise acht Tage lang brannte.

79 *Alexander der Große* (356-323 v. Chr.), König von Makedonien

80 Die Makkabäerbücher werden in der jüdischen Tradition als Apokryphe bezeichnet. Sie gelten als wichtige Quellen für den Aufstand der Makkabäer.

Wenige aber kennen die Fortsetzung dieser Geschichte. Die orthodoxen Juden, die Chassidim, die mit den Makkabäern gegen die Hellenisierung Jerusalems und des Tempels gekämpft hatten, fühlten sich von den inzwischen herrschenden Makkabäern betrogen, weil deren politische Ziele andere als ihre eigenen waren. Während die Chassidim die Wiederherstellung der religiösen Autonomie angestrebt hatten und auf gar keinen Fall einen eigenen Staat gründen wollten, erhoben sich die Makkabäer zu Herrschern, die schnell zu Realpolitikern wurden. Auf Betreiben Roms schlossen sie schließlich einen Bund mit dieser Supermacht und versäumten keine Zeit, ihre neue Macht zu nutzen. Ein Nachfolger der Makkabäerbrüder, Jochanan Horkenus[81], ließ sich im zweiten Jahrhundert vor Christus zum König krönen und wurde außerdem zum Hohenpriester gesalbt. Er erhielt dadurch mehr Macht als die Dynastie Davids je hatte. Aber wozu nutzte er sie? Seine Herrschaft war durch verheerende Kriege und rücksichtslose Gewalt- und Expansionspolitik gekennzeichnet; die eroberten Völker wurden gezwungen, sich zu judaisieren.
Zu jener Zeit traten erstmals die Pharisäer als politische Kraft und Gegner des Königshauses in Erscheinung. Sie empfanden es als Entweihung, daß ein weltlicher Herrscher als Hoherpriester am allerheiligsten Altar diente. 67 v. Chr. brach ein Aufstand aus. Zum ersten Mal in der jüdischen Geschichte richtete sich ein solcher Aufstand gegen eine jüdische Regierung, wurden Tausende von Juden von einem jüdischen König gekreuzigt. Die Makkabäerkönige, die das Volk in die Befreiung geführt hatten (vielleicht genauso wie der Zionismus), stießen dasselbe Volk durch Machtpolitik, innere Kriege und Prätendentenstreitigkeiten ins Unglück.
Solange die Pharisäer in Opposition zur willkürlichen Staatsgewalt und zum Machtmißbrauch der Könige standen, vertraten sie den Geist des Judentums, nach dem Gott der alleinige Herrscher ist. Als sie etwa hundert Jahre später, zu Zeiten Jesu, selbst die Macht im Tempel besaßen, begannen sie, die Religion an den Bedürfnissen des Staates statt an den Bedürfnissen der Menschen auszurichten. Damit begann ein Prozeß der

81 auch Johannes Hyrkan I. (135-105 v. Chr.)

Konservierung alter Formen, der Erstarrung. So kann man verstehen, daß die Pharisäer im Neuen Testament als sture Vertreter eines erstarrten Glaubens dargestellt werden.
Hundert Jahre nach der erneuten Staatsgründung marschierten die Römer unter Pompejus in Jerusalem ein (63 v. Chr.). 70 n. Chr. wurden Jerusalem und der Tempel von der Römern zerstört. Damit begann die etwa eintausendneunhundert Jahre währende Geschichte Israels ohne Staat – in der Diaspora. Die rücksichtslose Machtpolitik der Makkabäer gegen ihre Nachbarvölker hatte Not und Elend über die Juden gebracht. Dieser Staat der Makkabäer, der durch Kriege und die Annexion vieler Territorien gekennzeichnet war, stellte zwar die politische Souveränität der Juden kurzfristig wieder her. Die geistliche Autonomie der aus dem Babylonischen Exil heimgekehrten Juden jedoch währte viel länger als der von den Makkabäern gegründete Staat, nämlich vierhundert Jahre.
In diesem Zusammenhang möchte ich auf einen weit verbreiteten Irrtum hinweisen. Nach der Zerstörung des Ersten Tempels im Jahre 586 v. Chr. wurde nicht die gesamte jüdische Bevölkerung nach Babylonien exiliert, sondern nur die Oberschicht. Da diese den Geist der Zeit geprägt hatte, setzte man sie mit dem ganzen Volk gleich und dachte, daß alle Juden vertrieben wurden. Das gemeine Volk, die meisten also, blieb und wurde in der Folge von anderen Religionen und Kultpraktiken beeinflußt. Hier liegt die Ursache für den Konflikt der Mischehen, der bei Esra geschildert wird. Über die Zeit nach der Rückkehr aus dem Babylonischen Exil berichtet die Bibel, daß sich Vertreter der Samariterjuden an die aus Babylonien zurückgekehrten führenden Persönlichkeiten wie Serubawel, Esra und Nehemia wandten und sie baten, sich am Tempelbau beteiligen zu dürfen. Diese aber befürchteten, daß sich die Zurückgebliebenen zu sehr mit der nichtjüdischen Bevölkerung vermischt und heidnische Elemente in ihre Religion aufgenommen hatten und wiesen deshalb die Bitte zurück. Ob diese biblische Darstellung der historischen Wahrheit entspricht, ist zweifelhaft. Tatsache aber ist, daß das Judentum der Samariter seit frühester Zeit als eine Gefahr für den mosaischen Purismus betrachtet wurde.
Sicher ist auch, daß die Samariterjuden schließlich ihren eigenen Tempel auf dem Berg Garizim in Samaria gründeten. Dies

stellte den Beginn eines Jahrtausendkonfliktes zwischen Juden und Samariterjuden dar, um den sogar Kriege geführt wurden. Die Tragikomik der Geschichte besteht darin, daß sich nach Jahrtausenden der Verfolgung und Diffamierung herausstellte, daß die Samariterjuden die fünf Bücher Mose aufbewahrt hatten und der mosaischen Religion treu geblieben waren, obwohl sie beschuldigt wurden, heidnische Elemente in ihre Religion integriert zu haben. Bis heute gibt es noch kleine jüdische Samaritergemeinden in Nablus und Cholon. Erst der Staat Israel hat das Unrecht, das den Samariterjuden geschah, wiedergutgemacht, indem er sie als Juden anerkannte; nicht so das jüdische Rabbinat.
Eine der berühmtesten Episoden der jüdischen Geschichte war der Aufstand gegen die Römer im Jahre 66 n. Chr. Ohne Zweifel hatten die Juden genügend Gründe, über römische Willkürherrschaft und Habgier empört zu sein. Ein Aufstand muß aber auch Aussicht auf Erfolg bieten. Dies war hier nicht der Fall, denn Rom war zu jener Zeit die einzige Supermacht, und kein realistischer Politiker konnte davon ausgehen, gegen Rom erfolgreich zu sein. Das verstand auch einer der Führer dieses Aufstandes, Josephus Flavius. Statt sich nach der Niederlage gegen Vespasian in der Schlacht von Jotavat (67 n. Chr.) umzubringen, wie er es eigentlich hätte tun sollen, ergab er sich – einem Traum folgend – den Römern in der Hoffnung, auf diese Weise die Zerstörung Jerusalems vermeiden zu können. Diese Hoffnung erfüllte sich nicht. Vier Jahre später eroberten die Römer Jerusalem, machten es dem Erdboden gleich und zerstörten den Tempel. Eine einzige Gruppe von Aufständischen, die noch Widerstand leistete, die fundamentalistischen Zeloten, hatte sich auf dem Berg Masada gegenüber dem Toten Meer verschanzt.
Eine Generation vor dem Kampf in Masada wurde durch die Straßen Jerusalems ein noch nicht anerkannter jüdischer Prophet namens Jesua (später bekannt als Jesus) zur Kreuzigung geführt, bewacht von betrunkenen und ihn verspottenden römischen Soldaten, gefolgt von Anhängern, die glaubten, daß er den Weg zum Reich Gottes auf Erden verkündet habe. Sein treuester Jünger Petrus lief in sicherer Entfernung von ihm. Ob Jesua sich damals schon als leiblicher Sohn Gottes bezeichnete, wissen wir nicht. Sicher aber scheint mir, daß Geist und

Lehre Jesuas denen des großen Hillel sehr nahe waren. Es mag gut sein, daß Jesua dadurch, daß er später Gottes Sohn wurde, die Chance vergab, ein jüdischer Prophet zu werden. Seine Botschaft zur Erlösung war jedoch nicht schlecht. Wenn die Menschen nur nach den Prinzipien der Bergpredigt – Friedfertigkeit, Gerechtigkeit, Bescheidenheit – handelten, würden sie schon bald in einer erlösten Welt leben.
Heute bilden die heiligen Stätten eine Grundlage für Millionengeschäfte. Was würde ein Christ nicht bezahlen, um die Via Dolorosa entlangzulaufen, frisch gepreßten Orangensaft zu trinken und günstig Geld zu tauschen, falls nicht gerade eine Gruppe polnischer oder italienischer Katholiken, vor einer der Stationen kniend, die Straße blockiert.
Gute Geschäfte aber macht man nicht nur mit Jesus, sondern auch mit Masada. Nachdem ein wagemutiger Architekt wie Herodes eine Burg auf dem schwer zugänglichen Berg gebaut hatte, brachten sich dort die in den Wahnsinn getriebenen Zeloten mit Frauen und Kindern um – ein guter Stoff für Geschichten und für Fremdenführer. Während man aber auf der Via Dolorosa gratis laufen darf – es sei denn man wird im Gedränge bestohlen –, muß man zehn Schekel bezahlen, um Masada zu besteigen, und noch einmal zwanzig Schekel für die Seilbahn. Aber die Angelegenheit ist es wert. Man kann den berauschenden Blick auf die blendend weiße Mergel-Mondlandschaft der judäischen Wüste mit ihren märchenhaften Strukturen und das Tote Meer genauso bewundern wie die tiefen, steilen Abgründe und die zerklüfteten, kahlen Berge, die im Sonnenlicht in allen Farben schimmern. Hinzu kommen die Ruinen auf einem Plateau ohne Wasser, die nur über zwei schmale Zugänge erreichbar sind. Diese benutzte Herodes, um prachtvolle Paläste, riesige Wasserzisternen, raffinierte Thermalbäder, Villen und verschiedene Werkstätten auf dem Plateau zu errichten.
Die von den Archäologen freigelegten Ruinen aus uralten Zeiten sind aber nichts im Vergleich zu dem Drama, das sich dort vor fast zweitausend Jahren abspielte. Etwa tausend Männer, Frauen und Kinder verteidigten sich heldenhaft gegen die Römer und brachten sich schließlich um. Heute versuchen Fremdenführer, sich nicht nur in zwanzig Sprachen gegenseitig zu überschreien, sondern sich auch in der Erzählung der spannen-

den Details dieser Geschichte, die höchstwahrscheinlich nicht immer der traurigen Wahrheit entsprechen, gegenseitig zu übertreffen. Es ist erstaunlich, welche Menschenmassen auf den Berg drängen und geduldig an der Seilbahn Schlange stehen. Was für ein Geschäft! Tausende leben von dem unglücklichen Tod der Zeloten. Zwar wird dieses Geschäft noch von dem Geschäft mit den heiligen Stätten der Christen oder den Pilgerfahrten nach Mekka übertroffen. Aber gemessen daran, daß wir keine Weltreligion sind, ist das Ergebnis nicht schlecht!

Masada steht aber nicht nur für gute Geschäfte. Auch die säkularen Juden haben hier ihre nationale Wallfahrtsstätte: Noch einmal wird Masada nicht fallen! Es gibt zwei israelische Komplexe: den Masada-Komplex und den Samson-Komplex. Der Masada-Komplex beinhaltet, daß wir unser politisches Sicherheitsbedürfnis unbedingt durchsetzen müssen, denn wenn wir es nicht tun, bleibt uns wie unseren Vorfahren nur der Ausweg, auf Masada unterzugehen. Muß man aber bei aller Anerkennung dieser imposanten Tat aus dem geschichtlichen Ereignis wirklich ein Nachahmungsmodell machen? Auch Samson, der jüdische Herkules, brachte sich um. Er tat dies allerdings zusammen mit seinen Feinden, den Philistern, was eine gewisse Genugtuung bedeutet. *Wir* sind doch aber in das Land unserer Väter zurückgekehrt, um zu leben und nicht, um zu sterben!

Es ist mir bewußt, daß mein hartes Urteil über Masada die fast heiligen Gefühle vieler Israelis und vielleicht auch mancher Deutscher verletzt. Ich kann mich aber auf kompetente Quellen berufen. In der Mischna, im Talmud, in den Midraschim und anderen Schriften, in denen Tausende von Geschichten das Land Israel und die Sehnsucht nach Israel loben und preisen, wird die Geschichte von Masada überhaupt nicht erwähnt. Offensichtlich waren die Verfasser dieser tiefsinnigen Geschichten nicht mit dem einverstanden, was dort geschah. Die Geschichten über Masada, die wir heute erzählen, wurden nicht in der jüdischen Tradition aufbewahrt, sondern stammen aus den Schriften des Josephus Flavius, die in der griechischen und lateinischen Version überliefert sind.

Insgesamt verlief die jüdische Geschichte ganz anders als die Geschichte der Zeloten auf Masada. Flavius schildert voller

Bewunderung und sehr ausführlich den dramatischen jüdischen Krieg gegen die Römer. Er war allerdings der Meinung, daß man ihn angesichts der Übermacht der Römer nach den ersten Niederlagen in Galiläa hätte beenden sollen. Unsere Weisen sagen: Der Unterschied zwischen einem Weisen und einem Klugen besteht darin, daß der Weise sich gar nicht erst in Situationen begibt, aus denen der Kluge mühsam einen Ausweg suchen muß. Tatsächlich hat die Dummheit im Laufe der Geschichte meistens triumphiert. Es wurden nicht nur immer wieder Kriege begonnen, sondern sie wurden auch bis zur totalen Zerstörung geführt.

Als sich die Zeloten im Jahre 66 n. Chr. für einen Krieg gegen Rom entschieden, war das genauso dumm, als wenn der Libanon sich heute entscheiden würde, einen Krieg gegen die USA zu führen. Die Losung jenes Krieges war „Freiheit oder Tod“. Auf Freiheit bestand keine Aussicht, also mußte man sich für den Tod entscheiden. Auch in unseren Zeiten hat es ähnliche Losungen gegeben. Man denke nur an das Beispiel „Lieber tot als rot!“ Glücklicherweise hat mein Volk im allgemeinen solche Entweder-Oder-Lösungen vermieden und lieber auf die politische Freiheit als auf das Leben verzichtet. Als Jesus sagte: „Gebt dem Kaiser, was dem Kaiser gehört“, stand er fest in der jüdischen Tradition, die davon ausgeht, daß es Zeiten gibt, in denen der totale Widerstand gegen die Obrigkeit zur gegenseitigen Zerfleischung führt. Genau das geschah laut Josephus Flavius im Jerusalem des Jahres 70 n. Chr. In der belagerten Stadt wurden aufgrund interner Streitigkeiten zwischen verschiedenen Gruppen der Zeloten mehr Juden durch Juden getötet als durch die Römer.

Aber auch in finstersten Zeiten waltete in manchen jüdischen Köpfen die Weisheit. So begab sich eine Gruppe von Schriftgelehrten unter der Führung Jochanan Ben Zakkais[82] zu den Römern und machte ihnen den folgenden Vorschlag: Wenn die Römer die geistige Autonomie der Juden akzeptierten, würden diese sich in einen kleinen Ort namens Jawne zurückziehen, Jerusalem also verlassen, und dazu aufrufen, den sinnlosen Krieg zu beenden. Die Römer akzeptierten den Vorschlag. Es war jedoch ein Problem, das von den fundamentalistischen

82 *Jochanan Ben Zakkai* lebte im 1. Jahrhundert v. Chr. Er war ein Schüler Hillels.

Zeloten kontrollierte Jerusalem zu verlassen, denn diese wollten Jerusalem auf keinen Fall aufgeben und erlaubten deshalb auch nicht, daß irgend jemand die belagerte Stadt verließ. Man verfiel auf eine List und verkündete, daß Jochanan Ben Zakkai gestorben sei. Er wurde in einen Sarg gelegt, und alle seine Freunde begleiteten ihn zum Friedhof, der außerhalb der Stadtmauern lag. Das Verlassen der Stadt zum Zwecke einer Beerdigung konnten selbst die Zeloten nicht verbieten.
In Jawne legte Ben Zakkai die Fundamente für ein Leben der Juden ohne Staat – in der Diaspora. Seine Schüler und er erreichten ohne Krieg, was sich die Chassidim schon im zweiten Jahrhundert vor Christus gewünscht hatten, nämlich geistliche Autonomie. Manchmal ist Politik auf eigene Faust eben doch nicht aussichtslos! Während von dem prachtvollen Tempel des Herodes nicht mehr als ein paar Quadersteine der großen Mauer, der heutigen Klagemauer, erhalten sind, entstand unter dem Einfluß Jochanan Ben Zakkais ein Tempel des Geistes im Herzen der Juden, der viel mehr zum Überleben von Juden und Judentum beigetragen hat als der Massenselbstmord auf Masada. Diese Geschichte hätte auch den Deutschen eine Lehre sein können, als Hitler von ihnen erwartete, ihm ins Grab zu folgen.
Mit Jochanan Ben Zakkai begann eine neue Phase der jüdischen Geschichte, die Zeit der Mischna. Schon zu jener Zeit gab es Hunderte von Gelehrten, die in ihrem Gedächtnis computerartig Tausende von Gesetzen, Auslegungen, Erzählungen und Traditionen speicherten und weitergaben. Auf diese Weise wurden Wissen, Kultur und Gesetze aus einhundertunddreißig Jahren tradiert. Erst am Anfang des dritten Jahrhunderts nach Christus wurde dieser Schatz in den sechs Büchern der Mischna, einer der wichtigsten Säulen des Judentums, gesammelt und von dem großen Gelehrten Rabbi Jehuda Hanassi veröffentlicht.
Einen letzten Versuch, politische Unabhängigkeit zu erlangen und den Tempel erneut aufzubauen, gab es im Jahre 132 n. Chr. mit dem Bar-Kochba-Aufstand. Um diesen Aufstand wird viel gerätselt; er wird als heldenhaftes Streben nach Freiheit mythologisiert. Vor einigen Jahren veröffentlichte der israelische General Jehoschafat Harkabi ein Büchlein, in dem er Israel mit der Behauptung überraschte, das Wesen dieses Aufstandes

entspreche nicht dem Mythos, den man von ihm geschaffen habe. Er sei nicht nur schlecht vorbereitet und durchgeführt worden, sondern habe auch weitgehend zerstörerische Resultate gehabt, denn nachdem der Aufstand von den Römern niedergeschlagen worden war, wurden alle jüdischen Städte in Judäa verwüstet. Die Juden verließen Judäa; selbst die Bewohner von Jawne mußten nach Galiläa auswandern.
Harkabi, Chef des israelischen Geheimdienstes in den fünfziger Jahren und späterer Politologe, hat sich als Wissenschaftler intensiv mit der arabischen antisemitischen Literatur befaßt. Er behauptete seinerzeit, daß derjenige, der diese Literatur lese, keinen vernünftigen Grund habe, an eine Anerkennung Israels durch die arabischen Staaten zu glauben. Nach dem Besuch Sadats änderte er seine Meinung grundsätzlich und versuchte dann fast fünfzehn Jahre lang vergeblich, die israelischen Politiker davon zu überzeugen, daß sie die PLO anerkennen und Frieden schließen sollten.
Nach der Niederlage Bar Kochbas im Jahre 135 n. Chr. gab es jüdische Autonomie und jüdisches Leben nur noch in Galiläa. In der Historiographie wird die Zeit zwischen dem Bar-Kochba-Aufstand und der Einführung des Christentums als offizieller Staatsreligion im Römischen Reich (Ende des vierten Jahrhunderts) als Zeit der Versöhnung bezeichnet, einer segensreichen Versöhnung zwischen den Juden und Rom, die viel Positives bewirkte. Sie hinterließ goldene Spuren, hinter denen die Spuren von Masada und Bar-Kochba verblassen.
Noch in der christlich-byzantinischen Zeit findet man prachtvolle Synagogen, die sowohl von der Toleranz der Christen zeugen als auch von der jüdischen Neigung, Elemente und Symbole aus der christlich-byzantinischen Kunst und Architektur zu übernehmen. Nicht Vertreibungen bildeten den Anlaß dafür, daß die Juden Palästina allmählich verließen, sondern wirtschaftliche und soziale Gründe. Das Leben in anderen jüdischen Zentren war leichter, sicherer und bequemer. Die jüdische Gemeinde in Palästina, die einmal das Zentrum für das gesamte Judentum gebildet hatte, verlor mehr und mehr an Bedeutung. Die aufgehende Sonne verkörperten zu jener Zeit die Juden in Babylonien und der Babylonische Talmud.
Eine jüdische Legende erzählt von drei Schriftgelehrten, die

von Piraten gefangen genommen wurden. Wie es in der jüdischen Tradition üblich war, kauften jüdische Gemeinden in verschiedenen Ländern sie frei. Auf diese Weise kam einer dieser Schriftgelehrten nach Spanien und gründete dort ein theologisches Seminar. Diese Jeschiwa stand am Anfang einer ruhmreichen kulturellen Entwicklung, die mehr als vierhundert Jahre (vom zehnten bis zum fünfzehnten Jahrhundert nach Christus) dauern sollte und als Goldenes Zeitalter der jüdischen Theologie, Philosophie und Literatur in die Geschichte einging.

Diese Periode überdauerte die moslemische Herrschaft genauso wie die Rekonquistakriege zwischen Christen und Moslems, die allmählich zur Verdrängung der moslemischen Herrschaft in Spanien führten.

Trotz gelegentlicher Ausbrüche von Intoleranz und religiösem Fanatismus auf christlicher wie auf moslemischer Seite entstand ein fruchtbarer und für alle wohltuender Dialog zwischen den Kulturen. Es fand eine gegenseitige Befruchtung und Beeinflussung statt, die nicht wenige Juden veranlaßte, zum Christentum oder auch zum Islam überzutreten. Andererseits kam es aber auch zu Verfolgungen, die zu Zwangsübertritten oder Vertreibungen führten beziehungsweise zu einer Anpassung an die christliche Gesellschaft durch die Taufe. Diese Conversos wurden vom sechzehnten Jahrhundert an auch als Marranen[83] bezeichnet.

Auch außerhalb Spaniens gab es Zeiten der geistigen und kulturellen Blüte, wie zum Beispiel in den jüdischen Gemeinden in dem deutsch-französischen Dreieck Worms, Speyer und Mainz. Diese Blüte ging aufgrund der furchtbaren Verfolgungen während der Kreuzfahrerzeit (1098-1295) zu Ende. Tausende von Juden wurden ermordet oder begingen Selbstmord, weil sie nicht zum Christentum konvertieren wollten. Häufig wird diese Zeit als die düstere Periode des Mittelalters bezeichnet. Aber das stimmt nur bedingt. Es war auch eine Zeit der Toleranz, die den Juden und den jüdischen Gemeinden Existenzmöglichkeiten in verschiedenen Ländern eröffnete - als Händler und Trödler, aber auch als Bankiers und Geldgeber für Fürsten und Könige.

83 *Marranen*: abgeleitet von dem spanischen marrana – die Sau

Aber nicht nur während der Kreuzfahrerzeit wurden Tausende von Juden umgebracht, sondern auch während der Zeit der Pest. Man beschuldigte die Juden, an dem Schwarzen Tod Schuld zu sein und verfolgte und tötete sie deshalb. Als weitere Plage erwies sich der Vorwurf des Ritualmordes. Angeblich töteten Juden christliche Kinder, um deren Blut zur Herstellung von ungesäuertem Mazzebrot zu verwenden. Dieser irrwitzige Aberglaube hielt sich bis zum Ende des neunzehnten Jahrhunderts und wurde immer wieder in Form von Hetze gegen Juden verwendet. Ohne Zweifel trifft die christliche Kirche eine große Schuld an der Verbreitung vieler dieser Vorurteile und Feindbilder sowie an den daraus resultierenden Verfolgungen.

Nach dem Zweiten Weltkrieg veranlaßte das Entsetzen über die Greueltaten der Nationalsozialisten viele Christen zu einer pauschalen Verurteilung der Kirche im Mittelalter. Man betrachtete den Nationalsozialismus als das Ergebnis des christlichen Antisemitismus. Es gab aber sowohl im Mittelalter als auch später nicht wenige Päpste, Bischöfe, Schriftgelehrte und Theologen, die Juden in Schutz nahmen und Judenverfolgungen als schwere Verletzungen des christlichen Glaubens brandmarkten. Bücherverbrennungen sind keine Erfindung der Nationalsozialisten. Es gab sie schon im Mittelalter, meist durch ignorante christliche Theologen oder übertrieben eifrige, zum Christentum konvertierte Juden veranlaßt, die versuchten, den jüdischen Talmud als ein das Christentum verleumdendes Buch darzustellen.

In Deutschland tat sich ein Schriftgelehrter namens Reuchlin[84] hervor, der tapfer gegen diese Verleumdung des Talmuds auftrat. Er ist einer der nicht wenigen mutigen Humanisten, die sich standhaft gegen die Verfolgung der Juden und die Verleumdung der heiligen jüdischen Schriften einsetzten. Auch Martin Luther[85] versuchte anfangs, die Juden in Schutz zu nehmen. Erst in der zweiten Hälfte seiner Tätigkeit als Reformator beteiligte er sich an der ruchlosen Verleumdung der Juden.

In den deutschen Fürstentümern des siebzehnten und achtzehnten Jahrhunderts waren die Hofjuden sehr geschätzt, da

84 *Johannes Reuchlin,* deutscher Humanist (1455-1522); lernte hebräisch und studierte die Kabbala

85 *Martin Luther* (1483-1546), deutscher Reformator

sie viel zur Gesundung der Finanzen an den Höfen beitrugen. Einer der berühmtesten war Josef Süß Oppenheimer[86], der schließlich in einem von antisemitischen Tendenzen geprägten Schauprozeß zum Tod durch Erhängen verurteilt wurde. Trotz aller Wertschätzung der Hofjuden kam es doch immer wieder zu Verfolgung und Diskriminierung, die zum Teil auf religiös motivierte, antijüdische Traditionen zurückging, zum Teil aber auch durch Konkurrenzängste etwa der Zünfte bedingt war. Selbst unter einem aufgeklärten König wie Friedrich dem Großen[87] durften in Berlin offiziell nicht mehr als fünfzig jüdische Familien wohnen, durfte ein jüdischer Mann nur dann heiraten und eine Familie gründen, wenn er genug Geld hatte, um eine Fabrik zu bauen.

Die jüdische Geschichte in der europäischen Diaspora zu jener Zeit bestand nicht nur aus Verfolgungen, sondern war auch durch eine sehr fruchtbare kulturelle, geistige und soziale Tätigkeit der Juden gekennzeichnet. Das Bild vom uniformen Volk mit einer einheitlichen Religion ist falsch. Es gab verbissene und hartnäckige Auseinandersetzungen zwischen Rabbinern, die den jüdischen Glauben sehr unterschiedlich darstellten und kommentierten. So versuchten zum Beispiel Maimonides und seine Anhänger, das Judentum philosophisch zu erklären, während die Verfechter der Kabbala und der jüdischen Mystik[88] einen ganz anderen Ansatz hatten. Es gab sogar jüdische Fundamentalisten, die die philosophischen Schriften von Maimonides und seinen Anhängern verbrannten und sich damit nicht wesentlich von den Christen unterschieden, die dasselbe mit jüdischen Schriften taten.

Das jüdische Leben im Mittelalter hatte Höhen und Tiefen. Verfolgungen und erfolgreiche Niederlassung wechselten sich ab. So stellt diese Zeit nicht nur einen schwarzen Fleck des Martyriums dar, sondern auch eine Zeit ungewöhnlicher kultureller Blüte.

Mit der Vertreibung aus Spanien gegen Ende des fünfzehnten Jahrhunderts und den furchtbaren Judenverfolgungen in Polen

86 *Josef Süß Oppenheimer* (1692-1738)

87 *Friedrich der Große*, gen. der »Alte Fritz« (1712-1786)

88 Die *jüdische Mystik* entstand vom neunten bis zum dreizehnten Jahrhundert. Sie versucht, anhand von Zahlenverhältnissen und Buchstabenbedeutung den Sinn der Welt zu erklären. Sie beeinflußte den Chassidismus.

und der Ukraine in der Mitte des siebzehnten Jahrhunderts erlebte das europäische Judentum eine große Krise, auf die es mit den messianischen Bewegungen des Sabbatai Zewi, Shlomo Molcho und David Hareubeni reagierte. Ein großer Teil der vertriebenen spanischen Juden fand einen toleranten Zufluchtsort im Osmanischen Reich (in Bulgarien, Jugoslawien, der Türkei, Süditalien, Griechenland und Teilen Nordafrikas) und stellte dort sowohl die geniale jüdische Fähigkeit zum Überleben erneut unter Beweis als auch das Talent, sich ohne Staat zu organisieren.

Am erfolgreichsten war die jüdische Autonomie in Polen. Sie wurde von den Königen der Jagello-Dynastie[89] gewährleistet. Die meisten der nach Polen eingewanderten Juden kamen aufgrund von Judenvertreibungen in England, Frankreich und dem Heiligen Römischen Reich Deutscher Nation (den deutschen Fürsten- und Bischofstümern einschließlich des habsburgischen Österreichs), aus dem die meisten Kaiser des vierzehnten und fünfzehnten Jahrhunderts stammten. Zu jener Zeit waren die Juden fast die einzigen Träger des Mittelstandes und des Handels in Polen. Gegen eine konsequente und treue Bezahlung der Steuern konnten die jüdischen Gemeinden sich frei und ungestört selbst verwalten. Es entstanden unzählige theologische Seminare und Schulen. Die jiddische Sprache entwickelte sich vom Jargon zur Literatursprache, die eine der wunderbarsten Literaturen der Welt hervorgebracht hat.

In wirtschaftlich erfolgreichen Zeiten wurden die sozial-ethischen Werte der Bibel und des Talmuds nicht immer beachtet. Auch in Polen entstanden sehr krasse soziale Gegensätze. Die Ausbeuter der armen Juden waren nicht etwa Christen, sondern Juden. Hierin lag eine der Ursachen für die Entstehung der wunderbaren und erfolgreichen chassidischen Bewegung unter der Führung Ba'al Schem Tows. Diese Bewegung war nicht nur ein sozialer Protest gegen die Juden, die ihren Reichtum zur Unterdrückung armer Juden mißbrauchten, sondern auch ein geistiger Protest gegen eine Gelehrtenoligarchie, die versuchte, die Massen einfacher Juden vom Glauben auszuschließen, indem sie ihnen ihren Anteil am Reiche Gottes verwehren wollte. Vorwiegend die Reichen hatten genügend

89 *Jagello-Dynastie* (1386-1572)

Geld, um sich theologisch zu bilden. Es entwickelte sich eine Verachtung gegenüber dem ignoranten Volk (*Am Haarez*), das keine Zeit hatte, Thora und Talmud zu studieren. Nur wer dies tat, so wollten es die Reichen, würde einen Anteil am Reich Gottes haben. In Polen aber lebten Hunderttausende armer Juden, die durch diese Einstellung sehr verunsichert waren. Das Erscheinen Ba'al Schem Tows und seiner Lehre, nach der auch der ungebildete Mensch Gott durch Freude und Dankbarkeit dienen kann, befreite Massen von Juden von ihren Zweifeln.
Es entstand ein erbitterter Kampf zwischen den Rabbinern, die behaupteten, daß man den Weg zu Gott nur durch Gelehrsamkeit finde, und den chassidischen Rabbis, die behaupteten, daß der Weg des Glaubens, der Freude und der Barmherzigkeit zu Gott führe. Dieser Streit wurde im achtzehnten Jahrhundert weitgehend durch das Erscheinen der jüdischen Aufklärung beendet, von der sich beide Bewegungen bedroht fühlten.
Die Aufklärung bedeutete für die Juden einen wunderbaren Strahl der Hoffnung auf Integration. In Deutschland als einem wichtigen Zentrum der Aufklärung machte sich – mehr als anderswo in Westeuropa – die fruchtbare Symbiose zwischen deutscher und jüdischer Kultur bemerkbar. Die Aufklärung stellte eine entscheidende Wende in der jüdischen Geschichte dar. Seit der Zerstörung des Zweiten Tempels hatte es zwar viele unterschiedliche Strömungen im Judentum gegeben, aber alle waren sich in dem Glauben an eine messianische Erlösung einig, die uns Juden zurück ins Gelobte Land führen würde. Die jüdische Aufklärung mit ihrem Exponenten Moses Mendelssohn sah in der Aufklärung den Sieg des prophetischen Geistes. Ihre ethischen Postulate stellten für Mendelssohn einen Weg zur Erlösung dar – auch für die Juden in der Diaspora, denn eine durch universale und jüdische Werte erlöste Welt kennt keine Diaspora mehr. Folglich müssen die Juden nicht mehr unbedingt auf eine Erlösung durch die Rückkehr ins Land der Väter hoffen; der Sieg der Aufklärung ist bereits die Erlösung. Eine erstaunliche Welle der Hoffnung auf Emanzipation durchströmte das europäische Judentum.
Nicht aber die Aufklärung siegte schließlich, sondern der Geist des Nationalismus, des Antisemitismus, des Hasses gegen reich gewordene Juden oder erfolgreiche jüdische Nobelpreisträger. Eine dunkle Wolke legte sich über Europa, und

statt Judenemanzipation, Gleichberechtigung, Toleranz, Nachsicht und Bewunderung für den jüdischen Willen, sich in die europäischen Gesellschaften zu integrieren, gab es Pogrome, Vertreibungen und als Höhepunkt aller menschlichen Verderbtheit schließlich den Faschismus und Nationalsozialismus.

Diese Entwicklungen bilden den Hintergrund für die Entstehung des Zionismus als Gegenbewegung zu integrativen und aufklärerischen Intentionen. Die meisten zionistischen Denker und Führer wie Pinsker[90] und Herzl am Ende des neunzehnten Jahrhunderts waren zwar von aufklärerischen Ideen geprägt, bekämpften aber das aufklärerische Judentum heftig und sahen die Aufklärung fast als eine Katastrophe in der jüdischen Geschichte an. So trugen die Ideen der Aufklärung zwar zur Entstehung des Gedankens des Zionismus bei, der Zionismus selbst entstand aber als Reaktion auf enttäuschte Erwartungen hinsichtlich der Aufklärung.

Dennoch haben der Zionismus und die jüdische Aufklärung viel mehr Gemeinsames als Trennendes. Beide sind vom Glauben an die Erlösung der Menschheit im allgemeinen und der Juden im besonderen erfüllt. Sie unterscheiden sich jedoch in der Frage der Wege, die zur Erlösung führen. Während die Aufklärung die Lösung in Emanzipation und Integration suchte, dachte der Zionismus an die Selbstemanzipation mit Hilfe der Gründung eines eigenen Staates. Für die jüdischen Aufklärer war es wichtig, den jüdischen Beitrag zur Entwicklung der menschlichen Kultur und Zivilisation zu betonen. Während die deutsche Aufklärung von der klassischen Kultur, der griechischen und lateinischen Sprache schwärmte, priesen die jüdischen Aufklärer die hebräische Sprache als Repräsentantin einer prachtvollen Kultur und Vergangenheit, die als Verfechterin der Gerechtigkeit und als Kämpferin gegen unterdrückerische Machthaber – Könige wie Priester – ihren tiefsten Ausdruck in der Sprache der Propheten fand. In den Psalmen dient sie der Wiedergabe einfühlsamer Lyrik, in den Sprüchen und Kohelet (Buch der Prediger) dem Ausdruck jüdischer Weisheit und im Buch Hiob der Darstellung menschlicher Skepsis und Not. Diese und andere Elemente der Bibel sind Beispiele für

90 Leon Pinsker (1821-1891), russischer Arzt, Schriftsteller und Politiker

den jüdischen Beitrag zur allgemeinen menschlichen Kultur. Die Schriften der jüdischen Aufklärer wurden in West- wie in Osteuropa zum Teil in hebräischer Sprache gedruckt. Aufgeklärte jüdische Schriftsteller griffen biblische Motive auf, die die biblische Vergangenheit im Gelobten Land idealisierten und dadurch zum Objekt der Sehnsucht machten. Um die erstarrte jüdische Orthodoxie zu bekämpfen, stellten die Aufklärer biblische Gestalten als Zerstörer von erstarrtem Aberglauben und Vorurteilen dar. So wurde Abraham auf der Grundlage einer Legende als ein Mensch gezeigt, der die Holz- und Steingötzen seines Vaters zerstörte, und die Propheten als diejenigen, die sich für einen fortschrittlichen Glauben einsetzten, zum Beispiel indem sie die Opferung von Tieren bekämpften. Zur Dialektik der Geschichte kann man nur anmerken, daß das Werk der jüdischen Aufklärung ein wichtiger Nährboden für viele zionistische Ideen und Mythen war.

In den sechziger Jahren des neunzehnten Jahrhunderts wehte im zaristischen Rußland ein hoffnungsvoller liberaler Wind, der durch erschütternde Pogrome, Vertreibungen und ein Leben in Angst und Unsicherheit ein schnelles Ende fand und eine große Auswanderungswelle nach Mittel- und Westeuropa, Amerika und später auch nach Palästina zur Folge hatte. Es gab zwei Ansätze zur Beschreibung und Lösung der jüdischen Frage. Die einen glaubten, daß die Ursache für Judenverfolgung und Haß in Autokratie und Kapitalismus liege und die Lösung für die Juden nur eine demokratische und sozialistische Revolution sein könne. Die anderen dachten, daß die Juden in Europa keine Zukunft hätten und die einzige Lösung in der Auswanderung nach Amerika oder Palästina bestand.

Die Masse der Juden, die flohen, um ihr Leben zu retten oder ihre Lebensbedingungen zu verbessern, ging über Westeuropa nach Amerika, wo sie sich unter großen Schwierigkeiten niederließen. Ein kleiner Teil blieb in Mittel- und Westeuropa. Nur eine unbedeutende Minderheit – vorwiegend in Osteuropa – schloß sich der zionistischen Idee an.

Diese geht davon aus, daß die Juden in Europa keine Zukunft haben und daß Antisemitismus und Verfolgung trotz der Emanzipation, die sich aus der Aufklärung ergab, weiterbestehen würden. Dieser Gedanke kommt auch in dem ersten zionistischen Buch „Autoemanzipation“ von Leon Pinsker zum

Ausdruck. Die Hauptthese dieses Buches besagt, daß die Juden den europäischen Völkern auch dann noch wie ein Gespenst vorkommen würden, wie ein Geist ohne Körper, der sich weigert zu verschwinden, wenn die Juden die Emanzipation erreicht hätten. Die Angst vor den Juden bewirke den Antisemitismus, eine seelische Krankheit, die nur durch das Verschwinden der Juden aus Europa geheilt werden könne. Was die Juden laut Pinsker brauchten, war nicht die Emanzipation, ein Geschenk der anderen, sondern Autoemanzipation - Selbstbefreiung. Die antisemitische Krankheit konnte also nur durch die Beseitigung ihrer Ursachen geheilt werden. Angesichts der tiefen Erschütterung der jüdischen Gesellschaft durch die Pogrome jener Zeit fand Pinskers Buch ein großes Echo. Unmittelbar nach seinem Erscheinen im Jahre 1884 entstand die zionistische Bewegung *Chowewe-Zion (Liebhaber Zions)*. Sie war eine politische Bewegung, die praktische Schlußfolgerungen aus der Idee des Zionismus zog und die Auswanderung nach Palästina propagierte und realisierte.

Zionistische Gedanken und Strömungen gab es aber auch schon vor Pinsker. Als Reaktion auf die Ereignisse von 1848 stellten sich viele jüdische Denker die Frage, ob sich nicht auch die Juden als Nation im Lande ihrer Väter selbst bestimmen sollten. Einer ihrer Vordenker war Moses Hess[91], ein deutscher Jude und Bekannter von Marx und Engels. Die Inspiration zu seinem Buch „Rom und Jerusalem“ kam ihm durch die politische Einigung Italiens. Da Rom den Fall Jerusalems verursacht hatte und später selbst fiel, dann aber wieder errichtet wurde, sollte auch Jerusalem wieder zur Hauptstadt der Juden werden.

Von der zionistischen Idee waren am Anfang überwiegend jüdische Kreise in Osteuropa beflügelt. Durch die Dreyfus-Affäre[92] gerieten auch intellektuelle Kreise in Westeuropa in den Bann des Zionismus. So wurde ein Mann namens Herzl bekannt, dessen Name – wie übrigens auch der Pinskers – auf seinen assimilatorischen Hintergrund hinweist.

91 *Moses Hess* (1812-1875)

92 Der Anlaß für die *Dreyfus-Affaire* war die unbegründete kriegsgerichtliche Anklage gegen den jüdischen Offizier Alfred Dreyfus (1859-1935), der der Spionage für Deutschland beschuldigt wurde.

Als Journalist, Schriftsteller und Dramaturg war Herzl weit entfernt von jüdischer Kultur und Tradition. Er wurde von seiner Zeitung nach Paris geschickt, um über die Dreyfus-Affäre zu berichten. Nachdem Dreyfus als Verräter verurteilt worden war, gingen Massen von Franzosen auf die Straßen und riefen: 'Tod den Juden!' Diese Vorkommnisse erschütterten Herzl sehr und führten zu einer völligen Umorientierung seines Denkens. Die pauschale Verurteilung aller Juden als Verräter bewies ihm, daß die Menschenrechtserklärung und die Judenemanzipation in Frankreich hundert Jahre zuvor versagt hatten. Er schrieb daraufhin sein Buch „Der Judenstaat", in dem er die Ursachen des Antisemitismus sehr zutreffend analysierte und die Schlußfolgerung zog, daß die Juden in Palästina oder anderswo einen eigenen Staat gründen müßten, um sich selbst zu regieren.

Für Herzl waren der Judenstaat und die Massenauswanderung aus Europa nicht nur ein jüdisches Anliegen, sondern gleichzeitig ein wichtiger Beitrag zur liberalen Entwicklung Europas. Obwohl er kein Gegner von Assimilation und Integration war, vertrat er die Meinung, daß die Vielzahl der osteuropäischen Juden diese Möglichkeit verhinderte, antisemitische Gefühle erweckte und die liberale Entwicklung Europas gefährdete. Angesichts der Schwäche des türkischen Imperiums und des verstärkten Einflusses europäischer Mächte wie England, Rußland, Frankreich und Deutschland auf die Türkei, erhoffte sich Herzl eine Einflußnahme dieser Mächte auf die Osmanen mit dem Ziel, von ihnen einen Charter (Freibrief) für Palästina zu erhalten, das zu jener Zeit eine sehr verwahrloste und korrumpierte Provinz des Osmanischen Reiches war. Herzl, ein guter Organisator und praktischer Politiker, unternahm sofort Schritte, um einen ersten internationalen Kongreß der Zionisten in Basel (1897) zu organisieren und diesen Charter politisch durchzusetzen. Wenn er auch erfolgreich war, so vertraten die Delegierten doch nur eine Minderheit des jüdischen Volkes.

Das jüdische Leben in Ost- und Mitteleuropa war vielfältig und bunt. Eine Fülle von Ideen und Bewegungen verlieh diesem Leben große Lebendigkeit. Manche wollten sich assimilieren; andere, wie der *Bund*, waren Sozialisten jüdischer Provenienz und wieder andere Sozialisten mit kommunistisch-internationalistischer Prägung. Der Zionismus stellte die neueste Bewegung gegen Ende des neunzehnten Jahrhunderts dar. Sozialisten, Bundisten, assimilierte Juden, Reformjuden aus Deutschland und Österreich sowie streng orthodoxe Juden verweigerten ihre Beteiligung an dem Kongreß und bekämpften die Idee des Zionismus heftig. Bis heute gibt es kaum eine objektive Darstellung des Zionismus. Die meisten Bücher sind entweder vom Widerstand gegen ihn oder von der Begeisterung für ihn geprägt. Erst in den letzten Jahren haben junge israelische Historiker ernsthaft versucht, den Zionismus differenziert darzustellen.

Der zionistische Kongreß in Basel erweckte sowohl auf säkularer als auch auf prozionistisch-orthodoxer Seite große Hoffnungen. Die Umsetzung der Ergebnisse des Kongresses aber war schwierig und von vielen Rückschlägen gekennzeichnet. Bei mühsamen und anstrengenden Konsultationen mit den Großmächten erhielt Herzl zwar viele Versprechen, erzielte aber nur wenige konkrete Erfolge. Die Hoffnung, einen Charter für Palästina zu erhalten und Massen von Juden dort anzusiedeln, verlief schnell im Sande.

Es entstanden verschiedene Strömungen innerhalb des Zionismus – der politische, praktische, geistige, religiöse und sozialistische Zionismus. Da der politische Zionismus Herzls erfolglos blieb, trat der praktische Zionismus in den Vordergrund, der die Entstehung jüdischer Siedlungen in Palästina unterstützte.

Doch die neu gegründeten Siedlungen gerieten schnell in schwere Krisen. Der Mangel an Erfahrung und das Klima machten den Siedlern zu schaffen. Auch das Geld ging ihnen bald aus. Schließlich befanden sie sich in einer ideologischen Krise. Eine Grundidee des Zionismus bestand in der Rückkehr zur körperlichen Arbeit, insbesondere zur Landarbeit. Nach der ersten Begeisterung merkten die Siedler jedoch, wie schwer Landarbeit tatsächlich war. Ein Teil verließ daraufhin das Land und ging nach Amerika. Andere beschäftigten arabische Landarbeiter. Beides stellte einen Verrat am Zionismus dar.

Der geistige Zionismus unter der Führung des hervorragenden Denkers, Journalisten und Literaten Achad Haam[93] *(einer aus*

93 Achad Haam (1856–1927)

dem Volk), dessen Name eigentlich Ascher Ginzberg war, sah den Grund für die Krise des Zionismus zum einen darin, daß die neuen Siedler geistig nicht ausreichend vorbereitet waren, um mit den Schwierigkeiten fertig zu werden, und zum anderen darin, daß sie nicht als Pioniere gekommen waren, um dem Volk einen neuen Weg aufzuzeigen, sondern um ihrer persönlichen Not zu entfliehen. Deshalb versagten sie bei den ersten Schwierigkeiten. Achad Haam schloß daraus, daß es unerläßlich war, zukünftige Siedler gründlich auf ihren Aufenthalt in Palästina vorzubereiten, so daß sie aus einem tiefen Glauben heraus als Pioniere einen langen Atem entwickeln und den Boden für die nachkommenden Juden bereiten würden.
Die meisten Zionisten betrachteten Palästina als „ein Land ohne Volk für ein Volk ohne Land". Dabei bedachten sie nicht, daß die Juden zwar ein Volk ohne Land waren, Palästina jedoch nicht ein Land ohne Volk. Ende des neunzehnten Jahrhunderts besuchte Achad Haam die neuen Siedlungen in Palästina. Er veröffentlichte seine Eindrücke in einer Reihe von Artikeln, in denen er nicht nur zum Ausdruck brachte, daß die Siedler stärker im Geist des Zionismus erzogen werden müßten, sondern auch, daß in Palästina bereits ein Volk lebte und daß die Juden dieses Volk nicht übersehen dürften. Deshalb kritisierte er Herzls Bemühungen, mit den Großmächten zu verhandeln ebenso wie dessen mangelnde Einsicht in die Notwendigkeit, eine Verständigung mit den Einwohnern des Landes herbeizuführen.
Nach dem Ersten Weltkrieg erzielte der politische Zionismus mit der Balfour-Deklaration seinen ersten großen Erfolg. Die meisten Zionisten bejubelten diese Deklaration, da sie in ihren Augen bedeutete, daß die wichtige und siegreiche Großmacht England das Recht der Juden auf Palästina anerkannte. Achad Haam analysierte die Deklaration sehr nüchtern und warnte vor falschen messianischen Erwartungen. Er war der Überzeugung, daß die Deklaration nicht nur das Recht der Juden auf eine nationale Heimstätte beinhaltete, sondern auch, daß die Rechte der palästinensischen Einwohner auf keinen Fall beeinträchtigt und die jüdisch-zionistischen Rechte nur auf einen Teil Palästinas ausgedehnt werden dürften. Er wurde wegen seiner Ansichten von den meisten zionistischen Führern angegriffen und geriet mit seiner Meinung schließlich ins Abseits.

Hieraus kann man die traurige Lehre ziehen, daß sich nicht immer derjenige durchsetzt, der die Situation nüchtern analysiert und im Recht ist. Die Gegner Achad Haams waren blind, als sie das Volk, das in Palästina lebte, ignorierten. Sie waren auch blind, als sie die Interessen der Palästinenser ignorierten, die sich aus der Balfour-Deklaration ergaben. Leider beschäftigt sich die Geschichte nicht mit der Frage, was geschehen wäre, wenn man die Stimme Achad Haams gehört hätte. Statt dessen setzten sich angeblich realpolitische Zionisten durch, die sich in großer Blindheit für die Fortsetzung eines Konfliktes entschieden, der inzwischen bereits hundert Jahre währt.
Der Mann, der sich während des Ersten Weltkrieges schließlich als Führer der zionistischen Bewegung profilierte, war Chaim Weizmann, ein Wissenschaftler aus Osteuropa, der sich in England niedergelassen hatte und als Chemiker auch zu den Kriegserfolgen Englands im Ersten Weltkrieg beitrug. Er war ein kluger Mann und eine sehr gelungene Mischung aus osteuropäischer Weisheit und Lebenserfahrung und westeuropäischem Liberalismus.
Da er Zugang zu den wichtigsten englischen Politikern jener Zeit hatte, insbesondere zu dem Außenminister Balfour, leistete er den entscheidenden Beitrag zur Balfour-Deklaration und wurde so zur prägenden Figur der zionistischen Politik. Er erlebte noch die Entstehung des Staates Israel und wurde zu seinem ersten Präsidenten gewählt. Als Staatspräsident hatte er jedoch nur wenig Einfluß. Zum einen war er bereits alt und fast blind; zum anderen war er auch darüber verbittert, daß Ben-Gurion alles daransetzte, seine eigene Position zu stärken und die des Staatspräsidenten zu schwächen. So gelang es ihm zu verhindern, daß Weizmanns Unterschrift auf der Unabhängigkeitserklärung Israels erschien, was diesen bis zu seinem Tod kränkte.
Seine physische Blindheit ist vielleicht ein Symbol dafür, daß auch er in bestimmten Bereichen mit politischer Blindheit geschlagen war. Nur sehr wenige Politiker haben die Situation in Palästina so nüchtern beobachtet und eingeschätzt wie er. Eine Zeitlang erwog er sogar die Idee eines binationalen Staates als Lösung für den unlösbar erscheinenden Konflikt. Dennoch bieten Weisheit und Klugheit keinen Schutz vor politischer Blindheit. Mit vielen anderen glaubte Weizmann fälschlicher-

weise, daß nach dem Ersten Weltkrieg ein großer, unabhängiger arabischer Staat im Bereich des Fruchtbaren Halbmondes entstehen würde. In diesem Staat, so dachte er, könnten sich die palästinensischen Araber selbst bestimmen. Also brauchte man den Palästinensern keinen Anspruch auf nationale Selbständigkeit zuzugestehen.
Ben-Gurion war kleinlich und engstirnig, als er Weizmanns Unterschrift auf der Unabhängigkeitserklärung Israels verhinderte. Dessen politische Blindheit aber übernahm er mit unwahrscheinlicher Konsequenz und verursachte damit die verhängnisvolle Situation, die in fünfundvierzig Jahren sechs verheerende Kriege und viele kleinere kriegerische Auseinandersetzungen zur Folge hatte und von Terror und Gegenterror gekennzeichnet war, der bis heute andauert.

Die Entstehung des Staates Israel bedeutet einen großen Sieg für den Zionismus. Als eine der vielen Strömungen im europäischen Judentum, die von der Mehrheit der europäischen Juden nicht mitgetragen wurde, hat sich der Zionismus als die einzige Strömung erwiesen, die die Aussichtslosigkeit der Lage der Juden in Europa richtig einschätzte. Die Zionisten erkannten die Gefahr, der sich die Juden in Europa aussetzten, wenn sie nicht auswanderten und hatten eine praktische Lösung für dieses Problem, nämlich den Staat Israel. Dieser Staat ermöglicht jedem Juden die Einwanderung und volle Bürgerrechte, unabhängig davon, welche Gründe ihn zur Einwanderung veranlassen.
Der Sieg des Zionismus hat aber leider auch eine negative Seite. Es entstand ein verzerrtes Bild der Diaspora. Obwohl es die Diaspora seit uralten Zeiten gibt und sie das jüdische Wesen und die jüdische Kultur nicht weniger geprägt hat als das Land Israel, hat sich ein Erez-Israel-Zentrismus entwickelt, der die Diaspora als eine unaufhörliche Kette von Verfolgungen und Martyrien darstellt. Die Diaspora ist aber nicht nur das Ergebnis von Vertreibungen, sondern sie ist auch ein freiwillig gewähltes Exil. Schon die erste Diaspora, die Babylonische Gefangenschaft, beweist dies. Sie war zwar das Ergebnis einer Katastrophe, aber die Mehrheit der Juden kehrte freiwillig nicht ins Land der Väter zurück. Sie hatten sich integriert. Nehemia und Esra kamen im fünften Jahrhundert nicht als ver-

folgte heimatlose Juden nach Erez Israel, sondern als hochrangige Beamte des persischen Königs Kyrus, mit allen – auch militärischen – Vollmachten versehen, um das jüdische Leben in Erez Israel aufzubauen. Zur Unterstützung hatte der König ihnen sogar persische Soldaten mitgegeben.
Noch bis heute sind viele Israelis davon überzeugt, daß sich das jüdische Leben in der Diaspora von Pogrom zu Pogrom bewegte. Dieses verzerrte Bild findet sich auch in der von Ben-Gurion verfaßten Unabhängigkeitserklärung Israels, in der es heißt: „In Erez Israel stand die Wiege des jüdischen Volkes. Hier wurde sein geistiges, religiöses und politisches Antlitz geformt. Hier lebt es ein Leben staatlicher Selbständigkeit. Hier schuf es seine nationalen und universellen Kulturgüter und schenkte der Welt das unsterbliche 'Buch der Bücher'. Mit Gewalt aus seinem Land vertrieben, bewahrte das Volk Israel seinem Land in der Diaspora die Treue und hörte niemals auf, um die Rückkehr in sein Land und die Erneuerung seiner politischen Freiheit in ihm zu beten und auf sie zu hoffen."
Dies ist eine merkwürdige Mischung historischer und ideologischer Wahrheiten. Da Ben-Gurion für seine Geringschätzung der Bedeutung der Diaspora für die jüdische Geschichte bekannt war, ist es nicht weiter verwunderlich, daß in der Unabhängigkeitserklärung behauptet wird, die Wiege des jüdischen Volkes stehe in Erez Israel und sein geistiges und religiöses Antlitz sei hier geformt worden. Aus der Bibel wissen wir, daß die Urväter des jüdischen Volkes aus Mesopotamien kamen. Gemäß dem nationalen jüdischen Selbstverständnis wurden wir Juden am Berg Horeb auf dem Sinai ein Volk. Sowohl quantitativ als sicher auch qualitativ sind die kulturellen und geistigen Leistungen des jüdischen Volkes in der Diaspora ungleich höher zu bewerten als die im Land Israel erbrachten. Das bedeutet nicht, daß das in Erez Israel Geschaffene unbedeutend ist oder daß nicht viele der kulturellen, geistigen und philosophischen Werke von der Sehnsucht nach Erez Israel inspiriert sind. Man sollte darüber nur nicht den Beitrag der Diaspora zum geistigen und kuturellen jüdischen Erbe vergessen. Nicht zufällig schreiben Historiker die universale Geschichte des jüdischen Volkes. Der große jüdische Historiker Simon Dubnow nennt seine jüdische Geschichte „Die Geschichte des jüdischen Weltvolkes". Dubnow war der Mei-

nung, daß Erez Israel schon seit der Babylonischen Gefangenschaft im sechsten Jahrhundert vor Christus aufgehört habe, das einzige Zentrum der Juden zu sein. Weiterhin vertritt er die Auffassung, daß jüdischer Geist und jüdisches Genie durch die Entstehung verschiedener Zentren wie Babylonien, Spanien, der Provence, Ashkenas (Deutschland), Polen, Rußland und Litauen zum Ausdruck kamen. Es ist kein Zufall, daß Wilna als das Jerusalem Litauens bezeichnet wurde. Die Diaspora hat nicht nur eine eindrucksvolle Literatur, Philosophie und Architektur hervorgebracht, sondern war auch reich an autonomen Institutionen und sehr erfolgreich im wirtschaftlichen und wissenschaftlichen Bereich.

Da die Diaspora im allgemeinen mit Verfolgung und Martyrium assoziiert wird, stellt sie aus zionistisch-ideologischer Sicht einen dunklen Fleck in der jüdischen Geschichte dar. Jüdisches Leiden und jüdisches Martyrium kann man aber auch in Erez Israel finden. Das beste Beispiel ist die furchtbare Geschichte von Rabbi Akiba und anderen Märtyrern, die grausam von den Römern umgebracht wurden, weil sie den Bar Kochba-Aufstand (132–135 n. Chr.) unterstützten.

Jüdisches Leiden ist nicht das Ergebnis der Diaspora, sondern das Ergebnis bedauerlicher, komplexer Zusammenhänge von Fremdenhaß, Neid, Feindbildern, theologischen und politischen Vorurteilen, die jedem wohlbekannt sind – sei es in Form von theologischem, politisch-wirtschaftlichem oder rassistischem Antisemitismus. Ich möchte nicht die historisch wichtige Bedeutung der Existenz des Staates Israel herabsetzen, sondern nur vor der Illusion warnen, daß ein jüdischer Staat, in dem sich das ganze jüdische Volk konzentriert, die einzige Garantie gegen die Verfolgung von Juden ist. Die Konzentration von etwa zwanzig Millionen Juden in einer Gegend, in der es vor religiösen, nationalen und Stammeskonflikten nur so wimmelt, kann nicht für ewig die Existenz des jüdischen Volkes sichern. Zwar muß der Staat Israel als potentielle Heimat für jeden Juden, der sich durch die Einwanderung nach Israel selbst bestimmen will, weiterbestehen. Bei nüchterner Betrachtung der Dinge wird man aber eingestehen müssen, daß Ereignisse, die Juden in aller Welt zwingen würden, nach Israel auszuwandern, wohl auch die Existenz des Staates Israels gefährden würden. Diese wie auch die Existenz anderer kleiner Staaten ist in großem Maß von den politischen und wirtschaftlichen Entwicklungen in der Welt abhängig. In einer Welt, in der Rassismus, Antisemitismus, Kriege, nationale und religiöse Verfolgungen dominieren, könnten Juden sich auch dann nicht sicher fühlen, wenn ihre Zahl und ihre militärische Stärke sehr viel größer wären.

Zur Zeit ist allerdings die Gefahr von außen geringer als die Gefahr von innen. Der nationalistische Klerikalismus versucht aktiv und rücksichtslos, Israel und das jüdische Volk von dem Rest der Welt zu isolieren. Dies geschieht unter anderem unter Zuhilfenahme des stereotypen Bildes der siebzig Wölfe, der nichtjüdischen Nationen dieser Welt, die das kleine jüdische Volk zu zerfleischen drohen. Statt sich vom Rest der Welt zu isolieren, müssen sich Israel und alle Juden in eine Welt integrieren, in der Frieden herrscht, die wirtschaftlich und kulturell zusammenarbeitet und in der politische, nationale und kulturelle Grenzen fallen.

Vorausgesetzt, daß es keine Wiederholung der Massenverfolgung gibt, werden die Juden als kosmopolitisches Volk weiterbestehen. Die Existenz des Staates Israel und seine geistige und kulturelle Ausstrahlung können dazu beitragen, daß Integration in der Diaspora nicht zwangsläufig den Untergang des jüdischen Volkes bedeuten muß.

Da das furchtbare Vergangenheitstrauma auch heute noch im politischen Denken und jüdischen Selbstverständnis nachwirkt, ist vielfach auch die Fähigkeit beeinträchtigt, sich in der Gegenwart und auf die Zukunft hin zu orientieren. Der schon hundert Jahre währende jüdisch-arabische Konflikt und die unaufhörlichen Kriege in den letzten fünfzig Jahren haben zur Erstarrung dieses Vergangenheitstraumas beigetragen. Man kann nur hoffen, daß der jetzt ausgehandelte Frieden eine Umorientierung zur Folge haben wird und die Mehrheit der Israelis und der Juden in aller Welt zu der Schlußfolgerung führen wird, daß Zukunft und Sicherheit des jüdischen Volkes – wie im übrigen auch die der restlichen Welt – im wesentlichen nur in einer Welt gesichert werden können, in der es weder Krieg noch Rassismus, weder Antisemitismus noch Ungerechtigkeit oder Intoleranz gibt.

8. Die vermeidbaren Kriege

Eine meiner falschen Hoffnungen bestand in der Annahme, daß sich Mythen zerstören ließen. Ich war sicher, daß die furchtbaren Erfahrungen des Zweiten Weltkrieges und des Unabhängigkeitskrieges (1947/49) eine Ära der Vernunft einleiten und Vorurteile, Feindbilder und Mythen abbauen würden.

Die Wirklichkeit aber sah ganz anders aus. In meinem Land, in dem alles neu beginnen sollte, setzte sich schnell die alte Realpolitik durch. Zu ihrer Rechtfertigung wurden neue Mythen geschaffen, wie zum Beispiel der Mythos, daß alle Kriege, die Israel mit seinen Nachbarn geführt habe, reine Verteidigungskriege waren. Während es für mich außer Frage steht, daß alle Kriege nach 1949 vermeidbar und überflüssig waren, da sie keines der wesentlichen Probleme gelöst und nur zusätzliches Leid, Tod und Zerstörung über die Menschen gebracht haben, bezweifelt eine neue Generation israelischer Historiker sogar die Notwendigkeit des Unabhängigkeitskrieges.[94]

In der Folge dieses Krieges entstand das palästinensische Flüchtlingsproblem und mit ihm das Problem der Infiltranten.[95] Auf die wiederholten Grenzverletzungen durch Palästinenser reagierte Ben-Gurion mit der stereotypen Formel, Araber verstünden nur die Sprache der Gewalt, weshalb kein Mord der Palästinenser ungesühnt bleiben dürfe. Die Folge war eine Kette von mörderischen Vergeltungsaktionen, die nicht nur viele palästinensische Opfer forderte, sondern auch viele jüdische – Soldaten ebenso wie unbeteiligte Zivilisten, die in einem Teufelskreis von Rache und Gegenrache umgebracht wurden.

Auch schlichtesten Gemütern hätte eigentlich klar sein müssen, daß Vergeltungsaktionen die Palästinenser nicht zur end-

94 Auch *Simcha Flapan*, zentrale Figur der zionistisch-sozialistischen Mapam-Partei, langjähriger Chefredakteur der israelischen Zeitung *New Outlook* und äußerst aktiv in der israelischen Friedensbewegung und der Versöhnungsarbeit mit den Palästinensern, unternimmt in seinem Buch „Die Geburt Israels“ den Versuch, gleich fünf israelische Mythen zu widerlegen.

95 vgl. S. 89, 122.

gültigen Aufgabe ihrer Heimat bewegen würden. Da Realpolitik in gewisser Weise häufig unrealistisch und sehr widersprüchlich ist, wollte Ben-Gurion einerseits aus Sicherheitserwägungen keinen einzigen Flüchtling nach Israel zurücklassen; andererseits war die Politik über Jahre so angelegt, daß das Land 1967 schließlich in einen Krieg steuerte, der eine halbe Million Flüchtlinge und fast eine Million palästinensische Einwohner der Westbank unter israelische Herrschaft brachte.
Wie schon im Unabhängigkeitskrieg versuchte man auch jetzt, die palästinensische Bevölkerung in Panik zu versetzen in der Hoffnung, daß viele von ihnen nach Jordanien fliehen würden. Diese Hoffnung, die sich schon 1949 als unrealistisch erwiesen hatte, erwies sich auch jetzt als trügerisch. Damals wie jetzt versuchte man erfolglos, Flüchtlinge durch Zahlung von Geldern zum Verlassen des Gazastreifens und der Westbank zu veranlassen.
Dieser Mangel an Vernunft findet sich bei Realpolitikern häufig. Auch Ben-Gurion ging es wahrscheinlich nicht um die Vergeltungsaktionen als solche, sondern um eine Eskalation des Konfliktes, der Jahre später zu einem Krieg führte, in dem sich der israelische Generalstab gute Chancen auf einen Sieg und damit die Eroberung der Altstadt Jerusalems und der jordanischen Westbank ausrechnete. Moshe Sharett bestätigt diese Einschätzung in seinen nach seinem Tode erschienenen Tagebüchern, in denen er eine Begegnung mit dem israelischen Generalstab noch vor seinem Amtsantritt beschreibt, die ihm den Eindruck vermittelte, daß der Generalstab den Krieg wollte.[96] Die israelische Bevölkerung ahnte davon lange Zeit nichts, und so gelang es, den Mythos zu schaffen und aufrechtzuerhalten, daß Vergeltungsaktionen für Israel überlebensnotwendig waren, da die palästinensischen Flüchtlinge und die arabische Welt von der Stärke Israels überzeugt werden muß-

96 „Aus dem Vortrag des Generals ergaben sich zwei Dinge: 1. Die israelische Armee akzeptiert die Grenze mit Jordanien nicht. 2. Die Armee denkt an einen Krieg, um den nichtisraelischen Teil des Landes westlich des Jordans [später „Westbank“ genannt] zu erobern.“
Moshe Sharett, in: „Yoman Ischi“, Am Oved Verlag, Bd. 1, S. 81 (im folgenden: *Sharett, Tagebücher*)

ten, um sie davon abzuhalten, Israel zu überfallen und – wie angedroht – ins Meer zu treiben.
Die Tragik besteht darin, daß die Veröffentlichung der Tagebücher zwanzig Jahre später nicht zu einer grundsätzlichen Meinungsänderung bei der Mehrheit der Israelis führte. Sie glaubten weiter, daß alle Kriege, die wir geführt, alle Vergeltungsaktionen und alles offensichtliche Unrecht, das wir den Palästinensern angetan hatten, ausschließlich nur unserem Überleben und unserer Verteidigung gedient hatten.
In der Zwischenzeit nahmen die Vergeltungsaktionen immer erschreckendere Dimensionen an. Man bildete die sehr effektive *Einheit 101*, die Aktionen mit unglaublicher Härte durchführte. Die Grausamkeit dieser Einheit erschütterte nicht nur Friedenskreise in Israel, sondern auch die gesamte Weltöffentlichkeit, die sich von ihr distanzierte. Das brachte Israel in schwierige diplomatische Situationen und Moshe Sharett als Außenminister in Konflikt mit Ben-Gurion, der hinter dieser Politik stand.
Eine dieser Aktionen hatte besonders schwerwiegende diplomatische und moralische Folgen. Sie fand in dem Dorf Kibya statt, in dem Häuser mit ihren Bewohnern in die Luft gesprengt wurden. In seinen Tagebüchern bezeichnet Sharett Ben-Gurion als einen Feigling, der vor UNO-Beobachtern und protestierenden Diplomaten nicht zugab, daß es sich um eine genehmigte Aktion gehandelt hatte und stattdessen von einem Racheunternehmen der an der Grenze wohnenden Siedler sprach, die damit auf Morde der Infiltranten reagierten.
Durch diese und viele andere Aktionen kam es zu einer Zuspitzung der Lage. Mehrere absichtlich herbeigeführte Zusammenstöße im Gazastreifen hatten die Ausmaße echter Kriegshandlungen, worauf die Ägypter mit der Bildung von Einheiten ähnlich der israelischen *Einheit 101* reagierten. Die ägyptischen Fedajin drangen systematisch in Israel ein und brachten Menschen auf grausamste Weise um. Ihre Aktionen versetzten die israelische Bevölkerung in Angst und Schrecken. In einer Atmosphäre der durch die Medien geschürten Hysterie, der Rachegefühle und Selbstgerechtigkeit schwand die Bereitschaft zur Vernunft mehr und mehr. Alle zionistischen Gruppierungen und ihnen nahestehende Parteien mit Ausnahme einer sehr kleinen Gruppe von Friedensanhängern um Martin

Buber -Ichud- behaupteten damals, daß Israel in größter Gefahr sei. Nur die Kommunistische Partei und Ichud versuchten, mit Argumenten der Vernunft davor zu warnen, daß diese Politik unausweichlich zum Krieg führen mußte. Aber niemand hörte einer Partei zu, die sonst blind und unkritisch jeder Moskauer Torheit folgte.

Krieg war genau das, was der Generalstabschef Moshe Dayan, seine Offiziere und wahrscheinlich auch Ben-Gurion im Jahre 1956 wollten. In dem demokratischen Staat Israel, in dem die Armee grundsätzlich den Entscheidungen der Regierung und des Parlaments, der Knesset, unterliegt, fällte plötzlich das Militär die Entscheidungen. Moshe Sharett bekennt in seinen Tagebüchern verbittert, daß er dem Druck der Offiziere und der öffentlichen Meinung gegen seinen Willen nachgeben und Vergeltungsaktionen hinnehmen mußte, mit denen er nicht einverstanden war und die Ausmaße annahmen, die er als Ministerpräsident nicht vorgegeben hatte. Armee und militärischer Geheimdienst arrangierten sie, ohne die Zustimmung von Regierung oder Regierungschef.

Eine besonders zynische Aktion erschütterte Israel erst sehr viel später. Ein von Israel angeworbener Spion namens Lotz, der heute in Deutschland lebt und gelegentlich Gast in Fernsehshows ist, wurde beauftragt, in Ägypten ein Spionagenetz aufzubauen mit dem Ziel, Sabotageakte gegen amerikanische Einrichtungen zu verüben. Dadurch sollten die Beziehungen zwischen den USA und dem neuen Regime von Abdel Nasser[97] gestört werden. Diese Tatsache an sich war schon schlimm genug. Hinzu kam aber noch, daß man jüdische Jugendliche aus Ägypten für diese Aufgabe anwarb und deren Idealismus, für Israels Sicherheit eintreten zu wollen, mißbrauchte. Viele dieser Jugendlichen wurden festgenommen und verurteilt; manche gingen für lange Jahre ins Gefäng-

97 *Gamal Abd el-Nasser* (1918-1970), ägyptischer Offizier und Politiker, war 1952 führend am Staatsstreich gegen König Faruk beteiligt. 1953 wurde er stellvertretender Ministerpräsident und 1954 Staatspräsident. Er verstaatlichte 1956 den Suezkanal und löste damit die Suez-Krise aus. Nach der Niederlage im Sechs-Tage-Krieg im Juni 1967 übernahm er auch die Ämter des Ministerpräsidenten und des Generalsekretärs der Staatspartei *Arabische Sozialistische Union* (ASU).

nis; einige wurden hingerichtet. Erst Jahre später wurde diese Affäre in Israel als die „schlimme Affäre“ bekannt.
Als Ben-Gurion 1953 überraschend seinen Rücktritt als Ministerpräsident erklärte, entstand sofort ein neuer Mythos: Ben-Gurion, so hieß es, sei aus idealistischen Gründen zurückgetreten. Um der Jugend ein Zeichen zu setzen, habe er sich in die Wüste zurückgezogen, denn er sei enttäuscht vom Karrierestreben der jungen Generation, bei der die Besiedlung der Negev-Wüste nur einen sehr geringen Widerhall gefunden habe. Ben-Gurion, bekannt für seine Begeisterung bezüglich der Urbarmachung der Wüste, ließ sich in der Zinnwüste im ehemaligen Nabathäerland nieder und hoffte, daß viele Jugendliche seinem Beispiel folgen würden. Die ganze Wahrheit aber erfuhr die Bevölkerung damals nicht: Ben-Gurion hatte nicht mehr die Mehrheit in seiner Partei und in der Regierung. Sein Nachfolger im Amt, Moshe Sharett, verfolgte zwar keine grundsätzlich andere Politik, teilte aber nicht seine Meinung, daß es unwichtig sei, was die Welt über Israel dachte, und daß nur zähle, was Israel nutze.
Wenn man auf die Zeit seit 1948 zurückblickt, kann man feststellen, daß Ben-Gurion mit seiner Auffassung vielleicht sogar recht hatte. Obwohl die israelischen Politiker rücksichtslos alles taten, was sie für richtig hielten, regte sich im Ausland manchmal leiser, gelegentlich lauter Protest, im allgemeinen aber bewunderte man Israel und hob nur ab und zu den Zeigefinger gegen einzelne übereifrige Politiker. Bis zum Suezkrieg erhob Israel keinerlei Anspruch auf arabisches Territorium und bot somit keinen Anlaß zu Konflikten. Lange Zeit gab es in weiten Teilen der Welt einen Konsens darüber, daß die arabische Welt sich grundlos weigere, Israel anzuerkennen. Erst mehrere Kriege, in denen die arabischen Länder Niederlagen hinnehmen mußten, zwangen diese sie, sich mit der Existenz Israels abzufinden und mit Israel zu verhandeln.
Bei oberflächlicher Betrachtung der Geschichte könnte man zu dem Schluß kommen, daß erst die Kriege beziehungsweise die Niederlagen in diesen Kriegen Israels Nachbarn mehr oder weniger zur Vernunft brachten. Eine differenziertere Betrachtungsweise gibt allerdings Grund zu der Annahme, daß die Weigerung der arabischen Staaten, Israel anzuerkennen, eng mit der Weigerung Israels verbunden war, Verantwortung für

die Lösung des Flüchtlingsproblems zu übernehmen und den Palästinensern das Recht auf Selbstbestimmung beziehungsweise auf einen Teil Palästinas zuzugestehen.
Diese letzte Bemerkung erscheint mir besonders wichtig, denn in der Zeit der Eskalation der Gewalt gab es verschiedene Versuche, Friedensverhandlungen zu initiieren, die durchaus zum Erfolg hätten führen können. Wenn man sich über die Lösung der Flüchtlingsfrage und die Zukunft des palästinensischen Volkes geeinigt hätte, wäre auch die Anerkennung Israels in den Bereich des Möglichen gerückt.
Ben-Gurion ging zwar in die Wüste, aber seine Kamarilla, seine einstigen Mitarbeiter, blieben in hohen Funktionen. Für diese wurde sein Wohnsitz in Sede Boker zum Wallfahrtsort. Moshe Sharett berichtet in seinen Tagebüchern, daß für viele hohe Offiziere und manche Politiker die Meinung Ben-Gurions immer noch weitaus wichtiger war als die des neuen Ministerpräsidenten Sharett. Manche Entscheidungen fielen wohl eher in Sede Boker als in dem Büro Sharetts. Hauptstreitpunkt blieben die Vergeltungsaktionen.

Der Suezkrieg (1956)

Die Revolution Nassers und seiner Offiziere in Ägypten (1952) veränderte die politische Landschaft im Nahen Osten. Eine Welle der Begeisterung beflügelte die arabische Welt. Außer den Palästinensern kämpften auch andere arabische Völker für ihre Freiheit, insbesondere gegen Frankreich als Kolonialmacht. Das wachsende Prestige Nassers in der arabischen und der Dritten Welt beunruhigte die israelischen Politiker. Ägypten, mit Syrien vereint, war zu einer Gefahr geworden. Also mußte Ägypten geschwächt werden. Die „schlimme Affäre“ war nur ein Glied in einer Kette von Bemühungen, Ägypten als terroristischen Staat und unzuverlässigen Partner darzustellen. Man wollte dem von Nasser geführten Ägypten, das seine Unabhängigkeit von Großbritannien erklärt und sich die lukrativen Einkünfte aus dem Suezkanal gesichert hatte, in einem Krieg eine Niederlage beibringen. Während Nasser zwecks Aufrüstung den Weg zur Sowjetunion fand, wurde Is-

rael großzügig mit Waffen der französischen Sozialisten versorgt. Ein Sturz Nassers sollte den Engländern und Franzosen wieder den Zugang zum Suezkanal ermöglichen und Israel von der ägyptischen Bedrohung befreien.
Parallel zu Verhandlungen über eine friedliche Lösung wurden deshalb Geheimgespräche mit England und Frankreich geführt und Verträge unterschrieben, die den Suezkrieg ermöglichten. Historiker deckten die Geheimverhandlungen und den Krieg später als ein niederträchtiges Komplott auf. Wenn es schon im allgemeinen richtig ist zu sagen, daß Kriege sinnlos sind und nur zu Tod und Zerstörung führen, so gilt das für diesen Krieg ganz besonders. Er führte weder zum Sturz Abdel Nassers noch wurde Ägypten in die Knie gezwungen. Israel allerdings geriet für eine Weile in die Isolation und wurde von der Sowjetunion mit Raketen bedroht.
Auch hier zeigte sich, wie unrealistisch Ben-Gurions Politik war. Als israelische Truppen den Suezkanal erreichten, verkündete er feierlich die Entstehung eines dritten israelischen Königreiches. Nur einen Tag danach aber erklärte derselbe Mann auf starken Druck des amerikanischen Präsidenten Eisenhower[98] die Bereitschaft Israels, sich von der Sinai-Halbinsel und aus dem Gazastreifen zurückzuziehen. In Israel wurde dieser Krieg als ein großer Sieg dargestellt, als ein Präventivschlag, der Israel vor einer Todesgefahr bewahrt hatte. Die Medien berichteten über riesige Waffenlager, die in israelische Hand geraten waren und Israel mehrfach hätten vernichten können. Außer den Kommunisten äußerte niemand Kritik an diesem Krieg, nicht einmal die sozialistisch-zionistische Opposition. Angesichts der zum Himmel schreienden Fehlentscheidung Ben-Gurions und seiner Mittäter bedeutete dies einen erstaunlichen Konsens.
Sharett hatte sich als Ministerpräsident Israels gegen diesen Krieg ausgesprochen. Er trat zurück, ohne seine Vorbehalte öffentlich zu äußern. Erst seine Tagebücher brachten später seine wirkliche Meinung ans Tageslicht. Mit Empörung und Erschütterung bringt er darin zum Ausdruck, daß die Politik Ben-Gurions und Moshe Dayans eine große Gefahr für die

98 *Dwight David Eisenhower* (1890-1969), amerikanischer Offizier und Politiker (Republikaner); 1953-1961 34. Präsident der USA

Existenz des Staates Israel dargestellt hatte. Dennoch hatte er seine fragwürdige Loyalität bewahrt und seine Sorge nicht der Bevölkerung, sondern nur seinen Tagebüchern mitgeteilt. Angesichts eines solchen Mangels an Zivilcourage eines doch großen Politikers kann man eigentlich nur resignieren. Lediglich eine Minderheit, zu der auch ich gehörte, ließ sich von den offiziellen Verlautbarungen nicht verführen und wurde deshalb als Nestbeschmutzer und Verräter bezeichnet.

Um das politische Denken Ben-Gurions, Moshe Dayans und ihrer Nachfolger besser verstehen zu können, muß man den historischen Hintergrund ihres Denkens näher beleuchten. Nur ein paar Jahre nach dem Ende des Zweiten Weltkrieges – noch unter dem unmittelbaren Eindruck des Massenmordes an den Juden in Europa – wurde als eine der häufigsten Antworten auf die Frage, weshalb der Holocaust geschehen konnte, die Passivität der meisten Juden genannt, die sich „wie Schafe zur Schlachtbank hatten führen lassen“. Die Schlußfolgerung daraus war, daß der souveräne und selbständige Staat Israel sich niemals irgend etwas gefallen lassen dürfe, das seine Sicherheit gefährden würde, und daß die Antwort auf den Gewaltverzicht der europäischen Juden nur die entschlossene Bereitschaft Israels zur Gewalt sein konnte, soweit es um die Sicherheit der Überlebenden des Volkes Israel ging. Ferner war man der Meinung, daß die Weltöffentlichkeit, die die nationalsozialistischen Untaten geduldet hatte, kein Recht hatte, sich über die sehr viel unwesentlicheren Aggressionen Israels zu empören, die zudem seiner Sicherheit dienten.

Die Friedenspolitik Moshe Sharetts und die Kriegspolitik Ben-Gurions und Moshe Dayans

Moshe Sharett, der nicht weniger zur Entstehung des Staates Israel beitrug als Ben-Gurion, war grundsätzlich mit aktiver Gewaltpolitik einverstanden. Allerdings knüpfte er sie an zwei Bedingungen. Zum einen sollte Gewalt nur als Reaktion auf Gewalttaten und Provokationen der arabischen Welt beziehungsweise der Palästinenser angewendet werden. Zum anderen sollten Gewaltaktionen nie unsere guten Beziehungen zu den Vereinten Nationen und den westlichen Demokratien gefährden, von denen wir abhängig waren (und sind)[99]. Ben-Gurion machte als Führer der Arbeiterbewegung eine Metamorphose bezüglich seiner Haltung zur Gewaltpolitik durch.

Die Arbeiterbewegung spielte eine sehr wichtige Rolle in der Entstehungsphase des Staates Israel. In der ersten Hälfte des zwanzigsten Jahrhunderts gab es zwei Hauptströmungen in bezug auf die Frage, wie man auf palästinensische Überfälle und gewalttätige Provokationen reagieren solle. Der Glaube an ein gewaltfreies Zusammenleben, wie er von der Friedensbewegung Brith Shalom[100] durch Gershom Scholem[101], Ernst Simon[102], Arthur Ruppin, Jehuda Magnes[103] und später Martin Buber vertreten wurde, geriet durch die Eskalation der Gewalt ins Abseits – insbesondere nach dem Aufstieg des Nationalsozialismus und Faschismus und den Ereignissen des Zweiten Weltkrieges. Statt dessen wurden verschiedene Formen der Gewaltanwendung diskutiert.

Die Hagana, eine im Untergrund arbeitende Widerstandsorganisation, die im wesentlichen von der Arbeiterbewegung kontrolliert wurde, prägte den Begriff der *Havlaga* (Zurückhaltung). Dieser Begriff beinhaltete, daß Gewalt nur dann angewendet werden sollte, wenn sie der Verteidigung diente oder

99 „Ich habe äußerste Anstrengungen unternommen, um mich angesichts der Verachtung, mit der Ben-Gurion und seine Anhänger auf die Reaktionen der Welt auf unser Handeln reagierten, zu beherrschen. Dennoch möchte ich hier betonen und daran erinnern, daß es einen himmelschreienden Gegensatz zwischen unserer absoluten, objektiv vorhandenen Abhängigkeit von der Hilfe und der Sympathie der Welt und unserer Stumpfheit gegenüber der Meinung dieser Weltöffentlichkeit auf unsere Handlungsweise gibt. Schon oft habe ich die Engstirnigkeit und Sturheit verurteilt, mit der wir immer wieder in den verschiedensten Bereichen vorgehen und damit alle Bereiche unseres Lebens gefährden und die Gefahr einer verheerenden Niederlage eingehen. (Sharett, Tagebücher, Bd. 1, S. 50)

100 *Brith Shalom* (hebr. „Friedensbund"), 1926 von Arthur Ruppin gegründet. Auseinandersetzungen unter den Mitgliedern setzten den Aktivitäten von Brith Shalom 1933 ein Ende. Die Nachfolgeorganisation war Ichud.

101 *Gershom Scholem* (1897-1982), deutsch-jüdischer Gelehrter; Erforscher der jüdischen Mystik und Kabbala.

102 *Ernst Simon* (1899-1988); Pädagoge, seit 1918 aktiver Zionist

103 *Jehuda Leon Magnes* (1877-1948), Rabbiner, Erzieher und Zionistenführer; immigrierte 1922 nach Palästina; Mitbegründer der Hebräischen Universität und deren Präsident von 1935 bis zu seinem Tode.

eine Reaktion auf palästinensische Übergriffe darstellte. Die andere politische Richtung, hauptsächlich die rechte Szene, prägte den Begriff *Ma'avak* (aktiver Widerstand, Kampf), der Vergeltungsanschläge auf palästinensische oder arabische Provokationen und Aggressionen beinhaltete. Die Anhänger der Havlaga wollten, wenn es schon nötig war anzugreifen, nur diejenigen angreifen, die sich direkt schuldig gemacht hatten. Die Anhänger der Ma'avak jedoch befürworteten Vergeltungsschläge, die über das Maß der von den Palästinensern verübten Angriffe hinausgingen. Sie verlangten blutige Vergeltungsaktionen nicht nur gegen einzelne Täter, sondern gegen ganze Dörfer oder Orte, in denen die Täter zu Hause waren. Zwischen beiden Richtungen entstand ein erbitterter Kampf.

Zunächst unterstützte die Mehrheit der israelischen Bevölkerung die Hagana. Folglich übernahm die Arbeiterbewegung mit Ben-Gurion, Moshe Sharett und anderen die politische Führung des jungen Staates. Sobald dieser aber mit den mörderischen Überfällen der Infiltranten konfrontiert wurde, machten sich Verteidigungsminister Ben-Gurion und der israelische Generalstab die Anschauungen der Ma'avak zu eigen und ließen pauschale Vergeltungsaktionen zu, was zum Zerwürfnis zwischen Moshe Sharett und Ben-Gurion führte. In seinen Tagebüchern beschreibt Sharett oft das schreckliche Dilemma zwischen seinem friedfertigen Denken und der Notwendigkeit, als Außenminister eine aggressive Vergeltungspolitik Israels rechtfertigen zu müssen.

Seine acht Bände umfassenden Tagebücher beginnen ein paar Jahre nach der Entstehung des Staates Israel, nur ein paar Monate vor seiner Wahl zum Ministerpräsidenten. Schon wenige Zitate aus diesen Tagebüchern zeigen, daß die israelische Politik zu jener Zeit sehr aggressiv war, jedoch geschickt als Verteidigungspolitik getarnt wurde. Als die Wahl Moshe Dayans zum Oberbefehlshaber des Generalstabs auf der Tagesordnung stand, schreibt Sharett: „Ich sagte sofort zu Ben-Gurion, daß Moshe Dayan nur in Kriegszeiten ein Soldat sei, in Friedenszeiten aber ein Politiker. [...] Seine Wahl bedeutet eine Politisierung der Armee. Seine Neigung zu Intrigen kann viele Komplikationen mit sich bringen."[104]

104 *Sharett*, Tagebücher, Bd. 1, S. 29

Vor dem Ausbruch des Suezkrieges gab es im Norden Israels Schießereien wegen des Baus des Jordankanals. Man sagte, daß die Syrer zu schießen begonnen hätten, weil sie auf die israelische Entwicklungsarbeit neidisch waren. Tatsächlich aber wurde der Kanal teilweise auf syrischem Boden gebaut, was die Syrer zu Recht als Verletzung des Waffenstillstandsabkommens betrachteten. Die kriegerischen Auseinandersetzungen führten zur Einmischung der UNO-Waffenstillstandseinheiten. Dazu Sharett: „Dieses Problem, ob wir auf arabischem Boden arbeiten oder nicht, ist eine richtig schamlose Angelegenheit. Wie oft habe ich unsere Menschen befragt und wie oft haben sie mir geschworen, daß sie nicht auf arabischem Boden arbeiteten. Aber als ich die Sache prüfte, gestand man mir, daß das Grundstück tatsächlich arabisch war. Unsere von Abenteuergeist erfüllten Menschen sind unverbesserlich. Dies hat uns in der öffentlichen Meinung zu Lügnern gemacht.“[105] Ein paar Seiten weiter heißt es: „Das ist eine neue Demonstration unseres Abenteuertriebes, der uns hemmungslos macht.“[106]
Sharett beklagt sich auch immer wieder darüber, daß Ben-Gurion und die Armee nicht versuchten, Israels Außen- und Sicherheitspolitik in Einklang zu bringen. „...vielleicht ist es doch besser, daß er [*Ben-Gurion*] geht und zum ersten Mal versucht wird, die Sicherheitspolitik mit den Überlegungen der Außenpolitik zu koordinieren.“[107] Im politischen Denken Ben-Gurions war kaum Raum für eine nichtmilitärische Lösung des Flüchtlingsproblems. „Als ich Ben-Gurion zuhörte, dachte ich wieder, daß man statt einer militärischen unbedingt eine politische Lösung finden müsse. Wir müssen das Flüchtlingsproblem mit Hilfe mutiger und praktischer Programme lösen, unsere Bereitschaft zur Zahlung von Entschädigungen zum Ausdruck bringen, unsere Beziehungen zu den Großmächten verbessern und unaufhörlich eine Verständigung mit Ägypten anstreben.“[108] Sharett beobachtete mit Sorge, daß für Ben-Gurion und die Armee Krieg und Gewalt zur

105 *Sharett*, Tagebücher, Bd. 1, S. 32
106 ibd., S. 46
107 ibd., S. 47
108 ibd., S.55 (Unterstreichungen vom Verfasser)

Lösung aller Probleme im Vordergrund standen. „Meine Meinung dazu ist, daß die Hauptaufgabe unserer Generation in der Schaffung von Frieden besteht.“[109]

Als Ministerpräsident war Sharett über die Pläne Dayans, des Oberbefehlshabers des Generalstabes, erschüttert. „Moshe Dayan entwickelt einen Plan nach dem anderen für aktive militärische Unternehmungen. So soll ein Schiff unter israelischer Flagge durch den Suezkanal geschickt werden und, falls die Ägypter es aufbringen, diese aus der Luft bombardiert oder der ägyptische Teil westlich von Eilat erobert oder der Gazastreifen von Süden her angegriffen und erobert werden. Viele Teilnehmer waren empört. Ich fragte Moshe Dayan: ‘Ist dir klar, daß das Krieg mit Ägypten bedeutet?’ Darauf er: ‘Sicher.’“[110]

„Am 27.2.1954, während einer Krise in Syrien, machte der neue Verteidigungsminister Labon den Vorschlag, man solle die Gelegenheit nutzen und in die entmilitarisierte Zone – das Hulatal nördlich des Sees Genezareth – einmarschieren beziehungsweise einige syrische Hügel erobern. Merkwürdigerweise stimmte Ben-Gurion dem zu. Auf die Frage, was passieren würde, wenn die Syrer das Feuer eröffneten, antwortete Ben-Gurion: ‘Dann werden wir selbstverständlich zurückschießen.’ ‘Und was wird passieren’, fragte ich, ‘wenn die Syrer in andere Teile der entmilitarisierten Zone einmarschieren?’ ‘Dann werden wir schießen.’ ‘Das bedeutet doch aber Krieg,’ sagte ich. Statt mir eine Antwort zu geben, zuckte er mit den Schultern.“[111]

Bereitschaft zur Gewalt zeigte sich nicht nur in der großen Politik. So erzählt Sharett diese scheinbar belanglose Episode: Als aus einem Kibbuz eine Herde Schafe gestohlen worden war, schlug Dayan verschiedene abenteuerliche Gewaltaktionen zur Wiederbeschaffung der Herde vor. Sharett akzeptierte seine Vorschläge nicht und verhandelte mit großer Geduld, bis die Herde schließlich zurückgegeben wurde. Offiziere, Generalstab und Dayan kritisierten ihn und sagten, daß es eine Demütigung für Israel darstelle, daß nicht die ganze Herde,

109 *Sharett*, Tagebücher, Bd. 1, S. 81
110 ibd., Bd.2, S.332
111 ibd., S. 337

sondern nur neunzig Prozent zurückgegeben worden war. Sharett aber sah darin einen Beweis, daß Probleme nicht immer mit Gewalt gelöst werden müssen, sondern daß dies auch mit Geduld und politischen Mitteln geschehen könne.
Wenn es ihm gelang, Vergeltungsaktionen zu verhindern, hob er dies stets mit großer Genugtuung hervor. Über den oben geschilderten Fall schreibt er: „Das war eine große Erleichterung – ein Sieg der politischen Bemühungen über das militärische Rowdytum."[112] An anderer Stelle heißt es: „Die Alternative ist entweder ein Staat, der Raub und blinde Wut billigt, oder ein Staat, der zukunftsorientiert, besonnen und vorausschauend handelt."[113]
Zu jener Zeit gab es tatsächlich viele Versuche, zwischen Israel und seinem wichtigsten arabischen Nachbarn, Ägypten, zu vermitteln. Es war aber allgemeiner israelischer Konsens, daß Abdel Nasser ein erbitterter Feind Israels war. Dazu Sharett: „Nasser begann das Gespräch mit der Bemerkung, daß er nicht zu denjenigen gehöre, die Israel ins Meer treiben wollen. Er glaubt an eine Koexistenz mit Israel. Und er ist überzeugt, daß die politischen Verhandlungen endlich beginnen müssen."[114] Zu jener Zeit aber hatte Dayan schon Pläne, Ägypten anzugreifen.
Israels größtes Problem war die Angst vor einem Überfall der gesamten arabischen Welt, die von der Dritten Welt, vielleicht auch von der Sowjetunion unterstützt würde. Die Vorstellung vom ohnmächtigen David wurde zum Alptraum. Sharett sah die Lösung in einem Abkommen mit den USA, das die Sicherheit der Grenzen Israels garantieren würde. Dayan aber meinte: „Wir brauchen keinen Sicherheitsvertrag mit den USA. Ganz im Gegenteil, er wird nur ein Hindernis sein. Ohnehin wird es in den nächsten acht bis zehn Jahren keine militärische Überlegenheit der Araber geben. Selbst wenn die arabischen Länder vom Westen Hilfe erhielten, würden wir sie besiegen können, weil wir durch unsere modernen Waffen im Vorteil sind. Ein Sicherheitsvertrag würde uns nur die Hände binden. Wir werden in den kommenden Jahren aber unbedingte Hand-

112 *Sharett*, Tagebücher, Bd. 3, S. 648
113 ibd., S. 648
114 ibd., S. 680

lungsfreiheit brauchen. Vergeltungsaktionen werden für uns lebensnotwendig sein, da sie die arabischen Regierungen sicherlich zwingen werden, ihre Sicherheitsmaßnahmen an den Grenzen zu verstärken. Was noch wichtiger ist, sie werden uns helfen, unsere Bevölkerung und unsere Armee in dauernder Spannung zu halten. Ohne diese Aktionen werden wir kein kampfbereites Volk haben. Und ohne ein kampfbereites Volk sind wir verloren."[115]

Sharett kommentierte diese Ausführungen mit den Worten: „Dayan brachte seine Überzeugungen mit großer Leidenschaft zum Ausdruck. Die Schlußfolgerung war klar. Unser Staat braucht sich nicht um die Meinung der Weltöffentlichkeit zu kümmern. Wir haben keine wirtschaftlichen Probleme. Die Frage des Friedens existiert überhaupt nicht. Es ist nicht wichtig, was auf der Welt oder in der Region passieren wird. Der Staat Israel soll und muß überlegen, was für ihn wichtig ist, seine Interessen egoistisch durchsetzen, sich auf das Schwert verlassen und das Schwert als wichtigstes, wenn nicht sogar einziges Mittel seiner moralischen und physischen Stärke betrachten. Deshalb dürfen wir sogar Gefahren erfinden; wir müssen dies sogar tun. Zu diesem Zweck müssen wir ein System von Vergeltungsaktionen entwickeln und uns einen Krieg mit den arabischen Ländern wünschen, damit wir alle unsere Probleme ein für allemal lösen."[116]

Auf derselben Seite zitiert Sharett Ben-Gurion mit den folgenden Worten: „Es würde sich lohnen, einem Araber eine Million Pfund zu zahlen, damit er einen Krieg mit uns anfange." Darauf reagierte Gideon Raphael, Direktor des Außenministeriums, mit den entsetzten Worten: „So hat auch der Faschismus in Italien und in Deutschland angefangen." Diese Zitate stellen nur einen Bruchteil dessen dar, was Sharett uns berichtet. Selbst für mich, der ich schon seit langem wachsam gegenüber der lauernden Gefahr faschistoider Tendenzen in Israel bin, war es nicht angenehm, Sharetts Tagebücher zu lesen. Man kann sich aber vorstellen, auf welche Ablehnung sie bei denjenigen stießen, die felsenfest davon überzeugt waren und

115 *Sharett*, Tagebücher, Bd. 4, S. 1021
116 ibd., S. 1022

es immer noch sind, daß uns alle Kriege und kriegerischen Auseinandersetzungen von der arabischen Seite aufgezwungen wurden.
Auch die weiteren Kriege – der Sechs-Tage-Krieg, der Jom-Kippur-Krieg und der Libanonkrieg – waren vermeidbar. Um alle aber rankte sich der Mythos der Unvermeidbarkeit, die mit der Sicherheit Israels begründet wurde. Erst der Libanonkrieg durchbrach diesen allgemeinen Konsens. Diesmal standen die Kommunisten nicht allein gegen den verwerflichen Krieg, der nur Tod und Zerstörung zur Folge hatte.

Die arabische Welt und die Palästinenser waren ohne Zweifel Feinde Israels und sind es zum Teil noch immer. Aber auch die Behandlung von Feinden muß man sich gut überlegen. Unsere Weisen sagten, daß derjenige ein Held sei, der seinen Feind in einen Freund verwandele. Ich bin der festen Überzeugung, die auch durch historische Fakten belegt ist, daß Israel nie entsprechend dieser Maxime gehandelt hat. Ein guter Feldherr, so heißt es, sei derjenige, der die militärische Situation richtig einschätze. Ähnliches gilt auch für Politiker – unglücklicherweise aber weder für die meisten arabischen noch für die meisten israelischen Politiker. Sie setzten sich unrealistische Ziele. Während die Araber vom Verschwinden der Israelis aus dem Nahen Osten träumten, hofften die israelischen „Realisten" darauf, daß die Palästinenser irgendwann im Ozean der arabischen Welt versinken und wir Juden die alleinigen Besitzer des Gelobten Landes sein würden.
Deutsche sollten in diesem Zusammenhang unbedingt solidarisch bezüglich des Selbstbestimmungsrechts Israels sein, dennoch aber eine sehr kritische Einstellung zu Israels unrealistischen Staatszielen haben. Bei vielen Deutschen hat die furchtbare Vergangenheit zu einem grundsätzlichen Umdenken in bezug auf Juden und Judentum geführt, oft aber auch zu unkritischer Solidarität mit den nationalen Bestrebungen der Juden in Israel. So rührend diese Solidarität ist und so viel Anlaß zur Dankbarkeit sie gibt, stellt sie doch den Umschwung von einem Extrem ins andere dar. Nicht alles, was Juden tun, ist richtig und gerecht. Bei einer unkritischen Sicht verbietet sich Kritik an dem um sein Überleben kämpfenden Israel selbst dann, wenn dieses offensichtlich im Unrecht ist, wenn

es ungerechte Kriege führt und diese auch noch mit unglaublicher Selbstherrlichkeit als gerecht darstellt.
Viele Deutsche hören meine Meinung mit großem Unbehagen. Manchmal stelle ich mir die bange Frage, was wohl geschehen würde beziehungsweise wird, wenn sich eines Tages herausstellen sollte, daß nicht der allgemeine israelische Konsens richtig war, sondern meine Meinung. Werden dann dieselben Deutschen wieder in das andere Extrem verfallen und die Juden als Betrüger oder Schlimmeres bezeichnen? Eine alte jüdische Weisheit sagt: Gott schütze mich vor meinen Freunden, denn vor meinen Feinden werde ich mich selbst schützen. Freundschaftliche Solidarität beinhaltet auch das Recht auf Kritik, das bei Fehlentwicklungen sogar zur Pflicht werden kann.

Der Sechs-Tage-Krieg (1967)

Der Sechs-Tage-Krieg wird bis heute von vielen als einer der größten Siege in der Geschichte Israels und der Welt dargestellt. In nur sechs Tagen wurden drei schwerbewaffnete Länder besiegt: Ägypten, Jordanien und Syrien. Auch hinsichtlich dieses Krieges beharrt man auf dem Mythos des Präventivkrieges. Am 5. Juni 1967 ging die Meldung über den Äther, daß man ägyptische Flugzeuge auf dem Radarschirm ausgemacht und auf dem Weg nach Israel abgeschossen habe und daß sich die israelische Armee auf dem Vormarsch in Richtung Sinai-Halbinsel befinde.
Die Wahrheit ist, daß sich die ägyptische Luftwaffe gar nicht auf dem Anflug nach Israel befinden konnte, da sie bereits am Boden zerstört worden war. Das bedeutet, daß unsere Politiker von dem Krieg nicht überrascht wurden. Wie der Suezkrieg so war auch dieser Krieg geplant. Der Bevölkerung jedoch erzählte man, daß er durch den Einmarsch der ägyptischen Armee in den Sinai und die Schließung der Meerenge von Scharm-el-Scheich verursacht worden war. Die Strategie war klar: Mit der Zerstörung der ägyptischen Luftwaffe am Boden war der Krieg aufgrund der außergewöhnlichen Schlagkraft der israelischen Luftwaffe entschieden, die Öffnung der Meerenge von Scharm-el-Scheich und der Rückzug der ägypti-

schen Armee vom Sinai erreicht. Derselbe Effekt hätte auch ohne Krieg durch geduldige diplomatische Bemühungen Israels erzielt werden können. Aber das war nicht im Sinne des Generalstabs.
Der gegenwärtige israelische Staatspräsident Eser Weizman, heute ein friedfertiger Politiker und überzeugter Friedensstifter, war damals ein kompromißloser Falke und forderte als Luftwaffenkommandeur und zweithöchster Offizier den Krieg[117]. Ministerpräsident Eschkol hingegen versuchte, den Krieg so lange wie möglich hinauszuzögern. Der Generalstab hielt es jedoch nicht für gut, die Bevölkerung in dieser angespannten Atmosphäre zu halten. Während eines erregten Gespräches soll Weizman seine Epauletten von der Schulter gerissen und sie Eschkol vor die Füße geworfen haben. Alle dachten damals, daß Eschkol gegen den Krieg sei. Tatsächlich aber hatte er lediglich auf einen günstigeren Zeitpunkt gewartet, damit Israel der Vorwurf erspart bliebe, den Krieg voreilig begonnen zu haben.
Objektiv kann man Eschkol keine Versäumnisse als Verteidigungsminister vorwerfen: Er bildete und rüstete die Armee gut aus. Aber sein Zögern hinsichtlich des Kriegsbeginns wurde ihm als Unfähigkeit ausgelegt. Dies geschah in einer für Israel schwierigen Situation, und es ist mir bis heute unbegreiflich, daß manche Menschen auch in den gefährlichsten Situationen nicht aufhören, Machtkämpfe auszutragen. So schreckte Moshe Dayan, ein starker Befürworter des Krieges, nicht vor unanständigen Manipulationen zurück, die schließlich dazu führten, daß er die Nachfolge Eschkols als Verteidigungsminister antrat.
Als kompromißloser Falke wurde Weizman nach dem Sechs-Tage-Krieg einer der Führer der Likud-Partei, die gegen jegliche territoriale Zugeständnisse war. Sie forderte Israels Sicherheitsgrenzen am Suezkanal, am Jordan und an der Meerenge von Scharm-el-Scheich. 1977 leitete Weizman den Wahlkampf für die Wahlen zur Knesset. Als der Likud überraschend gewann, schrieben viele diesen Sieg Weizman zu.
Der Besuch Anwar el-Sadats in Israel und seine Bereitschaft,

117 Leider kann man in der letzten Zeit gewisse Tendenzen zu einem Rückfall Weizmans in seine früheren Überzeugungen bemerken.

mit Israel Frieden zu schließen, führten zu einem grundsätzlichen Umdenken Weizmans. Als Verteidigungsminister in dem neuen Kabinett trat er für eine gemäßigtere Palästinenserpolitik ein, was zum Konflikt mit Menachem Begin und zu Weizmans Rücktritt führte. Er spielte dann eine entscheidende Rolle beim Zustandekommen des Camp-David-Abkommens (1978). Während der Verhandlungen entwickelte sich eine enge Freundschaft zwischen Weizman und Sadat. In einem kürzlich erschienenen Interview mit seiner Witwe, Jehan Sadat, beklagt diese, daß wichtige ägyptische Politiker manchmal vergessen, sie am Todestag ihres Mannes anzurufen, Weizman dies jedoch noch nie vergessen habe.
Es wurde ihm immer klarer, daß die Likud-Partei ein Hindernis für den Frieden im Nahen Osten war. So gründete er eine eigene Partei, die aus den Wahlen mit nur mäßigem Erfolg hervorging. Dennoch war seine Partei das Zünglein an der Waage, das 1985 die erneute Bildung einer Likudregierung verhinderte. Als Beauftragter für die Palästinenser israelischer Staatsangehörigkeit sorgte Weizman dafür, daß viele Ungerechtigkeiten und Diskriminierungen, die diesen Teil der Bevölkerung schon jahrelang verbittert hatten, zügig beseitigt wurden. Er wurde zum offenen und mutigen Politiker. Während andere nie zugaben, daß das Hauptproblem des Konflikts mit den Arabern die Palästinenserfrage war, sprach Weizman mutig darüber und bereitete die Israelis so geistig darauf vor, daß Israel im Endeffekt mit den Palästinensern, der PLO, würde verhandeln müssen. Inzwischen ist er Mitglied der Arbeiterpartei und wurde von ihr für das Amt des Staatspräsidenten vorgeschlagen. So hat Israel heute einen vernünftigen, friedfertigen und liberalen Staatspräsidenten, der ein würdiger Nachfolger des ersten Staatspräsidenten Israels, seines Onkels Chaim Weizmann, ist.
Zu den vielen Mythen, die im Laufe der Jahrzehnte in Israel entstanden, gehört auch der Golan-Mythos. Im Krieg von 1948 waren die israelischen Truppen nicht sonderlich erfolgreich gegen Syrien. Während des Waffenstillstandsabkommens zwischen beiden Ländern befanden sich noch syrische Truppen auf einem Teil des israelischen Territoriums westlich des Jordans. Syrien akzeptierte den Rückzug aus diesem Territorium unter der Voraussetzung, daß die Zone entmilitarisiert

würde. Israel erhielt das Recht, dort kleine Polizeieinheiten zu stationieren. Aber wann in der Geschichte sind Entmilitarisierungsabkommen schon respektiert worden? Um so weniger konnte man dies in einer Situation erwarten, in der Israel sich nicht verzeihen konnte, die Syrer nicht weiter über den Jordan zurückgedrängt zu haben.

Also wurden Soldaten in blaue Polizeiuniformen gesteckt und zum Teil mit schweren Waffen ausgerüstet. Das entging den Syrern nicht und gab ebenso Anlaß zu Konflikten wie der israelische Anspruch auf absolute Souveränität in dem umstrittenen Gebiet. Die Syrer bestanden darauf, daß diese Souveränität keinen arabischen Besitz einschließen sollte, denn, so sagten sie wohl zu Recht, es gab in dem von Israel beanspruchten Gebiet Land, das Arabern gehörte, die auf der syrischen Seite des Jordans lebten. Die Syrer hatten sich auf dem Golan in eindeutig defensiver Absicht verschanzt, aber jedes Mal, wenn die Israelis ein umstrittenes Stück Land umpflügten, begannen sie zu schießen. So kam es ständig zu Schießereien.

Um einen wagemutigen Plan zur Wasserversorgung und Urbarmachung der Wüste zu verwirklichen, benötigte Israel Wasser aus dem Jordan. Da das Flußbett des Jordans an der entsprechenden Stelle siebzig Meter über dem Meeresspiegel lag, konnte das Wasser aufgrund der Gravitation ohne Energieaufwand in die Wüste geleitet werden. Man begann, einen Kanal zu bauen, der über arabisches Gebiet führen sollte. Wieder begannen die Syrer zu schießen, und die israelische Armee schoß zurück. Die Angelegenheit kam vor den UNO-Sicherheitsrat, der zugunsten Syriens entschied. Gegen den Willen der Armee und verschiedener Politiker setzte Moshe Sharett durch, daß Israel sich der Entscheidung des Sicherheitsrates beugte. So mußte Israel die Wasserleitung vom See Genezareth aus bauen, der zweihundertundzehn Meter unter dem Meeresspiegel liegt. Der Höhenunterschied konnte nur durch Pumpen, also mit großem Energieaufwand überwunden werden.

Als Reaktion auf den Bau der Wasserleitung vom See Genezareth aus versuchten die Syrer, die Banias-Quelle durch den Bau eines Kanals abzuleiten. Diese Quelle entspringt auf syrischem Boden, auf dem Golan, und ist eine der wichtigsten

Quellen des Jordans. Aus diesem Grunde bestritten die Syrer Israels Recht, das gesamte Wasser des Jordans in Anspruch zu nehmen. Israel berief sich auf den Johnston-Plan[118]. Eine Einigung war nicht in Sicht. Vernünftige Politiker hätten versucht, einen Kompromiß zu schließen, der beiden Seiten gerecht geworden wäre. Die Syrer jedoch lehnten Verhandlungen ab, und so verfolgten die Israelis ihre Ziele ohne Rücksicht auf syrische Interessen und Ansprüche.

Wieder einmal ging es in der Realpolitik mehr um (unsinnige) Prinzipien als um die Vernunft. Israel beschoß die syrischen Baumaschinen vom Land und aus der Luft und hoffte, auf diese Weise den Bau des Kanals verhindern zu können. Die Syrer waren zwar im Recht, da sie den Kanal auf syrischem Territorium bauten, aber Israel stand auf dem Standpunkt, daß es um seine Existenz gehe und es sich deshalb nicht den Luxus von Souveränitätserwägungen leisten könne. Bei den Schießereien wurden sechs syrische Kampfflugzeuge abgeschossen, und die Situation spitzte sich zu.

Es wird oft behauptet, daß der Anlaß für den Sechs-Tage-Krieg eine sowjetische Falschmeldung war, nach der Israel seine Truppen an der syrischen Grenze zusammengezogen hatte. Da Ägypten einen israelischen Angriff auf Syrien verhindern wollte, konzentrierte Nasser seine Truppen auf dem Sinai und schloß erneut die Meerenge von Scharm-el-Scheich. Das lieferte Israel den Vorwand für einen Krieg gegen Ägypten, den es meiner Ansicht nach ohnehin wollte. Ich vermute, daß sich Nasser hier in eine Falle locken ließ. Es gibt eine merkwürdige Ähnlichkeit zwischen den Vorgängen von 1956 und 1967. Vor dem Suezkrieg fanden kriegsähnliche Auseinandersetzungen zwischen Israel und Jordanien statt, die von dem eigentlichen Ziel Israels, Ägypten anzugreifen, ablenken sollten. Die Auseinandersetzungen zwischen Israel und Syrien im Jahre 1967 schienen demselben Zweck zu dienen. Tatsächlich war es für Israel sehr wichtig, die wiederaufgebaute ägyptische Armee zu vernichten.

Der Streit um den Sechs-Tage-Krieg dauert bis heute an. Viele Israelis meinen genau zu wissen, daß Israel angegriffen wur-

118 Johnston fungierte als Vermittler zwischen Syrien, Jordanien und Israel und erarbeitete einen Wasserverteilungsplan für diese drei Länder. Sein Plan wurde jedoch von Syrien und Jordanien abgelehnt.

de, während viele Araber ebenso sicher sind, daß sie angegriffen wurden. Wie gewöhnlich liegt die Wahrheit in der Mitte. Syrien reagierte überhaupt nicht auf den israelischen Angriff auf Ägypten. Eigentlich war der Sechs-Tage-Krieg ein Drei-Tage-Krieg gegen Ägypten, dem die tollkühne Entscheidung Moshe Dayans und der israelischen Regierung folgte, Syrien anzugreifen, um die Golanhöhen zu erobern, ohne daß eine syrische Provokation vorgelegen hätte. Die Tollkühnheit bestand darin, daß eine Einmischung der Sowjetunion zu jenem Zeitpunkt nicht auszuschließen war. Es ist erschreckend, wie gelassen und ruhig, ja geradezu leichtsinnig manche Politiker Kriege beginnen, ohne Rücksicht auf die Auswirkungen, die ihre Entscheidung auf Hunderttausende von Menschen hat.
Große Siege bilden oft den ersten Schritt zu großen Niederlagen. Deutschland hat den Zweiten Weltkrieg nicht 1945 verloren, sondern schon 1870/71 mit dem „großen" Sieg über die Franzosen. Nach dem erstaunlichen Sieg Preußens über Frankreich, der genauso gut vorbereitet war wie der israelische Sieg im Sechs-Tage-Krieg, entschieden die „klugen" preußischen Generäle, daß die deutsche Sicherheit unbedingt den Anschluß der Vogesen als Sicherheitsgrenze erforderte. Die besiegten Franzosen mußten dies zwar akzeptieren, konnten es aber nicht verwinden, was zu einem Bündnis zwischen Frankreich und England führte und zu dem Versuch, Deutschland als Weltmacht auszuschalten – und schließlich zum Ersten Weltkrieg, den Deutschland bekanntlich verlor. Genauso wie die Besetzung von Paris durch die Deutschen im Zweiten Weltkrieg durch den französischen Sieg im Jahre 1918 vorbereitet wurde, lag die Ursache für den furchtbaren Jom-Kippur-Krieg (1973) in dem Sieg von 1967. Diese Zusammenhänge werden meist viel zu spät verstanden.
Wenn Krieg selbst heute als legitimes Mittel zur Lösung politischer Konflikte gilt, so ist dies nur ein weiterer Beweis dafür, wie tief die Menschheit noch in der Barbarei steckt. Man kann die schönen Reden über Demokratie, Menschenrechte und internationale Zusammenarbeit bewegt zur Kenntnis nehmen, aber die Kriege in Vietnam, dem Nahen Osten und anderen Regionen sprechen ihre eigene Sprache.
Wenn ich auch von einer Beteiligung am Suezkrieg verschont blieb, so war ich doch Zeuge des Sechs-Tage-Krieges. Dieser

Krieg wurde allgemein als einmaliger Sieg in der menschlichen und militärischen Geschichte empfunden. Wozu aber brauchen Menschen militärische Siege, wenn diese zu politischen und menschlichen Niederlagen führen? Der Krieg legitimiert nicht nur die Grausamkeit dem Feind gegenüber, sondern er fördert auch das Böse im Menschen selbst dann, wenn ihm kein bewaffneter Feind gegenübersteht. Ich habe in diesem Krieg gesehen, wie Menschen willkürlich auf Häuser, Fensterscheiben, Kamele und nicht selten auf hilflose, verzweifelte Menschen schossen.
Man muß sich nur einmal die schreckliche Situation vor Augen halten, wenn plötzlich Tausende von Menschen in einer Wüste ohne Wasser der Hitze und der Willkür der Sieger ausgeliefert sind. Überall in der Sinaiwüste konnte man die verzweifelten Schreie 'maie, maie' (Wasser) hören.
Manchmal waren israelische Soldaten barmherzig und teilten ihre Wasserflasche mit entwaffneten ägyptischen Soldaten. Einmal aber sah ich, wie ein israelischer Soldat mehrere Ägypter gründlich durchsuchte. Nachdem er sich die Taschen mit Uhren und Goldringen vollgestopft hatte, reichte er einem Ägypter seine Wasserflasche. Während dieser noch mit großen Schlucken daraus trank, entleerte er das Magazin seines Gewehres in die Kehle des Ägypters. Wären wir unserer spontanen Reaktion gefolgt, hätten wir diesen Sadisten sofort erschossen. Noch Jahre nach dem Sechs-Tage-Krieg bereiteten mir diese Grausamkeiten Alpträume. Mein einziger Trost bestand darin, daß man auch in den schlimmsten Situationen immer wieder Menschen begegnet, die in der Stadt der Liebe leben. Vielleicht leben dort sogar mehr Menschen als in der Stadt des Bösen.

Zwischen 1948 und 1967 kamen Hunderttausende von Besuchern nach Israel, ohne die Klagemauer oder andere tief im jüdischen Bewußtsein verwurzelte Stätten wie Hebron, Nablus oder Jericho besuchen zu können. Nach dem Sechs-Tage-Krieg waren die Menschen wie im Rausch. Von dem verführten Volk Israel, das noch ein paar Tage zuvor um sein Überleben gebangt hatte, war die große Spannung gewichen und in eine kaum vorstellbare Euphorie umgeschlagen. Die Menschen strömten in Massen zu den antiken Stätten in den besetzten Gebieten und zur Klagemauer. Binnen weniger Tage schuf man einen riesigen Platz vor der Klagemauer und riß das palästinensische Wohnviertel ab, das ihr gegenüber lag. Nur die Schule des Viertels südlich der Klagemauer, ein wunderschöner Steinbau, blieb zunächst stehen. Später fiel er allerdings der wissenschaftlichen Neugier der Archäologen zum Opfer, die dort nach unseren Wurzeln suchten – und wurde auch abgerissen. Trotz des Protestes der UNESCO führte man auch weiterhin Ausgrabungen durch, um auf manch dürftige jüdische Wurzel aus der Zeit des Ersten oder Zweiten Tempels zu stoßen. Reichliche Funde kamen hingegen aus der moslemisch-omajjadischen[119] Zeit zum Vorschein.

Während sich das israelische Volk im Siegestaumel befand, hielten die Politiker nicht nur berauschende Reden, sondern schufen systematisch weitere Voraussetzungen zur Fortsetzung des Konfliktes und für kommende Kriege. Allerdings war nicht ganz Israel euphorisch. Einen Tag nach dem Ende des Krieges erhob der inzwischen leider verstorbene Jeschajahu Leibowitz[120] seine Stimme laut und anklagend. Mit großer Deutlichkeit sah er voraus, wohin dieser Sieg uns treiben, welche politischen Konsequenzen er haben würde. Es war ihm klar, daß Israel durch die Fortsetzung der Besatzung zu einem gefährlichen Ungeheuer werden und unsere intelligentesten Kinder statt zu Wissenschaftlern und Piloten zu Geheimagenten und Spitzeln machen würde. Er war davon überzeugt, daß eine hundertprozentig palästinensische Besiedlung der Westbank und des Gazastreifens eine hervorragende Voraussetzung für gegenseitige Anerkennung und palästinensische Selbstbestimmung wäre.

Die israelischen Machthaber aber kümmerten sich nicht um das, was Jeschajahu Leibowitz sagte. Am fünften Juni, dem ersten Tag des Sechs-Tage-Krieges, hörte die verängstigte Be-

119 Die *Omajjaden* (Umaijaden), die erste Kalifen-Dynastie (661-750 in Damaskus) wurde von Moawija I. begründet. Um 740 begannen in Khorasan Aufstände, die 750 zum Sturz der Omajjaden durch die Abbasiden führten. Daraufhin bildeten die Omajjaden von 756 bis 1031 in Spanien ein Emirat (seit 929 Kalifat), das den Höhepunkt der arabischen Macht und Kultur in Spanien bildete.

120 *Jeschajahu Leibowitz* (1903-1994), Biochemiker und Philosoph, als lebendige Enzyklopädie bekannt. Er nahm immer wieder öffentlich gegen die Besatzung arabischer Gebiete Stellung.

völkerung, daß wir keinen Zentimeter arabischen Bodens brauchten. Am Tage nach dem Krieg waren Rundfunk und Fernsehen, Zeitungen und Ministerreden voll von territorialen Ansprüchen. Leicht entfachte Begeisterung und Nationalismus ließen die „Sehnsucht nach dem Boden der Väter" *(Admad Avot)* aufflammen. Nur eine kleine Minderheit blieb von diesem nationalistischen Ausbruch unberührt.

Es ergab sich eine merkwürdige Situation. Einerseits hatte die Bevölkerung mit den Füßen abgestimmt, denn fast kein jüdischer Bürger verzichtete auf einen Besuch der Westbank oder des Gazastreifens, „bevor man sich wieder zurückziehen würde". Andererseits sorgten die Politiker für die Gier nach neuen Grenzen und Annexionen. Die Bevölkerung Israels war in drei Gruppen gespalten: Eine rechtsextreme Gruppe wollte auf keinen Zentimeter Boden verzichten. Die Regierung wollte Ägypten und Jordanien weitgehende territoriale Zugeständnisse unter Verzicht auf einen Teil des eroberten Landes machen. Eine linksliberale Gruppe war gegen Annexionen und wollte die Fortsetzung der Besatzung nur als Pfand für die Anerkennung Israels akzeptieren. Diese Gruppe gründete die *Bewegung für Frieden und Sicherheit.*

Die israelischen Machthaber erfanden in der Zwischenzeit fleißig neue Mythen. So hörten wir zum Beispiel, daß es kein palästinensisches Volk gebe. Wie aber kann man mit Vertretern eines Volkes sprechen, das nicht existiert? Allenfalls wollten unsere Politiker mit den arabischen Ländern verhandeln. Diese jedoch hatten inzwischen in Khartum die drei berühmten „Neins" beschlossen (Beschlüsse von Khartum): Nein zur Anerkennung Israels; Nein zu Verhandlungen; Nein zum Frieden. Also hatte Israel niemanden, mit dem es verhandeln konnte.

Diese arabische Dummheit verstärkte die israelische Dummheit. Unsere Behauptung, daß wir niemanden zum Reden hätten, war einfach falsch. Es fanden zahllose Begegnungen zwischen König Hussein beziehungsweise Vertretern Ägyptens und israelischen Ministern statt. Man verhandelte durchaus. Aber beide Seiten blieben stur bei ihren Positionen. König Hussein hätte gern mit Israel Frieden geschlossen, wenn er die Herrschaft über die Westbank zurückerhalten hätte. Auch Nasser wäre dazu bereit gewesen, wenn Israel sich aus allen besetzten Gebieten zurückgezogen hätte. 1971 war Sadat zur Anerkennung Israels bereit. Aber immer wieder wurde die israelische Bevölkerung in zynischer Weise belogen, insbesondere von der „Übermutter“ Israels, Golda Meir, die pausenlos wiederholte, daß wir keine Verhandlungspartner hätten. Diese „Übermutter“, so zeigt sich immer deutlicher, war eine verhängnisvolle Stiefmutter.

Die Frage der Sicherheitsgrenzen wurde bis zum Überdruß mythologisiert. Man wollte uns weismachen, daß wir im Falle eines Rückzugs auf die Grenzen von 1967 auf eine Todesgefahr zusteuerten. Der viel gepriesene Held Israels, Moshe Dayan, der seinen Zynismus weniger verbarg als Golda Meir, gab mehrfach zu, daß es durchaus Gesprächspartner gab und daß Israel in den Grenzen von 1967 den Frieden hätte erreichen können. Diesen Frieden aber wollte er nicht, weil wir angeblich neue, sicherere Grenzen brauchten. So entstand der Mythos von den sicheren Grenzen, die Vorrang vor dem Frieden hätten. Dayans Motto hieß: ‘Lieber Scharm-el-Scheich ohne Frieden als Frieden ohne Scharm-el-Scheich.’ Der Suezkanal erschien ihm als unüberwindbare, sichere Grenze. Wie sicher diese Grenze wirklich war, erwies sich später im Jom-Kippur-Krieg.

Während Golda Meir immer noch behauptete, daß wir keine Gesprächspartner hätten, schafften wir mit den Siedlungen in der Westbank Fakten. Die verhängnisvolle Siedlungspolitik im Jordantal, auf den Golanhöhen und in der Umgebung von Jerusalem wurde hauptsächlich von der rechtsextremen Siedlerbewegung *Gusch-Emunim* unterstützt. Sie begann schließlich eine Siedlungspolitik auf eigene Faust, hauptsächlich mit dem Ziel, eine Rückgabe der besetzten Gebiete in einem Friedensvertrag unmöglich zu machen. Die meisten Siedlungsgründungen dieser Gruppe verstießen gegen Regierungsbeschlüsse. Die Regierungspolitik sah neue Siedlungen in den besetzten Gebieten im Norden und Süden Jerusalems vor, nicht jedoch im Osten, um eine eventuelle Einigung mit König Hussein von Jordanien nicht zu blockieren. In diese Lücke stieß *Gusch-Emunim* mit der ersten Siedlung, der bald viele andere, wie zum Beispiel Ma’ale Adumin, folgten.

Normalerweise erwartet man von einer Regierung, daß sie konsequent auf Gesetzesbrüche reagiert. Es wäre eine Kleinigkeit gewesen, ein paar hundert Siedler an ihrer Niederlassung zu hindern. Aber man tat es nicht. Dadurch wurde *Gusch-Emunim* ermutigt, mehr und mehr Siedlungen zu bauen. Für Golda Meir und ihre Nachfolger war es unvorstellbar, eine von Juden gebaute Siedlung durch israelische Soldaten räumen zu lassen. Das hat zu der gegenwärtigen Situation geführt, in der Israel durch diese illegalen Siedlungen der Bürgerkrieg droht und der Friedensprozeß behindert wird.

Genau wie andere Mythen war auch der Mythos von der absoluten Notwendigkeit der Golanhöhen für die Sicherheit Israels falsch. Die Golanhöhen sind zwar im Kriegsfall zum Schutz Galiläas strategisch wichtig. Wenn man jedoch keine Kriege führen, sondern in Frieden leben will, sind sie es nicht. Diese Einsicht scheint sich inzwischen auch bei unserer Regierung durchzusetzen. Während die damalige Regierung der Losung 'Golanhöhen ohne Frieden' den Vorzug gab, setzt sich jetzt langsam die Ansicht 'Frieden ohne Golanhöhen' durch.

Die Antwort der Friedensbewegung auf die Gefahr, die von *Gusch-Emunim* und den territorialen Ansprüchen ausging, war eine Petition mit dem Motto 'Frieden und Sicherheit ja, Annexionen nein!', die von vielen Israelis, insbesondere von vielen Gelehrten, unterschrieben wurde und schließlich der Friedensbewegung ihren Namen gab *(Bewegung für Frieden und Sicherheit)*. Dieser Name allein weist schon auf einen Kompromiß und auch auf ein israelisches Trauma hin, nämlich auf den Zweifel daran, daß Frieden automatisch Sicherheit bedeute. Als Geste gegenüber den Menschen, die stärker an die Bedeutung der Sicherheit als an die Wirkung des Friedens glaubten, nahm man beide Begriffe in den Namen auf. In dieser merkwürdigen Dichotomie befindet sich Israel bis heute.

Die Losungen der Friedensbewegung waren richtig, ihre Einschätzung der Situation realistisch und nüchtern. Man wollte keine blinde Gewaltfreiheit, keine Rückzugszusagen ohne arabische Zugeständnisse und eine eindeutige Parteinahme für das Recht Israels auf Anerkennung und auf ein Leben ohne Bedrohung von außen. Es gab auch sehr konkrete und realistische Vorschläge zur Lösung des Flüchtlingsproblems. Als nach dem Sechs-Tage-Krieg eine halbe Million Flüchtlinge unter israelische Herrschaft kam, schlug die Friedensbewegung vor, die Flüchtlingslager sofort aufzulösen und die Flüchtlinge in der Westbank anzusiedeln. Stattdessen wurden jüdische Siedlungen gebaut, also Tatsachen geschaffen, die eine Lösung des Flüchtlingsproblems auf israelisch-palästinensischem Boden verhinderten. Die Flüchtlinge mußten und müssen noch heute in trostlosen Lagern ein erbärmliches Leben fristen. Es war klar, daß hier eine Zeitbombe tickte.

Hätte die Regierung damals mit derselben Entschlossenheit, mit der sie sich für den Krieg entschied, das Flüchtlingsproblem gelöst, wäre Israel nicht mit Menschen in überfüllten Flüchtlingslagern konfrontiert gewesen, die nichts mehr zu verlieren hatten. Die Hoffnung, die Flüchtlinge durch Unterdrückung und Bestechung dazu zu bringen, nach Jordanien auszuwandern, erfüllte sich nicht, da Jordanien mit einem Einwanderungsverbot für Flüchtlinge den Zuzug stoppte. Angesichts der israelischen Euphorie über die eigene Stärke und des leichtfertigen Glaubens an die arabische Ohnmacht warnte die Friedensbewegung rechtzeitig vor einer drohenden Korrumpierung der israelischen Gesellschaft, die bei einer Fortsetzung der Besatzung, der Herrschaft über 1,5 Millionen Palästinenser, unausweichlich eintreten mußte.

Die Friedensbewegung war eine Art Konföderation unterschiedlichster Strömungen und Richtungen, was zu unaufhörlichen Diskussionen zum Beispiel über die Inhalte von Flugblättern führte. Sollte es heißen „die Freigabe der besetzten Gebiete“ oder „die Freigabe besetzter Gebiete“? War die Formulierung „die israelische Regierung tut nichts für den Friedensprozeß“ besser als „die israelische Regierung tut zu wenig für den Friedensprozeß“? Manchmal gelang es erst nach tagelangen Diskussionen, einen Kompromiß zu finden, der oft durch neue Entwicklungen bereits überholt war. Meine Arbeit als Generalsekretär der Friedensbewegung war weniger glanzvoll, als der Titel es nahelegt. Es ging nicht so sehr um die Erstellung tiefsinniger politischer Analysen als vielmehr darum, Flugblätter aus der Druckerei zu holen und sie zu verteilen, Räume für Veranstaltungen vorzubereiten und ähnliches. Zu dieser Kleinarbeit fanden sich nur wenige bereit. Meine Begeisterung und mein Pioniergeist halfen mir jedoch, diese Arbeit zu bewältigen.

Als der UN-Sicherheitsrat die Resolution 242 verabschiedet

hatte, nach der die arabischen Länder mit Israel Frieden schließen und Israel die besetzten Gebiete räumen mußte, brach der Zermürbungskrieg aus. Wenn wir an die Kriege denken, haben wir zumeist kurze, siegreiche Kriege vor Augen. Der Sechs-Tage-Krieg war eigentlich ein vier Jahre währender Zermürbungskrieg, der mit dem von dem Schweden Gunnar Jarring vermittelten Waffenstillstand 1971 zu Ende ging. Im Auftrag der UNO versuchte Jarring auch, einen Friedensvertrag zustandezubringen. Was er erreichte, war eine klare und eindeutige Zusage Ägyptens, mit Israel Frieden zu schließen, wenn Israel sich aus den besetzten ägyptischen Gebieten mit Ausnahme des Gazastreifens zurückziehen würde. Er erbat von der israelischen Regierung eine Erklärung, in der sie zusagte, im Falle eines Friedensabkommens mit Ägypten die besetzten Gebiete zurückzugeben. Golda Meir jedoch verweigerte eine solche Erklärung, und damit verliefen Jarrings Bemühungen im Sande. Mit dieser Weigerung waren die Weichen für einen weiteren unnötigen Krieg – den Jom-Kippur-Krieg – gestellt.

Der Jom-Kippur-Krieg (1973)

Dieser Krieg kam, und niemand unternahm irgendeinen ernsthaften Versuch, ihn zu verhindern. Bis dahin hatte ich geglaubt, daß man die Bevölkerung mit Vernunftargumenten von der Falschheit der Regierungspolitik überzeugen könne und auch davon, daß man das Problem der Palästinenser nicht länger vernachlässigen dürfe und daß, um mit den Worten Ben-Gurions zu sprechen, ein „Groß-Israel“ für die arabischen Nachbarn unerträglich sein würde. Der Jom-Kippur-Krieg aber bewies mir das Gegenteil.
Waren wir Juden, die Opfer des Dritten Reiches, immun gegen politische Prozesse, die uns auf denselben Weg führen konnten, der Nazideutschland die totale Niederlage gebracht hatte? Mir fielen viele Gemeinsamkeiten in der Geschichte beider Völker auf.
Im Kreis meiner Historikerkollegen wurden immer wieder dieselben Fragen gestellt: Wo war die Intelligenz in Nazideutschland? Wo war die mächtige Armee der Humanisten,

Philosophen, Wissenschaftler, Schriftsteller, Theologen, Künstler – die Armee der Kämpfer für eine gerechtere Welt? Weshalb wurden die meisten zu Mitläufern oder bestenfalls zu verängstigten, passiven Zuschauern? Diesen Fragen wollte ich in Berlin nachgehen. Grundsätzlich war ich mir über das Phänomen der menschlichen Feigheit im klaren und auch darüber, daß wir immer bereit sind, den anderen anstatt uns selbst zu be- und verurteilen.
Die Geschichte des Frankfurter Vorparlaments von 1848 hat immer wieder als trauriges Beispiel für das Versagen der Demokratie gedient: das Parlament als ein Haufen plaudernder, untätiger Professoren, als eine „Schwatzbude". Uns israelischen Historikern war klar, daß das Scheitern der Demokratie in Deutschland im Jahre 1848 letztendlich Entwicklungen ermöglichte, die Hitler an die Macht brachten. Wir dachten, daß wir aus der Geschichte gelernt hatten und uns deshalb nicht passieren konnte, was den Deutschen passiert war. Wir würden uns nicht in unaufhörlichem, sinnlosem Geschwätz verlieren, sondern aktiv die Demokratie fördern. In Wirklichkeit gab es aber auch bei uns viel Geschwätz und politische Feigheit. Diese Eigenschaften gehen bei vielen Intellektuellen Hand in Hand und sind kein Patent deutscher Professoren.
Die israelische Friedensbewegung wurde ebenso wie die deutsche von ihren Gegnern häufig als „Professorenbewegung" ohne Wurzeln in der Bevölkerung abqualifiziert. Dabei stellt sich die Frage, ob man dem Volk auch in seiner Verführbarkeit und blinden Begeisterung für Macht, Haß und Gewalt folgen oder mutig Alternativen aufzeigen soll. Die Friedensbewegung hat sich für letzteres entschieden, leider aber fast immer halbherzig und ex cathedra. Wenn man schon bei der Bevölkerung kein offenes Ohr fand, hätte man wenigstens versuchen sollen, Politiker davon zu überzeugen, daß Besatzungspolitik und der Ruf nach neuen Grenzen unweigerlich zu neuen Kriegen führen mußten. Nur wenige aber hatten den Mut, sich als Ungetreue und Defätisten verunglimpfen zu lassen.
Der gegenwärtige Erziehungsminister, Amnon Rubinstein, Juraprofessor und Dekan der Universität Tel Aviv, ist ein kluger und ehrlicher Mann. Er gehörte zu denen, die den Sechs-Tage-Krieg für gerecht hielten. Er glaubte auch Golda Meirs Behauptung, daß unser einziges Problem das arabische

„Nein" zu Verhandlungen war. Nach einigen Jahren praktischer politischer Erfahrung aber wurde ihm klar, daß unsere Politiker trotz ihres Redens über angebliche Friedensbereitschaft alles taten, um den Konflikt zu schüren. Um seine Meinung einer breiteren Öffentlichkeit zugänglich zu machen, begann er, für die größte israelische Tageszeitung Haaretz zu schreiben und wurde als nüchterner Kritiker der israelischen Gesellschaft bekannt.

Als er vor dem Jom-Kippur-Krieg erkannte, daß die Bemühungen Gunnar Jarrings eine reale Aussicht auf Erfolg boten, veröffentlichte er einen Artikel mit dem Titel „Vielleicht sollten wir dem Frieden doch eine Chance geben". Obwohl er nicht der Friedensbewegung angehörte, fragte ich ihn, ob er bereit sei, praktische Konsequenzen aus seinen Überlegungen zu ziehen. Er nahm an einer Sitzung des Vorstandes der Friedensbewegung teil und wir beschlossen, einen Brief an Golda Meir zu schreiben, den bekannte israelische Wissenschaftler, Schriftsteller und Kulturschaffende unterzeichnen sollten. Der Brief würde unsere Befürchtung zum Ausdruck bringen, daß die Regierung leichtfertig die Chance auf Frieden vergab und, wie ich vorschlug, damit die Gefahr eines Krieges heraufbeschwor.

Obwohl wir uns alle über die Notwendigkeit des Briefes einig waren, begann nun ein akrobatischer Akt über jedes einzelne Wort, jeden Punkt und jedes Komma. Wochenlang ging der Brief zwischen den verschiedenen Personen hin und her. Fast jeder war mit irgend etwas nicht einverstanden. Noch bevor der Brief endlich veröffentlicht wurde, hatte sich herumgesprochen, daß die Professoren versuchten, die Regierung mit dem Geist des Defätismus zu infizieren. Golda Meir selbst rief einige der Petenten an, um sich darüber zu empören, daß sie ihre Friedensbereitschaft in Zweifel zogen. Ich selbst erhielt stündlich Anrufe von Professoren, die einzig und allein das Ziel hatten, den Inhalt des Briefes völlig zu neutralisieren. Manche drohten sogar, ihre Unterschrift zurückzuziehen.

Als der Brief endlich veröffentlicht wurde, war er farblos und ohne Biß. Vor allem brachte er nicht mehr zum Ausdruck, daß die Status-quo-Politik der Regierung unweigerlich zu einem neuen Krieg führen würde. Golda Meir war dennoch sehr wütend und rief einige der mitunterzeichnenden Professoren zu

einem Gespräch zu sich, das diese wie gescholtene Schüler verließen.
Der Krieg kam dann tatsächlich im Oktober 1973 und fand Israel überrascht und erschüttert. Die Regierung hatte nicht nur leichtfertig jede Friedensinitiative zurückgewiesen, sondern sie hatte auch Sadats Worte, daß die Entscheidung über Krieg und Frieden bei der israelischen Regierung lag, nicht ernst genommen. So konnte die ägyptische Armee den Suezkanal überqueren, während die syrische Armee den Golan überrollte. Die israelische Armee stand dieser gut vorbereiteten Invasion, die furchtbare Verluste an Menschen und Kriegsmaterial verursachte, einige Tage lang fast hilflos gegenüber. Der schnelle Erfolg der Syrer auf dem Golan hatte mit einem Schlag den Mythos von den Sicherheitssiedlungen zunichte gemacht, denn diese neuen Siedlungen stellten für die syrische Armee kein Hindernis dar, wohl aber für die israelische, die nun nicht nur die syrische Armee zurückdrängen, sondern auch die Siedler in Sicherheit bringen mußte.
Da ich davon überzeugt war, daß die Hauptschuld an diesem Konflikt bei uns lag, auch wenn Syrer und Ägypter angegriffen hatten, war ich froh, nicht eingezogen worden zu sein. Als Sekretär der Friedensbewegung rief ich Vorstand und Landesrat zusammen und versuchte, sie davon zu überzeugen, daß wir uns in dieser Stunde der Verzweiflung als führungsfähig erweisen und zumindest eine Stellungnahme abgeben müßten. Ich schlug vor, unsere Regierung nicht von der Schuld an dem Krieg freizusprechen, auch wenn er nicht von uns begonnen worden war, und einen dramatischen Vorstoß zu unternehmen, den Krieg zu stoppen. Die Regierung sollte eine Erklärung abgeben, in der sie von der Status-quo-Politik und den Annexionsabsichten Abstand nahm unter der Voraussetzung, daß alle an dem Konflikt beteiligten Seiten bereit wären, an einer internationalen Konferenz teilzunehmen, in der die Probleme auf dem Verhandlungswege gelöst werden würden. Aber wie auch bei der Formulierung des Flugblattes saßen wir mehrere Tage zusammen, ohne zu irgendeinem Ergebnis zu kommen. Nur wenige hatten den Mut, unsere Regierung zur Verantwortung zu ziehen, während der Krieg noch andauerte. Das bedeutete die Auflösung der Friedensbewegung, auch wenn darüber nie ein ausdrücklicher Beschluß gefaßt wurde.

Ihr ruhmloses Ende nach dem Jom-Kippur-Krieg ist zum einen aus der Unfähigkeit der Friedensbewegung zu erklären, während des Jom-Kippur-Krieges und danach eine Führungsrolle zu übernehmen. Zum anderen ist es auch eine Folge der falschen Einschätzung des Scheiterns der Friedensbemühungen Gunnar Jarrings. Die politische Stellungnahme des Vorstandes der Friedensbewegung war klar und eindeutig: Man forderte die Regierung auf, ihre Bereitschaft zur Räumung der besetzten Gebiete zu erklären und dadurch ihre Zustimmung zu den Friedensbemühungen Jarrings zum Ausdruck zu bringen, die von Anwar-el-Sadat bereits erfolgt war. Die Konsequenzen aus dem israelischen „Nein" wurden nicht berücksichtigt. Man überlegte sich nicht, daß die betroffenen arabischen Länder und die Palästinenser dem politischen Status quo gegenüber nicht gleichgültig bleiben würden, während Israel Tatsachen schaffte, die die politischen Grenzen einseitig festlegen sollten.
Die Mehrheit im Vorstand der Friedensbewegung sah in dem Status quo und in der Weigerung, die besetzten Gebiete zu räumen, die Gefahr der Korrumpierung der israelischen Gesellschaft. Sie teilte aber die allgemeine Meinung, daß keine Kriegsgefahr bestand. Ich hingegen war fest davon überzeugt, daß das „Nein" Israels einen möglichen Frieden verhinderte und Israel sicher in den nächsten Krieg steuerte. Daraufhin schrieb ich Ende Juli 1973 – also zwei Monate vor dem Jom-Kippur-Krieg – den folgenden Artikel mit dem Titel „Über das Schaffen von Tatsachen, die zum Krieg führen". Es war typisch für die allgemeine Fehleinschätzung der Lage, daß die Redakteurin den Titel in „Laßt uns den künftigen Krieg vermeiden" änderte.

Über das Schaffen von Tatsachen, die zum Krieg führen

Die Siedlungspolitik

Man kann schon im voraus die Leitartikel schreiben, die im siebten Jahr des Sechs-Tage-Krieges erscheinen werden. Entsprechend der Heuchelei, die sich mehr und mehr bei uns einnistet, werden die Falken wahrscheinlich genauso wie die Tauben betonen, daß der Frieden nur von unserem unnachgiebigen Handeln abhängig ist und der Waffenstillstand nur eingehalten wird, weil die Araber vor der israelischen Armee Angst haben. Wie intensiv streben wir doch nach Frieden und Kompromissen, und wie weit sind die Araber noch davon entfernt, geistig mit der Existenz des Staates Israel einverstanden zu sein!

Diese Leitartikel werden wahrscheinlich mit der für uns typischen Rechthaberei und Scheinheiligkeit davon handeln, wie falsch die Defätisten und Friedensmenschen unsere Möglichkeiten eingeschätzt haben, die besetzten Gebiete zu halten und der ganzen Welt zu trotzen, die, wie schon jeder weiß, antisemitisch und stets nur gegen uns ist. Eine Ausnahme aber gibt es – den Helden der Watergate-Affäre, der von Liebe zu Israel durchdrungen ist und fest an unserer Seite steht. Was wahrscheinlich nicht erwähnt werden wird, sind die wiederholten Erklärungen, die sich wie eine Sintflut über uns ergossen haben, daß nämlich der Sechs-Tage-Krieg nichts anderes als ein Verteidigungskrieg war, in dem kein Zentimeter arabischen Bodens beansprucht wurde.

Ich bin bereit, mehr als die Hälfte meines Einkommens darauf zu verwetten, daß keine Zeitung die Rede Dayans am ersten Tag des Sechs-Tage-Krieges zitieren wird, in der er feierlich erklärte, daß Israel keinen Zentimeter arabischen Landes brauche. Man wird wahrscheinlich nicht an unsere Golda erinnern, an ihre leidenschaftliche und erregte Erklärung, daß 'das Problem nicht Territorium, sondern der Frieden' sei und auch nicht an das Versprechen unseres Außenministers Igael Alon, daß wir selbst die geringste Chance nutzen wollen, um uns zum Frieden durchzuschlängeln.

Wer braucht eigentlich solche Erinnerungen? Dieses Volk ist nicht mehr das Volk von vor dem Sechs-Tage-Krieg. In den Augen der etablierten Israelis, die sich allmächtig fühlen und reich geworden sind, waren die Israelis vor dem Sechs-Tage-Krieg von geradezu krimineller Naivität. Allmächtiger Gott! Wie konnten sie zum Verzicht auf eine

Goldgrube wie die besetzten Gebiete bereit sein? Wieso verstanden sie nicht die Geheimnisse der amerikanischen Realpolitik, die die Amerikaner dazu veranlaßten, Israel stark zu machen – in einer Gegend, die reich an Energie ist und somit für die Amerikaner lebenswichtig? Wie wollten diese Israelis ohne Araber leben, die unsere Straßen kehren, unsere Paläste und die Wohnungen für unsere Immigranten bauen, unsere Orangen pflücken, unser Land bearbeiten – das Land, das einmal ihr Land war – und die ein „glückliches" Leben in verkommenen Lagern und unter unmenschlichen Bedingungen führen? Weshalb waren diese Israelis mit großer Begeisterung für den Frieden, wenn sich hinter dem Frieden das Ungeheuer der Rezession zeigte?[121]

Was wird aus unserer Jugend werden, diesen wunderbaren Kindern, die es als selbstverständlich empfinden, sich für mehr als vier Jahre freiwillig bei den Kommandoeinheiten und Fallschirmjägern zu melden? Diese Jugend könnte doch die Kürzung der Militärzeit fordern! Sie könnte, Gott behüte, vom Geist der europäischen Jugend infiziert werden und den Militärdienst verachten. Sie könnte sich gar mit freier Liebe befassen, anstatt heldenhaft für die 'Landschaften des vereinten Landes unserer Väter' einschließlich der Gebiete der israelitischen Auswanderung aus Ägypten und des Mosesberges (des Berges Horeb) zu sterben. Und was ist mit dem Öl vom Sinai oder unserem Export in die besetzten Gebiete? Sind sie etwa geringzuschätzen? Oder die Möglichkeiten, Grundstücke zu erwerben, die später Millionen wert sein werden - in zauberhaften Städten wie Beit Choron, Gibeon, Nabi Samuel? Sind das nicht patriotische Anliegen?

Man kann solche 'realistischen' Überlegungen endlos fortsetzen. Aber warum sollen wir Gespräche wiederholen, die man bei jeder Party genauso hören kann wie aus

121 Kurz vor dem Sechs-Tage-Krieg gab es in Israel eine wirtschaftliche Rezession, die zu großer Arbeitslosigkeit und Auswanderung führte. Ein Witz aus jener Zeit illustriert diese Situation: Der letzte, der den Flughafen Ben Gurion verläßt, möge bitte das Licht ausschalten! Nach dem Sechs-Tage-Krieg wurde die Rezession überwunden und viele Scharfmacher argumentierten gegen den Frieden mit der Behauptung, daß der Frieden uns wieder eine Rezession bringen würde.

dem Mund eines Fremdenführers oder dem einer alten Dame vom Frauenverein? Kurz gesagt: Wir sind wunderbar, wir bleiben uns selbst treu. Wir schaffen Fakten wie die ersten Siedler vor hundert Jahren. Die Araber sind immer gegen unsere konstruktiven Aktionen gewesen und werden es immer bleiben. Alle Kriege in diesem Land haben ihre Ursache in dem Widerstand der Araber gegen unsere Siedlungstätigkeit. Die natürliche Schlußfolgerung daraus ist: Auch dieses Mal schaffen wir die Tatsachen für den kommenden Krieg, und es ist egal, ob der Krieg morgen, in einem oder in fünf Jahren kommen wird.

Es gibt aber einen wesentlichen Unterschied zwischen der Schaffung von Tatsachen vor fünfzig Jahren und der Schaffung von Tatsachen heute. Damals waren wir verfolgte, vor Pogromen gerettete Menschen und heimatlos. Überall in Europa brannte der Boden unter unseren Füßen, und später entstanden auf diesem Boden die Gaskammern, die Millionen von uns verbrannten. Wir waren ein armes und kaputtes Volk. Millionen von uns klopften verzweifelt an ein Tor, hinter dem wir auf ein Heimaterlebnis hoffen durften.

Zwischen dem Land, aus dem wir voller Alpträume und mit Schrecken flüchteten, und dem Land, in dem wir uns ansiedeln wollten, lag das Meer. Als die nationalistische arabische Führung die Tore des Landes vor den aus den Gaskammern Geretteten schließen wollte, bekam das Wort 'ausweglos' einen tieferen Sinn. Heute aber erscheint das folgende Bibelzitat wieder aktuell: 'Als aber Jeschurun[122] fett ward, wurde er übermütig. Er ist fett und dick und feist geworden und hat den Gott verworfen, der ihn gemacht hat. Er hat den Fels seines Heils gering geachtet.' (5. Mose 32.15) Wieder sind wir fett geworden, und die Fettschicht erstickt das barmherzige jüdische Herz.

Nach dem Unabhängigkeitskrieg wohnten Tausende von Einwanderern in verlassenen arabischen Häusern, in denen sich mehrere Familien eine Küche teilen sowie Eingang und Wohnzimmer gemeinsam benutzen mußten. Heute sucht der Durchschnittsisraeli ein Grundstück in Ostjerusalem oder in den besetzten Gebieten, um dort sei-

122 *Jeschurun* (das Volk Gottes): biblischer Begriff für Juden

ne Sommerresidenz zu bauen. Vielleicht sieht er sich auch nur nach einem Grundstück um, das später Millionen wert sein wird. Wir verunsichern die arabische Bevölkerung in dem ohnehin kleinen Teil Palästinas, der Westbank genannt wird, durch Enteignungen, Siedlungen, neue Viertel und Schilder, die darauf hinweisen, daß hier gebaut werden soll, nur um zu zeigen, daß wir die Starken sind und die arabische Bevölkerung heute genauso hilflos ist wie wir vor der Entstehung des Staates Israel. Wir sind eine entscheidende Macht und müssen unsere Stärke zeigen. Genauso so wie der Mann in dem Buch Solschenizyns, der aus Bosheit Tabak in die Augen des Rhesusaffen streute, wodurch dieser blind wurde.

So herz- und gefühllos sind nur Menschen, die mit großem Vergnügen im Fett schwimmen. Was um Gottes willen treibt uns in die Gebiete nördlich und südlich von Jerusalem und nach Ostjerusalem, wenn nicht eine antrainierte Gier, neue Fakten zu schaffen? Diese Gier ist ein verhängnisvoller chauvinistischer Mythos geworden. Sie wächst wie der Appetit beim Essen. Weshalb sind die Berge Westjerusalems weniger schön als die Hügel, die sich im Herzen Palästinas erstrecken? Haben wir etwa einen Mangel an Baugrundstücken? Gibt es nicht riesige Flächen in Mitzpeh Ramon, Arad, Dimona oder Galiläa, die verzweifelt auf Investitionen warten, um sich entwickeln zu können? Wer hat nicht ein bedrückendes Gefühl empfunden angesichts der leeren Wüste zwischen Dimona und Sede Boker oder Mitzpeh Ramon und Eilat?

Brauchen wir ein erschütternderes Zeugnis für den Verrat an unseren Träumen von gestern – die Entwicklung von Städten und die Urbarmachung der Wüste? Was für ein Wunder hätten wir schaffen können mit den Menschen, der Energie, dem Wissen und dem Kapital, das wir in umstrittene Gebiete investieren, für die wir ohne Zweifel noch Kriege führen werden! Wir aber haben keine Zeit, über diese Dinge nachzudenken. Wir sind beschäftigt – zu beschäftigt, um einen Moment stehenzubleiben und uns zu fragen, wohin das alles führen wird. Und zu sehen, daß der Abgrund vor unseren Füßen lauert. Wir schaffen Fakten – die Tatsachen für den kommenden Krieg!

Nach dem Jom-Kippur-Krieg entstand in Israel eine starke Protestbewegung gegen die Regierungspolitik. Da die Friedensbewegung nicht mehr aktiv war, manipulierten schlaue Politiker die Protestbewegung so, daß die Regierung Golda Meirs nicht der Sabotage der Friedensverhandlungen beschuldigt wurde, wohl aber einer unzureichenden Vorbereitung des Krieges. So war der einzige Erfolg der Protestbewegung der Rücktritt Golda Meirs und die Wahl des Ministerpräsidenten Jitzhak Rabin, der sich damals nicht viel nachgiebiger zeigte als seine Vorgängerin im Amt. Da er die Friedensbemühungen Henry Kissingers[123] nicht ausreichend unterstützte, wurde der Frieden mit Ägypten um einige Jahre verschoben. Dennoch kam es nach dem Jom-Kippur-Krieg zu einem Abkommen zwischen Israel und Ägypten, in dem eine Trennzone zwischen beiden Armeen festgelegt wurde, um weitere Auseinandersetzungen zu vermeiden. Außerdem wurde Quneitra an Syrien zurückgegeben.

Golda Meir hatte sich eigentlich schon vor dem Sechs-Tage-Krieg aus dem politischen Leben zurückziehen wollen, da sie nicht mehr die Jüngste, krank und außerdem über den Rücktritt Ben-Gurions als Ministerpräsident frustriert war. Sie war eine begeisterte Anhängerin Ben-Gurions und für ihn eine viel bequemere Außenministerin als Moshe Sharett es gewesen war. Nach dem Sechs-Tage-Krieg starb Levi Eschkol, der im Gegensatz zu den vom Sieg berauschten Generälen und ihren Mitläufern ein gutes Gespür für das Machbare hatte und auch die Grenzen der Gewalt kannte.

Sein Nachfolger im Amt wurde nicht der nach vorne drängende Moshe Dayan, sondern Golda Meir. Diese Wahl stellte einen Kompromiß dar, der sich aus meiner Sicht als Unglück erwies. Dayan galt als angriffslustiger Falke mit festen politischen Überzeugungen, während man von Golda Meir, der „weichen Mutter" Israels, eine eher gemäßigte Politik im Sinne Eschkols erwartete. Tatsächlich aber erwies sich die krebskranke Kettenraucherin als workoholic, von Altersstarrsinn

123 *Henry Kissinger* (*1923), US-Politiker, seit 1969 Richard Nixons Sonderberater für Sicherheitsfragen, 1973-77 Außenminister. Er führte Verhandlungen über die Annäherung an China sowie über die Beendigung des Vietnamkriegs und des Nahostkonflikts. 1973 erhielt er den Friedensnobelpreis.

geprägt und unerbittlich, was territoriale Zugeständnisse an die Palästinenser betraf. Sie war noch nicht einmal bereit, die Existenz eines palästinensischen Volkes anzuerkennen, geschweige denn, über dessen Selbstbestimmung nachzudenken. Kurz nach ihrem Rücktritt starb sie, verbittert darüber, daß man sie nicht verstand.
Die Kette der überflüssigen und vermeidbaren Kriege wurde durch die mutige Entscheidung Sadats, Jerusalem zu besuchen, durchbrochen. Nur wenige historische Ereignisse sind dieser außergewöhnlichen Geste vergleichbar. Israel war überrascht, bewegt und ziemlich verunsichert. Der Mythos von der mangelnden Bereitschaft Ägyptens, mit Israel zu verhandeln, wurde durch diesen Besuch jäh zerstört. Nicht alle Kreise in Israel freuten sich über den Besuch. Vielen waren die Eroberungen des Sechs-Tage-Krieges sehr willkommen. Sie wollten die Tatsache verdrängen, daß wir im Jom-Kippur-Krieg zwar militärisch gewonnen, politisch aber verloren hatten.
Aber nicht nur Sadat wollte unbedingt den Frieden. Der amerikanische Präsident Carter[124] zerrte beide Seiten nach Camp David und drängte unnachgiebig auf den Abschluß des Camp-David-Abkommens. Seit dieser Zeit bin ich fest davon überzeugt, daß der Frieden nicht das Ergebnis der Bemühungen der israelischen Friedensbewegung sein, sondern nur auf Druck von außen erzwungen werden kann. Diese Ansicht vertrat ich auch in einem Brief an meine deutschen Freunde aus dem Jahre 1975. Ich schrieb damals, daß Westeuropa, insbesondere Deutschland als guter Freund der USA, sich nicht unbedingt öffentlich, aber in stiller Diplomatie um den Frieden im Nahen Osten bemühen solle. Bei vielen rief diese Vorstellung ein Gefühl großen Unbehagens hervor. Aber meine Ansicht hat sich in den letzten beiden Jahren bestätigt, denn auch der Frieden mit Jordanien und den Palästinensern kam auf Druck von außen zustande.
Viele Israelis empfanden den Frieden zwischen Israel und Ägypten als aufgezwungen. Man nannte Camp David ein „Konzentrationslager de luxe“, um anzudeuten, daß Carter die

124 *James Earl (Jimmy) Carter* (*1924), US-Politiker (Demokrat); 1977-81 Präsident der Vereinigten Staaten von Amerika

beiden Parteien eingesperrt hatte und sie nicht eher herauslassen wollte, bis über den Frieden entschieden war. Die wahren Helden des Camp-David-Abkommens sind Jimmy Carter und Anwar-el-Sadat. Auf israelischer Seite wirkten Dayan und Weizman mit.
Wo aber bleibt der Friedensnobelpreisträger Menachem Begin, Führer der Likud-Partei und lebende Legende? Er gewann die Wahlen von 1977 mit enthusiastischen Reden darüber, keinen Zentimeter Land zurückgeben zu wollen. Auf Drängen Carters und Sadats mußte er schließlich doch jeden einzelnen Zentimeter des Sinais an Ägypten zurückzugeben. Während aber der Sinai für Begin lediglich eine wichtige strategische Bedeutung hatte, war seine Beziehung zur Westbank, dem Verheißenen Land der Väter, eher mystisch. Deshalb konnte er vergleichsweise leicht auf den Sinai verzichten, wenn er dafür die Westbank erhielt. Dem stellten sich jedoch zwei wesentliche Hindernisse entgegen, nämlich Ägypten als größte arabische Macht und die PLO als bewaffneter politischer Faktor, die bei den Palästinensern die Hoffnung schürte, Israel entweder auf politischem Wege oder auf dem Weg der Gewalt von der Westbank vertreiben zu können.
Durch das Camp-David-Abkommen wurde Ägypten als Gegner erst einmal ausgeschaltet. Da man mit der PLO nicht verhandelte, konnte und brauchte man ihr keine territorialen Zugeständnisse zu machen. Das Camp-David-Abkommen verpflichtete Israel unter anderem, den Palästinensern Autonomie zu gewährleisten. Diese Autonomieverhandlungen wurden von Begin so manipuliert, daß sie schließlich scheiterten. Damit bereitete er den Boden für den wichtigsten Krieg, den Krieg gegen die Palästinenser. Um der PLO, deren militärisches und politisches Rückgrat sich zu jener Zeit im Libanon befand, den entscheidenden Schlag zu versetzen, wurde der Libanonkrieg geführt.

Der Libanonkrieg (1982)

Schon vor dem Libanonkrieg gab es an der israelisch-libanesischen Grenze militärische Auseinandersetzungen, die nicht selten zu richtigen Kriegshandlungen ausarteten. Israel marschierte mehrfach in den Libanon ein, um dort „Ordnung zu schaffen". Aber in einem Land, in dem Hunderttausende ein trostloses Leben in Flüchtlingslagern fristen, in dem Menschen von ihrer endgültigen Befreiung träumen und auch dafür kämpfen, kann man keine Ordnung herstellen. Im Südlibanon waren ganze Gebiete unter Kontrolle der bewaffneten PLO, und oft kam es auch zu Artilleriebeschuß israelischer Städte im Norden des Landes.

Um diesen Zustand zu beenden, übten die Amerikaner Druck auf die bewaffneten Gruppen im Libanon aus. Man einigte sich schließlich auf einen Waffenstillstand. Während alle bisherigen Abkommen zwischen Israel und den arabischen Staaten abgeschlossen worden waren, wurde dieser Vertrag mit der PLO direkt ausgehandelt. Zwar unterschrieb Israel kein Dokument, das auch von der PLO unterschrieben wurde, aber es war klar, daß die PLO der Verhandlungspartner war.

Dieser Umstand erschreckte einige israelische Politiker außerordentlich, denn ihr ganzes Trachten hatte bis dahin darauf abgezielt, die PLO als unzuverlässige Terrororganisation darzustellen, die sich nicht an Verträge und Verpflichtungen hielt. Plötzlich sollte man sie als zuverlässigen und vertrauenswürdigen Partner akzeptieren. Das war für viele sehr schwierig. Selbst als der Waffenstillstand lange Zeit eingehalten worden war und die Kanonen schwiegen, war man weiter mißtrauisch und begann zu überlegen, wie man sich dem „gefährlichen" Abkommen entziehen könne. Die Gelegenheit dazu ergab sich, als der israelische Botschafter in London bei einem Attentat schwer verletzt wurde.

Dieser Anschlag wurde von der Abu-Nidal-Terrorgruppe verübt, einem scharfen Gegner Arafats und der PLO, die wegen mehrerer Mordanschläge auf Vertreter der PLO in Europa angeklagt war. Arafat und die PLO distanzierten sich sofort von dem Anschlag. Aber Begin und sein eifriger Verteidigungsminister Scharon, der als junger Offizier Kommandant der *Einheit 101*[125] gewesen war und sich jetzt als rücksichtsloser Kriegshetzer profilierte, entschieden gemeinsam mit dem Oberkommandierenden Rafiul Eitan, daß man einen Krieg beginnen müsse, bevor das Prestige der PLO als politischem Ver-

125 vgl. S. 191

handlungspartner in der Weltöffentlichkeit weiter stieg. An diesem Krieg, dem Libanonkrieg, schieden sich die Geister und Kritik wurde laut.
Die ewig Gestrigen behaupteten, daß dieser Krieg zur Verteidigung Galiläas geführt werden müsse. Aber nicht der Libanon überfiel Galiläa, sondern Israel den Libanon. Schon lange vor Beginn des Krieges gab es in unterschiedlichsten Kreisen, auch in der Presse, Debatten über seine Notwendigkeit – ein Beweis mehr, daß nicht erst das Attentat auf die israelische Botschaft in London Anfang 1982 den Krieg auslöste. Generalstabschef Eitan, ein ausgezeichneter Kämpfer und Killer, aber kein besonders intelligenter Politiker, fragte damals sogar öffentlich, weshalb er die Armee so gut vorbereitet habe, wenn nicht, um einen Krieg gegen die Bedrohung des Nordens Israels zu führen.
Da ein guter Teil der israelischen Bevölkerung diesen Krieg nicht als Angriffskrieg betrachtete, wurde er als besonders schmerzhaft empfunden. Verlogenheit und Scheinheiligkeit, mit der man die vorangegangenen Kriege gerechtfertigt hatte, wiederholten sich auch in diesem Fall. Begin behauptete mit bebender Stimme und zum Himmel gewandten Augen, daß wir nur (!) eine vierzig Kilometer in den Libanon hineinragende Zone, Kanonenweite sozusagen, erobern wollten, um die „Mörderbanden der zweibeinigen Tiere“[126] unter Kontrolle zu bringen. Ansonsten gab es nicht viel Neues. Die Bevölkerung wurde wie immer mit Berichten über riesige Waffenarsenale erschreckt, die nur darauf warteten, Israel anzugreifen. Es gab dieselben euphorischen Berichte über siegreiche Schlachten, die nicht immer der Wahrheit entsprachen. Beirut mußte angeblich eingekreist werden, weil Syrer, Palästinenser und nichtchristliche libanesische Milizen unsere friedfertige Botschaft im Libanon nicht verstehen wollten.
Verteidigungsminister Ariel Scharon wollte im Libanon gar eine neue Ordnung schaffen. War das Massaker von Sabra und Shatilla[127] ein erster Ausdruck dieser neuen Ordnung? Sollte

126 vgl. S. 107
127 Das Massaker von *Sabra und Shatilla* (zwei Flüchtlingslagern im Libanon) wurde im Herbst 1982 vor den Augen der israelischen Armee von christlichen Falanxen verübt. Unschuldige palästinensische Männer, Frauen und Kinder wurden massenhaft auf grausamste Weise umgebracht.

der Libanon an die faschistischen „christlichen“ Falanxen ausgeliefert werden? Das Massaker von Sabra und Shatilla war nicht das einzige, für das die israelische Politik verantwortlich zeichnet. Berüchtigt sind auch die Massaker von Deir-Yassin (1948) und Kafer Kassem, bei dem 1956 unschuldige Menschen niedergemetzelt wurden, weil sie die Ausgangssperre, von der sie nichts wußten, nicht eingehalten hatten. Erst kürzlich, im Sommer 1995, mußte die israelische und ägyptische Öffentlichkeit erschüttert ein Interview mit dem israelischen General Birow, einem engen Mitarbeiter Eitans, zur Kenntnis nehmen, in dem dieser mit großer Selbstverständlichkeit von Massakern an Hunderten von entwaffneten ägyptischen Soldaten und schuldlosen Straßenarbeitern im Krieg von 1956 berichtete. Massaker an unschuldigen Menschen gab es also in allen Kriegen. Nur nahm die israelische Öffentlichkeit ebenso wie die Weltöffentlichkeit diese im Falle des Libanonkrieges stärker als zuvor wahr.

Und noch etwas hatte sich geändert. Die Ära der Kriege de luxe, die nur ein paar Tage dauerten, war vorbei. Schon der Jom-Kippur-Krieg hatte mehrere Wochen gedauert und fast dreitausend Tote und mehr als die doppelte Anzahl an Verletzten und Verkrüppelten auf israelischer Seite gefordert. Auch der Libanonkrieg verwandelte sich schnell von einem Blitzkrieg in einen langen, blutigen Krieg. Hunderte von israelischen Soldaten bezahlten für diesen absolut sinnlosen Krieg mit ihrem Leben. Aber auch der Friedensnobelpreisträger Menachem Begin, der als Ministerpräsident die Verantwortung für diesen Krieg trug, mußte einen hohen Preis zahlen. Er war höchstwahrscheinlich von Scharon manipuliert und in die Irre geführt worden. Als immer mehr Hiobsbotschaften über unaufhörliche Verluste israelischer Soldaten im Libanon eintrafen, geriet er in eine tiefe Depression, von der er sich bis zu seinem Tode nicht mehr erholte, und dankte als Ministerpräsident ab.

Sein Nachfolger, Jitzhak Schamir, blieb im wirtschaftlichen wie im politischen Bereich ruhmlos. Während seiner Amtsperiode brach die israelische Wirtschaft aufgrund unverantwortlicher Börsenspekulationen der Banken, die vom Finanzministerium geduldet und möglicherweise sogar unterstützt wurden, fast zusammen. Schamir versagte innen- wie außenpolitisch. Sein hartnäckiges „Nein“ zu Frieden und Zugeständnissen an die Palästinenser und die arabischen Nachbarn führte zur Zunahme von Terrorakten und zur Gefährdung der Sicherheit Israels. Zu den Friedensverhandlungen nach Madrid (1992) ging er mit offensichtlichem Unmut. Eigentlich hätte er seinen Außenminister David Levi dorthin schicken sollen, aber aus Angst vor unerwünschten Zugeständnissen Levis fuhr er lieber selbst.

Später gestand er, daß er bereit gewesen wäre, zwanzig Jahre über den Frieden zu verhandeln, ohne auch nur den geringsten Kompromiß mit den Palästinensern einzugehen. Es ist auch erwähnenswert, daß er im israelischen Parlament, der Knesset, gegen das Camp-David-Abkommen stimmte. Als politische Folge des Libanonkrieges erlitt der Likud bei den nächsten Wahlen starke Verluste und mußte eine Koalition mit der Arbeiterpartei eingehen. Bei den Wahlen von 1992 verlor Schamir an der Spitze des Likuds die Macht an Jitzhak Rabin (Arbeiterpartei).

Begin ist tot, aber Scharon und Eitan versuchen noch heute, den Vertrag mit der PLO zu boykottieren. Es ist tragisch, daß ausgerechnet Begin, der mit Scharon, Eitan und anderen Politikern diesen unsäglichen Krieg zu verantworten hat, den Friedensnobelpreis erhielt. Dies ist ein weiteres Zeichen dafür, wie tief unsere Zivilisation noch in der Barbarei steckt, einer Barbarei, in der Kriege legitim sind und Kriegsverbrecher nur vor Gericht gestellt werden, wenn sie einen „großen“ Krieg verloren haben.

Die Geschichte hat gezeigt, daß der Libanonkrieg, der sich durch besondere Härte und Grausamkeit auszeichnete, überflüssig war. Beirut und große Teile des Libanons wurden zerstört. Tausende kamen ums Leben, und Israel machte sich neue Feinde. Heute dürfte es hinsichtlich der Vermeidbarkeit und Sinnlosigkeit dieses Krieges, der Tod, Elend und Unglück über die Menschen brachte, einen allgemeinen Konsens geben.

Am 13. September 1993 schloß Israel mit der 1982 in Beirut belagerten und eingekreisten PLO unter ihrem Führer Yasir Arafat einen gegenseitigen Anerkennungsvertrag!

Die Entwicklung, die zur Intifada führte

Die Beteiligung der Palästinenser an allen Kriegen bis 1987 war sehr gering. Nach dem Sechs-Tage-Krieg stellte sich sogar eine fast unbegreifliche Euphorie für Israel ein. Die vielen Israelis, die sich wie ich auf die bis dahin für uns unzugänglichen historischen Stätten stürzten, keinen Winkel, kein Flußbett, keine historische oder auch nur angeblich historische Ruine ausließen, wurden erstaunlicherweise fast überall freundlich oder zumindest doch mit Respekt empfangen. Wenn auch ein grundsätzliches Gefühl der Ablehnung blieb, so lachten, sprachen und handelten die Menschen doch miteinander. Die Palästinenser boten viele Waren an, die billiger waren als in Israel. Nach zwanzig Jahren strikter Trennung waren die meisten Menschen neugierig aufeinander und hofften auf eine grundsätzliche Änderung der Beziehungen. Es herrschte eine allgemeine Aufbruchsstimmung.

Da viele Israelis befürchteten, daß die Amerikaner Israel zwingen würden, die Gebiete wieder zurückzugeben, beeilte sich jeder, möglichst viel in möglichst kurzer Zeit zu sehen. Die Palästinenser trafen auf freundliche und neugierige Israelis, die zwar hart handelten, mit denen man sich aber auch einigen konnte, und hofften, daß sich die Politiker nach harten Verhandlungen ebenfalls einigen würden. Für manche Palästinenser erschien das Ende des Krieges von 1967 wie eine Befreiung, denn auch unter jordanischer Herrschaft hatten sie sich unterdrückt, ihrer Selbstbestimmung beraubt und gewaltsam annektiert gefühlt.

Während die Israelis die Westbank „stürmten", besuchten viele Palästinenser ihre ehemalige Heimat. Wenn sie den israelischen Bewohnern erzählten, daß sie einst hier gewohnt hatten, wurden sie zumeist freundlich und mit einem gewissen Mitgefühl behandelt. Dennoch waren viele enttäuscht, weil ihre alten Dörfer und Häuser nicht mehr existierten.

Das Böse im Menschen läßt sich jedoch nicht völlig von Begeisterung und gegenseitiger Zuneigung verdecken. Die Politik arbeitete auf beiden Seiten auf Hochtouren. Die israelischen Politiker hatten ihre ursprüngliche Erklärung, keinen arabischen Boden annektieren zu wollen, völlig vergessen. Mit Ausnahme unserer kleinen und unbedeutenden *Bewegung für Frieden und Sicherheit* war es allgemeiner Konsens, daß Israel sich nicht in die Grenzen von vor 1967 zurückziehen sollte. Die *Bewegung für ein ungeteiltes Erez Israel* sprach sich sogar gegen jegliche Rückgabe von Boden aus und betrachtete die im Sechs-Tage-Krieg eroberten Gebiete als Bestandteil Israels.

Die israelischen Politiker verhielten sich wie Schuldner, die ihre Schuld zwar nicht leugnen, sie aber auch nicht begleichen wollten. Einerseits signalisierte man Verhandlungsbereitschaft; andererseits wurde die große Bedeutung neuer israelischer Sicherheitsgrenzen hervorgehoben. Man war auch schon eifrig dabei, Fakten zu schaffen. So entstanden neue Siedlungen in den besetzten Gebieten, wurden arabische Dörfer, die ein Hindernis für die neuen Grenzen bildeten, einfach zerstört und die dort lebenden Menschen vertrieben. Zum Beispiel gab es drei Dörfer in der Gegend von Latrun, die man dem Erdboden gleichmachte und deren Bewohner in andere Dörfer oder Flüchtlingslager gebracht wurden. Dieses und viele andere Beispiele ließen die anfängliche Begeisterung der Palästinenser schnell schwinden, und sie begriffen, daß die Israelis nicht nur kurzfristig als Gäste gekommen waren. Darauf reagierten sie mit Terrorakten, die die israelischen Behörden mit Härte beantworteten.

Unmittelbar nach dem Sechs-Tage-Krieg behaupteten israelische Politiker, daß Israel die erste liberale Besatzungsmacht in der Geschichte sei. Die Brücken über den Jordan nach Jordanien blieben offen[128], wenn auch die Grenzgänger in der Regel scharfen, erniedrigenden Kontrollen ausgesetzt waren. Tausende von Palästinensern fanden infolge der intensiven Bautätigkeit in Israel und den besetzten Gebieten Arbeit. Die Israelis freuten sich über billiges Obst und Gemüse aus der Westbank. Aber Besatzung bleibt Besatzung. Als Reaktion auf palästinensische Terrorakte wurde zurückzuschlagen und mit der kollektiven Bestrafung der Palästinenser begonnen. Hatte auf einer Straße ein Terrorakt stattgefunden, wurden alle dort befindlichen Geschäfte geschlossen, die Menschen festgenommen und mehrere Tage verhört, bis man die Täter überführt hatte.

128 Moshe Dayan erfand dafür den Begriff der *Politik der offenen Brücken*.

Moshe Dayan war davon überzeugt, daß diese Maßnahmen die arabische Bevölkerung zur Mithilfe beim Aufspüren von Terroristen veranlassen würden. Damit wiederholte er den Fehler aller Besatzungsmächte. Tatsächlich waren nur wenige Bestechliche gegen Zahlung hoher Summen zur Kollaboration bereit. Mit zunehmendem Leid machte sich auch zunehmende Empörung unter den Palästinensern breit. Unsere Politiker aber blieben sowohl der palästinensischen Not als auch der Kritik der Friedensbewegung gegenüber taub.

Während man sich unter totalitären Regimen leicht damit herausreden kann, daß man nichts gewußt habe, gibt es in Israel eine freie Presse und jeder konnte alles wissen. Selbst Massenblätter bemühten sich, die Sensationslustigen nicht nur einseitig zu informieren und berichteten auch über Übergriffe auf Palästinenser. Der wichtigere Teil der israelischen Presse ist sehr viel toleranter als der größte Teil der israelischen Bevölkerung. Friedensorientierte Israelis, die ihrer Meinung in der Presse Ausdruck verleihen wollten, hatten keine Schwierigkeiten, dies in den wichtigsten und verbreitetsten Zeitungen zu tun.

Wer also wissen wollte, hätte fast alles wissen können. Viele aber wollten nichts wissen, verdrängten es oder reagierten sogar aggressiv auf solche Veröffentlichungen und bezeichneten die Autoren als Nestbeschmutzer. Insbesondere die rechtsextreme Szene attackierte die Presse heftig und behauptete, daß sie volksfeindlich und von Linken dominiert sei. Bis heute klebt auf Tausenden von Autos der Aufkleber: „Das Volk duldet keine volksfeindliche Presse." Auch in Nazideutschland „wußte man nichts". Es ist leicht, sich heute in die Position eines Richters zu begeben und Menschen mit Strenge zu verurteilen. Sicherlich konnten auch die Deutschen trotz Diktatur etwas wissen, aber sie wollten es nicht wissen, verdrängten es genauso, wie viele anständige Israelis heute mit gutem Gewissen behaupten, nichts gewußt zu haben.

Obwohl sich die Lebensbedingungen auf der Westbank eindeutig verbesserten, nahm der Widerstand gegen die Besatzung zu. Der im Camp-David-Abkommen geschlossene Frieden mit Ägypten (1979) stellte für die Palästinenser eine Hiobsbotschaft dar, denn sie fühlten sich wieder einmal verkauft. Ägypten versetzte die ganze arabische Welt in Empörung, weil es einen separaten Vertrag mit Israel unterzeichnet hatte, ohne darauf zu bestehen, daß auch das Recht der Palästinenser auf Selbstbestimmung und der israelische Rückzug aus der Westbank verwirklicht wurden. Verzweiflung breitete sich aus und wurde zur Ursache für den siebenten Krieg, die Intifada, der Israel und die Welt überraschte.

Die Intifada (1987-1993)

Der israelische Ministerpräsident Peres stellte kürzlich fest, daß wir in fünf Kriegen militärisch gewonnen, aber politisch verloren hätten. Ich erwähne in diesem Kapitel sechs Kriege; eigentlich müßte man aber von sieben Kriegen sprechen. Der längste und von Israel am ungeschicktesten geführte Krieg ist der Krieg gegen das palästinensische Volk in der Westbank und im Gazastreifen, die Intifada.

Für mich besteht kein Zweifel daran, daß Israels Ministerpräsident Begin die eroberten Gebiete nur deshalb an Ägypten zurückgab, weil er hoffte, dadurch den militanten palästinensischen Widerstand im Libanon und den Terror in Israel in den Griff zu bekommen. Er hoffte, daß sich die Palästinenser ohne die Unterstützung Ägyptens und ohne ein militärisches Rückgrat im Libanon mit der Situation, als jordanische Bürger unter israelischer Besatzung zu leben, abfinden würden. Durch die Integration der palästinensischen Wirtschaft in die israelische und durch die bis dahin verfolgte Siedlungspolitik war die Situation angeblich auch nicht mehr umkehrbar. Zu vielen anderen bitteren israelischen Pillen, die die Welt bis dahin hatte schlucken müssen, gesellte sich nun auch noch die kriechende Annexion der Westbank. Warum sollte Israel, das schon viele UNO- und Sicherheitsratsbeschlüsse in den Papierkorb geworfen hatte, dasselbe nicht auch mit den kommenden tun, ohne für diese Haltung büßen zu müssen? Die Palästinenser jedoch waren entschlossen, diese bittere Pille nicht zu schlucken.

Ich selbst entschloß mich 1986, als „Friedensabenteurer“ auf eigene Kosten nach Deutschland zu fliegen und zu versuchen, meine Freunde und deutsche Politiker davon zu überzeugen, daß sie unbedingt etwas unternehmen mußten, bevor es bei

uns zu spät war. Ich hatte von einer Alarmglocke geträumt, die ich am Rande eines Abgrundes verzweifelt läuten wollte, was mir aber nicht gelang. Nun versuchte ich, diese Glocke in Deutschland zu läuten – im Haus der Kirche in Berlin, im Bonifaz-Kloster in München. Ich versuchte, Carl-Friedrich von Weizsäcker davon zu überzeugen, mir den Weg zu seinem Bruder, dem Bundespräsidenten, zu ebnen, und ich sprach mit vielen mehr oder weniger einflußreichen Persönlichkeiten in Deutschland über mein Anliegen. Aber mein einziger Erfolg bestand darin, daß ich das tat, was ich für richtig hielt.
Erfolgreicher war der Alarm des jungen, begabten israelischen Schriftstellers David Grossman, der damals sein Buch „Der gelbe Wind“[129] veröffentlichte. Darin warnt er vor einer Explosion der palästinensischen Bevölkerung. Viele Israelis waren von seinen Berichten sehr erschüttert, nicht aber unsere tauben und blinden Politiker, die sie ignorierten. Sie versuchten statt dessen, die Ursachen der Intifada auf einzelne Ereignisse im Jahre 1987 zurückzuführen, ohne zu begreifen, daß die Hauptursache in der viel zu langen, viel zu harten und unerträglichen Besatzung lag.
Nicht nur unsere Politiker erwiesen sich als taub und blind, sondern auch die palästinensischen. Es war zwar seit langem bekannt, daß die PLO ihre unrealistische Forderung nach einem allgemeinen demokratischen Staat von Juden, Christen und Moslems, deren Verwirklichung die Auflösung des Staates Israel bedeutet hätte, aufzugeben bereit war, um sich mit einem palästinensischen Staat in den seit 1967 besetzten Gebieten zu begnügen. Leider aber hatte die PLO erst 1988 den Mut, dies auch öffentlich zuzugeben. Bis dahin wurde sie von den israelischen Politikern als erbitterter Feind dargestellt.
Die überwiegende Mehrheit der Palästinenser unterstützte die PLO. Bei demokratischen Wahlen nach dem Sechs-Tage-Krieg wurden ausschließlich PLO-Bürgermeister gewählt. Obwohl die PLO eine säkulare politische Bewegung war und noch immer ist, begannen unsere Politiker dummerweise, nach Alternativen zur PLO-Führung zu suchen. Es wurden Millionen investiert, um Palästinenser zu bestechen, in den Dörfern sogenannte Landwirtschaftsvereine zu gründen. Die-

129 *David Grossman*, „Der gelbe Wind“, Kindler-Verlag, München 1988

se sollten gegen die PLO, die politische Führung der Städte, ausgespielt werden. Die Vereine wurden sogar bewaffnet, damit sie sich gegen Wut und Haß, die ihnen als Kollaborateuren entgegenschlugen, schützen konnten.
Nachdem eine Reihe von Kollaborateuren umgebracht worden war, kam man auf eine andere „geniale“ Idee. Die Likud-Regierung begann, fundamentalistische Kreise zu unterstützen. Sie hoffte, daß sich der fundamentalistische Islam als unpolitische Alternative zur PLO durchsetzen würde. Heute weiß jeder, daß die fundamentalistische Hamas-Bewegung der größte Feind des Friedensabkommens auf palästinensischer Seite ist. So haben wir also eine Schlange an unserem Busen genährt.
Schon vor Beginn der Intifada fragte sich der damalige Minister der Likud-Regierung, Eser Weizman, ob wir eine dermaßen übertrieben starke militärische Präsenz in den Flüchtlingslagern brauchten. Er betrachtete sie als permanente Provokation der Palästinenser. Die ungerechten Zustände in den Flüchtlingslagern stärkten die PLO als politische Kraft, die von unserem Geheimdienst mit den unglaublichsten Mitteln bekämpft wurde. Die Folge waren häufige, blutige Zusammenstöße. Die israelische Einmischung in den Flüchtlingslagern führte schließlich zur Intifada. Nicht Weizman bestimmte die Militärpolitik, sondern Rabin, der sich lange Zeit mit dem Friedensvertrag sehr schwer tat.
Auch der damalige Wohnungsbauminister Scharon trug nicht wenig zum Ausbruch der Intifada bei. Er verschwendete Millionen, um die besetzten Gebiete schnell und verantwortungslos zu besiedeln und vollendete Tatsachen zu schaffen. Nebenher fanden sich auch noch ein paar Millionen, mit denen er sich im moslemischen Viertel mitten in der Altstadt Jerusalems ein Haus kaufen konnte, in dem er seitdem keine einzige Nacht verbracht hat. Für die Palästinenser war dieses weniger als hundert Meter vom Felsendom und der Al-Aqsa-Moschee entfernte, provokativ mit einem Davidstern geschmückte Haus eine unerträgliche Provokation, dessen Bewachung, nebenbei bemerkt, den israelischen Steuerzahler jährlich Millionen kostet. Das Haus wurde im Dezember 1987 während des Chanukkafestes eingeweiht. Das Verhältnis von geladenen Gästen zu Polizisten war etwa eins zu drei. Vor dem Haus ver-

sammelte sich auch eine große Anzahl jüdischer Demonstranten aus der Friedensbewegung, die gegen diese Provokation protestierten. Die arabische Bevölkerung aber schloß sich in ihre Häuser ein und entschied sich für den schmerzhaftesten Krieg gegen Israel, die Intifada.

Mit Ausnahme der Palästinenser wurden alle von dem Beginn der Intifada überrascht. Der Rollenwechsel Israels vom David zum Goliath hatte schon 1948 stattgefunden. Die Intifada aber hat diesen Rollenwechsel noch einmal verdeutlicht, denn der kleine David, die palästinensischen Kinder, forderte eine der bestbewaffneten Armeen der Welt mit Steinwürfen heraus. Der israelische Goliath versuchte mit allen Mitteln, die Intifada schnell zu unterdrücken und sich und die Welt davon zu überzeugen, daß es sich nur um sporadische Krawalle handelte und nicht um den Aufstand eines ganzen Volkes. Dieser Aufstand aber nahm schließlich die Form eines Krieges an.

Anfangs wollten die israelischen Führer Blutvergießen vermeiden. Man erfand ein Mittel gegen die Steine der palästinensischen Kinder, die Steinkanone, die nicht tötete, sondern Prellungen und andere Verletzungen hervorrief. Dann setzte man Plastik- und Gummigeschosse ein, die sich oft als tödlich erwiesen. Schließlich wurden die Palästinenser wirtschaftlich schikaniert. Man nahm Hunderte von Händlern fest, weil sie ihre Geschäfte entsprechend den Anweisungen der Intifadaführung aus Protest geschlossen hielten. Aber weder diese Maßnahmen noch die völlig überhöhte Besteuerung von Autos, die Arbeiter zu ihrer Beschäftigung nach Israel beförderten, noch Großfahndungen und Massenverhaftungen halfen. Die Palästinenser waren durch nichts von ihrem wütenden Protest abzuhalten.

Leider folgten unsere Politiker nicht der jüdischen Weisheit, die davon ausgeht, daß derjenige, der unrechtmäßig ein Faustpfand in der Hand hält, begnadigt wird, wenn er gesteht und von dem Faustpfand abläßt. Zwanzig Jahre lang hatte man die Westbank unrechtmäßig besetzt und nicht zugeben wollen, daß es ein palästinensisches Volk gibt, das ein Recht auf Selbstbestimmung hat. Angesichts des imponierenden, gut organisierten und disziplinierten Aufstandes hätte man von unseren Politikern erwarten können, daß sie von ihrer Unrechtspolitik ablassen. Aber Politiker sind im allgemeinen nicht be-

reit zuzugeben, daß sie falsch gehandelt haben. So reagierten sie auf den Aufstand mit wachsender Wut und Grausamkeit.
Nachdem schon Tausende von Palästinensern festgenommen worden und die Gefängnisse voll waren, begann man, die Menschen aus Platzgründen in Lager zu sperren - Lager, in denen Menschen zusammengepfercht wurden, ohne daß man ihnen ein Verschulden nachweisen konnte oder wollte. Man unterzog sich gar nicht erst der Mühe von Gerichtsverfahren, oder, wenn man es gelegentlich doch tat, waren es Scheinverfahren. Eigentlich sollte man solche Lager als Konzentrationslager bezeichnen. Da dieses Wort seit dem Grauen des Nationalsozialismus aber ausschließlich für jüdisches Leiden steht, erfand man eine neue Terminologie, die sich sicherlich in einer zukünftigen Geschichtsschreibung als für Israel beschämend erweisen wird.
Es ist üblich, in Kriegen entweder von politischen Gefangenen oder von Kriegsgefangenen zu sprechen. Bei uns wurde jedoch jeder, der sich der Besatzungsmacht widersetzte, als Verbrecher bezeichnet. Im Libanonkrieg erfand man den Begriff der „mitgebrachten Festgenommenen", um den Gefangenen nicht den Status von Kriegsgefangenen geben zu müssen. Ich frage mich, warum man sie nicht gleich als „freiwillig ins Lager Gekommene" bezeichnete. Die Lager selbst hießen „Festgenommenenlager". In einem Rechtsstaat kann man Menschen nur für eine begrenzte Zeit festnehmen. Hier aber wurden nicht verurteilte Menschen für Monate, manchmal Jahre festgehalten. Diese Beispiele sind nur kleine Steinchen in dem Mosaik der Pervertierungen, die uns die Besatzung und Unterdrückung unseres Nachbarvolkes gebracht haben.
In den Zeitungen und im Fernsehen erschütterten uns Bilder über Folterungen, Schießereien und oft auch Tötungen. Unter den Toten waren sogar Kinder unter drei Jahren. Manche Menschen wurden durch die Folterungen für ihr weiteres Leben zu Krüppeln. Rabin sagte damals: „Man soll ihnen Arme und Beine brechen." Später bestritt er diese Aussage, aber das Brechen von Armen, Beinen und Rippen ist nicht nur durch Presseberichte, sondern auch durch Urteile von israelischen Militärgerichten gut belegt.
Potentielle Demonstranten wurden systematisch eingeschüchtert. Der Geheimdienst stellte Listen mit sogenannten

Verdächtigen zusammen, ging mit einer Einheit in ihre Dörfer, verhörte sie und nahm sie fest. Anschließend wurden sie in Olivenhaine in der Nähe ihrer Dörfer gebracht und mit Stöcken geschlagen, um ihnen die Glieder zu brechen. Dabei hat sich sowohl das schöne als auch das häßliche Gesicht Israels gezeigt. Sehr oft nämlich haben sich Soldaten geweigert, diesen Befehl auszuführen. Viele schlugen jedoch wütend zu. Das Verhalten der für diese Untaten verantwortlichen Politiker ist unentschuldbar. Man sollte aber versuchen, die Soldaten zu verstehen, auch wenn man ihre Handlungsweise nicht rechtfertigen kann, denn jeder israelische Soldat in den besetzten Gebieten war aufgrund der angestauten Aggressionen der Palästinenser ein potentielles Opfer von Mordanschlägen.
Mit der Intifada haben die Palästinenser der israelischen Polizei und Armee den Krieg erklärt. Jedem Erscheinen von Israelis in einem Dorf, einem Flüchtlingslager oder einem Palästinenserviertel wurde wütender Protest entgegengebracht, der auch den Willen zum Töten einschloß. Bei Durchsuchungen fand man zwar keine Feuerwaffen, sondern „nur" einfache Steine, Steinblöcke, Äxte, Eisenstangen, Schleudern. Diese jedoch sollten israelische Soldaten verwunden oder umbringen. Die Palästinenser wollten klarmachen, daß die militärische Anwesenheit Israels unerwünscht war und sie sich selbst regieren und verwalten konnten, was sie auch tatsächlich schafften. So ignorierten sie zum Beispiel Ladenschlußgesetze, Steuerpflicht und andere von Israel auferlegte Bedingungen.
Die israelischen Politiker wurden von dem Aufstand nicht nur überrascht, sondern sie beharrten auch auf militärischer Präsenz, wo sie unnötig war. Dies empörte sogar Soldaten, die den Sinn ihrer Anwesenheit in den besetzten Gebieten nicht verstanden, und hatte Rachegefühle und Verletzbarkeit auf beiden Seiten zur Folge. Um das Prinzip der militärischen Präsenz durchzusetzen, wurde viel Blut vergossen. In Dörfern, in denen grundsätzlich Ruhe geherrscht hatte, kam es zu blutigen Auseinandersetzungen, nur weil der israelische Generalstab auf dem Prinzip der „provokativen militärischen Anwesenheit" bestand. Es wurden willkürlich Verhaftungen und militärische Machtdemonstrationen durchgeführt, um die Bevölkerung einzuschüchtern. Daraus erklärt sich auch, daß die is-

raelischen Soldaten, die unaufhörlich lebensgefährlichen Aggressionen ausgesetzt waren, selbst aggressiv zurückschlugen.
In diesem Konflikt hat sich aber auch das schöne, das humanistische und friedfertige Gesicht Israels gezeigt. Ich spreche von der wunderbaren Initiative der „Frauen in Schwarz", von Müttern und berufstätigen Frauen, die sich mehr als fünf Jahre lang jeden Freitag die Zeit nahmen, auf dem zentralsten Platz Jerusalems mit ihren Schildern „Stoppt die Besatzung" ihren stummen Protest gegen den Wahnsinn unserer Politiker zum Ausdruck zu bringen. Diese Frauen waren den schlimmsten Beschimpfungen ausgesetzt, wurden von Gegendemonstranten schikaniert, mit dem Wort „Palästinenserhuren" beleidigt und mit unanständigen Gesten bedacht. Mit dem Slogan „Die Schwarzen Witwen sind gefährliches Ungeziefer" rief man schließlich sogar zum Mord gegen sie auf.
Obwohl ich keine Frau bin, nahm ich aus Solidarität an diesen Demonstrationen teil. Auch wenn diese mutigen Manifestationen des Protestes schließlich fast selbstverständlich wurden, bin ich bis heute von dieser wunderbaren Erscheinung in unserer Geschichte gerührt. Wenn der Geist Israels durch Friedfertigkeit zum Ausdruck kommt beziehungsweise dadurch, daß man den Feind in einen Freund verwandelt und so zum Helden wird, dann sind diese Frauen Heldinnen und Vertreterinnen des friedfertigen Geistes Israels. Man kann nur hoffen, daß unsere Schriftsteller ihnen in der Zukunft ein Denkmal setzen werden.
Aber nicht nur die Frauen erwiesen sich als Heldinnen, sondern es gab auch heldenhafte Reserveoffiziere, die sich in den verschiedenen Kriegen ausgezeichnet hatten und denen schließlich die Ungerechtigkeit des Libanonkrieges und der Besatzung bewußt wurde. Als einer meiner ehemaligen Schüler als Reservist die Grenze zum Libanon überschreiten sollte, blieb er stehen und erklärte, daß er sich weigere, an diesem ungerechten Krieg teilzunehmen. Er wurde festgenommen und vor Ort zu zwei Wochen Gefängnis verurteilt. Später wurde er einer der Mitbegründer von *Jesch Gvul (Es gibt eine Grenze)*, einer Bewegung, die sich für ein Israel in den Grenzen von 1967 einsetzte. Jeder Befehl, jenseits dieser Grenze als Soldat zu dienen, wurde von den Mitgliedern dieser Bewe-

gung verweigert. Hunderte einfacher Soldaten, aber auch Offiziere verweigerten so den militärischen Dienst und gingen lieber ins Gefängnis, als dem Unrecht zu dienen.
Im Laufe der Zeit organisierten sich mehr als fünfzig Gruppen im Lande, die sich auf die eine oder andere Weise für den Frieden einsetzten, insbesondere um den Opfern der Intifada zu helfen. Wenn zum Beispiel in einem arabischen Dorf ungerechtfertigt Häuser gesprengt wurden, organisierten sich israelische Rechtsanwälte und brachten diese Tat vor Gericht, um so die Regierung zu einer Entschädigungszahlung zu zwingen. In diesem Zusammenhang sind besonders die auch in Deutschland bekannte Felicia Langer oder Lea Zemel hervorzuheben. Es bildeten sich Frauenkomitees gegen willkürliche Festnahmen, Folterungen, Vertreibungen und Ausgangssperren und – wenn die Ausgangssperren mehrere Tage dauerten – Komitees, die die Palästinenser mit Lebensmitteln versorgten.
Die Intifada entstand aus dem Protest gegen die Besatzung. Diesen Krieg hat Israel offensichtlich verloren. Ich bin noch nicht sicher, ob die Palästinenser ihn gewonnen haben. Eines zeigen die jüngsten Entwicklungen auf jeden Fall: Beide Seiten haben trotz der vielen Verluste immer noch nicht verstanden, daß der Weg der Gewalt keine Lösung darstellt. Die Palästinenser lassen von ihren terroristischen Angriffen auf Israel auch weiterhin nicht ab. Israel reagiert darauf, indem es die Grenzen zu den „autonomen“ Gebieten schließt und die Palästinenser damit dem Hunger und der Not ausliefert. Und es bildet sich nach wie vor ein, seine Probleme lösen zu können, indem es den Libanon bombardiert und dadurch nicht nur Hunderttausende heimatlos macht, sondern auch neuen Haß gegen Israel hervorruft.

9. Neve Shalom
Gründung eines Friedensdorfes

Um nach dem Sechs-Tage-Krieg die *Bewegung für Frieden und Sicherheit* mitbegründen zu können, mußte ich mit meinem Gewissen einen Kompromiß schließen, denn ich war von der Gerechtigkeit dieses Krieges nicht überzeugt, auch wenn er mit der Sicherung der Grenzen von 1948/49 legitimiert worden war. Ich wollte mich jedoch dafür einsetzen, daß dieser Krieg, dieser brillante militärische Erfolg, der letzte war, denn er hatte bei Regierung und breiten Kreisen der Bevölkerung den gefährlichen Ruf nach einer Erweiterung der Grenzen Israels durch neue Annexionen zur Folge. Deshalb propagierte die Friedensbewegung den völligen Verzicht auf territoriale Annexionen und damit auf die Beendigung des langwierigen und schmerzhaften Konfliktes.
Die meisten waren aber nicht davon zu überzeugen, daß die Alternative zwischen einem möglichen Frieden und einem sicheren Krieg bestand. Die Richtigkeit dieser Annahme zeigte sich jedoch spätestens 1973, als der Jom-Kippur-Krieg ausbrach. Ich fragte mich, wohin die unaufhörliche Kette von Kriegen noch führen würde. Voller Unbehagen verglich ich das Schicksal des Volkes der Dichter und Denker mit dem des Volkes der Bibel und der Propheten und faßte den Entschluß, für ein Jahr nach Deutschland zu gehen, um mich näher mit diesem Problem zu befassen.
Während meines Aufenthaltes in Berlin lernte ich die Arbeit von *Aktion Sühnezeichen* kennen und erhielt neue Anregungen für meine Friedensarbeit. Zu dieser Zeit hatte ich bereits verstanden, daß Kraft und Einfluß der Friedensbewegung nicht groß genug waren, um die Strategie der israelischen Außenpolitik zu ändern. Ich beschloß, meine politischen Friedenserwartungen zurückzuschrauben und für einen Frieden in kleinen Schritten zu arbeiten.
Das führte mich nach Neve Shalom (Oase des Friedens), einer Initiative zur Gründung eines interkonfessionellen Kibbuz von Juden, Christen und Moslems. Diese Initiative war auf Betreiben des Dominikanermönches Bruno Hussar und seiner Mitarbeiterin Rina Geftman zustande gekommen. Jüdischer

Herkunft, waren beide in ihrem Bestreben, die jüdischen Wurzeln des Christentums zu entdecken, zum Christentum konvertiert. Sie gehörten auch zu den Begründern der jüdisch-christlichen Gemeinde, führten einen katholischen Gottesdienst in hebräischer Sprache ein und gründeten den Verein Neve Shalom. Genau an der Stelle, an der Jerusalem einst durch eine Mauer in zwei Teile geteilt war, errichteten sie eine Begegnungsstätte für Juden, Christen und Moslems.
Erst später entstand die Idee, einen Kibbuz an jenem Ort zu gründen, der wie von Gott für diesen Zweck geschaffen war - oberhalb des Ayalontales, damals genau an der israelisch-jordanischen Grenze. Dieses Tal ist seit uralten Zeiten eine wichtige strategische Kreuzung und deshalb auch Ursache für viele blutige Auseinandersetzungen gewesen. Die Vision, die ehemalige Stacheldrahtgrenze in eine grüne Friedensgrenze zu verwandeln, war äußerst verlockend.
Es entstand eine kleine Gemeinde, die in Baracken und Containern am Rande des Existenzminimums lebte. Außer Steinen, Disteln und wunderschönen Blumen im Frühjahr gab es auf dem Hügel von Neve Shalom nichts – weder Wasser und Strom noch Telefonverbindungen oder eine Zufahrtsstraße. Dennoch lebte dort eine Reihe von Menschen, hauptsächlich Freiwillige aus verschiedenen Ländern, die von einem alternativen Leben in Israel träumten. Mit Ausnahme des israelischen Bürgers Bruno Hussar gab es dort jedoch weder Juden noch Araber. Bis 1976 scheiterten alle Versuche zur Gründung einen interkonfessionellen Kibbuz.
Als ich zum ersten Mal auf den Hügel von Neve Shalom kam, fand ich dort drei Menschen, die von der auseinandergefallenen Gemeinde übriggeblieben waren: Bruno Hussar, seine Mitarbeiterin Anne Le Menien und Jonathan, einen freiwilligen Mitarbeiter aus England. Sie hatten vor, einen religiös-orthodoxen Kibbuz zu gründen. Da ich dieses Projekt nicht unterstützen wollte, schlug ich stattdessen eine Friedensschule im Rahmen einer für alle Glaubensrichtungen und Weltanschauungen offenen Gemeinde vor. Die Verhandlungen waren zäh, führten aber schließlich zum Erfolg und damit zu meiner Teilnahme an dem Projekt.
Eine neue Phase meines Lebens begann. Ich weiß nicht, ob mich nur die Sehnsucht nach Frieden trieb oder ob es meine

Sehnsucht nach einem verlorenen Traum war, einem Traum, den ich hatte begraben müssen, als meine Frau, zehn Freunde und ich in den fünfziger Jahren aus dem von uns mitbegründeten Kibbuz Misgav-Am ausscheiden mußten, weil wir als Zionisten die Kommunistische Partei gewählt hatten. Auf dem Hügel von Neve Shalom hoffte ich, diesen verlorenen Traum wiederzufinden. Es war nicht nur die Hoffnung, ein kleines Modell jüdisch-palästinensischen Zusammenlebens aufzubauen, sondern auch die Aussicht, aus dem Nichts etwas völlig Neues zu schaffen.

Nicht wenige betrachteten mich mit Skepsis. Wir hatten weder Geld noch israelische Mitarbeiter. In der zugespitzten Situation nach dem Sechs-Tage-Krieg und dem Jom-Kippur-Krieg schien die Vorstellung eines gemeinsamen Lebens von Juden und Palästinensern verwegen. Außerdem wurde das Unternehmen dadurch erschwert, daß Bruno Hussar ein zum Christentum konvertierter Jude war. Solchen Menschen werden in Israel grundsätzlich Missionierungsabsichten unterstellt. Bruno Hussar hatte zwar eine Antimissionstheologie entwickelt, aber Vorurteile wollen bestätigt sein.

Man belächelte also nicht nur meinen Mangel an Realität, sondern auch meine Naivität. Einer meiner ehemaligen Studenten mutmaßte sehr zutreffend, daß mir dieser Traum nur Enttäuschungen bringen würde, denn falls mir dieses Projekt nicht gelänge, würde ich es resigniert aufgeben müssen. Falls es aber erfolgreich wäre, würde man mich hinauswerfen. An diese Sätze mußte ich einige Jahre später denken, als sich das Projekt erfolgreich entwickelte und ich aus Neve Shalom ausscheiden mußte.

Zunächst lebte nur Jonathan ständig auf dem Hügel. Bruno und Anne kamen an den Wochenenden aus Jerusalem. Die Aufgaben schienen unermeßlich. Ich versuchte, Jugendliche aus der Friedensbewegung für das Projekt zu gewinnen, hielt Vorträge vor Pädagogen und Schülern, um sie zum Besuch der Begegnungsstätte und zum Abhalten von Seminaren dort zu bewegen.

Solche Tage der Begegnung waren sehr anstrengend: Zunächst mußte Schatten für die Teilnehmer geschaffen werden. Dann wurden im Nachbarort Lebensmittel besorgt. Anschließend begann die Ungewißheit, ob die Teilnehmer tatsächlich er-

scheinen würden. War dies endlich der Fall, hielt ich den Einführungsvortrag, in dem ich entsprechend meinen Vorstellungen von der Aufgabe Neve Shaloms meine Überzeugung darlegte, daß in unserem Land zwei Völker mit unterschiedlichen Religionen lebten, die beide ein Recht auf Selbstbestimmung hatten. Die Wahl dieses brisanten Themas löste in der Regel heftige Diskussionen und Streitigkeiten aus. Unter Einsatz aller meiner diplomatischen Fähigkeiten mußte ich die Diskussion dann so geschickt moderieren, daß die Wogen nicht überschwappten und die Veranstaltung nicht aufgrund erregter gegenseitiger Anschuldigungen platzte, denn fast jeder war davon überzeugt, absolut im Recht zu sein.
Ein solcher Tag endete wie er begonnen hatte – eher prosaisch: Der Müll mußte entsorgt, das Geschirr abgewaschen und das ganze Gelände einer gründlichen Reinigung unterzogen werden. Meine „Belohnung" für die getane Arbeit war dann eine Lawine von Vorwürfen, die darin gipfelte, daß Neve Shalom durch die politische Thematik zu einer Bühne antiisraelischer Hetze geworden sei. Auch früher hatten hier Begegnungen stattgefunden, aber deren Themenstellung war neutral gewesen. Für Bruno Hussar und seine christlichen Freunde, die von einem unkritischen, schwärmerischen Geist für Israel erfüllt waren, stellte die Wiedererrichtung dieses Staates nach zweitausend Jahren der Diaspora ein Zeichen der Hoffnung auf eine messianische Erlösung dar, denn eine theologische These besagt, daß die Juden den Messias als erste empfangen werden. Sie unterschieden hierbei nicht zwischen Israel als Vision der Erlösung und Israel als Machtstaat, der ein anderes Volk benachteiligte und unterdrückte.
Ich bestand auf der politischen Thematik. Mein Hauptargument war, daß wir den Palästinensern zwar nicht zu Selbstbestimmung und Gleichberechtigung verhelfen, ihnen aber wenigstens als Nachbarn und Mitbürgern zuhören konnten. Ich war überzeugt, daß die Möglichkeit, sich den Kummer von der Seele reden zu können, die Spannungen entschärfen würde. Sehr oft mußte ich bei Vorstandssitzungen daran erinnern, daß unser Abkommen Neve Shalom ausdrücklich als eine Stätte der Begegnung für alle politischen Meinungen vorsah. In einem von mir entworfenen Schreiben, das die Prinzipien unserer Zusammenarbeit darlegte, war verankert, daß jeder das

Recht auf Meinungsfreiheit und auf Anhörung hatte.
Glücklicherweise gab es nur zwei Vorstandssitzungen im Monat. Den Rest der Zeit verbrachte ich allein auf dem Hügel. Es war eine wunderbare Zeit des Aufbaus. Meine Trauer über die Vertreibung aus meinem Paradies, dem Kibbuz Misgav-Am, verflog langsam, und mit großer Begeisterung sah ich mich wieder als Pionier, der nicht nur die Fundamente für eine neue Siedlung legte, sondern auch die Fundamente für eine andere, bessere Form des Zusammenlebens. Die Kombination von geistiger und körperlicher Arbeit entsprach meinen Neigungen und scheint mir ganz allgemein für das Wohlbefinden sehr wichtig zu sein.
Ununterbrochen dachte ich über das neue Leben in Neve Shalom nach. Es sollte kein Kibbuz werden, aber auch kein einfaches Dorf. Das Verhältnis zwischen den Bedürfnissen des Einzelnen und denen der Gemeinschaft mußte ausgewogen sein. Durch die Staatsgründung, zunehmendes Karrierestreben und Wiedergutmachungsgelder aus Deutschland hatte der früher vorhandene Geist der Zusammenarbeit und gegenseitigen Hilfe schwer gelitten. Ich war sicher, daß Menschen sich nach einem sinnvolleren Leben, nach Frieden und Gerechtigkeit sehnten. Um den Überdruß zu vermeiden, der sich in den Kibbuzim als Folge der ständigen obligatorischen Zusammenkünfte – mindestens dreimal am Tag – eingestellt hatte, beschlossen wir, diese den Geist der Gemeinschaft prägenden Treffen auf den Freitag abend, den Sonntag und die jeweiligen Feiertage der verschiedenen Religionen zu legen. Die Sabbatempfänge am Freitagabend waren Stunden des Glücks, in denen wir zusammen aßen, tranken, tanzten und sangen. Wir wollten neue Traditionen schaffen, die dem Geist der Zeit und des Landes als einem Land der Begegnung entsprachen. Ganz besonders aber lag mir die Schaffung einer Friedensschule am Herzen.
Obwohl die Lebensbedingungen nach wie vor sehr einfach waren, hatten wir einige Neuzugänge. So beschloß die Familie Klorman, auf den Hügel zu ziehen, sobald die Lebensbedingungen minimalen Anforderungen wie einer ordentlichen Wohnung, der Versorgung mit Wasser und vielleicht auch Strom genügen würden. Die Herstellung eines solchen Zustandes war äußerst mühsam. Es mußten Genehmigungen bei

den Behörden eingeholt werden. Um das Wasser auf den Hügel zu transportieren, benötigten wir einen Traktor. An allen Ecken und Enden fehlte es an Geld.
Überall suchte ich nach freiwilligen Mitarbeitern und fand schließlich einen Wasseringenieur, einen besonders aktiven Menschen aus der Friedensbewegung, der kostenlos Pläne für die Wasserleitung ausarbeitete, die ein arabischer Unternehmer aus Nazareth dann zum Selbstkostenpreis baute. Ein Architekt aus der Friedensbewegung erstellte Pläne für die Wohnungen, und so konnten die Aufgaben nach und nach durch sehr viel freiwillige Arbeit bewältigt werden.
Was den Strom angeht, hatten wir allerdings etwas Pech. Jonathan hatte viele palästinensische Freunde aus der näheren Umgebung. Manche waren echte Freunde, andere suchten ihren Vorteil in dieser Freundschaft. Einer der letzteren kam eines Tages mit einer Reihe von Freunden überraschend zu Besuch. Sie brachten viel zu essen und zu trinken mit. Da sie gehört hatten, daß wir einen Generator brauchten, offerierten sie uns eine einmalige Okkasion, eine 'wilde mezzie', einen fast brandneuen Generator, den sie uns unbedingt schenken wollten. Mit Geschenken muß man im Orient aber vorsichtig sein. Wenn man sich schon als Beschenkter wähnt, folgt häufig die kalte Dusche: 'Und weil du mein Freund bist, bekommst du ihn fast umsonst.' Dieses „fast umsonst“ wird dann auf der Grundlage eines horrenden Preises berechnet.
Wie sich schnell herausstellte, gehörte der Generator direkt auf den Schrottplatz. Also bedankte ich mich für ihre Freundschaft, teilte ihnen aber mit, daß wir schon in Verhandlungen über einen neuen Generator standen, der so gut wie gekauft war. Dies entrüstete Jonathan, der es unbillig fand, ein Geschenk zurückzuweisen. Nach langem Hin und Her bezahlten wir unser „Geschenk“ schließlich, und – wie nicht anders zu erwarten – gab es nach einigen Stunden seinen Geist auf. Die meisten Palästinenser waren allerdings gute Freunde und zeigten viel Hilfsbereitschaft.
Da Jonathan ein begeisterter Landwirt war, bekam er eines Tages von einem Schweizer Freund Neve Shaloms fünfzig Bienenstöcke geschenkt, die ihm große Freude bereiteten. Als er uns verließ, stellte sich die Frage, was mit den Bienenstöcken geschehen sollte. Einer unserer palästinensischen Freunde,

ein leidenschaftlicher Imker aus dem Nachbardorf, erklärte sich bereit, mich in der Imkerkunst zu unterweisen. Zwar hatte ich schon viele Aufgaben in Neve Shalom bewältigt, daß ich aber auch Imker werden würde, war mir nie in den Sinn gekommen. Der Imker gab mir ein Buch über Bienenzucht, und ich begann, fleißig zu lernen. Bald wurde mir klar, daß warme Brötchen mit Honig zum Frühstück das eine sind, die Erzeugung von Honig aber etwas ganz anderes. Im Nachhinein würde ich jedem raten, die Bienenzucht den Imkern zu überlassen und sich auf den Verzehr von Honig zu beschränken.
Bienen müssen zum Beispiel ab und zu in Gegenden transportiert werden, in denen es viele Blüten gibt. Wo aber gab es mehr Blüten als in Rehovot, wo wir wohnten? Riesige Orangenplantagen überschwemmten die Gegend mit ihrem berauschenden Duft. Der Transport von Bienen, insbesondere der von syrischen Bienen, ist jedoch eine schreckliche Angelegenheit. Die italienischen sollen weniger wild sein. Nach dem ersten Transport hatte ich mich wegen der vielen Stiche sozusagen verdoppelt. Auf meine Frage, wie man denn mit syrischen Bienen umgehen solle, antwortete mir mein palästinensischer Imkerfreund: 'Genauso wie mit den italienischen. Man muß nur damit rechnen, daß die syrischen selbst durch Lederhandschuhe und Schutzhelm stechen.' Das hatte ich bereits am eigenen Leibe erfahren.
Was aber war in Zukunft zu tun, um die schmerzhaften Stiche zu vermeiden? Dieses Problem konnte nur mein palästinensischer Imkerfreund lösen. Überhaupt sollte sich jeder, der ein schwieriges Problem hat, an seine palästinensischen Freunde wenden. Nie werden sie ihre Hilfe verweigern. Die Lösung des Problems ist eine andere Angelegenheit, aber der gute Wille ist immer da. Ich bat ihn also um Hilfe, und er dichtete die Bienenstöcke für den Transport gut ab. Damit war das Hauptproblem gelöst. Nun galt es, Genehmigungen der Plantagenbesitzer zum Aufstellen der Bienenstöcke einzuholen. Da sie zumeist Väter meiner Schüler waren, war auch dieses Problem bald erledigt. Zu meiner großen Freude vermehrten sich die Bienen schnell, und ich mußte immer neue Stöcke aufstellen und konnte fleißig Honig sammeln.
Als die Zeit des Schleuderns kam, stellte sich heraus, daß Neve Shalom keine Zentrifuge besaß. Ein benachbarter arabi-

scher Imker hatte eine, die wahrscheinlich noch von seinem Großvater stammte. Sie war nicht elektrisch, sondern der Honig mußte mit Hilfe einer Kurbel geschleudert werden. Zum Transport dieser schweren Zentrifuge brauchte man eigentlich zwei Personen. So bat ich den Bauern, mir beim Tragen zu helfen. Er fragte entrüstet, weshalb ich als Gast und Rai's (Chef) von Neve Shalom die Last selbst tragen wolle. Er rief seine Frau und seinen kleinen Sohn. Beide setzten das Gerät mit großer Mühe auf den Kopf der Frau, die die Last dann tragen mußte. Selbst meine Tasche durfte ich nicht tragen. Hier hatte ich eine Lektion erhalten: Mit meinen Vorstellungen von der Emanzipation der Frau würde ich in einem arabischen Dorf nicht weit kommen.

Das Schleudern des Honigs selbst war eine spannende Angelegenheit. Bienen sind zwar sehr fleißig, kennen aber nicht das Gebot „Du sollst nicht stehlen." Sobald sie merken, daß in der Nähe Honig geschleudert wird, kommen sie in Scharen, um den Honig zu plündern. Da sich die angegriffenen Bienen dies nicht gefallen lassen, entsteht ein Kampf auf Leben und Tod. Wir sprühten reichlich Rauch, um die Bienen zu betäuben, konnten unsere Arbeit aber nur mit großer Mühe beenden. Dieser Kampf und die Massen toter Bienen werden mir unvergeßlich bleiben.

Leider konnte ich den Honig erst sehr viel später genießen. Als ich völlig zerstochen zu Hause ankam, wollte meine Frau mich sofort ins Krankenhaus bringen. Für mich aber waren die Stiche nicht so wichtig. Ich war stolz auf die fünfhundert Kilogramm Honig, die wir geschleudert hatten. Die Hälfte davon verkauften wir dann an einen cleveren Händler, der mit einem ungedeckten Scheck bezahlte.

Manchmal stießen wir auf die Grenzen, die uns kulturell von unseren Nachbarn trennten. Was tut man zum Beispiel mit kitschigen Gemälden oder bronzefarbenen Amorstatuettchen aus Gips, von denen der Schenkende erwartet, sie bei seinem nächsten Besuch an der Wand hängen oder auf dem Tisch stehen zu sehen? Und wie verhält man sich Beduinen gegenüber? Bis heute lebt in Neve Shalom ein liebenswerter Beduine namens Abd-el-Abed. Unsere Weisen sagen: „Wenn einer eine Seele gerettet hat, ist es so, als ob er die ganze Welt gerettet hätte. Wenn einer aber eine Seele getötet hat, ist es so, als ob er

die ganze Welt umgebracht hätte." Abd-el-Abed ist eine der Seelen, die von Neve Shalom gerettet wurden.
Wie einst unser Vater Abraham zog er mit seinen Herden dorthin, wo es Weidemöglichkeiten für seine Schafe gab. So kam er aus der Gegend von Beer Sheba nach Norden und fand in der Umgebung von Neve Shalom reichlich Weideland - und blieb. Andere Beduinen taten es ihm gleich. Irgendwie lebten sie alle. Aber der Mensch findet keine Ruhe, wenn er nicht auch einen kleinen Platz für das Böse in seinem Herzen bewahrt. Manchmal möchte er an einem unbewachten Ort etwas stehlen, manchmal auch aus den gut bestellten Gärten der Juden eine saftige, süße Frucht essen. Vielleicht schläft der Hirte an einem heißen Tag unter einem schattigen Feigenbaum ein und überläßt seine Schafe sich selbst. Diese sind zwar sehr gehorsam und begnügen sich mit trockenem Gras oder Disteln. Aber sie sind auch nicht ganz dumm und können gut zwischen trockenen Disteln und zartem, saftigem grünen Mais unterscheiden. Wenn der judäische Bauer den Verlust dann bemerkt, regt er sich selbstverständlich furchtbar auf, beschwert sich bei den Behörden und verlangt vielleicht sogar eine Entschädigung von *Keren Kajemet Leisrael* (K.K.L.), der Organisation, die ihm das Weideland verpachtet hat. Bald ist der Teufel los, und alle jüdischen Nachbarn entrüsten sich: 'Die Beduinen sind unser Unglück! Vertreibt die Beduinen!'
Neve Shalom aber vertrieb Abd-el-Abed nicht. Und er hat einen Sinn für Dankbarkeit, kommt oft zu Besuch und bringt fast immer ein Geschenk mit. Er hat viel Zeit, und bei Tee oder Kaffee erzählt er oft interessante, noch öfter belanglose Geschichten. Währenddessen weiden seine Schafe ruhig auf dem Gelände von Neve Shalom. Welchen Schaden können sie schon anrichten? Früher hatte es hier einmal einen Gemüsegarten gegeben; jetzt gab es nur noch einige Bäumchen, die ein paar Freunde und ich ab und zu pflanzten. Wenn es aber keinen Mais gibt, begnügen sich Schafe auch gern mit den Blättern von jungen Bäumchen.
Abd-el-Abed erzählt und erzählt. Ich bemühe mich, höflich zu sein, höre zu oder tue zumindest so. In Wirklichkeit aber ist mein Kopf voller Sorgen. Ich muß noch zum Sekretär des Nachbardorfes, um die Genehmigung für die Wasserleitung einzuholen. Außerdem habe ich einen Termin im benachbar-

ten Kibbuz. In Neve Shalom selbst arbeitet ein Maurer und nutzt sicherlich meine Abwesenheit, um seine Kaffeepausen zu verlängern. Morgen kommen die Materialien für unseren Begegnungsraum, und das Fundament ist noch nicht fertig. Aber Abd-el-Abed hat Zeit. Obwohl ich höflich bleibe und ihm nicht sage, daß ich es eilig habe, merkt er doch, daß ich ihm nicht mehr zuhöre. Dann schweigt er und fragt nur: 'Kif el hal?' *(Wie geht's?)* Und ich muß antworten: 'El hamdu lilla.' *(Gott sei Dank.)*

Trotz dieser Zwangspausen wurde das Fundament schließlich fertig. Der Begegnungsraum bekam einen wunderschönen Fußboden, den der seine Kaffeepausen ausdehnende Maurer gefliest hatte. Es waren sogar schon gebrauchte Klappstühle aufgestellt, die ich billig erstanden hatte. Leider währte diese Freude nur kurz. Eines Nachts kam ein Lkw, lud alle Stühle auf - und weg waren sie. Da die Hunde nicht angeschlagen hatten, müssen wohl nicht sehr freundliche „Freunde" am Werk gewesen sein. Es gab auch schon ein Holzhaus mit fließendem Wasser und eine Toilette mit Wasserspülung für unsere erste Familie. Das erinnert mich an einen weiteren Spruch unserer Weisen: „Der Tag ist kurz. Es gibt viel Arbeit. Die Arbeiter sind träge. Der Lohn ist hoch. Du mußt nicht das ganze Werk vollenden, darfst dich aber auch nicht entziehen."

Im Jahre 1977 jährte sich der UNO-Teilungsplan für Palästina zum dreißigsten Male. Wir organisierten ein Sonderprogramm anläßlich dieses Tages, zu dem wir eine jüdische und eine arabische Schulklasse einluden, die zusammen mit ihren Geschichtslehrern einen ganzen Tag lang über die Aktualität des Teilungsplanes diskutierten und darüber, wie er am besten in der Schule zu unterrichten sei. Am späten Nachmittag war eine Veranstaltung mit erwachsenen Juden und Palästinensern vorgesehen, die zum Ziel hatte, Bäume als Symbol einer grünen Grenze zwischen den beiden Völkern zu pflanzen. Eine jüdische und eine palästinensische Mutter sollten die beiden ersten Bäume pflanzen.

Woher aber so viele Bäume nehmen? Der K.K.L. hatte für die Zionisten einst den wunderbaren Traum von Landkauf und Urbarmachung des Landes wahrgemacht. Für die Palästinenser war er der große Feind, da sie durch die Landkäufe von ihrem Land vertrieben worden waren. Nach der Entstehung

des Staates Israel verlor der K.K.L. seine ursprüngliche Funktion, denn statt der Landkäufe fanden jetzt der Einfachheit halber Enteignungen statt. Der K.K.L. widmete sich von nun an der Aufforstung des Landes. Nicht weit von Neve Shalom besaß er eine Baumschule. Großzügig schenkte mir ihr Leiter die gewünschten Bäume, sagte aber lächelnd: 'Ich nehme an, daß ein Teil derjenigen, die die Bäume pflanzen werden, keine begeisterten Anhänger des K.K.L. sind. Dennoch ist es schön, wenn alle Menschen in Israel Bäume pflanzen.' Er hatte genau verstanden, was wir in Neve Shalom vorhatten.
Zu unserer Feier kamen mehrere hundert Menschen. Die beiden Mütter waren die Palästinenserin Raimunda Tawil, die Schwiegermutter Yasir Arafats, und die Jüdin Ruth Dayan, die ehemalige Frau Moshe Dayans, die sich für Friedensarbeit interessierte. Nach dem Libanonkrieg engagierte sich auch ihre Tochter Yael in der Friedensarbeit, wurde Knessetabgeordnete und traf die mutige Entscheidung, gegen die israelischen Gesetze zu verstoßen und nach Tunesien zu fliegen, um dort Arafat zu treffen.
Mit einem Bäumchen in der Hand, dem Symbol für eine zarte und brüchige Hoffnung auf Frieden, warteten alle gespannt auf Raimunda Tawil. Würde sie kommen, würde sie nicht kommen? Am heutigen Tag, dem 29. November, waren in der Westbank und im Gazastreifen immer Demonstrationen gegen den UNO-Teilungsplan. Auch heute hatte es wieder Unruhen gegeben. Mit Verspätung, wie es sich bei uns gehört, kam sie schließlich an. Als man ihr eines der Bäumchen reichte, sagte sie: 'Ich pflanze das Bäumchen, aber daneben möchte ich die Flagge Palästinas aufstellen. Wir haben zwar im Gegensatz zu euch Juden keinen Staat, aber eine Flagge haben wir auch.'
Die Überraschung war groß, und für Sekunden herrschte drückende Stille. Ich sagte zu ihr: 'Du weißt, daß ich persönlich nichts gegen die palästinensische Flagge habe. Hier sind aber auch Menschen, die sich nur sehr ungern an einer solchen Demonstration beteiligen wollen. Wenn Du jetzt die Flagge aufstellst, wird das das Ende von Neve Shalom sein - ein gefundenes Fressen für die Sensationslüsternen in den Medien. Das Scheitern von Neve Shalom aber nutzt nicht den Friedliebenden, sondern den Gegnern der Palästinenser, für die Neve Shalom ohnehin ein Stachel im Fleisch ist!'

Ich weiß nicht, ob Raimunda mir zuhörte. Sie antwortete jedenfalls, daß sie den Baum nur pflanzen würde, wenn man ihr gestattete zu erklären, warum Juden vor einer palästinensischen Flagge nicht erschrecken müßten. Es wurde ihr gestattet. Hier zeigte sich, wie intolerant selbst angeblich tolerante Menschen sind – sie legten ihre Bäume nieder und gingen. Die meisten allerdings blieben.
Der Tag endete nicht so feierlich, wie ich gehofft hatte. Meine „Gegner" warteten mit ihren Vorwürfen nicht bis zur nächsten Vorstandssitzung, sondern reagierten sofort. Sie warfen mir vor, daß meine politischen Aktivitäten Neve Shalom zum Scheitern verurteilten. Diese Diskussion fand nicht etwa statt, nachdem wir einen erfrischenden Kaffee getrunken und etwas gegessen hatten. Nein. Sie begann sofort nach einem langen, anstrengenden Tag, an dem wir mehr als normalerweise in einer ganzen Woche gearbeitet hatten. Bäume hatten versorgt, Werkzeuge zum Pflanzen der Bäume besorgt und Löcher für die Bäume ausgehoben werden müssen. Poster mußten aufgehängt und Imbiß und Getränke für Hunderte von Menschen vorbereitet sowie ein sehr umstrittener Vortrag vor palästinensischen Kindern gehalten werden. Dazu kam die Spannung: Würden Menschen kommen oder waren alle Anstrengungen umsonst gewesen? Und zum Schluß dann noch die Vorwürfe, die immer erhoben wurden, wenn ich die Politik ins Spiel brachte!
Es gab nicht wenige, die Brunos und Annes Ansicht teilten, daß Neve Shalom sich nicht mit Politik befassen sollte. Anläßlich eines Neujahrsberichtes über unsere Arbeit wurde ich mit Protesten nur so überhäuft. Um die Empfindlichkeiten deutlich zu machen, will ich einen Teil dieses Berichtes wiedergeben:

> „Neve Shalom ist ein Verein von Menschen, die verschiedenen Völkern, Religionen und Weltanschauungen angehören. Sie sind sich einig in der Überzeugung, daß es dringend notwendig ist, aus der bitteren historischen Erfahrung der verschiedenen Völker und Religionen in diesem Land zu lernen und Wege zu suchen, einen offenen Dialog ohne Vorurteile und Vorbehalte zu führen. Wir wollen gemeinsam versuchen herauszufinden, was man tun kann, um in Frieden in diesem Land zu leben, ohne unsere

nationale und religiöse Identität aufzugeben und ohne, daß ein Volk das andere seiner Rechte beraubt und es gegen seinen Willen beherrscht. Eine Jahrtausende währende Geschichte, Unglück und zahllose Kriege haben die geopolitische, nationale, kulturelle und religiöse Wirklichkeit in diesem Land nicht geändert. Die Anwesenheit von verschiedenen ethnischen und nationalen Gruppen ist eine dauerhafte Erscheinung. Genauso dauerhaft ist die tiefe Verbundenheit der drei großen Religionen mit diesem Land. Ein weiteres dauerhaftes Phänomen ist, daß jeder Versuch der einen oder anderen nationalen oder religiösen Gruppe, das Land ausschließlich für sich in Anspruch zu nehmen, zu unendlichen Kriegen, Zerstörungen und Unglück geführt hat, und zwar nicht nur für die Besiegten, sondern früher oder später auch für die Sieger selbst. Wir finden, daß die beiden Völker, die heute in diesem Land leben, genug Leid und Not erfahren haben und endlich lernen müssen, daß Gewalt keiner der an dem Konflikt beteiligten Gruppen die Chance auf Frieden und Sicherheit bietet. Wir sind keine politische Gruppe, und wir haben keine politischen Ziele. Wir wollen aber das politische Bewußtsein vermitteln, daß in diesem Land zwei Völker und mehrere Religionen vertreten sind und daß alle in diesem Land Lebenden einen friedlichen Dialog führen müssen, um in Frieden leben zu können und nicht in Kriegen sterben zu müssen."

Was kann an solchen Sätzen falsch sein? In den Protestbriefen wurde behauptet, daß ich damit den Konsens von Neve Shalom zerstört hätte. Allein die Erwähnung der Tatsache, daß in diesem Land zwei Völker leben oder daß jeder Versuch, das Land für nur ein Volk in Anspruch zu nehmen, im Konflikt enden müsse, empörte manchen sogenannten Friedfertigen.

Trotz aller Kritik gab ich nicht auf, fragte mich aber, was eigentlich mit den Menschen, der „Krone der Schöpfung", im Ebenbild Gottes geschaffen, los ist. Wir pervertieren unsere wunderbaren Fähigkeiten und nutzen zum Beispiel die uns gegebene Sprache hauptsächlich zu Lüge und Heuchelei. Trotz unserer Fähigkeit zu lieben sind die meisten Herzen voller Haß, Eifersucht, Neid und Selbstsucht. Diese Triebe sind stär-

ker als Liebe, Nachsicht und Barmherzigkeit. Selbst die leidenschaftliche Liebe ist in erster Linie Selbstsucht.
Seit meiner Kindheit suche ich trotz vieler Enttäuschungen immer weiter nach einem menschlicheren, friedfertigeren Leben, einem Leben voller Liebe, das ich als Kind entbehren mußte. Die meisten Menschen begeistern sich schnell für Ideen wie Toleranz, Nächstenliebe, die Akzeptanz des anderen in seinem Anderssein. Dennoch bleiben sie letztendlich stur und unerbittlich, wenn der andere sich nicht ändert und ihre Erwartungen nicht erfüllt. Ich habe mich immer bemüht, andere nicht abzulehnen oder zurückzuweisen, auch wenn sie mich enttäuschten.
Nach heftigen Diskussionen zog wieder der Alltag in Neve Shalom ein. Die neue Wasserleitung würde teilweise über die Felder des benachbarten Moschavs führen. Hierzu waren drei Anträge nötig und viel Geduld, denn die Mühlen der Bürokratie mahlten langsam. Wir aber brauchten das Wasser schnell. In dem benachbarten Moschav lebten Juden aus Indien. Ich konnte mir nicht vorstellen, daß es in Indien auch so komplizierter Verfahren bedurfte, um eine Wasserleitung zu bauen. So ging ich zu dem Sekretär des Moschavs, erkundigte mich nach seiner Familie, nach den Problemen des Moschavs und seiner Rentabilität, trank etwa fünfzig Tassen Tee mit ihm, warf seine Kinder in die Luft, holte einen Tierarzt (einen meiner ehemaligen Schüler) für sein krankes Pferd, und nach ein paar Tagen saßen wir zusammen in seinem Büro, um Landkarten zu studieren, die den Verlauf der Wasserleitungen in der Nähe Neve Shaloms zeigten. Wir verpflichteten uns schriftlich, jeden Schaden zu bezahlen, der durch den Bau der Wasserleitung entstehen würde. Daraufhin überreichte er mir die Genehmigung des Vorstandes zum Bau der Leitung über das Land des Moschavs. Zwei Wochen später floß in Neve Shalom Wasser. ‘Wunderbar! Wie hast du so schnell eine Genehmigung bekommen?’ fragte mich eine zwanghafte Formalistin mit großem Respekt vor den Behörden. Ich zeigte ihr stolz den Brief. Aber nein! Furchtbar! Reuven stürzt Neve Shalom ins Unglück.
Selbst um einen Hühnerstall zu bauen, mußte man einen Antrag stellen. Ungefähr ein Jahr dauerte das Procedere von der Antragstellung bis zur Genehmigung. Da wir nicht so viel Zeit

hatten, baute ich unter Umgehung der Bürokratie Häuser, Straßen, ein Abwassernetz, selbst ein Stromnetz mit eigenem Generator. Ein Teil der Häuser steht bis heute, aber immer mußte ich eine Lawine von Vorwürfen ertragen.
Sicherlich hat mein Hang zur Improvisation Vor- und Nachteile. Aber um eine Siedlung ordnungsgemäß zu bauen, braucht man in erster Linie viel Geld – am besten von der *Jewish Agency*. Dann liegt eine siebenstellige Summe abrufbereit auf dem Bankkonto. Ein Team von Spezialisten plant die Infrastruktur: geteerte Straßen, Wasser, Strom, Telefon, Abwasser, Speiseraum, Wohnungen, Magazine für Vorräte, Verkehrsmittel und mindestens zwei Traktoren. Wir aber besaßen genau neuntausend Mark und einen gebrauchten Traktor, den wir für zwölftausend Mark gekauft hatten. Schließlich bekamen wir aus Deutschland eine Spende über fünfzigtausend Mark für die Wasserleitung. Da wir aber auch eine Straße bauen mußten, um nach dem ersten Regen nicht im Schlamm steckenzubleiben, mußten die fünfzigtausend Mark für Wasserleitung und Straße reichen.
Normalerweise braucht man in Israel für den Bau einer Straße ein Budget von einer halben oder einer ganzen Million. Also mußten wir improvisieren. Ich ging zum Vater einer ehemaligen Studentin, einem Unternehmer, und erzählte ihm, was er ohnehin schon wußte, wie wichtig nämlich eine Straße im Winter sei. Er erklärte sich schließlich damit einverstanden, uns seinen Bulldozer von Freitag nachmittag bis Samstag abend zur Verfügung zu stellen. Dann bestellte ich in der Altstadt zehn Lkws. Da ich als Student in der Straßenbauabteilung der Stadt Jerusalem gearbeitet und dort gute Freunde hatte, erhielten wir am Wochenende auch die benötigte Walze und einen Wassertank. Die Lkws holten unser Baumaterial von einem benachbarten arabischen Steinbruch. Ich verteilte Kies und Sandstein mit dem Bulldozer, sprang auf den Wassertank, um alles zu wässern, und planierte das Material mit der Walze. Nach zwei Wochenenden war die Straße fertig. Zwar war sie sehr staubig, aber immerhin hatten wir eine Straße.
Das eigentliche Problem lag jedoch noch vor uns. Da die deutschen Freunde für eine Wasserleitung und nicht für eine Straße gespendet hatten, brauchten wir Rechnungsbelege über eine Wasserleitung in Höhe von fünfzigtausend Mark. Wir hatten

aber nur Belege über den Straßenbau. Ordnung muß sein! Unter Aufbringung meiner ganzen Überzeugungskraft gelang es mir schließlich, den deutschen Freunden klar zu machen, daß man auf einem Hügel nur dann Wasser trinken kann, wenn es auch eine Straße gibt, um das Wasser dorthin zu transportieren. Letztendlich brachten sie mehr Verständnis für meine Improvisationen auf als mancher in Neve Shalom. Der *Caritas-Verband Deutschland* zum Beispiel spendete zehntausend Mark für Notunterkünfte (Zelte). Ich baute statt dessen einen Begegnungsraum und schickte die Belege nach Deutschland, was nach einigem Hin und Her schließlich auch akzeptiert wurde.

Wenn wir auf dieser Erde erlöst werden und nicht auf den Himmel warten wollen, müssen wir lernen, den Nächsten so zu akzeptieren wie er ist – mit allen seinen Mängeln und guten Seiten. Gott ist im Himmel, die Erde aber ist den Menschen gegeben. Alles was gut oder schlecht auf der Erde ist, wird von Menschen gemacht. Der Versuch, Gott die Grausamkeiten von Auschwitz, Kriege – „gerechte" wie „ungerechte" – oder menschliche Niedertracht anzulasten, ist Gotteslästerung. Ein jüdischer Spruch besagt, daß zwar alles vorherbestimmt sei, der Mensch aber die Entscheidungsfreiheit habe. Der Mensch – und nicht Gott – ist dafür verantwortlich, daß Westeuropa seit fünfzig Jahren Frieden hat und daß davor nie mehr als zwanzig Jahre ohne irgendeinen Krieg vergingen. Egoismus und Blindheit gegenüber den Bedürfnissen und Problemen des Nächsten sind die Gründe für solche Fehlentwicklungen.

Martin Buber erzählte die chassidische Geschichte von einem Juden, der zu wenig Parnosse hatte und seinen Rabbi um Rat fragte. Rabbis hatten eine tiefe Menschenkenntnis, und dieser Rabbi verstand, daß der Mann sich eine andere Arbeit suchen mußte. Er riet ihm, etwas seinen Fähigkeiten Entsprechendes zu tun. Der Jude wurde erfolgreich und reich, hatte aber wenig Zeit - auch nicht für den Rabbi und seine Gemeinde. Als ein paar Jahre vergangen waren, empfand er eine gewisse Trauer und Unzufriedenheit. Er erinnerte sich an den Rabbi, ging zu ihm und sagte: 'Ich habe Geld. Mein Handel ist erfolgreich. Ich kann mir alles kaufen, was ich will. Dennoch bin ich traurig. Können Sie mir sagen, warum?' Darauf der Rabbi: 'Schau durch das Fenster. Was siehst du?' –'Ich sehe die Straße, Menschen, spielende Kinder, manche lachen, manche haben es eilig – das übliche Leben auf der Straße.' – 'Jetzt schau bitte in den Spiegel', sagte der Rabbi. 'Was siehst du?' – 'Was ich sehe? Mich selbst natürlich!' – 'Das genau ist dein Problem', war die Antwort. 'Wenn zwischen dem Menschen und der Welt eine Schicht von Silber ist, sieht man nur noch sich selbst. Und immer nur sich selbst zu sehen, ist traurig und langweilig.'

Obrigkeitshörige Menschen haben es mit meinem Arbeitsstil schwer. Meine Spontaneität und Improvisationen gaben Anlaß zu manchem Streit. Selten erschien mir etwas unmöglich, und selten konnte ich „nein" sagen. Da es mir wichtig war, mit unserer Botschaft zu möglichst vielen Menschen durchzudringen, setzte ich mich immer wieder dafür ein, daß Gruppen, insbesondere deutsche Gruppen, nach Neve Shalom kamen. So waren die wenigen Bewohner Neve Shaloms mit sehr vielen Gästen konfrontiert. Schnell machte sich Empörung über die „ungeplanten Invasionen" breit. Man warf mir auch zu schnelle Entscheidungen vor, übersah dabei aber, daß oft schnell und unbürokratisch entschieden werden mußte und nicht alles im Vorstand diskutiert werden konnte.

Unser kleiner VW-Transporter zum Beispiel war alt und klapperig. Als sich die Gelegenheit ergab, einen fast neuen Peugeot- Transporter mit nur wenigen Kilometern zu einem äußerst günstigen Preis zu kaufen, griff ich schnell zu. Meine Lebenserfahrung sagte mir, daß wir sonst in Kürze ohne Auto sein würden, denn für ein neues Auto hatten wir kein Geld. Aber wieder hatte ich autokratisch entschieden! Das Auto fuhr mehr als zehn Jahre, hatte nur wenige Reparaturen, und erst ein Unfall beendete sein Dasein. Wer heute nach Neve Shalom kommt, kann noch den Traktor, den ich damals kaufte, im Olivenhain arbeiten sehen. Auch dieser Kauf wurde als autokratische Entscheidung verurteilt. Trotz meiner vielen „Fehler" wuchs Neve Shalom, und ein Traum wurde langsam wahr.

Heute ist es ein anerkanntes und sehr bekanntes jüdisch-palästinensisches Dorf mit mehr als hundert Einwohnern – zur Hälfte Juden, zur Hälfte Araber. Den Stamm Neve Shaloms bilden noch bis heute die Menschen, die ich veranlaßte, dorthin zu kommen. In Neve Shalom gibt es eine Grundschule, einen Kindergarten und eine Friedensschule, die gut funktionieren. Nava Sonnenschein und ihre Mitarbeiter entwickelten eine erfolgreiche Friedenspädagogik. Die Kinder wachsen zweisprachig auf, und wie alle Kinder sind sie manchmal Freunde, manchmal zanken sie sich. Aber alle haben ein tief eingeprägtes Friedensbewußtsein, was in einer Ausstellung von Kinderzeichnungen über den Frieden im Speiseraum zum Ausdruck kommt.

Nava Sonnenschein gewann ich bei einer Friedenskundgebung in Nazareth für Neve Shalom. Ich stellte mich einfach auf die Bühne, berichtete kurz über unser Vorhaben und fragte, wer sich für dieses Projekt interessiere. Nava und eine Freundin meldeten sich. Ohne Nava ist die Friedensschule in Neve Shalom nicht denkbar. Die Grundlage der Friedensarbeit bilden jedoch nach wie vor die von mir eingeführten Begegnungen, wie etwa die zwischen arabischen und jüdischen Schulklassen. Neve Shalom ist nicht die Verwirklichung des Reiches Gottes auf Erden, aber es ist ein Stück Gelobtes Land, in dem Angehörige beider Bevölkerungsgruppen bewußt gemeinsam leben - auch wenn dies nicht ohne Streitigkeiten abgeht. Diese werden im Dialog, manchmal im erregten Dialog, geregelt, aber noch nie wurden Polizei oder Gerichte eingeschaltet. In einer Welt voller Haß und Kriege bedeutet das schon ein Stück erlöste Welt.

Über die Vertreibung aus meinem Paradies spreche ich nur sehr ungern und tue es auch hier nur deshalb, weil ich oft gefragt werde, weshalb mein Name in Publikationen über Neve Shalom nicht erscheint. Die Darstellung des Hintergrundes dieser Angelegenheit kann vielleicht als Lehre darüber dienen, wie man mit Menschen nicht umgehen sollte.

In der Anfangszeit Neve Shaloms lebte dort außer Bruno auch Rina Geftman, die ihn liebte und bewunderte und ihm viel half. Aber dann kam Anne und brachte mit ihrem Anspruch auf ausschließliche Liebe die Dinge durcheinander. Lange schwankte Bruno zwischen Anne und Rina, die wohl schließlich spürte, daß Brunos Herz mehr Anne gehörte - und Neve Shalom verließ. Annes und Brunos Liebe dauerte mehr als zwanzig Jahre. Selbst in schwierigsten Zeiten stand sie Bruno zur Seite und ernannte sich zu seinem Schutzengel. In ihren Augen war er ein vom Geist Gottes erfüllter Prophet, dessen Charisma sie vollkommen erlag.

Aber auch ich hatte ein gewisses Charisma und darüber hinaus noch manche praktischen Fähigkeiten. Dafür ging mir Brunos Sinn für Gebet, Meditation und geistig-mystische Erfahrungen ab. Beiden war ich zu propalästinensisch und zu politisch. Insbesondere Anne haßte die politische Unruhe, die ich verbreitete. Statt bei den Begegnungen über Geist, Liebe, Gott, Erlösung und andere erhabene Werte zu sprechen, drehten sich die Diskussionen immer wieder um Landenteignung, Diskriminierung, Verfolgung und Machtmißbrauch. Anne verabscheute diese Diskussionen wie ein orthodoxer Jude den Genuß von Schweinefleisch. Sie litt darunter, daß Bruno seine charismatische Ausstrahlung mit mir teilen mußte. Während er Gottesdienste zelebrieren und den Teilnehmern ein tiefes geistiges Erlebnis vermitteln konnte, spielte ich wunderbar Mundharmonika, organisierte schöne Sabbatempfänge und gemeinsame Feste. Anne hatte auch Angst, daß Brunos Vision sich weniger durchsetzen würde als meine. Obwohl sie mich ohne Zweifel als Menschen mochte, verdrängte ihre fanatische Liebe zu Bruno und seiner begeisternden, aber unpolitischen Vision ihre Vernunft und Toleranz. Um Brunos Vision durchzusetzen, mußte sie mich loswerden, und dafür fand sie auch Verbündete.

Eines der Feste, das ich gestaltete, war ein ökumenischer Sederabend, den wir mit jüdischen, moslemischen und christlichen Freunden feiern wollten. Meine Frau bereitete alles meisterhaft vor. Die Tische waren schön gedeckt. Wir erwarteten zwanzig Menschen. Es kamen aber vierzig. Anne und Bruno gerieten in Panik. Sie waren darüber erbost, daß ungeladene Gäste erschienen und wollten mich zwingen, diese wegzuschicken. Da ich mich aber mein ganzes Leben lang bemüht habe, mein Denken mit meinem Handeln in Einklang zu bringen, wollte ich nicht nachgeben. Der erste Satz am Sederabend lautet: „Das ist das karge Brot, das unsere Vorfahren in Ägypten gegessen haben. Jeder, der Hunger hat, soll kommen und essen. Jeder, der bedürftig ist, soll kommen und Pessach mit uns feiern. Dieses Jahr sind wir noch Knechte, nächstes Jahr werden wir frei sein im Land Israel." Wie kann ich solche Sätze sagen, nachdem ich gerade zwanzig Menschen vertrieben habe. Also blieben sie, und wir arrangierten Tische, Stühle und alle möglichen Kisten so, daß für alle Platz war. Nach einer Stunde war alles genauso schön wie vorher. Um das Essen

machte ich mir keine Sorgen, denn wenn meine Frau für zwanzig Personen kocht, können sich fünfzig gut satt essen.
Es wurde einer der schönsten Sederabende, die ich je erlebt habe. Für viele stellt er bis heute eine einmalige Erinnerung dar. Dieser Abend erinnerte mich an die chassidische Geschichte, in der ein berühmter Rabbi in eine andere Stadt fuhr. Da es eine große Ehre war, mit dem Rabbi in demselben Abteil zu sitzen, war er nie allein. Viele drängten sich, manche sogar unhöflich, um einen Platz neben ihm zu ergattern. Plötzlich bemerkte der Rabbi einen schüchternen Chassiden, der traurig auf das voll besetzte Abteil blickte. Der Rabbi wandte sich ihm zu und sagte: 'Komm doch her!' - 'Es ist doch kein Platz,' antwortete der Chassid. Darauf der Rabbi: 'Laßt uns Freunde sein. Dann wird sich schon Platz finden.' Und wenn der Rabbi es sagt, machen die Chassidim selbstverständlich sofort Platz. Auch an unserem Sederabend hatte jeder Platz gefunden, und niemand mußte traurig weggehen.
Aber zurück zu unseren Streitigkeiten. Bruno war Mönch und Pfarrer. Er hatte immer von Spenden und Almosen gelebt. Ich jedoch war durch die Schule der Arbeiterbewegung gegangen, die an die „Religion der Arbeit“ glaubte. Es schien mir eine Schande, das eigene Essen nicht selbst zu verdienen. Zwar rief ich dazu auf, für Neve Shalom zu spenden, aber diese Spenden sollten der Schaffung von Arbeitsplätzen dienen. Ich dachte dabei an Führungen und Seminare über Israel. Einer meiner Berliner Freunde bemühte sich um ein Darlehen für uns, so daß wir einen Kleinbus für die Reisen kaufen konnten. Als das Geld eintraf, schlug man vor, anstatt einen Bus zu kaufen, Häuser für die Gemeinde zu bauen. Wenn ich auch im Nachhinein denke, daß dieser Vorschlag richtig war, so hatte ich doch damals nicht das geringste Verständnis dafür. Entsprechend meinen Prinzipien argumentierte ich, daß wir die fünfzigtausend Mark, eine Freundschaftsgeste mir gegenüber, nur auf mein persönliches Versprechen hin erhalten hatten, das Geld zurückzuzahlen. Da den anderen der Bau von Wohnungen und die Gründung der Gemeinde viel wichtiger waren als Friedensschule und Friedenstourismus, gab ich schließlich nach. Während ich aber das Projekt durch diese Einstellung nicht bedroht sah, betrachteten die anderen meine Bestrebungen als Gefahr für die Gemeinde.

Ilan und Anne verbündeten sich gegen mich. Ilan war und ist ein engagierter Friedensmensch, der in bezug auf den Aufbau der Gemeinde sehr pragmatisch vorging. Er schloß sich Annes und Brunos Meinung an, daß man die Friedensarbeit reduzieren und alle Kräfte auf den Aufbau der Gemeinde konzentrieren müsse. Oft verbirgt sich Ehrgeiz hinter angeblich prinzipiellen Fragen. Man behauptete, daß ich gegen die Gemeinde sei, was überhaupt nicht stimmte. Es entstand eine ziemlich unheilige Allianz mit dem Ziel, mich aus Neve Shalom zu vertreiben.

Am meisten überraschte und enttäuschte mich der Eifer, mit dem Bruno mich loswerden wollte. Stundenlang versuchte ich, gegen taube Ohren anzureden und alle zu überzeugen, daß unser gemeinsamer Glaube an Toleranz uns verpflichte, weiter zusammenzuarbeiten. Ich bat Bruno um Vernunft und hielt ihm vor, daß sein Verhalten eine Sünde gegen seine Überzeugungen, seine christliche Verantwortung und unsere Entscheidung für Toleranz und Dialog sei, nach der jeder entsprechend seinen Fähigkeiten seinen Beitrag leisten sollte und Negatives toleriert werden mußte. Aber alles Reden war vergebens. Bruno blieb stur: er oder ich! Es bildeten sich zwei Lager. Bruno, Anne und diejenigen, die der Gemeinde den Vorrang einräumten, gegenüber den meisten Mitgliedern des Vereins, die glaubten, daß auch weiterhin Friedensarbeit geleistet werden sollte. Ich hätte gute Chancen in dieser Auseinandersetzung gehabt, schreckte aber davor zurück, gegen Friedensfreunde kämpfen zu müssen. Außerdem wollte ich die Gruppe, die ich nach Neve Shalom gebracht hatte, nicht vertreiben. Ohne die Frage zur Abstimmung zu bringen, die eine Spaltung Neve Shaloms zur Folge gehabt hätte, entschied ich mich für den Weg Abrahams – und ging.

Seit damals habe ich nie ein schlechtes Wort über Neve Shalom verloren und Menschen immer ermutigt, für Neve Shalom zu spenden. Ich bin auch mit Bruno, Anne, Ilan und allen anderen in guter Beziehung geblieben und bringe alle Gruppen, die mit mir reisen, für zwei oder drei Tage in dem kleinen, angenehmen Hotel von Neve Shalom unter. Ich möchte meine Arbeit mit den Gruppen an Neve Shalom übergeben und mich zurückziehen.

Kürzlich las ich Bruno Hussars Buch über Neve Shalom. Das

Buch endet mit der Krise im Jahre 1976. Dort beschreibt er seine Gefühle in dem Augenblick, in dem er meinte, mit seinen Hoffnungen fast gescheitert zu sein, weil niemand außer dem Engländer Jonathan auf dem Hügel geblieben war, und stellte Gott ein Ultimatum:

> „Welchen Weg sollte ich gehen? Wen sollte ich um Rat bitten? Schließlich beschloß ich, mich an die einzige Person zu wenden, die mir Klarheit verschaffen konnte: Gott. So stellte ich Gott ein „Ultimatum“: ein Jahr, um mich wissen zu lassen, ob er mein Verbleiben auf dem Hügel wünsche oder nicht. Ich war zum Weggehen entschlossen, wenn nicht zwei Zeichen einträten: das Kommen einer Familie, Juden oder Araber, die zu einem Leben in Neve Shalom entschlossen wäre; und das Geschenk der für den Baubeginn des Friedensdorfes notwendige Summe. Beide Zeichen wurden nach wenigen Monaten gewährt. Ich war darüber nicht besonders glücklich, da ich aus mangelndem Glauben etwas anderes vorausgesehen hatte. Einmal mehr machte ich die Erfahrung, wie unangenehm es sein kann, wenn Gott unsere Bitten ernst nimmt: Dann ist man mit Beschlag belegt und kann nicht mehr zurück. Alex und Tsafi, jüdische Lehrer im Jugenddorf Ben-Shemen, kamen zu uns auf den Hügel. Mit seltenen menschlichen und pädagogischen Gaben gesegnet, gaben sie den Anstoß zum Gemeinschaftsleben von Neve Shalom. Dank ihrer Gegenwart kamen auch andere Familien. Als sie nach einem Jahr aus persönlichen Gründen gezwungen waren zu gehen, war Neve Shalom der Schwung zum Weitermachen gegeben worden.“[130]

Alex und Tsafi waren wunderbare Menschen, und Alex hat sicherlich auch viel für Neve Shalom getan. Dies gilt weniger für Tsafi, die sich intensiv ihrem Archäologiestudium widmete, das sogar von Neve Shalom finanziert wurde. Beide kamen aber erst dorthin, als ich schon für Wasser, Strom, ein Abwassersystem, eine Strasse, ein schönes Holzhaus für die beiden und auch ein kleines Häuschen für Peter und Sybil, zwei

130 *Bruno Hussar*, „Ein Weg der Versöhnung: Juden, Christen und Moslems in Israel“, Mainz 1988, S. 119/120

Schweizer Freunde, gesorgt hatte. Nach Brunos Version gab es mich in Neve Shalom überhaupt nicht. Ich hingegen denke, daß ich die Infrastruktur und den Rahmen für die Friedensschule gestaltet habe. Wollte Bruno lügen oder verdrängte er mich einfach, weil sich meine Ansichten und mein Arbeitsstil vollkommen von seinen unterschieden, ihm unangenehm waren und ihn verunsicherten? War er deshalb meinen Leistungen gegenüber blind?
Mich macht ein solches Verhalten traurig, denn es stellt meine Hoffnung auf die Möglichkeit eines neuen Denkens und Bewußtseins in Frage. Für viele war Bruno ein Heiliger oder zumindest doch ein guter und ehrlicher Mensch. Aber auch er war gegen Neid, Eifersucht und Heuchelei nicht gefeit. Vielleicht trieb ihn auch doktrinäre Blindheit, die davon ausgeht, daß diejenigen, die nicht für uns sind, automatisch gegen uns sein müssen. Und wenn sie gegen uns sind, müssen sie auf die eine oder andere Art „erledigt" werden; ideologische „Deviationen" können nicht geduldet werden. Dieser menschliche Hang zum Totalitären hat schon oft zu Vertreibung, Verbannung oder sogar Vernichtung von Freunden – und entsprechender Geschichtsumschreibung geführt.
Seit dem Ende meiner Arbeit in Neve Shalom sind fünfzehn Jahre vergangen, und heute sehe ich vieles anders als damals. Wäre ich geblieben und hätte weiterhin Seminare zur politischen Bildung durchgeführt, wäre Neve Shalom wahrscheinlich der propalästinensischen Propaganda verdächtigt worden – mit allen Konsequenzen, die dies damals gehabt hätte. Mein mangelndes Verständnis für die absolute Priorität des Aufbaus der Gemeinde hätte möglicherweise dazu geführt, daß auch die Friedensschule nicht entstanden wäre. Wann immer ich heute nach Neve Shalom komme, bin ich von dem pulsierenden Leben auf dem Hügel gerührt. Es gibt dort Häuser, Blumen, eine Schule, eine Jugendherberge, das bereits erwähnte Hotel und einen Speiseraum mit gutem Essen. Zum größten Teil sind diese Errungenschaften dem harten Kern zuzuschreiben, den ich nach Neve Shalom brachte: Nava und Kobi, Ilan und Tamar, Abed und Aischi, Etan und Semadar.
Zu Beginn meiner Arbeit in Neve Shalom erfuhr ich, daß eine Gruppe amerikanischer Sufis zu einem zweiwöchigen Seminar kommen wollte. Ich freute mich darauf, denn die Sufis

stellen innerhalb des Islams eine wenn auch mystische, so doch humanistische und friedfertige esoterische Strömung dar. Die Gruppe wurde von Benavscha geleitet, einer energischen, klugen und interessanten Frau, die auch vor grober Arbeit nicht zurückschreckte. Sie kam eine Woche vor Beginn des Seminars mit ihrem Sohn, um alles vorzubereiten. Durch die enge Zusammenarbeit entstand eine intensive Freundschaft zwischen Benavscha und Jonathan, der mir gleich nach meiner Ankunft von seiner großen Einsamkeit berichtet hatte. Mit Ausnahme der Wochenenden, an denen Bruno und Anne aus Jerusalem nach Neve Shalom kamen, lebte er mit seinen beiden Hunden absolut allein auf dem Hügel – nur durch ein klappriges Auto mit der Außenwelt verbunden. So war diese neue Freundschaft für Jonathan ein Segen.
Die Sufis sangen viel und führten tiefsinnige Gespräche. Es war aber nicht zu übersehen, daß einige von ihnen drogenabhängig waren. Wenn uns dies auch besorgte, unternahmen wir nichts, da die Gruppe ohnehin bald nach Amerika zurückkehren wollte. Wir waren daher geradezu entsetzt, als wir erfuhren, daß sie die Absicht hatten, sich auf Dauer in Neve Shalom niederzulassen. Ich war auch sicher, daß ihre Vorstellungen und Erwartungen fundamentalistisch-messianischer Natur waren. Solche Ziele aber deckten sich nicht mit unseren beziehungsweise meinen Zielen, die in der Gründung einer zwar nicht areligiösen, aber doch eher säkulare Ziele verfolgenden Friedensschule bestanden und auf gar keinen Fall mystischer Natur waren.
Ein noch größeres Problem bestand in der Drogenabhängigkeit eines Teils der Gruppe. Darüber kam es zu stundenlangen Diskussionen und Streitereien. Wenn die Gruppe gehen müßte, würde auch Benavscha gehen, da sie sie nicht im Stich lassen wollte. Das aber hieß, daß auch Jonathan uns verlassen würde. Er war Benavschas Sohn inzwischen ein wunderbarer Vater geworden und verstand sich auch mit ihr sehr gut. Aber alle Vorstandsmitglieder außer Jonathan selbst waren sich in ihrer Ablehnung des Vorschlags einig. Selbst Kompromißvorschläge der Art, daß nur ein Teil der Gruppe bleiben sollte, wurden abgelehnt. So verließ Jonathan uns schließlich.
Im Nachhinein glaube ich, daß wir hier einen Fehler machten und den Kompromißvorschlag hätten annehmen sollen. Viel-

leicht wären die Verbleibenden engagierte Menschen geworden, denn sie waren von der Friedensarbeit überzeugt, glaubten an den Wert der Zusammenarbeit von Menschen verschiedener Weltanschauungen und hätten sich vielleicht in die Arbeit von Neve Shalom integriert oder wären von selbst wieder gegangen.
Manchmal denke ich, daß meine Vertreibung aus Neve Shalom eine Strafe für meine Inkonsequenz in dieser Angelegenheit war, denn auch ich hatte mir hier im Namen von Idealen, Glauben und Überzeugungen angemaßt, meinen Weg als den einzig richtigen zu betrachten, anstatt mich der Maxime des großen Hillels zu beugen, der sagte: „Beurteile Deinen Freund nicht, bevor Du in seiner Lage gewesen bist." Auch in Matthäus 7 findet sich diese Idee wieder: „Verurteilt nicht andere, damit Gott nicht euch verurteilt. Denn euer Urteil wird auf euch zurückfallen, und ihr werdet mit demselben Maß gemessen werden, das ihr bei anderen anlegt." Im Babylonischen Talmud heißt es: „Als Hillel einst einen Schädel auf dem Wasser schwimmen sah, sprach er: 'Weil du ertränkt hast, haben sie dich ertränkt, und auch die, welche ertränkt haben, werden ertränkt werden.'" Leider habe ich diese Weisheiten damals nicht beachtet und den ohnehin nicht wenigen Sünden meines Lebens noch eine weitere hinzugefügt.
Auch nachdem ich Neve Shalom verlassen hatte, gab es dort Reibereien, wie zum Beispiel darüber, ob man die Hilfe des amerikanischen Botschafters als des Vertreters einer Macht, die den Nöten des palästinensischen Volkes unfreundlich gegenüberstand, in Anspruch nehmen dürfe. Aber nie wieder habe ich mich in die inneren Angelegenheiten des Dorfes eingemischt.
Eine Frage jedoch läßt mich seit damals nicht mehr los: Gibt es eine Möglichkeit, die Kluft zwischen leidenschaftlichen Überzeugungen und vernünftigem Denken zu überbrücken? Können wir das Umschwenken von Liebe in Haß oder Gleichgültigkeit verhindern, wenn wir von einem Menschen oder einer Idee enttäuscht werden? Sollen wir im Sinne Hillels, Jesu, Kants und Bubers versuchen, unsere Differenzen im Dialog zu überwinden und uns in den Nächsten versetzen, oder sollen wir wie der Skeptikerprediger Salomon in Passivität verharren, der meint: „Was geschehen ist, eben das wird

hernach sein. Was man getan hat, eben das tut man hernach wieder, und es geschieht nichts Neues unter der Sonne."[131]

In Psalm 133 heißt es: „Siehe, wie fein und lieblich ist´s, wenn Brüder [und Schwestern, würden wir heute sagen] einträchtig beieinander wohnen!" Wie oft haben Anne, Bruno und ich einträchtig beieinander gewohnt, und mit wieviel Kritik bin ich dann später konfrontiert worden! Wie glücklich waren wir alle, als wir gemeinsam das christliche Weihnachtsfest und das jüdische Chanukkafest feierten! Wie gerührt war Bruno, als ich die Chanukkakerzen anzündete und segnete, und wie gerührt war ich, als Bruno im Kloster Latrun die Weihnachtsmesse las. Und doch kam es zum Streit. Woher kommt die Kälte, die uns die Wonne der Liebe, der Freude, der Solidarität, der ehrlichen und herzlichen Begeisterung so schnell vergessen läßt? Können wir trotz unserer leidenschaftlichen Überzeugungen, die sich als Glaube verkleiden, auch die Überzeugungen und das Handeln Andersdenkender achten und tolerieren, ohne zu versuchen, sie im besten Fall einfach aus unserem Bewußtsein zu verdrängen? Bruno wollte ohne Zweifel nicht lügen, aber die Wahrheit war ihm auch nicht angenehm, und so hat er sie durch Schweigen ersetzt.

Auch der große jüdische Schriftsteller und Nobelpreisträger Isaac Bashevis Singer stellt den Menschen als Knecht seiner Leidenschaften dar. Für ihn steht der Glaube im Widerspruch zur menschlichen Natur, da unsere Leidenschaften viel stärker sind als unser Glaube und wir deshalb den Auftrag Gottes nicht erfüllen können. Bleiben uns also nur Skeptik, Enttäuschung und Ernüchterung? Lao Tse empfiehlt, zumindest zu versuchen, eine Brücke zwischen Glauben und Leidenschaften zu schlagen, auch wenn er der Meinung ist, daß dies letztendlich nicht möglich ist. Ich möchte mit Papiernikoff[132] antworten:

Soll sein, dass ich bau in der Luft meine Schlösser.
Soll sein, dass mein Gott ist im ganzen nicht da.
Im Traum ist mir heller, im Traum ist mir besser,
im Traum ist der Himmel noch blauer als blau.

131 *Kohelet*, 1.9

132 *Josef Papiernikoff* (*1899), jiddischer Schriftsteller

Soll sein, dass ich werd' mein Ziel nicht erreichen.
Soll sein, dass mein Schiff wird nicht kommen zum Steg.
S'geht mir nicht darum, ich soll was erreichen.
S'geht mir um den Gang auf einem sonnigen Weg.

Der im Bus fahrende Don Quichotte

Mit dem Verlassen Neve Shaloms erwies sich mein letztes und scheinbar sicheres Ufer als Fata Morgana. Als ich mich für Neve Shalom entschieden hatte, war ich fast achtundvierzig Jahre alt und hatte einen Mann – Acharon David Gordon[133] – vor Augen, der 1904 in demselben Alter mit der Absicht nach Palästina gekommen war, ein neues Leben zu beginnen. Sein Bild ist heute noch in manchen Schulen, Museen und Bibliotheken zu finden. Viele Straßen tragen seinen Namen. Seine Lehre aber haben die meisten Israelis vergessen.
Gordon glaubte, daß die Juden sich von der Natur entfernt hätten und wollte sie zur Rückkehr zu Natur und Arbeit bewegen. Seine Lehre wurde als „Religion der Arbeit" bezeichnet. Er war einer der ersten Umweltschützer und kämpfte gegen den Begriff „Natureroberung" an, denn er ahnte, daß Eroberung Widerstand erwecken und die eroberte Natur sich rächen würde. Er wollte mit und in der Natur leben. Zwei wichtige Aspekte seiner Lehre sind Friedfertigkeit und Gewaltlosigkeit. Er hatte viele Schüler, von denen manche zu den prägendsten Gestalten Israels gehören, wie zum Beispiel der dritte Ministerpräsident Israels, Levi Eschkol. Seine wahren Schüler weigerten sich, Gewalt auszuüben und verzichteten bewußt auf bewaffneten Widerstand und Rache. Auch meine Entscheidung für Neve Shalom und mein bewußter Verzicht auf einen Streit waren von Gordons Denken beeinflußt.
So brach nicht nur meine Traumwelt zusammen, sondern auch meine soziale Sicherheit. Mit achtundvierzig Jahren hatte ich nur geringe Chancen, irgendwo eingestellt zu werden. Auch wenn ich eine Stelle gefunden hätte, wäre ich sicher bald wieder hinausgeworfen worden, da ich Unrecht nicht schweigend hinnehmen kann. Israel brauchte zu jener Zeit nur Jasager;

133 *Acharon David Gordon* (1856-1922), Schriftsteller

meine Ansichten waren aber selbst für viele in der Friedensbewegung zu progressiv. Auf jeder Kundgebung, bei jeder Tagung oder Beratung wiederholte ich wie Cato[134] immer dasselbe. Nur sagte ich nicht wie er, daß Karthago zerstört werden müsse, sondern daß wir den Palästinensern gegenüber Vertrauen aufbauen müßten und daß wir nicht über Frieden reden könnten, solange palästinensische Israelis in der Friedensbewegung nicht erwünscht wären.
Die Mehrheit in der Friedensbewegung dachte, daß wir die jüdischen Israelis von der Notwendigkeit der Räumung der besetzten Gebiete überzeugen sollten, da die palästinensischen Israelis selbst auf einer Räumung bestanden. Die Anwesenheit von Palästinensern in der Friedensbewegung wäre dabei eher ein Hindernis gewesen. Solche „realpolitischen" Überlegungen konnte ich nicht teilen. Für deutsche Leser, die von dem Gedanken der Gleichberechtigung durchdrungen sind, mögen derartige Erwägungen völlig unverständlich sein. Sie werden sich fragen, ob denn selbst die Friedensbewegung Palästinenser diskriminierte. Dies lag zwar nicht in ihrer Absicht, geschah aber de facto dadurch, daß man sie nicht an Entscheidungen beteiligte und ihnen keine Führungspositionen innerhalb der Friedensbewegung gab.
Schon seit den fünfziger Jahren war mir klar, daß der Kommunismus nicht ins Gelobte Land führen würde. Dennoch konnte ich die Meinung derer nicht teilen, die Kommunisten von jeglicher Mitarbeit in der Friedensbewegung ausschließen wollten. Auch Sozialisten und Friedensbewegte aus der links-zionistischen Szene behaupteten, daß die Kommunistische Partei 'außerhalb des nationalen Fußballstadions spiele', sich also nicht dem allgemeinen Konsens beugte. Ich veröffentlichte einen Artikel, in dem ich die Auffassung vertrat, daß das nationale Fußballfeld ausschließlich jenen israelischen Juden überlassen wurde, die für die Annexionspolitik und eine Fortsetzung der Besatzung waren, für eine Politik also, die grundsätzlich Unrecht darstellt. Daher blieben auch die linken Zionisten außen vor.
Meine Entscheidung, mit den Kommunisten zusammenzuarbeiten, beruhte im wesentlichen auf der Tatsache, daß fast

134 Cato (234-149 v. Chr.), römischer Politiker; scharfer Gegner Karthagos

fünfzig Prozent der israelisch-palästinensischen Bevölkerung für die Kommunistische Partei stimmte. Die Kommunisten auszuschließen, bedeutete also, fünfzig Prozent der israelischen Palästinenser auszuschließen. Darüber hinaus fand ich es sowohl aus politischen als auch aus ethischen Überlegungen heraus ungerecht und falsch, die palästinensischen Bürger Israels als ethnische Minderheit zu betrachten. Nicht sie waren als Einwanderer in dieses Land gekommen, sondern wir. Sie waren Kinder des Landes, und ihre Eltern hatten seit Jahrhunderten hier gelebt. Erst die unsäglichen Kriege machten sie zu einer Minderheit.

Auf die Frage, warum man Menschen überhaupt in Mehrheiten und Minderheiten einteilen muß, gibt unser gegenwärtiger Nationalstaatswahn eine Antwort. Für Menschen, die aus der Vergangenheit lernen und andere unabhängig von ihrem Aussehen, ihrer Hautfarbe, ihrer Kleidung und ihrem Denken achten, gibt es nur Menschen mit gleichen Rechten, gleichen Bedürfnissen und gleichen Sehnsüchten, wie zum Beispiel denen nach Sicherheit, Heimat und Glück.

Ich beschloß, meine Ideen auf eigene Faust durchzusetzen. Da ich während meiner Tätigkeit in Neve Shalom deutsche Gruppen betreut und dabei viele Freundschaften geschlossen hatte, vertraute ich darauf, daß meine Freunde mein Anliegen unterstützen und mir helfen würden, meine reduzierte Utopie zu verwirklichen. Diese basierte auf dem Gedanken, daß es in Israel keine Mehrheiten und Minderheiten gibt, sondern Menschen, die zwei Völkern und mehreren Religionen angehören. So begann mein Leben als im Bus fahrender Don Quichotte.

Viele fragten sich, weshalb ein gebildeter Mensch, Lehrer und Historiker, auch politischer Denker, plötzlich beschließt, Juden und Araber als Busfahrer durch Deutschland und andere Länder zu kutschieren. Meine Zielgruppen waren vor allem Familien und Jugendliche. Jede Gruppe bestand zur Hälfte aus jüdischen und arabischen Familien und zur anderen Hälfte aus jüdischen und arabischen Jugendlichen. Da mir bewußt war, daß die meisten diese Reisen nicht unternehmen würden, weil sie vom Gedanken der Begegnung mit der jeweils anderen Gruppe durchdrungen waren, bot ich sie als „Billigreisen“ an. Dieser kleine Trick trug dazu bei, die ersten Hürden zu überwinden. Wenn die Menschen sich dann kennenlernten, stellte

sich schnell ein Bewußtsein dafür ein, daß der andere auch ein Mensch mit ähnlichen Bedürfnissen ist. Zwei Wochen ununterbrochenen, engen Zusammenlebens ließen viele Mauern und Stereotypen wie ein Kartenhaus in sich zusammenfallen. Außerdem setzte sich die Erkenntnis durch, daß es auch in Deutschland friedfertige Menschen gab, die aus der Vergangenheit gelernt hatten!
Ich wußte, daß arabische Männer gern allein reisten, vielleicht auch von einem kleinen Abenteuer träumten und ihre Frauen mit sieben, acht oder neun Kindern zu Hause lassen wollten. Da ich aber Reisen für Familien anbot, mußten diese Männer, wenn sie billig mit mir reisen wollten, auch ihre Frauen mitnehmen. Rein organisatorisch stellte dies kein Problem dar, da es in den meisten arabischen Familien möglich ist, Kinder von Großeltern oder anderen Verwandten betreuen zu lassen, die häufig sogar in der Familie leben.
Noch ein weiterer Aspekt spielte eine Rolle. Für Israelis ist es eine Geld- und Zeitverschwendung, in vierzehn Tagen nur ein einziges Land zu bereisen. Attraktive Reiseangebote bieten mindestens acht Länder in vierzehn Tagen an. Man fliegt von Tel Aviv nach Rom, und von dort geht es über Österreich, die Schweiz, Holland, Belgien und England mit der Fähre nach Skandinavien. Der Weg zurück führt über Dänemark, und vor dem Abflug nimmt man noch schnell die Wolkenkratzer in Frankfurt mit. Im Hebräischen gibt es dafür den Begriff „Europa durchpflügen“. Nach einer solchen Reise kennt man Europa natürlich und muß nun nach Neuem Ausschau halten.
Ich bot zwar nicht acht Länder an, aber immerhin vier. Durch die unkomplizierten Grenzüberschreitungen verwirklichte sich für viele Teilnehmer vorübergehend der Traum von einem friedlichen Nebeneinander von Völkern und Staaten. Nur der Übergang von West- nach Ostberlin erinnerte stark an einen Grenzübergang zwischen Israel und Jordanien.
Billig zu reisen, bedeutete kostenlose Unterkünfte und preiswerte Verkehrsmittel in den verschiedenen Ländern zu finden. Da ich zusätzlich zu meinen Tätigkeiten als Lehrer, Historiker und Friedensstifter auch Baggerführer, Bulldozer- und Busfahrer gewesen war, fuhr ich die gemieteten Busse selbst. Auch Unterkünfte stellten kein Problem dar. Immer wieder war ich erstaunt, wie oft wir kostenlos oder für eventuell später

zu erbringende Leistungen untergebracht wurden. Wollte ich alle Menschen aufzählen, die dazu beitrugen, Hunderte von Israelis, Juden und Arabern, in Privathäusern und Begegnungsstätten unterzubringen, würde das den Rahmen dieses Buches sprengen. Einige möchte ich dennoch erwähnen.

In der Nähe von Koblenz, in Bendorf am Rhein, gibt es eine von katholischen Frauen gegründete Begegnungsstätte, das Hedwig-Dransfeld-Haus. Dorthin brachte mich die langjährige Direktorin dieses Hauses, Anneliese Debray, eine wunderbare Frau, die sich leidenschaftlich für die Versöhnung mit den Völkern einsetzte, die einst unter deutscher Besatzung gelitten hatten. Besonders lagen ihr Begegnungen mit Israelis am Herzen. Durch unsere Reisen rückten auch die Palästinenser in ihr Bewußtsein. Anfangs war es für sie – wie auch für andere Freunde Israels – schwer, die weit weniger idyllische Realität Israels zur Kenntnis zu nehmen und zu akzeptieren, die man ihr bei ihren bisherigen Reisen immer zugunsten des schönen Gesichts Israels vorenthalten hatte. Angesichts der Berichte der Palästinenser mußte sie die Vorstellung vom sonnigen Arkadien, vom bunten Paradies über Bord werfen. Frau Debray lebt nicht mehr, aber sie bleibt in meiner Erinnerung als eine Frau, die schnell umdenken konnte und sich bald ausgewogen für beide Völker Israels einsetzte und beide liebte.

In Bendorf verlebten wir immer eine wunderbare Zeit mit Sport, Spielen, Gesprächen am Lagerfeuer und hervorragender Verpflegung. Ich hoffe, daß die Menschen, die dort große Freude empfanden, diese nie vergessen werden und sich auch immer an die deutschen Freunde Dieter Kittlaus, Dorothee Berger, die Mitarbeiter des Hedwig-Dransfeld-Hauses und das Haus selbst erinnern werden, das für Versöhnung und Vielfalt steht.

Ein anderes Haus, das uns offenstand, war das Paul-Gerhardt-Stift in Berlin. Zu jener Zeit war Hans-Richard Nevermann, ein unermüdlicher Kämpfer für den Frieden, Direktor des Stiftes. Er kann als Beispiel dafür dienen, daß man einen Menschen wegen seiner Vergangenheit nicht von vornherein verurteilen soll. Als junger Mann war er in der Hitlerjugend und diente – wahrscheinlich mit jugendlicher Begeisterung – in der Wehrmacht. Er überlebte den Krieg an der Ostfront, weil ihn eine alte russische Frau trotz der Untaten der Deutschen rettete. Dies öffnete ihm die Augen. Als Pfarrer wurde er später eine der wichtigsten Persönlichkeiten von *Aktion Sühnezeichen*. Nie sagte er „nein“, wenn ich ihn in dem kleinen Gästehaus des Paul-Gerhardt-Stifts mit einer Gruppe überfiel. Nur durch Zufall erfuhr ich eines Tages, daß das Stift eigentlich „am Hungertuche nagte“. Dennoch konnten die Gruppen dort kostenlos oder gegen eine sehr geringe Bezahlung wohnen.

Auch Neve Shalom profitierte vom Paul-Gerhardt-Stift. Wahrscheinlich war es nicht ganz „koscher“, daß Nevermann dabei mitwirkte, Neve Shalom ein zinsloses Darlehen über fünfzigtausend Mark für den schon erwähnten Kleinbus zur Verfügung zu stellen. Da die Mitglieder Neve Shaloms damals gegen den Kauf des Busses und für den Bau von Wohnungen stimmten, hat das Stift einen wichtigen Grundstein für die Entwicklung Neve Shaloms gelegt. Dafür bin ich Hans-Richard Nevermann und dem Paul-Gerhardt-Stift bis heute dankbar.

In Münster betreuten uns immer Professor Clemens Richter und Studentenpfarrer Mönninghoff sowie der Leiter des Hitze-Hauses, Pfarrer Wollberg. Ein wunderbares Beispiel für das Deutschland, das ich liebe, ist die Familie Wöstemeyer, die in Verl, einem kleinen Ort bei Gütersloh, lebt. Als sie nach dem Krieg heirateten, beschlossen sie, ihre Wohnung zur Begegnungsstätte auszubauen. Diese Wohnung hat seit vierzig Jahren offene Türen und entwickelte sich zu einem Jugendaustauschzentrum und einer Kulturstätte. Tausende von Jugendlichen wurden hier und bei Familien in Verl und Umgebung untergebracht. So auch meine Gruppen.

In München arbeitet eine kleine Gruppe von Katholiken –Maria Erl, Manfred Hörsammer, Noal Imran, Emil Martin, Willi Schanz – konsequent und voller Engagement seit fast fünfzig Jahren für den Frieden. Hier wie auch in Bad Homburg wurde Unmögliches möglich gemacht, um unsere Gruppen in Familien unterzubringen. Auch die Familie von Hans Schlichting und seine Schwester Gertrud Wittig haben viel für uns getan, selbst wenn es manchmal sehr schwer war, in dem kleinen Ort in der Nähe von Kaiserslautern Unterkünfte für alle zu finden.

Insgesamt trugen meine deutschen Freunde nicht wenig zum Gelingen dieser Reisen bei. Nie war ihnen etwas zu viel, zu teuer oder zu weit. Als sie einmal ein Gespräch zwischen zwei Reiseteilnehmern belauschten, die ihre Enttäuschung darüber zum Ausdruck brachten, daß die Reise sie nicht nach Amsterdam führen würde, organisierten sie umgehend einen Minibus und luden die Interessenten für ein paar Tage nach Amsterdam ein.

Noch viele andere könnte ich erwähnen, aber die Liste wird zu lang. Ich bitte deshalb alle diejenigen um Entschuldigung, die mir halfen und einen festen Platz in meinem Herzen haben, auch wenn ich sie hier nicht ausdrücklich nenne.

Bei diesen Fahrten, die mein Freund Moshe Bartikwa von mir übernahm und bis heute durchführt, gab es die verschiedensten Schwierigkeiten. Oft waren Reiseunternehmer nicht bereit, einen Bus ohne Fahrer zu vermieten. Ein Reiseunternehmer kam sogar auf die Idee, mir für sechstausend Mark einen Bus zum Kauf anzubieten – eine „wilde mezzie", wie man bei uns sagt. Vor dem Kauf fuhr der Bus tadellos. Danach allerdings erwies er sich als alter „Schlitten", der zwar überall Aufmerksamkeit erregte, aber leider nicht immer zuverlässig funktionierte.

Ein guter Freund und Pädagoge, Direktor einer Schule für Körperbehinderte bei Koblenz, Klaus Tschirschwitz, hatte das Geschäft vermittelt. Hilfsbereit wie immer stellte er mir den Schulparkplatz zur Verfügung, so daß ich den Bus dort über den Winter abstellen konnte. Niemand dachte daran, den Bus winterfest zu machen. Als sich die Zeit der Reisen näherte, bat ich meinen Freund, eine Probefahrt zu machen, um eventuelle Mängel festzustellen. Dabei fiel ihm ein sehr hoher Wasserverbrauch auf. Er meinte aber, daß Wasser in Deutschland wohl kein Problem sei. Mir war jedoch sofort klar, was das bedeutete: Durch den Frost hatte der Motor Schaden genommen. Ich bat ihn, die Kopfdichtung wechseln zu lassen. Durch die Fahrt zur Werkstatt entstand ein weiterer Schaden, so daß ich vier Tage vor Ankunft der Reisegruppe in Paris beschloß, mich in Deutschland selbst um den Bus zu kümmern. In Koblenz angekommen, erreichte mich die Hiobsbotschaft, daß es sich um einen irreparablen Motorschaden handelte. Ein neuer Motor kostete das Doppelte von dem, was ich ursprünglich für den Bus bezahlt hatte.

Mein Freund war bereit, mir ein Darlehen zu geben. Die Reparatur sollte im besten Fall zehn Tage dauern. Mir blieben aber noch genau drei Tage bis zur Ankunft der Gruppe in Paris. Am

Freitag stellte sich heraus, daß es unmöglich war, in der kurzen Zeit einen Motor für diesen alten Bus zu besorgen. Man riet mir, einen Bus zu mieten. Das hätte sechstausend Mark gekostet plus Fahrer und wäre eine finanzielle Katastrophe gewesen. Wie immer fühlte ich mich durch das Unmögliche herausgefordert und erkundigte mich nach einem Schrottplatz für alte Busse. Einen solchen gab es zwar, aber, so wurde mir gesagt, es war Freitag, und samstags war alles geschlossen. Mein Freund Klaus vergaß, daß er Schuldirektor ist, und wurde zu meinem Fahrer. Schließlich fanden wir einen Schrottplatz, auf dem sogar drei Motoren angeboten wurden. Ich hatte die Qual der Wahl. Als ich dem Schrottplatzbesitzer mitteilte, daß der Bus am Sonntag fahrbereit sein mußte, sah er mich an, als ob ich von allen guten Geistern verlassen war.

Tatsächlich schien mein Vorhaben etwas abenteuerlich, denn der Bus war noch in der Werkstatt, die bald schließen würde, und der Schrottplatz hatte samstags geschlossen. Aber ich gab nicht auf. Nachdem ich mehrere Automechaniker angerufen hatte, fand ich einen, der bereit war, den Motor zusammen mit seinem Schwager für sechshundert Mark am Tag einzubauen. Auf abenteuerliche Weise wurde der Bus herbeigeschafft, und noch vor Anbruch der Dunkelheit begann die Arbeit. Alle waren pessimistisch. Der „neue" Motor stammte aus dem vorderen Teil eines Lkw. Der Motor unseres Busses befand sich jedoch hinten. Vieles mußte umgebaut werden. Die beiden Mechaniker arbeiteten fleißig. Als sich jedoch am späten Samstagnachmittag herausstellte, daß eine kleine Wasserdichtung an der Motorpumpe fehlte, waren sie der Verzweiflung nahe.

Niemand konnte uns helfen. Aauch ich war jetzt verzweifelt. Am nächsten Nachmittag würde eine bunt zusammengewürfelte Gruppe von Juden und Arabern in Paris ankommen, die nicht französisch sprachen und vollkommen abhängig von mir waren, und ich würde nicht da sein! Plötzlich fielen mir wieder die beiden anderen Motoren auf dem Schrottplatz ein. Da der Besitzer am Wochenende nicht da war, bauten wir auf meine Verantwortung die Wasserpumpe eines der beiden Motoren einfach aus.

Früh am nächsten Morgen war ich auf der Autobahn in Richtung Paris. Der Motor funktionierte zwar, verbrauchte aber so viel Öl, daß mich zwei hinter mir fahrende französische Polizisten auf die starke Rauchentwicklung aufmerksam machten. Sie hätten das nicht zu tun brauchen, denn ihre schwarzen Gesichter sprachen für sich. Glücklicherweise ließen sie mich weiterfahren. Nachdem ich noch einige weitere Reparaturabenteuer überstanden hatte, stand ich zehn Minuten vor Ankunft des Flugzeuges erschöpft, aber glücklich am Flughafen Orly.

Grundsätzlich machten diese Fahrten allen viel Spaß. Die Teilnehmer verstanden sich in der Regel gut, waren neugierig aufeinander und fühlten sich interessanterweise unaufgefordert als Botschafter meiner Idee. Überall erzählten sie stolz, daß wir eine Reisegruppe von Juden und Arabern waren, was die meisten sehr erstaunte, da sie in der Presse ständig Berichte über Feindseligkeiten zwischen beiden Gruppen lasen. An einer deutschen Raststätte versuchte ein Araber, einem Deutschen die Botschaft von der jüdisch-arabischen Verbrüderung nahezubringen. Er versuchte es mit Händen und Füßen, aber der Deutsche verstand ihn nicht. Als das Wort 'Salam' *(Frieden)* fiel, sagte der Deutsche: 'Salami, ja wunderbar!' Aber diese Szene blieb eine Ausnahme. Im allgemeinen stießen wir auf Verständnis und Unterstützung.

Die Reiseteilnehmer liebten es, weite Strecken zu fahren und möglichst viele Grenzen zu überqueren. Berlin, Frankfurt, Münster, München wurden schnell zur Selbstverständlichkeit. Wenn schon Europa, dann mußte es auch Paris sein. Ein Blick auf die Karte lehrt, daß die Schweiz von hier nicht mehr weit entfernt ist. Und wenn man über Lindau fährt, ist es nach Österreich nur noch einen Katzensprung. Was sind schon Entfernungen wie die von Zürich nach Basel? Einmal in der Schweiz, muß man natürlich auch nach Interlaken. Ohnehin ist eine Fahrt durch die Schweiz fast wie eine Fahrt durch Israel, nur daß es in Israel keine berühmten Pässe wie den Susten oder Gotthardt gibt. Kurz gesagt, ich fuhr eine Gruppe von Paris über Belgien, Holland, Münster, Koblenz, Bonn, Köln, Frankfurt, München, Bregenz, Zürich, Interlaken und den Sustenpaß nach Basel. Von dort flog die erste Gruppe nach Israel zurück.

Die zweite Gruppe kam in Basel an und fuhr über Baden-Baden nach Straßburg, zurück nach Stuttgart, weiter nach Frankfurt, Koblenz, Bonn, Köln. In Münster hatten einige der Reiseteilnehmer Freunde. Da bot sich ein Aufenthalt in Holland an. Denn wie kann ein erfahrener europäischer Kulturmensch leben, ohne den berühmten Rotlichtbezirk in Amsterdam gesehen zu haben? Als Kompromiß nimmt man auch einen Besuch im Anne-Frank-Haus in Kauf und mir zuliebe auch noch den des Reykmuseums. Ein ausgeprägtes Interesse an den Bildern Rembrandts war bei den meisten nicht zu bemerken. Da gibt es doch in der Verkündigungskirche in Nazareth ein viel größeres und bunteres Bild!

Vor dem Besuch des Museums mußten alle schnell noch einmal in der Fußgängerzone auf Jagd nach den ach so günstigen Sonderangeboten gehen. Die Reiseteilnehmer gerieten in einen regelrechten Kaufrausch. Am Anfang war es sehr bequem im Bus. Ich hatte mich allerdings schon gewundert, warum die meisten mit großen Koffern kamen, die nur zu einem Drittel gefüllt waren. Dies änderte sich jedoch sehr schnell. In Deutschland gibt es unwiderstehliche Angebote, wie zum Beispiel bei Bilka. Hier kauft man einen großen Koffer, selbstverständlich ein Sonderangebot, um ihn mit weiteren Sonderangeboten vollzustopfen. Schließlich kann man doch nicht mit leeren Händen nach Hause kommen! Geld war kein Problem, denn im Vorfeld hatte man schließlich viel gespart. Auch hätte dieselbe Reise mit einem kommerziellen Reiseunternehmer das Doppelte gekostet. Also wurde wie verrückt gekauft. Unser Rosinantebus hatte achtundzwanzig Plätze – mit einem Gepäckraum für achtundzwanzig Teilnehmer. Die Gruppe bestand aber nur aus zweiundzwanzig Personen. Schnell waren die sechs freien Plätze mit neuen Koffern vollgestellt. Wenn Koffer so billig sind, warum soll man nicht auch noch einen dritten kaufen? Immer gibt es irgendwelche unwiderstehlichen Schnäppchen!

Obwohl mir dieser Kaufzwang unverständlich ist, möchte ich dennoch nicht versäumen zu erwähnen, daß unsere arabischen Nachbarn große Familien mit vielen Kindern haben. Jedes Kind muß von einer solchen Reise ein Mitbringsel bekommen. Die Kinder werden während der Reise von Schwestern oder Schwägerinnen betreut. Auch sie müssen ein Geschenk erhalten. Da sie aber auch sieben bis acht Kinder haben, ist es undenkbar, diesen Kindern nichts mitzubringen… Kurz gesagt, nachdem der Kofferraum übervoll und der Rücksitz bis zur Decke vollgestopft war, wurden auch in den Durchgang Koffer gestellt, so daß man sich nur noch seitlich zu den Plätzen durchzwängen konnte. Es sah aus wie in einem Zirkusbus oder beim Umzug einer Nomadenfamilie.

Das Schlimmste lag allerdings noch vor uns – Paris. Selbstverständlich stand eine Besichtigung des Louvre auf dem Programm. Wunderbar – der Louvre! Aber die berühmte Rue de Rivoli war nicht weit. Zwar hatten wir keinen Platz mehr für neue Koffer, aber es gab noch freie Ecken und Ritzen, in die man riesige Plastiktüten stopfen konnte. Gleichzeitig erlebten wir in unserem schnaufenden Rosinantebus den heißesten Sommer seit fünfzig Jahren. Im Vergleich zu der Hitze in Paris schien der israelische Sommer fast arktisch zu sein – und dem hatte man gerade entfliehen wollen! Die wundervolle Lichterstadt bei einer Temperatur von neununddreißig bis vierzig Grad Celsius!

Und wer ist an alledem schuld? Nicht etwa der liebe Gott; der ist weit weg. Aber ich bin in unmittelbarer Nähe. Der Bus ist nicht klimatisiert und hat auch keinen Sonnenschutz. Die Fenster sind nicht zu öffnen. Glücklicherweise funktionieren wenigstens Mikrophon und Lautsprecher. Und so kann ich erklären, daß man in Deutschland oder Frankreich die Sonne liebt, daß es nur einmal in fünfzig Jahren so heiß ist und daß man die Scheiben in Deutschland aus Angst vor Zug abdichtet. Ich erzähle auch, daß Deutsche in Israel über die offenen Fenster der Busse entsetzt sind. Bevor ich mit meinen Ausführungen über die unterschiedlichen Gewohnheiten der einzelnen Völker fertig bin, sind wir schon in einer anderen Stadt, und alle beruhigen sich.

Ich möchte hier nicht den Eindruck erwecken, daß die Reisen im wesentlichen die Einkaufswut der Teilnehmer befriedigten. Wir hatten ein Kulturprogramm und Begegnungen, hörten Vorträge und besuchten Museen. So besichtigten wir in Münster den Dom mit der wunderbaren Uhr, die Käfige, in die man die Wiedertäufer gesperrt hatte, und wunderschöne Wasserschlösser in der Umgebung. Nichts aber war vergleichbar mit der Fußgängerzone. Und dort wiederum nichts mit Woolworth und C&A, die eine magische Kraft zu besitzen schienen. Als Friedensgruppe mußten wir natürlich den Friedenssaal besuchen. Dort sollte uns Brigitte Richter, eine nette und sehr sachkundige Fremdenführerin, kostenlos führen. Während ich noch an der Kasse wartete, um zweiundzwanzig Eintrittskarten zu kaufen, verschwand bereits die Hälfte der Gruppe – in die Fußgängerzone. Geduldig erzählte uns Brigitte vom Westfälischen Frieden, auch wenn zum Schluß nur noch sechs Personen anwesend waren.

Die meisten Teilnehmer dieser Reisen hatten auf dem Weg nach Europa ihren ersten Flug hinter sich gebracht. Viele waren in arabischen Dörfern zu Hause und waren wie berauscht von dem, was sie sahen. Ich sagte ihnen immer, daß sie nicht in Panik geraten sollten, wenn sie merkten, daß sie die Gruppe verloren hatten. Sie sollten einfach bleiben, wo sie waren. Ich würde schon auf demselben Weg zurückkommen, um sie zu suchen. Aber man sagt das eine und tut das andere, wenn man plötzlich in einer riesigen Menschenmenge allein ist und nur hebräisch oder arabisch spricht. Meine gute körperliche Kondition ist nicht nur auf die häufigen Besteigungen des Mosesberges oder das Wandern durch zahlreiche Wadis zurückzuführen, sondern auch darauf, daß ich bei jeder Reise umherrennen mußte, um meine verlorenen Schafe wieder einzusammeln. Manchmal fand ich sie auch nicht, aber mit Verspätung tauchten sie Gott sei Dank immer wieder auf.

Zu meinem Glück war auf diesen Reisen auch meine Frau dabei und half mir viel. Einmal begegnete uns durch Zufall Fathma. Sie hatte ihren Mann verloren und war vollkommen kopflos. Er aber hatte sie mit Absicht verloren. Während sie sich fasziniert ein Schaufenster ansah, schlich er schnell voller Neugier in einen Sexshop. Nur für eine Minute. Aber ein Mann, der in einer prüden moslemischen Gesellschaft lebt, in der schon die unbedeckte Wade einer Frau Anlaß zur Erregung bietet, kann sich nicht so schnell aus einem Sexshop losreißen. Nach einer halben Stunde oder mehr erinnerte sich Kassem ungern daran, daß er Fathma allein gelassen hat. Sie aber ist nicht mehr an genau derselben Stelle. Nun beginnt er voller Panik, nach ihr zu suchen. Kassem sucht Fathma, Fathma sucht Kassem. Dieses Spiel wird erst dadurch beendet, daß wir Fathma rein zufällig begegnen. Meine Frau bleibt bei Fathma, und ich suche Kassem. Als ich ihn nach langen Irrwegen endlich finde, ist er in einem völlig desolaten Zustand. Weinend fällt er mir um den Hals und umarmt mich mit wahrscheinlich noch größerer Glut, als er sie im Sexshop gesehen hatte.

Während sich die verlorenen Schafe der Fußgängerzone in der Regel wieder anfanden, wurde es schon schwieriger, als bei der Abfahrt nur die Hälfte der Gruppe anwesend war und wir nach verzweifelter Suche schließlich erfuhren, daß sich eine kleine Gruppe in zwei Taxis abgesetzt hatte. Zeugen hatten noch die Wörter *Münster* und *C&A* gehört. Über C&A wurde sogar ein Lied verfaßt mit dem Refrain: „Jalla, jalla C&A" *(Vorwärts, vorwärts zu C&A)*.

Die Gruppen entwickelten sich fast zu Familien. Es gab rührende Augenblicke gegenseitiger Hilfe - insbesondere zwischen jüdischen und arabischen Frauen. Plötzlich erwiesen sich Mütter von neun Kindern als wunderbare Sängerinnen oder Tänzerinnen. Nicht nur einmal drehten sich Menschen verwundert nach einem Bus um, in dem laut in drei Sprachen „Hevejnu shalom alejchem" *(Wir bringen Frieden für alle)* gesungen wurde.

Als in der Nähe von Bendorf ein alter jüdischer Friedhof entdeckt wurde, beschlossen Jugendliche aus dem Hedwig-Dransfeld-Haus, den verwahrlosten Friedhof aufzuräumen und die Grabinschriften zu erneuern. Es stellte sich die Frage, ob auch die arabischen Teilnehmer der Gruppe sich an der Aktion beteiligen sollten. Ich überließ ihnen die Entscheidung und beeinflußte sie nicht, denn es war mir klar, daß sich in Israel weder arabische Christen noch Moslems bereit gefunden hätten, auf einem jüdischen Friedhof zu arbeiten. Zu meiner großen Überraschung waren alle arabischen Teilnehmer zur Mitarbeit bereit. Sie machten sich mit viel Interesse und großer Ernsthaftigkeit an die Arbeit. Einige arabische Männer stellten hingebungsvoll die verblaßten hebräischen Buchstaben wieder her.

Von einem Besuch im ehemaligen Konzentrationslager Dachau waren nicht nur die jüdischen Mitglieder der Reisegruppe sehr berührt, sondern auch die arabischen. Arabische Frauen umarmten jüdische Frauen, um ihr Mitgefühl zum Ausdruck zu bringen. Sie verstanden plötzlich auch die jüdischen Ängste bezüglich der Situation in Israel. So trugen diese Reisen viel zum gegenseitigen Verständnis bei. Die Arbeit war zwar schwer, aber sie brachte auch viel Genugtuung.

In einem arabischen Dorf hatte ich zwei Freunde, Brüder, die Lehrer waren und an den Reisen teilnahmen. Einmal besuchte ich ihr Dorf und lernte dort ihren Vater Abu Jeriss kennen. Mit seinen einundachtzig Jahren war er kerngesund und arbeitete noch auf dem Feld und im Olivenhain – so wie es seine Eltern und Großeltern vor ihm getan hatten. Er ging kerzengerade und hatte eine schöne schokoladenfarbene Haut und lebendige schwarze Augen. Als er unserem Gespräch zuhörte, seufzte er und sagte: 'Wäre ich jünger, würde ich ein Grundstück verkaufen und mit euch fahren, um diese schöne Welt zu sehen.' Er hatte seinen fünf Söhnen und zwei Töchtern mit seiner Hände Arbeit eine Ausbildung ermöglicht. Jetzt beschlossen sie, ihm eine Reise zu finanzieren. Selten habe ich mich für einen Menschen so gefreut wie für diesen ungewöhnlichen Bauern. Er konnte wunderbare Geschichten erzählen. Alle, Juden wie Araber, achteten und liebten ihn.

Als Christ betete er still vor jeder Abfahrt, bis ich ihn schließlich bat, sein Gebet laut zu sprechen, was er auch gern tat. Wenn er verlegen war, benahm er sich besonders höflich und verlor nie seine Würde. Einmal wurde die Gruppe in Schwimmbad und Sauna eingeladen. Er fand es unhöflich, nicht mitzukommen, war jedoch sehr verlegen, als er die halbnackten Männer und Frauen sah und blickte die ganze Zeit nur zur Decke. Als einziger zog er sich nicht um, beschloß aber plötzlich, seine Schuhe auszuziehen und vorsichtig erst den einen, dann den anderen Fuß in das Wasser zu halten – glücklich, einen Kompromiß gefunden zu haben. Schließlich sagte er zu mir: 'Ich hoffe, daß die Gastgeber mir nicht übelnehmen werden, daß ich nur so kurz gebadet habe.'

Einmal waren wir zu einem Empfang der Stadt Frankfurt eingeladen. Die Strecke zwischen Bendorf und Frankfurt hätte für unseren an Steigungen gewöhnten Bus eigentlich eine Kleinigkeit sein müssen. Plötzlich sank jedoch der Öldruck. Ausgerechnet jetzt! Als Fahrer öffnete ich die Haube und sah einen Riß im Druckrohr. Ich kürzte das Rohr ein bißchen, spannte es, und schon rollte unsere Rosinante weiter in Richtung Frankfurt. Da ich schwarz wie ein Schornsteinfeger war, konnte ich unmöglich an dem Empfang teilnehmen. Wie immer war Abu Jeriss elegant und sauber gekleidet. So betraute ich ihn vorübergehend mit der Funktion des Reiseleiters. Ich würde als Fahrer und Dolmetscher fungieren. Abu Jeriss hatte noch nie in seinem Leben eine Rede gehalten und wußte nicht, was er sagen sollte. So schlug ich ihm vor, einfach eine seiner Geschichten zu erzählen, die ich schon angemessen ins Deutsche „übersetzen" würde.

In letzter Minute erreichten wir den prunkvollen Empfang. Ich blieb als Busfahrer draußen. Abu Jeriss wurde als Leiter der Gruppe vorgestellt. Es gab natürlich keinen Dolmetscher für arabisch und deutsch; nur einen für hebräisch. So beschloß man, den Fahrer zu rufen. Abu Jeriss spielte seine Rolle würdig und erzählte seine Geschichte mit tiefer, feierlicher Stimme. Die Dame, die uns im Auftrag der Stadt empfing, war sehr elegant gekleidet und hatte offensichtlich in Parfum gebadet. Sie versetzte Abu Jeriss in einen solchen Rausch, daß er keine Lust mehr hatte, weiter zu sprechen, und näher und näher an sie heranrückte. Bevor die Situation zu peinlich wurde, befahl ich ihm auf arabisch: ‘Bass ja, Abu Jeriss!’ *(Es reicht, Abu Jeriss!)*. Die Dame schien erleichtert und hielt eine kurze Ansprache, die ich so schlecht ins Arabische übersetzte, daß die arabischen Teilnehmer aussahen, als hätte man sie gezwungen, Rizinusöl zu schlucken.

Aber Ende gut, alles gut. Sekt und Imbiß waren vorzüglich. Der Hebräischdolmetscher kam zu mir mit einem Glas Sekt in der Hand und sagte: ‘Es gab zwar keinen sehr engen Zusammenhang zwischen der Rede Ihres Leiters und Ihrer Übersetzung, aber Sie haben Ihre Sache nicht schlecht gemacht.’ Die Landtagsabgeordnete schließlich schaute mich mitleidig an und meinte: ‘Ich wußte gar nicht, daß unsere türkischen Gastarbeiter auch arabisch sprechen können. Aber Ihr Deutsch ist nicht schlecht.’

Noch ein weiteres Mal rettete Abu Jeriss die Situation. Unsere Rosinante schaffte zwar den Aufstieg auf den Gipfel des Sentis langsam, aber sicher; bei der Abfahrt ging jedoch plötzlich ein rotes Warnlicht an. Ich suchte den Fehler, konnte ihn aber nicht finden. Traurig sagte ich, daß uns jetzt nur noch ein Gebet Abu Jeriss' helfen könne. Der ließ sich das nicht zweimal sagen, stellte sich hinter den Motor und sprach laut mit zum Himmel gerichteten Augen ein Gebet. Dann kam er zurück und sagte: ‘Insch Allah, ich habe das meinige getan.’ Und tatsächlich: Das rote Lämpchen war aus, und der Bus fuhr wieder.

Aber Wunder wiederholen sich nicht. Als in Paris plötzlich der Anlasser nicht mehr funktionierte, stieg Abu Jeriss, ohne gebeten worden zu sein, mitten auf dem Place de Vendôme aus und betete. Einige Passanten betrachteten staunend den merkwürdigen alten Mann, der mit dem Motor zu sprechen schien. Dreimal wiederholte er sein Gebet, aber der Anlasser blieb tot. Abu Jeriss war sicher, daß unter den Passanten ein böser Geist war, denn sonst hätte sein Gebet den Himmel erreicht.
Nachdem zehn Männer den Bus angeschoben hatten, lief der Motor auch ohne Gottes Hilfe. Unweit von Paris fanden wir eine Werkstatt. Zwei Stunden sollte die Reparatur dauern. Die das sagten, ahnten nicht, daß man in ganz Paris keinen Anlasser für einen zwanzig Jahre alten Bus finden würde. Die Teilnehmer begannen, wegen der Verzögerung zu murren, und so beschlossen wir, schiebend bis nach London zu fahren. Meine Frau sollte in Paris bleiben, um mit Hilfe deutscher Freunde einen Anlasser zu besorgen. Da es auf dem Schrottplatz noch zwei weitere Motoren gegeben hatte, mußten auch deren Anlasser noch dort sein. Wieder fuhr mein Freund, der Schuldirektor, für mich auf den Schrottplatz, ließ den Anlasser ausbauen, bezahlte ihn und… sollte ihn ganz einfach nach Paris schicken. Dies war aber schwieriger, als es sich anhört. Erst auf vielen Umwegen gelangte der Anlasser schließlich nach Paris und von dort aus mit meiner Frau nach London.
Unser Weg nach London war lang und beschwerlich. Die Franzosen taten sich bei der Grenzkontrolle mit unserer Geschichte sehr schwer. Alles machte uns verdächtig: der alte Bus mit den vielen Koffern und Plastiktüten, eine Gruppe Israelis mit israelischen Pässen, zur Hälfte mit arabischen Namen, und – auch das noch – der Busfahrer hatte überhaupt keinen Paß. Den hatte ich zusammen mit meinem Geld bei meiner Frau vergessen. Ich setzte alle meine diplomatischen Fähigkeiten ein, um die französischen Zöllner von unserer Harmlosigkeit zu überzeugen und weiterfahren zu können. Der Gedanke, daß die Franzosen alle Schnäppchen durchwühlen würden, versetzte mich in Panik. So warteten wir, schoben den Bus, warteten wieder, schoben weiter, bis wir endlich auf der Fähre nach England waren.
Unglücklicherweise gibt es auch in London C&A – ein Mekka für Schnäppchen! Ein Herrenanzug mit Krawatte, Weste, pas-

senden Strümpfen und Schuhen wurde „spottbillig“ angeboten. Noch billiger als in Deutschland! Die Frauen mußten die Hosen kürzen, und zum Abendessen konnten wir sechs glückliche Männer in neuen dunkelgrauen Anzügen, roten Krawatten und knallgelben Schuhen bewundern. Plötzlich jedoch sprang einer von ihnen wie von der Tarantel gestochen auf. Es war ihm klar geworden, daß ein englisches Pfund fast drei deutschen Mark entsprach und das Schnäppchen in Wirklichkeit gar kein Schnäppchen war. Erst mein Hinweis darauf, daß er in Deutschland so ein komplettes Schnäppchen inklusive der gelben Schuhe wohl nicht gefunden hätte, tröstete ihn etwas.

Epilog. Unsere Rosinante brachte uns, wenn auch nicht ohne Herzklopfen, zurück nach Paris. Von dort auf einem langen Weg über Belgien, Holland und Deutschland in die Schweiz. Trotz aller Schwierigkeiten waren die Gruppen zufrieden und trafen sich nach der Reise noch mehrere Male in Israel, um begeistert Erinnerungen auszutauschen. Der Bus aber ist fahrend gestorben. Eine weitere Reise hätte er nicht überstanden. Der Besitzer des Schrottplatzes bot genau den Preis für den Bus, den ich für den Ersatzmotor bezahlt hatte. So fuhren wir die Rosinante zum Schrottplatz und verabschiedeten uns von ihr mit feuchten Augen. Es war wie der Abschied von einer geliebten Seele, die sterben muß.

10. Es gibt ein Deutschland, das ich liebe

Der Jom-Kippur-Krieg und seine Folgen bedeuteten einen entscheidenden Umbruch in meinem Leben. Es entstand eine Protestbewegung gegen die Regierung und diesen ungewöhnlich langen und Tausende israelischer Opfer fordernden Krieg. Ein Teil dieser Bewegung hielt den Krieg für ein Resultat der falschen Regierungspolitik, die durch einen Mangel an Bereitschaft zum Frieden charakterisiert war. Da sich der UNO-Vermittler Gunnar Jarring jedoch sehr um den Frieden bemühte, erklärte sich der ägyptische Staatspräsident Anwar el-Sadat überraschenderweise bereit, mit Israel Frieden zu schließen, vorausgesetzt daß Israel sich aus den besetzten Gebieten in Ägypten zurückziehen würde. Es war das erste Mal, daß der Name Israels auf einem offiziellen arabischen Staatsdokument erwähnt wurde.

Da es der Friedensbewegung an Entschlossenheit fehlte, setzten sich jene Kreise durch, die der Regierung fehlende Härte vorwarfen. Ähnlich der deutschen Dolchstoßlegende wurde der Mythos verbreitet, daß der Krieg eine Folge der mangelhaften Vorbereitung unserer unbesiegbaren Armee beziehungsweise der Tatsache war, daß die Regierung keinen Präventivschlag unternommen hatte. Diese Meinung setzte sich in der Bevölkerung durch und hatte zur Folge, daß die Regierung Golda Meirs und Rabins von der noch extremistischeren Regierung Menachem Begins abgelöst wurde.

Wie nach dem Sechs-Tage-Krieg beteiligte ich mich auch jetzt aktiv an der Protestbewegung, was mich in Schwierigkeiten mit meinem Schulleiter brachte, der entgegengesetzte politische Ansichten vertrat. Er versuchte, mir Verleumdung von Staat und Staatsführung zu unterstellen und behauptete, daß ich durch meine öffentliche Tätigkeit und den Einfluß auf meine Schüler deren Kampf- und Verteidigungsbereitschaft schwächte. Die ständigen politischen Dispute, Unterstellungen und gegenseitigen Beschuldigungen erinnerten mich zunehmend an das, was ich über die Lage in Deutschland nach der Niederlage von 1918 gelesen hatte. Trotz meiner inneren Weigerung, einen solchen Vergleich zwischen der deutschen und unserer Geschichte anzustellen, wurden mir die Parallelen immer deutlicher. Für einen Menschen mit meiner Vergangenheit war diese Vorstellung erschreckend. Sollte es wirklich Gemeinsamkeiten zwischen dem Weg der Deutschen von Weimar zum Faschismus und dem Weg Israels von einer sozialistisch geprägten Arbeitergesellschaft zu einem Machtstaat geben, der sich nur auf das Schwert verläßt?

Der Druck der Schule nahm ständig zu. Um die Situation zu entschärfen, sollte ich ein Sabbatjahr nehmen. Fast verzweifelt entschied ich mich, für ein Jahr nach Deutschland, nach Berlin, zu gehen, um den Weg Deutschlands in den Nationalsozialismus näher zu erforschen.

Berlin war in der zweiten Hälfte des neunzehnten und im ersten Drittel des zwanzigsten Jahrhunderts die aufgehende Sonne der jüdischen Aufklärung. Es gab zu jener Zeit keinen berühmten jüdischen Dichter und Denker, der sich nicht irgendwann in Berlin aufhielt. So studierte zum Beispiel der berühmte israelische „Prophet“ Jesajah Leibowitz hier. Auch Itzig Manger, Bialik und viele andere Dichter kamen nach Berlin, was eine ungewöhnliche Symbiose zwischen der jüdischen und der deutschen Kultur zur Folge hatte. Jugendliche aus dem von Armut heimgesuchten Schtetl träumten davon, das Ghetto hinter sich zu lassen und nach Berlin, Wien oder Paris zu gehen. Auch in unserem Schtetl sprach man mit großer Achtung von Berlin. Selbst ein Schneider, der „gehobenen“ Ansprüchen gerecht werden wollte, mußte den letzten Berliner Schick kennen.

Während des Ersten Weltkriegs warteten Juden in Polen und Rußland mit großer Hoffnung auf die befreiende Emanzipation durch die deutsche Armee. Massenweise desertierten jüdische Soldaten aus der russischen Armee zu den Deutschen oder Österreichern. Darüber gab es sogar Witze: Eine Schlange von Gefangenen steht vor einem deutschen Feldwebel, um registriert zu werden. Jeder nennt seinen Namen: Boris Alexandrowitsch, Iwan Jefimowitsch..., und dann kommt einer mit dem Namen Moses Rabinowitsch. Der Feldwebel – nicht sehr begeistert, noch einen jüdischen Deserteur registrieren zu müssen – sagt zu ihm: ‘Sie müssen zurück!’ Darauf der Jude: ‘Nein! Gehappt ist gehappt.’ *(Gefangen ist gefangen.)*

In Berlin wurde aber auch der größte Schurke der Geschichte

zum Kanzler gewählt. Hier beschloß man in einer Villa, die ich heute gern besuche, mich zusammen mit Millionen anderer Juden umzubringen und meine Kultur auszulöschen. Hierher kam ich vor zwanzig Jahren, ohne eine einzige Menschenseele zu kennen. Heute kenne ich Hunderte von Menschen in Berlin, und viele von ihnen darf ich meine Freunde nennen. In dieser Stadt wurde ich zur Begegnungsarbeit und in der Folge zur Mitbegründung Neve Shaloms inspiriert. Hier habe ich auch von einem neuen Anfang der Beziehungen zwischen Deutschen und Juden geträumt und war der erste israelische Jude, der versuchte, bei seinen deutschen Freunden nicht nur ein Gefühl der Solidarität mit Israel hervorzurufen, sondern auch mit den Palästinensern. Von dieser Stadt aus habe ich deutsche Freunde und deutsche Politiker aufgefordert, den israelisch-palästinensischen Konflikt differenzierter zu betrachten und sich aktiver für einen gerechten Frieden für beide Völker einzusetzen. Ich lebe meine Träume in Berlin. Nie habe ich genügend Zeit, alle meine Freunde zu besuchen. Hier mußte ich noch nie in einem Hotel übernachten.

Als ich mich auf den Weg nach Berlin machte, wußte ich dies alles natürlich noch nicht. Ich hatte keinerlei Kontakte in Deutschland, da ich deutschen Boden niemals hatte betreten wollen. Durch dieses Land hatte ich meine Kindheit und fast mein Leben verloren. Jetzt dachte ich über die Problematik der „verspäteten Nation" nach, die sowohl für Israel als auch für Deutschland gilt. Ebenso sind beide Länder Länder der Mitte, die von Feinden umgeben sind beziehungsweise waren. Mein Professor und Freund Walter Grab unterstützte mein Promotionsvorhaben, das ihm zwar wagemutig, aber nicht unbegründet erschien. Mir lag weniger an dem Doktortitel als an der Möglichkeit, mein Volk vor einer Gefahr zu warnen, die uns ins Unglück stürzen konnte.

Heute weiß ich, daß diese Hoffnung naiv war. Weder Warnung noch historische Tatsachen oder vernünftige Argumente hätten das Volk Israel von dem Weg der Gewalt als einziger Lösung seines Sicherheitsproblems abbringen können. Menschen lernen nicht aus der Geschichte. Nicht vernünftige Erklärungen führen zu Veränderungen, sondern Erschütterungen und Krisen. Manchmal hilft auch eine Einmischung von außen, ein deus ex machina, der ein Volk zwingt, seine Mythen

und Überzeugungen zu überprüfen. Wenn meine damaligen Vorstellungen und Hoffnungen auch naiv waren, so war meine politische Analyse doch richtig und realistisch.
Meine Reise nach Deutschland führte mich 1974 nicht auf direktem Wege nach Berlin. Aus Sparsamkeit fuhr ich mit dem Zug von Rumänien nach Jugoslawien, von Belgrad in einer Nachtfahrt mit dem Bus nach Wien und von Wien mit dem Zug nach Frankfurt – ständig von einem Gefühl der Trauer begleitet. Sobald ich in Wien ankam, fragte ich mich, was ich eigentlich hier suchte. Die Österreicher hatten zwar einen Kanzler, der Jude war. Dies hielt sie aber nicht davon ab, mir selbst im Jahre 1974 noch ihre antisemitischen Gefühle deutlich zu zeigen. Meine negativen Gefühle verstärkten sich, als ich die deutsche Grenze überschritt. Sobald ich ältere Menschen sah, stellte ich mir die bange Frage, wie sie sich wohl in der Nazizeit verhalten hatten. Die Gesichter mancher Frauen, Kriegswitwen vielleicht, waren hart, und das Vorurteil in mir versuchte, ihren verlorenen Blick als Sehnsucht nach der „guten alten Zeit" zu deuten. Diese Gefühle ließen mich lange Zeit nicht los.
Um die Übernachtungskosten zu sparen, begab ich mich auf eine Nachtfahrt von Frankfurt nach Berlin. Der Übergang von Westdeutschland in die DDR war schockierend. Ich hatte gehofft, daß der deutsche Sozialismus schöner und glanzvoller sein würde als der rumänische, den ich kannte. Die Kontrolle am Grenzübergang Marienborn – einem düsteren, ungemütlichen und halbdunklen Bahnhof – dauerte ewig. Ein Schild über die Errungenschaften des Sozialismus machte den Widerspruch zwischen Anspruch und Wirklichkeit nur noch deutlicher. Als ich in Berlin ankam, war es dunkel. Ich mußte ein paar Stunden warten, bevor ich die zwei oder drei Menschen anzurufen konnte, deren Telefonnummern mir Simcha Flapan gegeben hatte. Ich hatte auch ein paar Adressen von Gerhard Schoenberner, dem damaligen Leiter des Goethe-Instituts in Tel Aviv und späteren Leiter des Hauses der Wannseekonferenz.
Es war naß, dunkel und kalt, was meiner Stimmung und meiner allgemeinen Unsicherheit entsprach. Gebäude, die ich heute schön und eindrucksvoll finde, erschienen mir damals dunkel und bedrohlich. Der verstümmelte Glockenturm der

Gedächtniskirche – eine Mahnung – erinnerte mich an eine Zeit, die uns ins Unglück gestürzt hatte. Heute erscheint mir ein Aufenthalt von zwei oder drei Wochen in Berlin sehr kurz. Damals aber kamen mir drei Stunden Wartezeit wie eine Ewigkeit vor. Zuerst rief ich bei *Aktion Sühnezeichen* an, aber Franz von Hammerstein war nicht in Berlin. Auch die anderen Anrufe blieben erfolglos. Alle waren verreist. Wieder rief ich bei *Aktion Sühnezeichen* an und bat, dorthin kommen zu dürfen, um einen Stellvertreter von Hammersteins zu sprechen. So betrat ich das Büro in der Jebensstr. Nr. 1 zum ersten Mal.
Meine Stimmung hob sich etwas, als ich die verschiedenen Friedensposter und Broschüren dort sah. Vielleicht gibt es doch ein anderes Deutschland, versuchte ich mich zu ermutigen. Der junge Mann, mit dem ich telefoniert hatte, sprach englisch und teilte mir mit, daß das Vorstandsmitglied Volker von Törne bald kommen würde. Als ich ihn sah, stieg meine Zuversicht. Er war zwar blond und blauäugig, aber seine breite Stirn und seine Augen strahlten eine gewisse Wärme aus. Da er nicht englisch sprach, versuchte ich, ihm mein Anliegen in meinem verdeutschten Jiddisch zu erklären. Aber erst als der englisch sprechende junge Mann übersetzte, verstand er und hörte mir begeistert zu. Ich erzählte ihm von den beiden Hauptströmungen in der jüdischen Geschichte, der Strömung der Gewalt und der Strömung des Geistes, und von meiner Vermutung, daß es ähnliches auch in der deutschen Geschichte gebe. Wir unterhielten uns lange, und er verstand schließlich, daß ich eine Weile in Berlin bleiben und in Bibliotheken Belege für meine These finden wollte.
Zu jener Zeit waren meine Frau und mein Sohn in Rumänien, denn wir wußten noch nicht, ob wir eine Aufenthaltsgenehmigung und eine Wohnung erhalten würden. Volker von Törne stellte mir ein gemütliches kleines Zimmer in seiner Wohnung zur Verfügung. Ich lernte seine Frau Silvi und seine beiden kleinen Töchter kennen und wurde trotz meiner Sprachschwierigkeiten herzlich aufgenommen. Nun hatte ich ein paar Tage Zeit, um mich um Wohnung und Aufenthaltsgenehmigung zu kümmern. Die Vorschriften waren unerbittlich: drei Monate als Tourist und keinen Tag länger! Für einen längeren Aufenthalt mußte man einen Antrag bei einer deutschen Botschaft außerhalb Deutschlands stellen. Also fuhr ich wie-

der nach Rumänien, und Volker von Törne versprach, sich um eine Wohnung und meinen Antrag bei der Ausländerpolizei zu kümmern. Die wenigen Tage in seiner Wohnung und die Begegnung mit einigen seiner Freunde, die mir den Geist der Achtundsechziger nahebrachten, führten mich in ein Paradies zurück, das ich durch die politischen Entwicklungen in Israel fast verloren geglaubt hatte.

Als wir dank der Bemühungen von Törnes schließlich ein Visum für sechs Monate erhielten, machten sich meine Frau, mein Sohn und ich auf den Weg nach Berlin. Überall begegneten wir Wärme und Hilfsbereitschaft, was uns sehr beeindruckte. Auf dem Hintergrund der Stalinschen Untaten, die Chruschtschow der Welt auf dem 20. Parteitag 1956 enthüllt hatte, meinte meine Frau, daß die Linken offensichtlich nur dort Menschen bleiben, wo sie nicht an der Macht sind. Sie hatte recht. Schnell bekamen wir eine kleine, angenehme Wohnung in der Lutherischen Gemeinde in Spandau. Der Pfarrer der Gemeinde, Wolf Jung, war aktives Mitglied von *Aktion Sühnezeichen*. Es entwickelte sich eine wunderbare Freundschaft zwischen unseren Familien. Nachdem wir die Hürde des Visums genommen hatten, spürten wir die berühmt-berüchtigte deutsche Bürokratie nie wieder. Nach ein paar Tagen wurde unser Sohn in die Martin-Buber-Schule in Spandau aufgenommen. Für mich als Anhänger der Friedensideen Martin Bubers war die Existenz einer Schule, die den Namen dieses großen deutschen Juden trägt, ein ermutigendes Zeichen.

Unsere Wohnung war nicht möbliert, aber das Problem wurde mit Hilfe des Sperrmülls auf den Berliner Straßen schnell gelöst. Mit dem, was auf der Straße lag, hätten wir gut drei Wohnungen füllen können. Ein Freund lieh uns sein Auto, und die Friedrich-Ebert-Stiftung genehmigte mir ein Stipendium. Alles lief wunderbar. Durch die Hilfe des Direktors des Paul-Gerhardt-Stifts, Hans-Richard Nevermanns, eines aktiven Vorstandsmitglieds von *Aktion Sühnezeichen*, erhielt meine Frau sogar Arbeitsgenehmigung und Arbeitsplatz. Es sprach sich schnell herum, daß der ehemalige Sekretär der israelischen Friedensbewegung in Berlin war. Viele bemühten sich, mir zu begegnen. Ich war über dieses ungewöhnlich große Interesse an Israel und seinen Friedensaussichten überrascht und

gerührt. Wenn man auch dazu neigt, nur das zu sehen, was einem am Herzen liegt, so schienen mir doch Interesse und Freundlichkeit uns gegenüber ungewöhnlich groß zu sein. Es gab rührende Bemühungen, Freunde für unseren Sohn zu finden und dafür zu sorgen, daß wir uns nicht einsam fühlten, und ganz schnell bildete sich ein Freundeskreis um uns herum.
Die neuen deutschen Freunde hatten großes Interesse an jüdischer Folklore und jiddischen Liedern. Heute gibt es in Israel eine Renaissance des Jiddischen. Während der verschiedenen Einwanderungswellen in der ersten Hälfte des zwanzigsten Jahrhunderts aber gab es einen richtigen Krieg zwischen Jiddisch und Hebräisch. Viele Juden aus Europa wollten das Jiddische auch in Palästina/Israel als Alltagssprache nicht aufgeben. Die Zionisten wandten sich gegen diese auf einer gewissen Provinzialität und Ignoranz beruhenden Haltung und traten dafür ein, daß Hebräisch zur neuen Umgangssprache wurde. Sie verstanden, daß Juden auch aus jenen Ländern nach Israel einwandern würden, in denen nicht jiddisch gesprochen wurde, wie zum Beispiel in arabischen Ländern mit einem hebräisch-arabischen Jargon (Marokko) oder in Ländern, in denen man Ladino sprach (Spanien).
Schließlich wurde das Jiddische als Diasporasprache fast verachtet, und selbst Intellektuelle verhielten sich gegenüber der jiddischen Sprache und Literatur geradezu feindselig. Sie schreckten nicht davor zurück, die großen Klassiker der jiddischen Literatur wie Mendele Moicher Sforim[135] und Scholem Alejchem[136] zu verspotten und scharf zu kritisieren. Das ungewöhnlich starke Interesse für jiddische Lieder und Folklore in Berlin führte mich zurück zu der Sprache meiner Kindheit. Ich wurde zum Erzähler jiddischer Geschichten, sang jiddische Lieder oder spielte sie auf der Mundharmonika vor. Oft wurden wir zu Seminaren und anderen Veranstaltungen eingeladen und empfanden dort eine Wärme, die unsere Vorstellungen über Deutschland und Deutsche veränderte.
In Israel fragte man sich damals genauso wie leider auch noch heute, ob es überhaupt ein anderes Deutschland gebe. Man

135 *Mendele Moicher Sforim* (1835-1917) machte die jiddische Sprache zur Literatursprache und gilt deshalb als Begründer der neuen jiddischen Literatur.

136 *Scholem Alejchem* (1859-1916), jiddischer Schriftsteller aus der Ukraine; Hauptwerk: *Tewje, der Milchmann*

stellte die mangelhafte Aufarbeitung der Vergangenheit in den Vordergrund, wie zum Beispiel die Tatsache, daß viele ehemalige Nazis noch hohe Posten bekleideten und daß viele Richter auf demselben Richterstuhl wie in der Nazizeit saßen. Hinzu kamen die Achtundsechziger, deren Auffassungen links-sozialistisch beziehungsweise marxistisch waren und die weder den Sechs-Tage-Krieg noch die Besetzung der Westbank und des Sinais oder die Weigerung Israels, die besetzten Gebiete zu räumen und den Palästinensern Selbstbestimmung zu geben, befürworteten. In Israel wurde dieser Bewegung das Etikett des roten Antisemitismus aufgedrückt.
Um so mehr überraschten uns diese Deutschen, die in ausgewogener Weise sowohl Solidarität mit Israel als auch mit den Palästinensern empfanden. Ich wurde zu Seminaren von *Aktion Sühnezeichen,* der *Christlich-Jüdischen Gesellschaft* und der *Gesellschaft für Christen, Juden und Moslems* eingeladen, und überall betonte ich meine Kritik an der israelischen Politik vor und nach dem Jom-Kippur-Krieg. Das Interesse an Israel war groß und aufrichtig, aber manchmal machte uns die unkritische Solidarität mit Israel auch Angst. Viele hörten meine Kritik an der israelischen Politik mit Unbehagen. In den Jahren 1974/75 wurde die Kritik linker Kreise an der israelischen Politik besonders heftig. Diejenigen, die proisraelisch dachten, bezeichneten diese Kritik als antisemitische Hetze. Ich empfand es einerseits als wohltuend, so begeisterten und ergebenen Freunden Israels zu begegnen. Andererseits war ich sicher, daß es sich hierbei um eine Art Philosemitismus handelte, der in Krisensituationen schnell in Antisemitismus umschlagen konnte.
Da meine Forschungsarbeit nicht nur wissenschaftlich, sondern auch politisch motiviert war und ich nicht in einem Elfenbeinturm vereinsamen wollte, befand ich mich ziemlich bald im aktiven Dialog mit verschiedenen Kreisen, die ich zu einer differenzierteren Einstellung Israel gegenüber bewegen wollte. Ich versuchte, jeden in seiner Solidarität mit Israel zu bestärken und andererseits kritische Haltungen in bezug auf die israelische Politik zu ermutigen, die auch nach dem Jom-Kippur-Krieg nicht die Tür zum Frieden öffnete. Durch mein Interesse an den Menschen, denen ich begegnete und die mich sehr beeindruckten, begann ich, intensiv deutsch zu lernen –

nicht durch systematisches Studium, sondern durch Zuhören, Sprechen und Lesen.
Dadurch veränderte sich mein Deutschlandbild ständig. Das Deutschland nach Willy Brandt war ein anderes, ein neues Deutschland. Während meines Aufenthaltes war Helmut Schmidt Bundeskanzler. Viele bezeichneten ihn im Gegensatz zu Willy Brandt, dem Moralpolitiker, als Realpolitiker und meinten dies negativ. Wann immer ich jedoch seine Stimme hörte, wünschte ich mir, daß wir in Israel auch eine solche Sozialdemokratie hätten, wie ich sie im Deutschland des Jahres 1974 erlebte.
Damals wurde der CDU-Politiker Peter Lorentz in Berlin entführt. Ich war tief beeindruckt, wie die Bundesregierung und die Behörden Berlins dieses Problem ohne Blutvergießen lösten. Hierbei tat sich besonders der ehemalige Bürgermeister Berlins, Heinrich Albertz, hervor, dessen Verhandlungen mit den Entführern sich durch viel Geduld und Achtung für das menschliche Leben auszeichneten. Bei uns hätte diese Geiselnahme mit Schießereien und Toten geendet.
Ich bin überzeugt, daß jene Zeit eine schöne Zeit für Westdeutschland war. Der Geist Willy Brandts und seiner Ostpolitik lag über allem. Man spürte, daß die meisten Deutschen mit den Ostverträgen einverstanden waren und die Oder-Neiße-Grenze als stabile Friedensgrenze zwischen Deutschland und Polen akzeptierten. Da ich auf der Straße, im Zug oder in der U-Bahn schnell mit Menschen ins Gespräch komme, verstand ich bald, daß sie sich vom Nationalismus abgewandt hatten und große Hoffnung auf ein neues europäisches Bewußtsein und die Versöhnung mit Polen und der Sowjetunion setzten. Nur die Achtundsechziger taten mir leid, denn sie waren enttäuscht und frustriert, weil Deutschland trotz seiner furchtbaren Vergangenheit keinen völlig neuen Weg einschlug.
Eine wichtige Rolle bei der Veränderung meiner Einstellung zu Deutschland spielten auch Predigten von christlichen Pfarrern, die ich im Radio hörte. Als Kind waren meine Feinde nicht nur die Deutschen, sondern auch die Christen und das Kreuz gewesen. Nun hörte ich plötzlich aus dem Mund christlicher Pfarrer Predigten über Toleranz gegenüber anderen Glaubensrichtungen, insbesondere gegenüber der jüdischen Religion.

Aus der Sicht des Opfers waren die Deutschen für mich lange Zeit nur Täter. Alles, was sie während des Krieges und nach dem Krieg erlitten hatten, geschah ihnen recht. Erst in Deutschland änderten sich meine Ansichten langsam, was wieder einmal die heilende Wirkung von Begegnungen bestätigt. Wie bei uns hörte ich hier im Radio Suchmeldungen über im Zweiten Weltkrieg verschollene Verwandte. Menschen erzählten mir von Hunger, Vertreibung, Verletzung, Angst und ständiger Lebensgefahr während des Krieges. Diese Berichte machten mir auch ihr Leiden bewußt, und ich begann, Mitleid für sie zu empfinden. Manche sagen, daß Mitleid etwas Abwertendes habe, da man es immer in bezug auf die Schwächen anderer empfinde, in unserer Gesellschaft jedoch Stärke und Unabhängigkeit gefragt seien. Für mich ist Mitleiden ein Zeichen der Liebe.
Mein Bild von den Deutschen als einem Volk gehorsamer Täter, das von dem Verbrecher Adolf Hitler begeistert ist und mein Volk wie auch andere Völker umbringen will, wandelte sich also, und ich begann, die Deutschen nicht nur als freiwillige Täter, sondern auch als verführte Opfer zu sehen. Die Begegnung mit dem Leid von Millionen von Menschen setzte bei mir einen Prozeß der Überwindung des Hasses in Gang, von dem ich während des Zweiten Weltkrieges und auch später wie besessen war. Die Frage, wie man ein ganzes Volk zu Haß und Unmenschlichkeit verführen kann, ließ mich nicht mehr los.
Mein altes Deutschlandbild deckte sich also in keiner Weise mit dem, was meine Familie und ich jetzt erlebten. Zwar war auch dies keine ideale Welt. Aber Kühle, Distanz, die bedrückende Stille in den öffentlichen Verkehrsmitteln oder empörte Blicke älterer Frauen auf zu laute türkische oder griechische Kinder in der U-Bahn blieben doch eher die Ausnahme. Vielleicht hatten wir auch nur Glück, da wir uns in Kreisen bewegten, die die Geschichte bewußt aufarbeiteten und für ihr eigenes Verhalten Konsequenzen aus ihr zogen. Mir fielen auch die vielen russischen und jüdisch-biblischen Vornamen von Kindern zu jener Zeit auf. Besonders bewegte mich die folgende Geburtsanzeige in einer Zeitung: „Hiermit geben wir die Geburt unseres Sohnes und Bruders Benjamin bekannt. Wir hoffen, daß er in einer friedlichen Welt ohne Krieg leben und ein Mensch sein wird, der anderen Menschen mit Liebe begegnet."

Eines Tages erhielt ich eine Einladung zu einer Kundgebung gegen antizionistische Hetze. Die Veranstalter hatten die Sorge, daß diese Hetze in Antisemitismus umschlagen könnte. Außer mir sollten Professor Gollwitzer, Professor Rendtdorff und Franz von Hammerstein sprechen. Ich kann nicht beurteilen, ob die antizionistische Kampagne oder die Veröffentlichungen linker Gruppen frei von Antisemitismus waren. Ich weiß aber, daß ihre Kritik an Israel sachlich gerechtfertigt war. Ihre pauschale Verurteilung des Zionismus erschien mir jedoch ebenso falsch wie unsere ausschließliche Darstellung der PLO als Mörder und Terroristen. Ich schlug deshalb vor, daß diese Kundgebung differenzierter als andere sein und nicht wieder diese unkritische Solidarität mit Israel zum Ausdruck bringen sollte.
In der Evangelischen Akademie am Kleinen Wannsee lebt bis heute ein Mann namens Wilfried Maechler. Als er hörte, daß ein Friedensaktivist aus Israel in Berlin war, rief er an und fragte, ob er uns besuchen dürfe. Wir machten einen Termin in unserer Wohnung aus, und ich stand einem lächelnden, auf einem Bein hinkenden Menschen gegenüber, der mich mit einer freundlichen Umarmung überraschte. Ein unangenehmes Gefühl beschlich mich. War sein Hinken die Folge einer Kriegsverletzung? Hatte auch er Juden vertrieben oder vielleicht umgebracht? Aber meine Ängste stellten sich bald als unberechtigt heraus. Er war Mitglied der Bekennenden Kirche gewesen und hatte sich nach dem Krieg leidenschaftlich für den Frieden im Nahen Osten eingesetzt. Menschen wie Wilfried Maechler beeindruckten mich besonders durch ihre ausgewogene und von Liebe erfüllte Solidarität Juden und Palästinensern gegenüber. Er bemühte sich, durch seine Kontakte zu Israelis und Palästinensern einen konstruktiven Dialog zwischen beiden Gruppen zu ermöglichen.
Durch ihn lernte ich einen Palästinenser kennen, mit dem ich lange, vernünftige Gespräche führte. Ich schlug vor, ihn auch zu der Kundgebung einzuladen. Statt mit der üblichen rechthaberischen Einstellung aufzutreten, sollten wir beide, ein Palästinenser und ein Jude, demonstrieren, wie sinnlos die gegenseitigen Beschuldigungen angesichts der in der Vergangenheit auf beiden Seiten begangenen Fehler waren, und uns nur konstruktiv auf die Zukunft konzentrieren. Die Freunde von *Akti-*

on Sühnezeichen waren von dem Vorschlag nicht sehr begeistert. Franz von Hammerstein hatte bereits mehrfach erlebt, daß Palästinenser, sobald sie ein Mikrofon in der Hand hielten, alle Absprachen vergaßen und sich von ihrer emotionalen Verbitterung hinreißen ließen.
Um dem zuvorzukommen, schlug ich vor, daß wir beide unsere Reden vor der Kundgebung vergleichen sollten, um sicherzustellen, daß sie sich nur mit der Notwendigkeit einer zukünftigen Versöhnung befassen würden, und zwar auf der Grundlage der gegenseitigen Anerkennung und Selbstbestimmung, der Respektierung der UNO-Beschlüsse 242 und 338 sowie des Verzichts auf Annexionen. Alles lief gut. Gollwitzer hielt wie gewöhnlich eine wunderbare Rede. Ebenso Rendtdorff. Dann kam der Palästinenser, und es geschah genau das, was von Hammerstein vorausgesagt hatte. Mein palästinensischer Freund vergaß seinen geschriebenen Text und unsere Vereinbarungen. Beflügelt von einigen begeisterten Studenten und Anhängern im Saal, klagte er Grausamkeit und Ausbeutung des kolonialistischen Zionismus feurig an.
Da flammten auch meine Emotionen auf. Als ich zu Wort kam, fegte ich meinen geschriebenen, aus dem Hebräischen ins Deutsche übersetzten Text demonstrativ vom Tisch und redete in meinem verdeutschten Jiddisch erregt und leidenschaftlich über die Zionisten Martin Buber und Ernst Simon und darüber, daß man nicht alle Zionisten in einen Topf werfen dürfe. Ganze arabische Dörfer, so sagte ich, seien von Zionisten in den Kibbuzim vor der Vertreibung gerettet worden. Die Mehrheit der Friedensbewegung Israels bestehe aus Zionisten, die sich leidenschaftlich für die Rechte der Palästinenser und die Lösung des Flüchtlingsproblems einsetzten. Wenn man mich verstand, dann wohl nur aufgrund meiner Emotionalität. Während es bei den Reden von Gollwitzer, Hammerstein und Rendtdorff immer wieder Zwischenrufe der anwesenden propalästinensischen Studenten gegeben hatte, herrschte bei meiner Rede eine merkwürdige Ruhe. Am Schluß gratulierte mir mein Professor, Walter Grab, mit dem Satz: 'Nur wenige haben Deine Rede verstanden, aber sie war sehr eindrucksvoll.'
Menschen wie Volker von Törne, Maechler und andere, die in kritischer Solidarität mit Israel standen, brachten mich auf die Idee, in Deutschland etwas zur Förderung des Friedensprozes-

ses in meinem Land zu tun. Ich war von der Arbeit von *Aktion Sühnezeichen* begeistert, und die Idee, eine Friedensschule in Israel zu gründen, setzte sich mehr und mehr in meinem Kopf fest. Auch hatte ich das Bild Willy Brandts vor Augen, der vor dem Denkmal im Warschauer Ghetto kniete, und ich hoffte, daß diese Geste das Bewußtsein der meisten Deutschen zum Ausdruck gebracht hatte. Also begann meine Phantasie zu arbeiten. Realistischer als viele meiner deutschen Freunde schätzte ich die wirtschaftliche und politische Stärke Deutschlands ein, die vielleicht den Politikern selbst noch gar nicht in ausreichendem Maße bewußt war. Würde es möglich sein, auf dem Hintergrund von Willy Brandts Moralpolitik deutsche Politiker und Friedensbewegte für eine klare, aber kritische Solidarität mit der israelischen Politik zu gewinnen?
1975 wurde ich von *Aktion Sühnezeichen* zu dem Kirchentag in Frankfurt eingeladen, um über Israel und die israelische Friedensbewegung zu sprechen. Die unwahrscheinliche Vielfalt von Glaubensrichtungen, Nationalitäten und Ideologien, die manchmal sogar von atheistischen Gedanken geprägt waren, überwältigte mich. Der „Markt der Möglichkeiten" erschien mir wie ein verwirklichter Traum von Toleranz und Engagement für Frieden, Gerechtigkeit, Menschenwürde und Menschenliebe. Alles Dinge, die mir am Herzen lagen. Die massenhafte Beteiligung insbesondere von Jugendlichen und deren Begeisterung schienen mir Ausdruck eines politisch bewußten Geistes. Warum sollte man also nicht versuchen, diese Menschen davon zu überzeugen, sich für den Frieden in meinem Land einzusetzen?
Die meisten empfanden Solidarität mit Israel, manche aus einem Schuldgefühl, andere aus einem Gefühl der Verantwortung heraus. Ich wollte ihnen erklären, daß ihre Solidarität und Verantwortung sich auch auf die Palästinenser erstrecken müßten, da dieses Problem seinen Ursprung ebenfalls in der Judenverfolgung und den Ereignissen hat, die zur Gründung eines jüdischen Staates führten. Dieser Gedanke stieß auf Zurückhaltung und höfliche Ablehnung, hatten sich die Palästinenser doch durch ihre Zurückweisung von Juden, die sich aus der Nazihölle retten wollten, mitschuldig gemacht. Ich versuchte zu erklären, daß bei aller Richtigkeit dieser Einwände der palästinensische Widerstand gegen die jüdische Ein-

wanderung – hervorgerufen durch Angst und Mißverständnisse – nicht unbedingt bedeutete, daß man dem palästinensischen Unglück gegenüber gleichgültig sein müsse. Ohne die Ermordung von sechs Millionen Juden wäre die Entwicklung in Palästina nach dem Zweiten Weltkrieg mit großer Wahrscheinlichkeit nicht so dramatisch verlaufen.
Wenn auch das palästinensische Leid im Vergleich zu dem furchtbaren jüdischen Leid geringfügig erscheint, wird man zugeben müssen, daß Leid nicht dadurch erträglicher wird, daß es mit noch größerem Leid verglichen wird. Für einen Palästinenser, der seine Heimat verloren hat, vertrieben wurde und seine Verwandten nicht mehr sehen kann, ist dieses Leid subjektiv genauso schrecklich wie das furchtbare jüdische Leid. Meiner Meinung nach darf man Mitleid oder Solidarität mit Leidenden nicht davon abhängig machen, ob sie Schuld auf sich geladen haben oder nicht. Auch schuldige Leidende muß man verstehen und ihnen helfen.
Wenn dies nicht so wäre, hätte ich nie anfangen können, das deutsche Leid zu verstehen. Ich freue mich auch, daß es mir gelungen ist, bei Hunderten, vielleicht Tausenden von Deutschen Solidarität und Mitleid mit allen in Palästina und dem Nahen Osten lebenden Menschen und insbesondere mit dem unglücklichen palästinensischen Volk hervorzurufen, das seit fünfundvierzig Jahren zum Teil heimatlos ist und achtundzwanzig Jahre unter schwerer, kaum zu ertragender Besatzung lebte. Als politischer Mensch bedauere ich, daß sich meine Hoffnung, mit Hilfe deutscher Friedenskreise und der Kirchen auf deutsche Politiker einzuwirken, als falsch erwiesen hat. Meine Einschätzungen bezüglich der Friedensmöglichkeiten im Nahen Osten waren jedoch richtig.
Leider begann der Friedensprozeß im Nahen Osten zwanzig Jahre zu spät, was auf die Blindheit der westlichen, amerikanischen und auch israelischen, Politiker zurückzuführen ist. Nicht nur Begin hat den Friedensnobelpreis zu Unrecht erhalten, sondern auch Henry Kissinger. In seinen Erinnerungen beschreibt er die Zeit von 1973/74, in der er Außenminister war. Hier wird deutlich, daß er persönlich wie auch die amerikanische Politik insgesamt blind gegenüber den Möglichkeiten waren, den Jom-Kippur-Krieg zu vermeiden. Man kann alles mögliche über die ehemalige Sowjetunion sagen, ihr je-

doch bezüglich ihrer Außenpolitik nach dem Sechs-Tage-Krieg nicht den Vorwurf machen, daß sie den Konflikt schürte. Sie vertrat konsequent den Standpunkt, daß die arabische Welt Israel in den Grenzen von 1967 anerkennen sollte, während Israel sich aus allen besetzten Gebieten zurückziehen und das Recht der Palästinenser auf Selbstbestimmung akzeptieren müßte. Die sowjetischen Waffenlieferungen an Ägypten hatten nicht so sehr den Zweck, Ägypten die Vernichtung Israels zu ermöglichen, als vielmehr zu vermeiden, daß Ägypten unter Nasser von Amerika und Israel in die Knie gezwungen würde.

In seinen Erinnerungen schreibt Kissinger, daß es einen Konsens zwischen Amerika und der Sowjetunion gab, einen Frieden auf der Basis der schon erwähnten Vermittlungen von Gunnar Jarring zu vereinbaren. Unter den gegebenen Umständen hätte ein solcher Frieden nach Kissingers Meinung einen diplomatischen Sieg der Sowjetunion bedeutet. Einen solchen Sieg aber wollte er nicht, und deshalb griffen Ägypten und Syrien Israel im Oktober 1973 an.

In Deutschland wurde mir klar, daß sich etwas Wesentliches an den geopolitischen Gegebenheiten im Nahen Osten geändert hatte. In der klassischen realpolitischen Strategie war Palästina für jede imperialistische Weltmacht als Brücke zwischen Europa, Asien und Afrika unentbehrlich gewesen. Durch die moderne Technik, durch riesige Schiffe und Flugzeuge hatte diese territoriale Brücke an vitaler Bedeutung verloren. Ich stellte mir eine westeuropäische Initiative mit aktiver deutscher Beteiligung vor mit dem Ziel, Amerika zu einer Einigung mit der Sowjetunion zu bewegen und auf diese Weise das Heilige Land, das doch so wichtig für die drei Weltreligionen ist, aus dem globalen Konflikt herauszuhalten. Diese Idee war nicht unrealistisch, denn zu jener Zeit – und auch schon unter Breschnew[137] – hätten Menschen mit nüchterner Wahrnehmung der politischen Gegebenheiten eine gewisse Bereitschaft zur Entspannung und Abrüstung wahrnehmen können.

137 *Leonid Iljitsch Breschnew* (1906-1982), sowjetischer Politiker; seit 1957 Mitglied des Präsidiums beziehungsweise Politbüros der KPdSU; 1960-64 und 1977-1982 Vorsitzender des Präsidiums des Obersten Sowjets (Staatspräsident); als Nachfolger Chruschtschows seit 1964 Erster Sekretär (1966 Generalsekretär) des ZK der KPdSU..

Auch Willy Brandt äußerte sich bei seinem Besuch in Moskau in diesem Sinne. Es war aber auch die Zeit, in der die deutsche Sozialdemokratie törichterweise der Aufstellung von Mittelstreckenraketen in Deutschland zustimmte.
Aber die Geschichte beschäftigt sich bekanntlich nicht mit der Frage „Was wäre gewesen, wenn...?“ sondern mit dem, was tatsächlich geschah. Einem Menschen wie mir, dem es um den Frieden geht, muß jedoch gestattet sein, mit Bedauern festzustellen, daß viele Gelegenheiten, die Spannung im Nahen Osten abzubauen, vertan wurden.
In Berlin wurde ich einmal zu einem Treffen mit Martin Niemöller[138] im Niemöller-Haus eingeladen, das damals noch die Wohnung von Pfarrer Möckel war. Es wurde über ein Thema diskutiert, das bis heute viele deutsche Theologen beschäftigt: Dürfen sich deutsche Christen angesichts der großen deutschen Schuld gegenüber den Juden kritisch über Politik und Sicherheitserwägungen Israels äußern? Ich stellte meine Meinung dar und war froh, daß Niemöller – als einziger – eine ähnliche Einstellung hatte wie ich. Er überraschte die Teilnehmer mit der ziemlich kühnen These, daß deutsche Christen nicht das Recht hätten, von den Palästinensern eine Aufgabe ihres Anspruchs auf Heimat zu erwarten, nur weil Juden so gelitten hatten. Er vertrat außerdem die Ansicht: Wenn die deutschen Christen das Unrecht, das den Juden angetan wurde, als wiedergutzumachende Schuld empfinden, dann sollten sie sie dadurch wiedergutmachen, daß sie den überlebenden Juden eine Heimat gewährleisten. Das können sie aber nur tun, indem sie ihnen deutsches Territorium zur Verfügung stellen, und zwar unabhängig davon, ob die Juden das Angebot akzeptieren oder nicht.
An dieser Begegnung nahm auch ein junger Pfarrer namens Bernd Wellmann teil, der sich aber nicht an der Diskussion beteiligte. Als ich nach Israel zurückgekehrt war und er von dem Aufbau Neve Shaloms erfuhr, schrieb er mir, daß er mit einer Gruppe das Projekt besichtigen wolle. Konsequent in meiner

138 *Martin Niemöller* (1892-1984), deutscher Protestant, bedeutender Vertreter der Bekennenden Kirche, Symbolfigur des Widerstandes gegen den Nationalsozialismus; 1938-45 in Konzentrationslagern; 1961-68 einer der sechs Präsidenten des Ökumenenischen Rats der Kirchen.

orientalischen Schlampigkeit und meiner Abneigung, Briefe zu schreiben, insbesondere in einer Sprache, die ich schlecht beherrschte (in jiddisch sagt man: 'Gesagt ist nicht gesagt. Geschrieben ist gesagt.'), beantwortete ich diesen Brief nicht und auch nicht den nächsten. Erst durch ein Telefonat kam das Treffen zustande. Diese Begegnung bedeutete einen neuen und glücklichen Anfang in meinem Leben. Es war Liebe auf den ersten Blick. Die Gruppe beteiligte sich einen ganzen Tag lang an einer jüdisch-arabischen Schülerbegegnung, bei der gemeinsam gekocht und gespielt wurde und jeder ein bißchen von seiner Kultur zeigte. Die Begeisterung war so groß, daß die Gruppe mich bat, sie auch am nächsten Tag zu führen.
Das war schwierig, denn zu jener Zeit mußte ich als Reservist Hotels am Toten Meer bewachen. Ich tauschte den Dienst mit einem Kameraden, so daß ich mir am nächsten Tag freinehmen konnte. Als die Gruppe mich in Uniform und mit einer „Knarre" in der Hand sah, waren alle entsetzt. Was für ein Friedenskämpfer ist dieser Mensch, der mit einer MG umherläuft? Aber mein Lächeln beruhigte sie wieder, und wir verbrachten einen wunderschönen Tag in Masada. Ich trug ihnen meine Interpretation der Ereignisse und des gegenwärtigen Mythos von Masada vor. Sie waren erstaunt, daß ich als Soldat die gewaltfreie Philosophie Jochanan Ben Zakkais vertrat, des Begründers des geistigen, gewaltlosen Judentums in Jawne. Meine Vorträge gefielen ihnen so, daß sie ihren eigentlichen Fremdenführer zwar bezahlten, aber tatsächlich von mir geführt wurden. Diese Gruppe bildete den Kern derjenigen, die sich später in Berlin für Neve Shalom einsetzten. Hinzu kamen dann der Pfarrer Wolf Jung, Hans-Richard Nevermann, Heidi und Helmut Drews und andere.

Exkurs. Als ich begann, jüdisch-arabische Gruppen nach Deutschland zu bringen, besuchten wir auch Berlin. Der Aufenthalt wurde von Roswitha Dorwath organisiert, einer Lehrerin, die mit ihren Schülern in Israel gewesen war und die ich schließlich auch nicht nur für ein paar Tage, sondern die ganze Zeit geführt hatte. Eigentlich wollten wir auf dem Weg von Koblenz nach Berlin eine Nacht in der Nähe von Hannover verbringen. Unterwegs beschloß die Gruppe jedoch, keine Zeit zu verlieren, und so fuhr ich bei strömendem Regen die

ganze Nacht nach Berlin durch, wo wir sehr früh am Morgen ankamen.
Da wir erst am späten Nachmittag erwartet wurden, aber alle naß und müde waren und dringend ein warmes Zimmer brauchten, stellte sich die Frage: Wohin? Wer wagt schon, um fünf Uhr morgens jemanden anzurufen? In meiner Not tat ich es doch, war aber sicher, daß die beiden es mir nicht übelnehmen würden. Roswitha Dorwath, der ich immer noch dankbar bin, und Elisabeth Fraenkel, mit der mich bis heute eine Freundschaft verbindet, nahmen jeweils die Hälfte der Gruppe – zehn Personen – auf, und so konnten wir noch ein paar Stunden schlafen, später eine warme Dusche nehmen und erhielten sogar ein gutes Frühstück.
Nach der Berliner Gruppe kam eine Studentengruppe von der Universität Münster nach Israel, wodurch sich die Verbindung zur Pax-Christi-Friedensbewegung ergab. Clemens Richter, bis heute Professor an der theologischen Fakultät der Universität Münster, wurde zum aktiven Förderer meiner Arbeit in Neve Shalom. Immer mehr Gruppen, die Neve Shalom besuchen wollten, meldeten sich bei mir, und ich freute mich, daß sie trotz meiner kritischen Einstellung zur israelischen Politik eine große Liebe und Zuneigung zu Israel entwickelten.
Ich hatte Deutschland mit dem festen Entschluß verlassen, in Israel in kleinen Schritten für den Frieden zu arbeiten. Meine Friedensarbeit in Neve Shalom beschreibe ich in einem anderen Kapitel. An der Tatsache aber, daß Neve Shalom finanziell überhaupt überleben konnte, hat das Deutschland, das ich liebe, einen großen Anteil. Als die Kasse leer war, flog ich nach Deutschland und besprach das Projekt mit Freunden, die umgehend Komitees zur Unterstützung Neve Shaloms gründeten. Anneliese Debray, Direktorin des Hedwig-Dransfeld-Hauses in Bendorf am Rhein, kutschierte mich durch halb Deutschland, um mir die Möglichkeit zu geben, mein Anliegen in verschiedenen Gremien vorzutragen. Es war nicht einfach, Spenden für dieses Projekt zu erhalten, auch wenn Bruno Hussar diese in seinem Buch als etwas Selbstverständliches darstellt. Ohne die finanzielle Hilfe von *Pax Christi, Brot für die Welt* und anderen wäre es sehr schwer, wenn nicht sogar unmöglich gewesen, die grundlegende Infrastruktur in Neve Shalom zu schaffen und die Begegnungsarbeit zu sichern.

Der Versuch, an der Basis zu arbeiten, um eine Änderung der deutschen Position gegenüber der israelischen Politik zu bewirken, begann Früchte zu tragen. In Berlin führte ich lange Gespräche mit den Professoren Gollwitzer, Marquardt, v. Osten-Sacken sowie mit Heinrich Albertz. Während es für Marquardt und v. Osten-Sacken bis heute schwierig ist, eine kritische Position gegenüber Israel einzunehmen, überraschte Gollwitzer bei einer Martin-Buber-Tagung an der Universität von Beer Sheba mit der mutigen Mahnung, daß Israel nicht zum Herrenvolk werden solle. Die israelischen Teilnehmer empfanden diese Bemerkung als Ohrfeige und übten starken Druck auf Gollwitzer aus, seine Worte zurückzunehmen. Obwohl es ihm schwer fiel, blieb er bei seiner Meinung, was für seine Ehrlichkeit und Aufrichtigkeit sprach.
In der Zwischenzeit hatte sich die Situation in Israel zugespitzt. In dem Maße wie der palästinensische Widerstand wuchs, verschärfte sich auch die israelische Reaktion darauf. Insbesondere die arabischen Universitäten entwickelten sich zu Zentren des Widerstandes und waren deshalb öfter geschlossen als geöffnet. Bei einem der vielen Zusammenstöße zwischen dem israelischen Militär und den palästinensischen Studenten wurden mehrere Studenten getötet, und ich spürte, daß es jetzt an der Zeit war, die Alarmglocke zu läuten. Ich wandte mich an Ingrid Karnetzki mit der Bitte um Hilfe, woraufhin sie und ihr Mann Manfred mehrere Theologen und aktive Mitglieder der Friedensbewegung in ihrer Wohnung versammelten. Ich berichtete ihnen über die Gefahr einer Stärkung des islamischen Fundamentalismus als Folge der harten israelischen Politik und schlug vor, ein Initiativkomitee zu gründen, das deutsche Politiker bewegen sollte, sich bei den israelischen Politikern klar und energisch für eine Änderung ihrer Palästinenserpolitik einzusetzen. Außer v. Osten-Sacken waren alle mit mir einverstanden. Das Deutschland, das ich liebe, brachte aber schließlich doch nicht den Mut auf, meinen Vorschlag praktisch umzusetzen.
Auch auf einer sehr gut besuchten Veranstaltung im Haus der Kirche schlug ich vor, neue Strategien der Friedensarbeit zu entwickeln und die Politik der Konfrontation mit den führenden deutschen Politikern durch eine Politik des Dialogs zu ersetzen, um die deutschen Politiker zu veranlassen, mehr Druck

auf die israelischen Politiker auszuüben. Man hörte mir freundlich zu, war aber durch den Vergangenheitskomplex so befangen, daß niemandem einfiel, wie man praktisch vorgehen konnte.
Damals traf ich mich mit verschiedenen Persönlichkeiten in Berlin, München, Bonn, Dortmund und Hannover in der Hoffnung, irgendwelche Aktivitäten in Gang zu setzen, um eine weitere Zuspitzung der Lage in Israel zu verhindern. In München zum Beispiel organisierten Willi Schanz, Emil Martin und der Münchener Kreis im Bonifaz-Kloster ein großes Treffen, das von dem Abt Odillon aktiv unterstützt wurde. In der Wohnung von Klaus und Ruth-Alise von Bismarck fand ein Treffen mit Politologen, ehemaligen Abgeordneten und anderen an Israel Interessierten statt, bei dem mir der Titel „Friedensabenteurer" verliehen wurde.
Heute weiß ich, daß ich damals keine Chance hatte, meine Ideen durchzusetzen, und daß amerikanische Politiker die richtigere Adresse für meine Bemühungen gewesen wären. Dennoch war meine Arbeit nicht völlig vergeblich. Ich wurde mit viel Aufmerksamkeit belohnt, hatte ein langes Gespräch mit Carl-Friedrich von Weizsäcker, der sogar versuchte, eine Begegnung mit seinem Bruder Richard, dem Bundespräsidenten, zu arrangieren. Bei dieser Gelegenheit begegnete ich auch der Mitherausgeberin der Wochenzeitung *Die Zeit*, Frau Dr. Marion Gräfin Dönhoff. Diese Begegnung trug dazu bei, daß einer meiner Artikel in ziemlich verstümmelter Form in dieser Zeitung erschien. Trotz der Erfolglosigkeit meiner Bemühungen bestätigte sich doch meine Meinung, daß es wichtig ist, in Deutschland ein anderes, ein friedfertiges Israel darzustellen. Ich stellte außerdem ein starkes Engagement für Israel fest, das jedoch von der durchaus realistischen Angst gebremst wurde, in Israel mißverstanden zu werden.
In dieser Zeit entstand auch meine Zusammenarbeit mit dem Haus der Kirche in Berlin und seinem jetzigen Direktor Hans-Joachim Curth. Jedes Jahr brachte er eine Gruppe nach Israel. Wenn ich in Berlin war (und bin), steht mir das Atrium des Hauses der Kirche zur Verfügung, um zum aktiven Engagement für den Frieden aufzurufen. Als 1987 die Intifada ausbrach, der längste Krieg, den Israel je aufgrund eigener Schuld geführt hat, zeigte sich, daß diese Aufrufe nicht grundlos waren.

Während des Golfkrieges 1991 bestätigte sich, daß es ein anderes, liebenswertes Deutschland gibt. Bedauerlicherweise stand ich in diesem Krieg nicht nur zu meiner Regierung in Opposition, sondern auch zu einem Teil der israelischen Friedensbewegung. Ich lehnte den Krieg gegen den Irak entschieden ab. Meine Überlegungen dazu habe ich damals in einem Brief dargelegt, in dem es unter anderem heißt: „Es stimmt wohl, daß Sadam Hussein mit Eifer aufgerüstet hat – nicht nur, um seine Nachbarn zu überfallen, sondern auch um Israel zu zerstören. Das ändert aber nichts an der Tatsache, daß auch Israel mit demselben Eifer und in demselben Maße aufgerüstet hat. Der Leichtsinn mancher tiefsinniger Denker besteht darin, daß sie nicht beachten, daß es keine realen Chancen gibt, Israel als den am besten bewaffneten Staat im Nahen Osten aufrechtzuerhalten. Denn auch wenn es gelingt, die irakische Kriegsmaschinerie zu vernichten, werden arabische und islamische Kräfte nicht nachlassen, unablässig zu versuchen, Israels Kriegspotential zu überbieten. Nicht weniger als durch den Irak ist Israel durch seinen eigenen Macht- und Gewaltwahnsinn gefährdet. [...] Wenn ich versuche, mir die Tatsache zu erklären, warum so viele anständige und friedfertige Israelis den wahnsinnigen Golfkrieg bejahen, frage ich mich, ob sie die Zukunft Israels und des jüdischen Volkes sowie der jüdischen Kultur durch diese, wie ich meine, falsche und gefährliche Denkstruktur auf das Spiel setzen wollen. Aufrüstung, atomare Waffen, Gewaltanwendung und Unterdrückungsmechanismen können einen Staat auf Dauer nicht sichern, wie wir am Beispiel der Sowjetunion und Südosteuropas sehen."
In einer für mich typischen Mischung aus Realismus und Utopie hoffte ich auf ein Treffen mit dem Bundespräsidenten Richard von Weizsäcker, bei dem ich ihn davon überzeugen wollte, daß er im Auftrag der deutschen Nation eine ähnlich spektakuläre Maßnahme zur Verhinderung des Golfkrieges ergreifen sollte wie damals Willy Brandt, der nach Bagdad flog, um dort die Freilassung mehrerer Geiseln zu bewirken. Als der Krieg begann, hielt ich mich in Deutschland auf. Ich empfand die negativen israelischen Reaktionen auf die deutschen Demonstrationen gegen den Golfkrieg als sehr schmerzlich. Man stellte die Gaslieferungen verantwortungsloser, profitgieriger Unternehmer an den Irak in den Vordergrund, während ich hier

Massen von zutiefst besorgten Deutschen, jüngeren und älteren, erlebte, die gegen diesen Krieg demonstrierten. Dieser Aufenthalt war für mich ein besonderes Erlebnis, das mich diesem anderen Deutschland noch näher brachte, diesem Deutschland, das sich endlich nicht mehr manipulieren und verführen läßt und Krieg als Mittel zur Lösung politischer Probleme ablehnt.

Eine Diskussion zwischen Günter Grass[139] und Yoram Kaniuk[140] in der Akademie der Künste in Berlin zeigte mir, daß Yoram Kaniuk, selbst aktives Mitglied der israelischen Friedensbewegung, den Krieg gegen Irak emotional und kurzsichtig beurteilte. Die Äußerungen von Günter Grass waren hingegen wohl überlegt und eindrucksvoll. Er äußerte sich zwar gegen den Krieg, zeigte aber auch Verständnis für die Lage Israels. Ich bedauerte, was mich von Yoram Kaniuk trennte, war aber erfreut, mich mit Menschen wie Grass in einem Lager zu finden.

Damals konnte ich auch meine Meinung im Rahmen einer *Report*-Sendung im Fernsehen zum Ausdruck zu bringen. Ich sagte, daß ich die Instrumentalisierung des Holocaust im Dienste einer politischen Auffassung bedauerlich fand und stellte klar, daß es zwar eine bedingungslose Solidarität Deutschlands mit der Existenz des Staates Israel geben müsse, nicht jedoch eine bedingungslose Solidarität mit der israelischen Politik, die legitime Werte unserer Zeit wie das Recht auf Selbstbestimmung und die Achtung der Menschenrechte mit Füßen tritt. Am nächsten Tag kamen auf dem Flughafen in München zwei Arbeiter auf mich zu und vergewisserten sich, daß ich derjenige war, den sie am Abend zuvor in der *Report*-Sendung gesehen hatten. Der eine sagte: 'Sie zu hören, war wie eine Erlösung. Ich hoffe sehr, daß viele in dem von uns geliebten Israel so denken wie Sie.' Und dann baten sie mich schüchtern, mir die Hand drücken zu dürfen, was ich wie gewöhnlich mit einer herzlichen Umarmung beantwortete. Als ich jedoch zur Sicherheitskontrolle kam, hörte ich einen israelischen Sicherheitsoffizier zu seinem Kollegen sagen: 'Dieses Schwein hat gestern den ganzen Quatsch über Israel verbreitet.'

139 Günter Grass (geb. 1927), deutscher Schriftsteller
140 Yoram Kaniuk (geb. 1930), israelischer Schriftsteller

Bei einer Sitzung mit palästinensischen Freunden erfuhr ich, daß zum Kirchentag in Nordrhein-Westfalen 1991 zwar ein israelischer, nicht aber ein palästinensischer Bürgermeister eingeladen worden war. Das zeigte mir, daß selbst eine so wunderbare Institution wie der Kirchentag von proisraelischen Schwärmern manipuliert wurde. Also beschloß ich, als einsamer Friedensabenteurer auf eigene Kosten und ohne eingeladen zu sein zum Kirchentag zu fahren, um zu versuchen, mir dort Gehör zu verschaffen. Es schien höchste Zeit, daß man in Deutschland endlich verstand, daß es kein positiver Beitrag zur Lösung der palästinensisch-israelischen Problematik sein konnte, wenn man Israel immer nur als Opfer der arabischen Aggression in Schutz nahm, die palästinensischen Opfer der israelischen Besatzung aber ignorierte. Ich fand, daß hier eine wunderbare Gelegenheit verpaßt wurde, einen friedfertigen Mann wie Shlomo Lahat, den Bürgermeister von Tel Aviv, mit Elias Freij, dem friedfertigen Bürgermeister von Bethlehem, auf ein Podium zu bringen und damit ein Zeichen der Hoffnung auf einen ehrlichen und fruchtbaren Dialog zwischen Israelis und Palästinensern zu setzen. Wem nutzte es nach Jahren der Intifada und der Unterdrückung noch, Israel als einziges Opfer des Konfliktes darzustellen?
Der Kirchentag wurde mit einer sehr bewegenden Rede von Heinrich Albertz eröffnet, der den Golfkrieg genauso entschieden verurteilte wie ich, nur daß ich mich nicht so wunderbar ausdrücken konnte wie er. Tausende von Menschen bejubelten seine Rede. In den darauffolgenden Tagen hängte ich mir zwei Plakate um, auf denen ich erklärte, daß ich für den Frieden fastete. Ich versuchte, mich an verschiedenen Diskussionen zu beteiligen, wurde aber mehrfach höchst unfreundlich zurückgewiesen. Daraufhin blieb mir gar nichts anderes übrig, als meine gewohnte Höflichkeit abzulegen und mir selbst das Wort zu erteilen.
Als ich bei einer großen Diskussion in der Westfalenhalle über den Sinn und die Ergebnisse des Golfkrieges nach einer Minute von dem Moderator mit dem Hinweis auf weitere Wortmeldungen unterbrochen wurde, griff ich zu einer List. Ich sagte, daß ich meine Rede unterbrechen würde, wenn man mir die Gelegenheit gäbe, meine Botschaft musikalisch auf einer Mundharmonika mitzuteilen, die ich von palästinensischen

Kindern geschenkt bekommen hatte. Dieser Vorschlag stieß auf freundliche Zustimmung. So betrat ich das Podium und nutzte die Gelegenheit, von unseren tapferen und wunderbaren „Frauen in Schwarz“ und von dem einmaligen Friedenskämpfer Abi Nathan zu erzählen, der sich zu diesem Zeitpunkt schon seit mehr als dreißig Tagen im Hungerstreik befand, um gegen die Kriminalisierung von Begegnungen mit der PLO zu protestieren. Dann spielte ich „Hevejnu Shalom Alejchem“ *(Wir wollen Frieden für alle)*, und der ganze Saal sang begeistert über fünf Minuten lang mit. Dem Moderator blieb nur eine Geste verständnisvoller Hilflosigkeit.
Unmittelbar nach dieser Veranstaltung bat man mich, bei dem anschließenden Agape-Gottesdienst in derselben Halle noch einmal Mundharmonika zu spielen und die Geschichte meiner Mundharmonika zu erzählen. Die Halle war übervoll. Man schätzte die Teilnehmerzahl auf fünfzehn- bis achtzehntausend – in der Mehrzahl Jugendliche. Zu meiner großen Freude begegnete ich auf der Bühne auch Ernesto Cardenal[141] und dem Liedermacher Gerhard Schöne. Dieser Gottesdienst stellte für alle ein ganz besonderes Erlebnis dar. Ich erzählte meine Geschichte, spielte ein paar Melodien und erzielte dieselbe Reaktion wie vorher. Spät in der Nacht auf dem Heimweg tönte es von allen Seiten „Hevejnu Shalom Alejchem, Hevejnu Shalom Alejchem“. Für einen Menschen, der auf seinem langen Weg zum Frieden sehr oft Niederlagen erlitten hat, war dies ein willkommener Erfolg.
Damit endet die Geschichte aber noch nicht. Wie sich später herausstellte, war Gerhard Schöne von meinem Mundharmonikaspiel beim Kirchentag sehr angetan und erklärte sich deshalb auch bereit, anläßlich eines Benefizkonzertes für ein Rumänienprojekt zusammen mit mir aufzutreten. Wir spielten oder besser gesagt improvisierten beide einen wunderbaren Abend in der Hoffnungskirche in Berlin-Pankow. Dieser Abend brachte viel Geld für das Projekt ein. Wichtiger aber war, daß viele Jugendliche aus der ehemaligen DDR an dem Abend teilnahmen und mit Begeisterung auf mein Spielen und meine Erzählungen reagierten. Das Deutschland, das ich liebe, ist größer geworden, und das macht mich sehr glücklich.

141 *Ernesto Cardenal* (geb. 1925), südamerikanischer Theologe, der durch seine Befreiungstheologie bekannt wurde.

11. Der lange Weg zum Frieden

Der Weg zum Frieden ist nicht nur lang, sondern auch dornig und führt vielleicht nie zum Ziel. Angesichts der Tatsache, daß ich der Friedensarbeit mehr als zwei Drittel meines Lebens gewidmet habe, kann man durchaus von einem langen Weg sprechen. Andererseits befindet sich der Weg zum Frieden noch immer in einem Anfangsstadium, wie die Kriege im früheren Jugoslawien, in Tschetschenien und anderswo zeigen. Man sollte deshalb vielleicht besser von einem langen Weg des Unfriedens sprechen.

Die Menschheit verhält sich wie der im Zug fahrende Jude, der bei jedem Bahnhof unzufrieden seufzt. Schließlich gerät er fast in Panik. Auf die Frage, warum er so stöhne, antwortet er: 'Wie soll ich nicht stöhnen, wenn ich bei jedem neuen Bahnhof merke, daß ich in die falsche Richtung fahre?' – Die Frage, warum er denn nicht sofort aussteige, beantwortet er damit, daß es ihm um die Fahrtkosten leid tue. Die Völker im Nahen Osten sind viel zu lange in die falsche Richtung gefahren, und anstatt an die Fahrtkosten zu denken, hätte man aussteigen und umkehren müssen.

Frieden entsteht nicht durch einen Friedensvertrag allein oder durch die Abwesenheit von Krieg. Zwar ist ein unsicherer und unbefriedigender Frieden besser als ein sicherer und zerstörerischer Krieg, aber unzufriedene, zu kurz gekommene Menschen oder Völker sind aggressiv, und in solchen Fällen ist der Krieg nur eine Frage der Zeit oder der Konjunktur. Unser Prophet Jesaja sagt sehr richtig, daß nur, wenn der Frieden eine Frucht der Gerechtigkeit ist, das Volk Gottes in stolzer Ruhe und großer Sicherheit in einer Oase des Friedens wird leben können.[142]

Politiker machen den großen, den spektakulären Frieden. Ich schreibe dieses Buch auch in der Hoffnung, möglichst viele Menschen bewegen zu können, mit mir zusammen die ersten winzigen Schritte auf einem sehr langen Weg zu gehen, der hoffentlich nicht nur zu einem politischen Frieden führen

142 Jesaja 32

wird, sondern auch zu einem Friedensbewußtsein, das es Menschen unterschiedlicher Kulturen, Religionen und Weltanschauungen ermöglichen wird, in gegenseitiger Achtung, Geduld und Toleranz zusammenzuleben.
Ich kann mich leider keiner großen Errungenschaften rühmen, und kleine Schritte sind wie der berühmte Tropfen auf den heißen Stein, wie ein kurzer Regen in der Wüste. Einige Tage nach dem Sechs-Tage-Krieg mußte ich als einer der traurigsten Sieger in der menschlichen Geschichte die Ausgangssperre in Ramallah als Reservist überwachen. Schwer bewaffnet mit Uzi, Handgranaten und Tränengas und gut versorgt mit Notproviant hatte ich die Aufgabe, dafür zu sorgen, daß sich niemand auf der Straße aufhielt. Innerlich war ich zerrissen. Einerseits freute ich mich, endlich die Klagemauer, die faszinierende Altstadt Jerusalems, Hebron, Nablus und Jericho besuchen zu können. Andererseits empfand ich Mitleid mit den Palästinensern, die von der Niederlage völlig überwältigt waren. Besonders die Kinder taten mir leid, wenn sie mit ängstlichen, neugierigen und sehnsuchtsvollen Augen aus den Gärten nach draußen blickten.
Ich sprach zwei von ihnen an. Nur langsam legten sie ihre Angst ab. Ich verteilte meinen Notproviant, Schokolade und Kekse, und fragte, ob ihr Vater zu Hause sei. Es stellte sich heraus, daß er wie ich Lehrer war und sich auch mit Geschichte beschäftigte. Die Unterhaltung war für uns beide traurig und lehrreich zugleich. Er lernte von mir, daß seine stereotypen Vorstellungen von Israelis nicht richtig waren, und ich lernte von ihm, daß das palästinensische Volk sich eigentlich gar nicht an dem Krieg beteiligt hatte. Im wesentlichen hatten Jordanier gekämpft. Außerdem behauptete er, was später historisch bewiesen wurde, daß die meisten Palästinenser auch nicht in dem Krieg von 1948 gekämpft hatten. Einschüchterung und Panikmache hatte die Hälfte der Palästinenser veranlaßt, ihre Heimat zu verlassen. Die andere Hälfte, so sagte er traurig, sei auf dem Wege, sie jetzt zu verlieren.
Wie es sich für arabische Gastfreundschaft gehört, gesellte sich auch seine Frau zu uns, brachte Kaffee und Obst, und erst sehr viel später erinnerte ich mich daran, daß ich gehen mußte. Auf dem Rückweg liefen mir die beiden Kinder nach und riefen: 'Hawadja jahud. Hawadja jahud!' *(Herr Jude!)* Als ich

mich umdrehte, überreichte mir eines der Kinder einen Nelkenstrauß und das andere ein kleines Paket, in dem sich eine chinesische Mundharmonika befand. Sehr gerührt wollte ich nur die Blumen nehmen, nicht aber das vermeintliche Spielzeug. Die Kinder bestanden jedoch darauf, daß ich die Mundharmonika behielt. Und wie schon die Geige spielte auch die Mundharmonika wie von selbst.

Als die israelischen Machthaber den Mythos von den fehlenden arabischen Gesprächspartnern erfanden, habe ich diese Geschichte oft erzählt. Es kommt im wesentlichen darauf an, wie und worüber man verhandelt. Ich sehe diese Geschichte als Zeichen der Hoffnung und als Indikator dafür, daß es möglich ist, einen Feind in einen Freund zu verwandeln. Sicherlich hat sich im Denken und in den Herzen der Familie, der ich nur ein paar Stunden lang begegnete, etwas bewegt. Sie behandelten mich als Freund und nicht als Feind, aber daß sie Freunde geblieben sind, ist zu bezweifeln, denn die Erwartung vieler Palästinenser auf großzügige Gesten Israels wurde bitter enttäuscht.

Wie wir wissen, ist die Welt keine Oase des Friedens. Als ich darüber nachdachte, wie ich dieses Buch nennen sollte, kamen mir Titel wie „Ansichten eines fast gescheiterten Friedensstifters“, „Das Leben eines erfolgreichen Verlierers“ oder auch „Ansichten eines Friedensabenteurers“ in den Sinn. Angeblich verbindet sich der letzte Titel für den deutschen Leser zu sehr mit Bölls „Ansichten eines Clowns“. Ein ernsthafter Friedensstifter kann doch kein Clown sein! Im Mittelalter allerdings waren die Narren oft klüger als die Könige. Auch ist das Lachen in traurigen Situationen ein Mittel, die Trauer erträglicher zu machen.

Eine der Ursachen meines Erfolges bei Führungen in Israel ist meine Mischung aus Frohsinn und Trauer. Wie oft aber ist mein Frohsinn nur „Clownerie“. Wenn ich zum Beispiel in Jerusalem auf dem Weg zu einer Gruppe bin, erlebe ich unterwegs fast immer traurige Szenen. Da geht etwa eine palästinensische Frau mit ihrem zwölf- bis dreizehnjährigen Sohn die Straße entlang. Das Kind möchte auch ein Held sein und beschimpft einen Polizisten, ohne zu wissen, daß die meisten Polizisten arabisch verstehen. Der Polizist ist selbstverständlich bewaffnet und sich seiner Stärke bewußt. In seinen Augen ist das Kind eines von den zahllosen „stinkenden Araberkindern“, die ihn mit Steinen bewerfen oder mit abwertenden Bemerkungen beleidigen. Warum soll er diesem Kind nicht eine Lektion erteilen? Warum diese Angelegenheit vor seinen Kameraden nicht ein bißchen hochspielen und dem Kind dann durch Prügel seinen Wunsch nach Beschimpfung israelischer Polizisten austreiben?

Die Mutter aber versucht mit aller Macht, ihr Kind zu beschützen. Im Nu entsteht ein Drama. Andere Polizisten kommen hinzu, und da es sich um ein arabisches Kind handelt, ist von vornherein klar, daß hier ein Fall von Terrorismus vorliegt. Also wird das Kind festgenommen. Der eine oder andere arabische Mann schaut ängstlich zu. Zwei jüdische Passanten gehen schnell mit der Bemerkung vorbei, daß sich diese Araber wie die wilden Tiere benehmen. Schreiende und schimpfende arabische Frauen werden brutal von den Polizisten vertrieben. Die Mutter verliert den Kampf. Das Kind wird ihr entrissen und zum Jeep gebracht. Sie bleibt weinend und kraftlos zurück. Es bricht mir das Herz. Aber bald bin ich im Hotel angelangt. Die Gruppe freut sich, mich zu sehen. Es ist ein wunderbarer Tag; die Sonne scheint. Wie soll ich reagieren? Soll ich ein düsteres Gesicht machen, ihnen von meinem Erlebnis erzählen und ihnen die Stimmung verderben? Die Menschen sind doch nicht gekommen, um mit mir zu trauern, sondern um Freude zu empfinden. Also lache ich auch.

Mein langer Weg zum Frieden ist durch viele Träume gekennzeichnet, die ich immer auch zu leben versuchte. Ich glaube, daß ich keine Feinde habe, da ich zwar spät, aber nicht zu spät gelernt habe, mit mir und meinen Mitmenschen in Frieden umzugehen. Die Lebensweise meiner Kinder erfordert zum Beispiel ab und zu finanzielle Hilfe. Wenn ich das auch nicht billige, so versuche ich doch, ihnen zu helfen, ohne ihre Schuldgefühle hervorzurufen. Auf dem langen Weg zum Frieden ist es unerläßlich, andere nicht mit Schuldgefühlen zu belasten. Nichts schadet Beziehungen zwischen Menschen mehr als unaufhörliche Vorwürfe – selbst wenn die Vorwürfe berechtigt sind.

Ich denke, daß das Problem der Schuld eine wichtige Rolle bei der unvollkommenen und unzureichenden Geschichtsaufarbeitung in Deutschland gespielt hat. Nur Masochisten nehmen

freiwillig Schuld auf sich. Normale Menschen entziehen sich in der Regel sogar einer tatsächlich begangenen Schuld; erst recht aber einer Schuld, die den Vorfahren oder „nur" dem eigenen Land zuzuschreiben ist. Der Versuch, eine ganze Generation mit Schuld zu belasten, die wie die deutsche Nachkriegsgeneration nicht zu den Tätern gehörte, mußte unausweichlich dazu führen, daß man versuchte, sich der Verantwortung zu entziehen. Man soll Menschen nicht mit der von den Vätern begangenen Schuld belasten. Unverarbeitete Schuldgefühle führen zu unrechtem Handeln. So scheint mir, daß sich manche Deutsche aufgrund eines falsch verstandenen Schuldgefühls erneut schuldig machen, indem sie nicht Stellung zu dem in Israel begangenen Unrecht beziehen, sondern lieber in schweigendem Unbehagen verharren und ihre Augen vor dem Unrecht verschließen. Ist das mit der gebotenen christlichen Solidarität mit allen Leidenden zu vereinbaren?
In seinem Buch „Worte wie Licht in der Nacht" schreibt Elie Wiesel: „Wenn jemand leidet, wenn jemand einsam ist, hat niemand das Recht, sich fortzustehlen oder die Augen zu verschließen. Wenn jemand Unrecht leidet, darf niemand sich abwenden. Wer leidet, hat Vorrang. Sein Leiden gibt ihm das Recht dazu. Wenn jemand neben dir weint, so hat er Anspruch auf dich, auch wenn sein Leiden ihm von eurem gemeinsamen Gott auferlegt wurde. Über einen Menschen, der leidet, zu wachen, ist dringlicher als an Gott zu denken. Der Mensch ist zu schwach, um mit Gott zu kämpfen, aber nicht zu schwach, um für sein Ebenbild einzutreten oder seine Wunden wenigstens zu verbinden."[143]
Leid mit anderem Leid zu messen und daraus zu schließen, daß man einem kleineren Leid gegenüber gleichgültig sein darf, weil man für größeres Leid verantwortlich ist, ist herzlos, unmenschlich und auf jeden Fall unchristlich. Es reicht nicht, Friedensverträge zu unterschreiben. Man muß gleichzeitig auch die Ursachen des Leidens beseitigen. Sonst hat man nur einen halben Schritt zum Frieden getan.
Im barmherzigen chassidischen Judentum gibt es eine besonders große Sensibilität dem Leiden gegenüber. Chassidische Gerechte kannten angeblich verschiedene Arten des Stöhnens.

143 Elie Wiesel, „Worte wie Licht in der Nacht", S. 113

Ein leichtes Stöhnen stand für den eigenen Schmerz oder Kummer, stärkeres Stöhnen für den Schmerz des Nächsten, das stärkste und zum Himmel gewandte Stöhnen aber stand für den Schmerz der Welt. Der Gründer des Chassidismus, Ba'al Schem Tow, soll nie zur Ruhe gekommen sein, bevor auch das geringste Stöhnen, das dem Leiden entsprang, verschwunden war. Einmal wollte er tief in der Nacht die absolute Ruhe der Welt genießen und sich auf Gott konzentrieren. Dabei störte ihn aber ein ganz leises Stöhnen. Wer störte die göttliche Ruhe in dieser klaren Nacht? Er blickte um sich, aber alles war ruhig. Dann schaute er zum Himmel und bemerkte, daß eine Wolke einen kleinen Stern bedeckte, der sich auch am Anstrahlen der Nacht beteiligen wollte. Da die Wolke ihn daran hinderte, stöhnte er. Mit einer entschlossenen Handbewegung entfernte Ba'al Schem Tow die Wolke und der befreite Stern strahlte die Welt noch mehr als alle anderen Sterne an. Daraufhin wandte sich Ba'al Schem Tow mit sanftem Tadel der Wolke zu und sagte: 'Du Unverschämte! Durch dein Verhalten hast du die Ruhe der Welt gestört.'

Der Frieden ist eine komplizierte Angelegenheit. Es fällt Menschen offensichtlich viel leichter, Kriege zu führen als Frieden zu schließen. Wie schnell hat man den Krieg in Jugoslawien entfacht, und wie mühsam ist der Weg zum Frieden! Und wenn der Frieden hoffentlich geschaffen ist, wird er noch lange nicht so aussehen wie der Frieden, der fast fünfzig Jahre in Jugoslawien herrschte. Deutsche fragten mich manchmal, ob es nicht ein Risiko für Israel sei, eine Terrororganisation wie die PLO anzuerkennen. Ich antwortete dann mit der Gegenfrage, ob es nicht auch ein Risiko war, sieben Kriege zu führen, ohne den Frieden zu erlangen. Man spricht heute viel über unverzichtbare Rechte. Welches Recht aber ist wichtiger als das Leben von Hunderttausenden von Menschen? Immer führt man Krieg im Namen unverzichtbarer Rechte und opfert dadurch das heiligste Recht, nämlich das Recht aller auf Leben. Ist es nicht besser, mit weniger Recht zu leben, als sich für das ganze Recht zu opfern und zu sterben?

Das Phänomen grausamer Pervertierung begleitet die Menschheit seit uralten Zeiten. So war es ein selbstverständli ches Ritual, Kinder zu opfern, um die bösen Götter zu besänftigen. Wir kennen die Opferbereitschaft Isaaks, Iphigenies

oder der Tochter Jephtachs. Sie ist auch ein zentrales Motiv in der modernen hebräischen Literatur, in der häufig der Argwohn zum Ausdruck gebracht wird, daß Väter ihre Söhne gern opfern. Ein Theaterstück zum Beispiel handelt von einem Vater, der die furchtbare Nachricht erhält, daß sein Sohn gefallen sei. Selbstverständlich trauert er. Aber während er die Erinnerungen an seinen Sohn von der Kindheit bis zur Armeezeit Revue passieren läßt, sieht er sich plötzlich im Geiste bei Empfängen oder vor Schulklassen, denen er demonstriert, mit welcher Würde er sein Leid trägt und denen er seine grenzenlose Volks- und Vaterlandsliebe weitergeben will. Auch sie sollen bereit sein, ihr Leben für das Vaterland zu opfern. Als er schließlich erfährt, daß sein Sohn gar nicht tot ist und er diese furchtbare Nachricht irrtümlich erhielt, ist er enttäuscht. Immerhin hat er deswegen ein schlechtes Gewissen, aber er scheint zu bedauern, daß er durch die „Heldentat" seines Sohnes nicht auch zum Helden geworden ist.
In diesem Zusammenhang wird oft Gottes Opferung seines geliebten Sohnes erwähnt. Es ist mir durchaus bewußt, daß ich mich mit diesem Thema auf ein Minenfeld begebe. Dennoch möchte ich meiner Überzeugung treu bleiben, daß man Mythen zerstören soll, wenn sie dem Leben nicht förderlich sind. Dabei liegt es mir fern, Christen von ihrem Glauben an Gott und an Jesus als Botschafter der Liebe, des Friedens und der Gerechtigkeit abbringen zu wollen oder gar das Christentum in Frage zu stellen. Gerade weil dieser große Mensch und Prophet Jesus mir so nahesteht, kann ich die Bereitschaft Gottes, seinen geliebten Sohn zu opfern, nur schwer nachvollziehen. Warum sollte Gott, der Schöpfer der Welt und des Lebens, der keine anderen Götter besänftigen und versöhnen mußte, seinen Sohn opfern, nur um ihn später als Messias wieder irgendwann auf die Erde zu schicken? Wenn Jesus schon in der ersten Hälfte seines Lebens so viel vollbracht hat, was hätte er noch alles in der zweiten Hälfte schaffen können! Vielleicht ist diese Opferbereitschaft gar nicht der Wille Gottes, sondern nur eine menschliche Projektion.
Der berühmte israelische Theologieprofessor Flusser, ein orthodoxer Jude, der sich sehr viel mit christlicher Theologie und Geschichte beschäftigt, sprach einmal mit einer Gruppe deutscher Theologen über den Messias. Ein Teilnehmer fragte

ihn, wie er beim Kommen des Messias erkennen wolle, ob es sich um den jüdischen oder den christlichen Messias handele. Er dachte kurz nach und sagte dann: 'Ich werde ihn herzlich willkommen heißen und ihn fragen, ob er zum ersten oder zum zweiten Mal hier ist.'

Der Mensch ist mit einer gewissen Opferbereitschaft ausgestattet. Grundsätzlich wird er sie aber nicht um des Opfers selbst, sondern um eines besseren Lebens willen einsetzen. Im Judentum gibt es zusätzlich das „Kidusch Haschem", die Heiligung des Namens Gottes durch die Bereitschaft zu sterben. Wenn wir aber das menschliche Leben als das höchste Gut betrachten, dann müssen wir uns fragen, wofür es sich lohnt zu sterben. Der Islam gibt dem Menschen ausdrücklich die Möglichkeit, sich zu tarnen und eine Sprache zu sprechen, die nicht die Sprache des eigenen Glaubens ist, um am Leben zu bleiben. Die Millionen von Menschen, die in unserem Jahrhundert für Ideologien gestorben sind, die sich nachträglich als falsch und mörderisch herausstellten, beweisen nur ein weiteres Mal, daß sich eine solche Opferbereitschaft nicht lohnt. Das gilt auch für den aktuellen Fundamentalismus, den islamischen ebenso wie den jüdischen.

Die Opferbereitschaft des Menschen hängt auch mit seinem Hang zur Verdrängung der Realität zugunsten der Illusion oder des Mythos zusammen. Mir sind Illusionen und Mythen zuwider, auch wenn ich nicht leugnen kann, ihnen gelegentlich selbst erlegen zu sein. Die Friedensbewegung beurteilte die israelische Regierungspolitik sehr nüchtern und realistisch und versuchte, der Bevölkerung mit vernünftigen Argumenten klarzumachen, daß diese Politik unausweichlich zu neuen Kriegen führen würde. Damit hatte sie zwar recht, aber Konfliktsituationen schüren Angst, Feindbilder, Stereotypen und Vorurteile. Diesen kann man, wie die historische Erfahrung nicht zuletzt in Israel zeigt, nicht mit Vernunftargumenten begegnen. Das heißt, daß der Glaube an die Vernunft eine Illusion ist.

Auch der Glaube an die Vernunft der Realpolitik ist eine Illusion. Unsere Regierungen waren davon überzeugt, daß die Siedlungspolitik in den besetzten Gebieten neue Grenzen für Israel sichern würde. Um sie durchzusetzen, mußten Hunderte von Menschen sterben, Tausende leiden, Milliarden wurden verschwendet und mehr als hundertundzwanzigtausend israelische Siedler stehen vor der Gefahr, ihre neue Heimat zu verlieren. Während aber die Illusion der Friedensbewegung harmlos war, hat sich die Illusion der Realpolitik als zerstörerisch erwiesen. Hierin besteht die Tragik von Illusionen.

In den Geschichten über das jüdische Schtetl gibt es den Rabbi, und es gibt den schelmischen Eulenspiegel, der bei uns Herschele Ostropoler heißt. Manchmal vertritt Herschele den Rabbi, und manchmal hört er ihm als sein Helfer zu. Eines Tages kommt eine Frau zum Rabbi und klagt, daß ihr Mann sie und ihre sieben Kinder verlassen habe, sie große Schwierigkeiten habe, die Kinder zu ernähren, und der Verzweiflung nahe sei. Sie bittet den Rabbi um Rat. Der Rabbi hört ihr mit verklärten Augen zu, ohne sie anzusehen und sagt: 'Gehen Sie nach Hause. Ich werde für Sie beten. Und mit Gottes Hilfe wird Ihr Mann wieder zurückkommen.' Als die Frau weg ist, sagt Herschele: 'Und ich sage Ihnen, daß er nicht kommen wird.' – 'Wie kannst du mir widersprechen?' empört sich der Rabbi. – 'Ich sage es, weil ich beide kenne. Sie aber haben die Frau, während Sie beteten, kein einziges Mal angesehen. Dieser Mann kommt zu dieser Frau nie zurück.' Hier sind zwei verschiedene Typen dargestellt. Auf der eine Seite der Seelsorger, der die Aufgabe hat, die Frau zu trösten, ihre Illusion zu erhalten, und auf der anderen Seite Herschele, der Realist. Er kann sich in seiner Auseinandersetzung mit den Problemen des Lebens Illusionen nicht leisten.

Ich bin eine merkwürdige Mischung aus Realist und Illusionär. Gerne hätte ich dem Leser die Illusion vermittelt, daß der Friedensvertrag vom 13. September 1993 die Endstation auf einem langen Weg zum Frieden sei. Der Realist in mir aber fragt sich: Wenn es fünfundvierzig Jahre gedauert hat, bis wir uns gegenseitig anerkannten, wie lange wird es dauern, bis wir die Einfühlsamkeit, die Einsicht, die Großzügigkeit und die Sicherheit entwickeln, die Rechte, das Leid und die Ängste des anderen anzuerkennen?

Nehmen wir zum Beispiel Jerusalem. In den Schriften der Propheten oder in den Psalmen wird Jerusalem als die Stadt Gottes beschrieben, die Stadt der Gerechtigkeit, die Stadt, aus der die Lehre kommt, wie Schwerter zu Pflugscharen werden. Dieselben Propheten aber nannten die Stadt auch eine Hure,

deren Herrscher ungerecht und deren Hände mit Blut besudelt waren. Beim Propheten Micha, der die Friedensvision Jesajas wiederholt, wird Jerusalem wegen seiner Sünden sogar dem Erdboden gleichgemacht. In der allgemein akzeptierten jüdischen Theologie wurde Jerusalem wegen der Sünden seiner jüdischen Bewohner zerstört. Danach bildete sich die Jahrhunderte währende Sehnsucht, nach Jerusalem zurückzukehren, wenn das jüdische Volk die Sünden der Väter gebüßt haben würde. Dann würde Jerusalem wieder zur Stadt der Versöhnung, der Gerechtigkeit und des Friedens werden. 'Zion wird nur durch Gerechtigkeit erlöst werden', heißt es bei dem Propheten Jesaja.
Nun sind wir nach Jerusalem zurückgekehrt, und die jüdische Liebe zu Jerusalem ist offensichtlich. Fast zweitausend Jahre träumten die Juden von dieser Rückkehr und sprachen dreimal am Tag das Gebet über den Wiederaufbau Jerusalems. Haben sie damit aber das ausschließliche Recht auf Jerusalem erworben? Dürfen wir wegen unserer Sehnsucht den palästinensischen Einwohnern Jerusalems das Recht auf Selbstbestimmung verweigern? Ginge es nach den Propheten, hätten ohnehin alle Bewohner Jerusalems dieselben Rechte. Aber die Stadt ist trotz der politischen Vereinigung eine geteilte Stadt geblieben, in der zwei Völker und mehrere Religionen zu Hause sind. Eine Stadt voller Angst, Benachteiligung, Verfolgung, frustrierten Erwartungen, Aberglauben und Vorurteilen.
Manche werden einwenden, daß wir immerhin Teddy Kollek als Bürgermeister hatten, der auch eine Menge für Ostjerusalem getan hat. Das ist richtig. Aber unter den Blinden ist der Einäugige König. Das große Verdienst Teddy Kolleks ist, die Altstadtmauer gut erhalten und illuminiert zu haben, wunderbare Parkanlagen um die Mauer herum angelegt und ein ordentliches Abwassersystem und Straßenpflaster in der Altstadt geschaffen zu haben. Aber auch seine liberale Regierung hat nicht erreicht, daß sich die Palästinenser als gleichberechtigte Bürger Jerusalems fühlen können. Unter seiner Ägide entwickelten sich jüdische Siedlungen in Jerusalem schnell, aber die Genehmigungen für die arabischen Viertel dauerten so lange, bis er sein Amt verlor.
Wenn der absolute jüdische Anspruch auf Jerusalem noch verständlich ist, frage ich mich doch, weshalb sich deutsche Chri-

sten oder Freunde Israels mit der Frage, wem Jerusalem gehört, so schwer tun. Ein Rundgang durch die Stadt gibt schnell eine Antwort auf diese Frage. Da gibt es Spuren der römischen Aelia Capitolina oder Jerusalems als Hauptstadt in der Kreuzfahrerzeit. Auf Schritt und Tritt begegnet man Zeugnissen verschiedener Glaubensrichtungen und Kulturen. Die Altstadtmauer wurde im sechzehnten Jahrhundert von Suleiman dem Prächtigen erbaut. Eine der schönsten und eindrucksvollsten Kirchen in Jerusalem ist armenisch. Die für ihre Akustik und Schönheit weltberühmte Annenkirche wurde von den Kreuzfahrern erbaut. In Jerusalem kann man sich dank eines italienischen Krankenhauses wie in Florenz fühlen. Die anglikanische Kathedrale erinnert an Oxford, das Augusta-Viktoria-Krankenhaus und die Himmelfahrtskirche an Norddeutschland. Die Mormonenuniversität versetzt uns nach Salt Lake City, eine äthiopische Kirche nach Äthiopien und die beiden eindrucksvollen Kirchen mit ihren Zwiebeltürmen nach Rußland. Wem also gehört Jerusalem?

So wie die Juden nicht ewig auf den Zugang zur Klagemauer, zum uralten jüdischen Friedhof am Ölberg oder zu den prachtvollen Synagogen im jüdischen Viertel, die von den Jordaniern zerstört wurden, warten wollten, werden auch die Palästinenser nicht ewig damit einverstanden sein, daß in Jerusalem nur wir Israelis etwas zu sagen haben und daß sie sich nicht nur dem israelischen Staat, sondern auch einer israelischen Stadtverwaltung unterwerfen müssen. Wir Juden sind 1967 nach Ostjerusalem aufgrund eines Krieges zurückgekommen, der uns angeblich aufgezwungen wurde. Sollen die Palästinenser ein solches Verhalten wiederholen?

In dem Friedensabkommen vom September 1993 bleiben alle umstrittenen Fragen offen. Also auch die Frage Jerusalems. Es kann nicht darum gehen, neue Mauern zu bauen, um Jerusalem wieder zu teilen. Die politischen und nationalen Mauern müssen abgebaut und ein Weg gefunden werden, der die legitimen Interessen der palästinensischen Bevölkerung und der verschiedenen christlichen Kirchen und Konfessionen sichert. Der Weg zur Lösung dieser Probleme ist zwangsläufig lang, aber es muß klar sein, daß die Weichen so gestellt werden müssen, daß die Interessen und Erwartungen aller in Jerusalem lebenden und glaubenden Menschen berücksichtigt werden.

Bis heute gilt, was Jesaja sagte: „Denn die Paläste werden verlassen sein und die Stadt, die voll Getümmel war, wird einsam sein, daß Burg und Turm für immer zu Höhlen werden, dem Wild zur Freude, den Herden zur Weide. Solange bis über uns ausgegossen wird der Geist aus der Höhe. Dann wird die Wüste zum fruchtbaren Lande und das fruchtbare Land wie Wald geachtet werden. Und das Recht wird in der Wüste wohnen und Gerechtigkeit im fruchtbaren Lande. Und der Gerechtigkeit Frucht wird Friede sein. Und der Ertrag der Gerechtigkeit wird ewige Stille und Sicherheit sein. Daß mein Volk in friedlichen Auen wohnen wird, in sicheren Wohnungen und in stolzer Ruhe."[144]

Man kann sich über den schwärmerischen Propheten lustig machen. Wann gab es schon jemals in der langen Geschichte der Menschheit Gerechtigkeit? Aber auch wenn dies selten der Fall war, so hat sie sich doch ab und zu – manchmal nur für sehr kurze Zeit – durchgesetzt. Da es sie aber nie als dauerhafte Erscheinung gegeben hat, leben die Menschen nicht in einer Oase des Friedens, der stolzen Ruhe und der großen Sicherheit. Die Weltgeschichte kennt viele Kriege und ebenso viele Friedensverträge. Selten war ein Friedensvertrag das Ergebnis politischer Vernunft, oft aber die Folge einer großen Niederlage. Manchmal waren die am Krieg Beteiligten schon so zermürbt, daß sie keine Kraft mehr hatten und wie Boxer im Clinch eine Atempause brauchten. Gelegentlich zwang ihnen eine stärkere Macht den Frieden auf.

Eine Gesellschaft, die für Brot, Bildung, ein Gesundheitswesen und die Altersversicherung sorgt und ihre Kinder nicht in den Krieg schickt, ist schon eine einigermaßen gerechte Gesellschaft. Man darf Gerechtigkeit nicht nur an den eigenen Wünschen und Visionen messen, sondern man muß sie auch an vergangenem Unrecht messen. Wenn ich mein Leben mit dem Leben von Kindern in einem Sozialstaat wie dem heutigen Deutschland vergleiche, so ist das gegenwärtige Leben der Kinder die Verkörperung der Gerechtigkeit. Verglichen mit dem Leben von Kindern im England der industriellen Revolution war mein Leben als Kind bis zur Verfolgung geradezu

144 Jesaja 32, 14-19

paradiesisch, denn die englischen Kinder mußten vierzehn bis sechzehn Stunden am Tag in Kohlengruben arbeiten.

Gewöhnlich bezeichnet man die Hoffnung auf Gerechtigkeit als unrealistisch. Im Laufe der Geschichte aber haben sich die Gewalt- und Unterdrückungssysteme auf Dauer als viel weniger „realistisch“ gezeigt, da sie alle gescheitert sind. Nicht nur einmal in der Geschichte wurde die Möglichkeit zu Gerechtigkeit vergeben. Das bedeutet aber noch nicht, daß wir unbedingt auch die Hoffnung darauf aufgeben müssen. Die angeblichen Realisten, die Scharfmacher, die Realpolitiker machen sich über die Verfechter der Gerechtigkeit, die sogenannten Weltverbesserer, lustig. Welches aber sind ihre Erfolge? Sie haben es geschafft, ganze Völker so zu manipulieren, daß sie glaubten, Krieg sei die einzige Alternative. Und wenn ihre Länder nur noch rauchende Ruinen waren und die Überlebenden sich in trostloser Not befanden, verließen die Realpolitiker die politische Bühne.

Frieden und Gerechtigkeit stellen die bessere Alternative dar, vorausgesetzt daß man nicht alles auf einmal erreichen will. Es ist eine sich immer wiederholende Wahrheit: Wer alles will, verliert alles. Die Palästinenser wollten alles, und waren auf dem Weg, alles zu verlieren. Dann wollten die Israelis alles. Wenn wir nicht alles verlieren, so wird dies nicht dank der politischen Vernunft unserer Führer geschehen, sondern dank der Amerikaner, die uns ab und zu zwingen, den einen oder anderen Frieden zu schließen.

Juden haben überhaupt guten Grund, mit Begeisterung „God Bless America“ zu singen. Vor mehr als hundert Jahren stand das verarmte und bedrohte jüdische Volk in Osteuropa vor der Frage: Wohin? Die meisten wanderten nach Amerika aus. Nur wenige gingen nach Palästina. Als es dem Zionismus gelungen war, in Palästina einen Staat zu gründen, vergaß man in der großen Euphorie und Begeisterung, daß ein Staat nur Mittel zum Zweck ist. Das Hauptziel des ersten zionistischen Kongresses in Basel war die Gründung einer sicheren Heimat für alle Juden im Land der Väter. Heute haben sie dort zwar eine Heimat, einen Staat, aber längst nicht die Sicherheit, die etwa die amerikanischen Juden haben.

Alle Gewalt-, Unterdrückungs- und Verfolgungssysteme sind zusammengebrochen, selbst die, die wie der Kommunismus

Gerechtigkeit auf ihre Fahne geschrieben hatten. „Alles hat seine Zeit“, würde der kluge Kohelet allen denen sagen, die mit einem Schlage alles sofort erreichen wollen und dabei die richtigen Maßstäbe und Perspektiven aus dem Auge verlieren. Noch vor vierzig Jahren gab es in Amerika einen Aufruhr, als ein schwarzer Student an einer Universität im Süden studieren wollte. Ein schwarzer Bürgermeister war zu jener Zeit genauso unvorstellbar wie eine schwarze Frau als Nobelpreisträgerin oder eine Dichterin, die ihre Gedichte bei der Amtseinführung eines amerikanischen Präsidenten liest. Martin Luther King[145] ist tot, aber sein Traum ist nicht aussichtslos. Noch glaube ich, daß unsere Zeit den Anfang einer Ära der Gerechtigkeit darstellt. Im Vergleich zu düsteren und dunklen Jahrtausenden menschlicher Geschichte machen wir die ersten Schritte in diese Richtung.

Über die Gerechtigkeit gibt es eine rührende Geschichte über den Rabbi aus Chelm, bis heute eine kleine Stadt in Polen - jetzt leider ohne Juden. Über die Juden aus Chelm gab es zahllose Witze, vergleichbar den Ostfriesenwitzen. Der Rabbi aus Chelm wußte genau, daß Gott gerecht ist und daß die Gerechtigkeit Gottes von seinen Propheten oder den gerechten Chassidim vertreten wird, über deren Wunder man bis heute erzählt. In Chelm gab es keine Gerechtigkeit. Man sagte aber, daß es in Warschau viele gebe, die an Gerechtigkeit glaubten und versuchten, Gerechtigkeit zu schaffen. Der Rabbi beschloß, daß die Gerechtigkeit auch in Chelm Einzug erhalten solle. Da es in unserer Welt aber nichts umsonst gibt, führte der Rabbi eine Kollekte für die Gerechtigkeit durch. Es dauerte lange, bis er bei den armen Chelmern endlich eine erkleckliche Summe gesammelt hatte. Dann rief er die schlauesten Gemeindemitglieder, diejenigen, die etwas weniger dumm als die anderen waren, zu sich und beauftragte sie, nach Warschau zu fahren, um auch für Chelm ein bißchen Gerechtigkeit zu kaufen.

Die Männer machten sich auf den Weg und erkundigten sich in Warschau, wo man Gerechtigkeit kaufen könne. Die meisten lachten sie aus: ‘Gerechtigkeit? Wo gibt es denn so etwas,

145 *Martin Luther King* (1929-1968 ermordet), Baptistenpfarrer und Bürgerrechtler in den USA, der ohne Gewalt und durch passiven Widerstand die Rassenschranken zu Fall bringen wollte. Er erhielt 1964 den Friedensnobelpreis.

außer bei Gott?' Und der liebe Gott verteilt sie merkwürdig. Einem wie Rothschild gibt er zu viel, und den meisten seines Volkes Israel gibt er zu wenig oder gar nichts. Da es aber nicht sein konnte, daß der kluge Rabbi von Chelm keine Ahnung hatte, versuchten die Chelmer weiter, an diese seltene Ware zu kommen, bis sie auf einen schlauen Wirt stießen, der ihnen ein Faß Gerechtigkeit verkaufen wollte. Er füllte ein Faß mit Abwasser, dichtete es gut ab, nahm das Geld und sagte: 'Da habt ihr die Gerechtigkeit im Faß versiegelt. Paßt aber auf, fahrt vorsichtig und haltet euch von dem Faß fern, bis ihr nach Chelm kommt.'

Als die Männer in Chelm angekommen waren, liefen sie in großer Aufregung zum Rabbi und erzählten ihm von dem Faß Gerechtigkeit. Erfreut und aufgeregt forderte der Rabbi die ganze Stadt auf, sich am nächsten Tag vor der Synagoge zu versammeln, um die Gerechtigkeit zu betrachten. Nachts versuchte er zu schlafen, aber die Aufregung gab ihm keine Ruhe. Wer weiß, ob nicht jemand versuchen würde, die Gerechtigkeit zu stehlen. Er stand auf und machte sich auf den Weg zur Synagoge. Es war eine wunderschöne, kühle und klare Sommernacht mit einem für Chelm ungewöhnlichen Duft von den Getreidefeldern und Obstplantagen. Nur in der Nähe der Synagoge spürte er einen merkwürdigen, beißenden Geruch, und als er zum Faß kam und an ihm schnupperte, wurde er fast ohnmächtig. Aus dem Faß kam ein unerträglicher Gestank. Er konnte es nicht glauben. Immer wieder roch er an dem Faß, und immer wieder spürte er, daß ihm schlecht wurde. Enttäuscht ging er nach Hause, konnte aber nicht einschlafen. Am nächsten Morgen stellte er sich völlig übermüdet vor die versammelte Gemeinde und sagte: 'Liebe Juden, geht schnell nach Hause. Es tut mir furchtbar leid, aber die Gerechtigkeit stinkt.'

Nach dem hoffnungsvollen Umbruch in den Jahren 1989/90 kann man jetzt das Resumee ziehen, daß aus der Hoffnung auf Gerechtigkeit und Frieden nicht viel geworden ist. Stattdessen gibt es Kriege in Jugoslawien, Georgien, Tschetschenien und anderswo. Deshalb sollte man versuchen, unsere Politiker zu verstehen, die übertrieben vorsichtig und nur sehr zögernd versuchen, den Friedensvertrag mit den Palästinensern in die Wirklichkeit umzusetzen. Die Tragik der Gerechtigkeit be-

steht darin, daß sie viele Gesichter hat, jeder aber glaubt, in ihrem alleinigen Besitz zu sein.
Über den Rabbi aus Chelm erzählt man auch, daß zwei zu ihm kamen, um ihm einen Streitfall vorzutragen, denn der Rabbi war gleichzeitig auch Richter. Einer behauptete, daß er für eine Hochzeit einen Anzug bei dem Schneider bestellt habe. Der Schneider hatte ihm versprochen, den Anzug rechtzeitig fertigzustellen, hatte sich aber nicht an sein Wort gehalten. 'Recht hast du', sagte der Rabbi. Dann erzählte der Schneider seine Version. Er hatte – Gott sei Dank – eine große Familie mit sieben Kindern, und seine Frau war krank. Zum Unglück war auch noch seine Schwiegermutter gestorben. Wer sollte nun die armen Kinder versorgen? 'Du hast auch recht', sagte der Rabbi. Die Frau des Rabbis hörte zu und fragte: 'Wie kann es sein, daß beide recht haben? Du kannst doch nur einem recht geben.' – 'Weißt du was', antwortete der Rabbi, 'du hast auch recht.'
Auch mir fällt es schwer, mich in der gegenwärtigen Situation nur mit einer der beiden Seiten zu identifizieren. Da wir Israelis meines Erachtens im Vorteil sind, könnten wir es uns leisten, großzügiger zu sein. Grundsätzlich aber ist die Lage eines jüdischen Staates in dem instabilen, von Fundamentalismus bedrohten Nahen Osten kompliziert. Der Staat Israel ist trotz aller Kritik, die ich an ihm übe, ein Rechtsstaat und steht in der westeuropäischen demokratisch-liberalen und sozialistischen Tradition. Der Nahe Osten befindet sich bezüglich der Demokratie noch in den Kinderschuhen. Israel ist der einzige demokratische Rechtsstaat in der Region. Viele Strategien der Konfliktlösung, wie zum Beispiel die Blutrache, sind von der Notwendigkeit geprägt, in der Wüste zu überleben. So ist auch die Ermordung des politischen Gegners nichts Ungewöhnliches. Allerdings erfüllt mich die Theorie mit Skepsis, nach der die Leichtfertigkeit, mit der in der arabischen Welt Menschen abgeschlachtet werden, in der Selbstverständlichkeit begründet ist, mit der jedes Kind lernt, ein Schaf, eine Ziege oder ein Kamel zu schlachten. Angeblich sollen wir Juden davon verschont sein, weil bei uns niemand außer dem dafür ausgebildeten Schachter schlachten darf. Von dieser Theorie hat der Mörder Rabins sicherlich nichts gewußt.
Tatsächlich sind in der jüdischen Geschichte politische Kon-

flikte sehr viel seltener durch Mord gelöst wurden als in der arabischen Welt. Heute sind die Palästinenser ein unglückliches, heimatloses und freiheitsbedürftiges Volk. Ich habe keine Zweifel daran, daß die meisten den Frieden ehrlich wollen und sich einen neuen Anfang des Zusammenlebens mit uns Juden wünschen. Wie aber werden sie sich verhalten, wenn sie die Selbstbestimmung erreicht haben? Wird ihnen dasselbe passieren wie uns Juden, das ich den „Verrat der Verfolgten" nenne?

Ich wünsche den Palästinensern sehr, daß sie ihr Flüchtlingsdasein beenden und sich eine neue Heimat in der noch ausreichend Raum bietenden Westbank aufbauen können. In meiner Vision können die etwa einhundertundfünfzigtausend jüdischen Siedler in der Westbank bleiben, vorausgesetzt daß dieselbe Anzahl Palästinenser sich in Israel ansiedeln darf. Was wird aber tatsächlich geschehen? Wie werden sich die verschiedenen palästinensischen Freischärlergruppen zueinander verhalten? Wenn es schon Machtkämpfe zwischen Friedensmenschen oder Politikern in einem demokratischen Staat gibt, wie wird das in einem neu entstandenen Staat sein, in dem es verschiedene bewaffnete Gruppen gibt, die sich noch in den Flüchtlingslagern gegenseitig umbrachten?

Diese Überlegungen zeigen, wie kompliziert die Situation durch die Versäumnisse in der Vergangenheit geworden ist. Dennoch bleibt die Frage, was wir heute tun, um Gegenwart und Zukunft zu gestalten. Hier muß man viel Geduld, Nachsicht und Weisheit aufbringen. Jeder Schritt vorwärts kann manchmal zwei Schritte zurück bedeuten. Viel wird auch davon abhängen, ob man sich an die neu gestellten Weichen hält. Dazu müssen alle an dem Konflikt Beteiligten grundsätzlich umdenken. Das verpflichtet insbesondere unsere Politiker, die sich als Führer des erfolgreichen Israels im Vorteil befinden. Sie müssen der Bevölkerung klar machen, daß wir nicht die alleinigen Besitzer des Rechts sind. Es ist keine Schande, auch dem Gegner recht zu geben. Wir sind nicht alle Richter und müssen lernen, auch Leid, Kummer und Ängste der Palästinenser zu verstehen. Genauso wie die Palästinenser anfangen müssen, unsere Ängste, Unsicherheit und unseren Kummer zu verstehen. Dazu brauchen wir aber viel Zeit.

Dieses Problem läßt sich nicht nur mit richtigen politischen

Losungen lösen. Es bedarf auch einer größeren Beteiligung der internationalen Völkergemeinschaft, um den Friedensprozeß umzusetzen. Der berühmte französische Politiker Clemenceau prägte den Spruch, daß die Politik etwas zu Wichtiges sei, um es nur den Generälen zu überlassen. Tatsache ist, daß die israelische Politik von ehemaligen Generälen gemacht wird so wie die palästinensische von Kommandeuren, Freischärlern oder bewaffneten Terrorgruppen. Die Erfahrung in Jugoslawien bestätigt, was ich schon seit mehr als zehn Jahren denke, daß uns nämlich der Wunsch nach Frieden in der Welt und die Gefahr des Übergreifens eines Krieges auf benachbarte Regionen nicht mehr erlauben, den Luxus der Nichteinmischung weiter zu pflegen. Es kann doch nicht sein, daß jedes Land seine eigenen Interessen in jeder beliebigen Weise durchsetzen darf, und die Völkergemeinschaft dann hauptsächlich in Form von Westeuropa, Japan und den USA zur Kasse gebeten wird.
Der Frieden in Europa ist zu wichtig, um ihn Kriegsverbrechern wie den Politikern im ehemaligen Jugoslawien, gleichgültig ob Bosniern, Kroaten, Slowenen oder Serben, zu überlassen. Dasselbe gilt auch für den Nahen Osten und andere Regionen. Das Prinzip der Nichteinmischung hat sich als verhängnisvoller Mythos erwiesen. Man sollte nicht hilflos warten, bis ein Krieg entfacht ist, und dann die UNO-Truppen als armselige Feuerwehr dorthin schicken. Israel und die Palästinenser führen seit fünfzig Jahren einen erbitterten Krieg mit finanziellen Mitteln, die hauptsächlich von außen kommen. Warum bestehen die jeweiligen Regierungen nicht darauf, daß diese Mittel nur für friedliche Zwecke genutzt werden?
Auch nach dem 13. September 1993 darf die internationale Gemeinschaft, insbesondere die USA und Westeuropa, den Frieden nicht nur den israelischen und palästinensischen Politikern überlassen. Hier erwarte ich, und ohne Zweifel mein ganzes Volk, von Deutschland eine klare und eindeutige Garantie und Übernahme von Verantwortung für die Umsetzung des Friedens zwischen den beiden unglücklichen, immer noch vom Zweiten Weltkrieg betroffenen Völkern. Ich weiß, daß ich Widerstand hervorrufen werde, wenn ich mit dieser Garantie auch eine militärische Einmischung meine für den Fall, daß der garantierte Frieden von irgendeiner Seite gefährdet wird.

In unserer Welt darf man keine Vogel-Strauß-Politik mehr betreiben. Ein bedingungsloser Gewaltverzicht gegenüber Gewalt und Gewalttätern kann letztere nur ermutigen. Die Vergangenheit lastet wie ein Alptraum auf uns. Aber statt uns von ihr überwältigen zu lassen, müssen wir sie bewältigen. Wir müssen die Erinnerung bewahren, damit wir dieselben Fehler nicht noch einmal machen und das Richtige in die Gegenwart übernehmen. Das gilt für die deutsch-jüdischen Beziehungen genauso wie für die israelisch-palästinensischen.

Für Pessimisten gibt es genug Gründe zu glauben, daß angesichts der ungeheuren Hindernisse, Rachegefühle und Ängste die Friedensbemühungen im Sande verlaufen werden. Als Optimist kann man sich mit der Illusion trösten, daß ein neue Ära angebrochen ist und daß die beiden Völker wie auch der gesamte Nahe Osten sich die Vision Jesajas zu eigen machen und sofort anfangen werden, die Schwerter in Pflugscharen zu verwandeln. Als Opsimist scheinen mir die Schwierigkeiten zwar groß zu sein, die Entwicklung jedoch von den politischen und wirtschaftlichen Mitteln abhängig, die zur Verfügung stehen, um diese Friedenschance in Angriff zu nehmen.

Wir brauchen schnelle und eindrucksvolle Schritte zur Lösung konkreter Probleme. Es reicht nicht aus, nur über den Frieden zu reden, zu lesen oder sich Friedenszeremonien im Fernsehen anzusehen. Die Früchte des Friedens müssen reifen, damit man sie später ernten kann. Die Gefangenen müssen freigelassen werden. Die Flüchtlinge müssen endlich eine Heimat bekommen. Diejenigen, die während des Krieges Verluste erlitten, muß man damit trösten, daß das Sterben jetzt ein Ende hat. Wir brauchen einen Prozeß der ruhigen und einigermaßen reibungslosen Entwicklung von fünf bis zehn Jahren, um mehr Vertrauen in den Herzen der Menschen zu säen. Mit nur einem Teil der Gelder, die heute für Waffen verwendet werden, kann man riesige Projekte entwickeln, die Brot und Sicherheit für Juden und Palästinenser bedeuten. Wir brauchen eine Wiederholung des Versöhnungsprozesses, der zwischen Deutschland und Frankreich stattfand. Die Palästinenser müssen unser Vergangenheitstrauma und unsere Zukunftsangst verstehen lernen, und wir Juden müssen lernen, daß auch die Palästinenser ein großes Bedürfnis nach Sicherheit und einem normalem Leben haben.

Zu lange schon sind die Palästinenser der Willkür von Jordanien, Ägypten, Syrien und anderen arabischen Ländern, in denen sie sich als Flüchtlinge aufhalten, ausgeliefert. Mir hat es gereicht, einmal vertrieben worden zu sein, um ein tiefes Trauma zu erleiden, aus dem sich dann mein Friedensbewußtsein entwickelte. Wie traumatisiert müssen Palästinenser sein, die von Israel in die Westbank vertrieben wurden, dann aus der Westbank nach dem Krieg von 1967 nach Jordanien und nach dem Golfkrieg noch einmal massenweise aus Kuweit. Aber eine neue Heimat und neuer Wohlstand sind nicht ausreichend, um tiefe psychische Wunden zu heilen. Wie tief verletzt müssen Tausende von Jugendlichen sein, die in israelischen Gefängnissen saßen. Verläßliche Zahlen sprechen von mehr als hunderttausend Jugendlichen. Wie kann man die Wunden in den Seelen von Kindern heilen, die Augenzeugen grausamer Fahndungsaktionen wurden, während derer ihre Eltern mißhandelt oder ihre Häuser geräumt wurden, um eine Stunde später in die Luft gesprengt zu werden. Solche Wunden können nur in einem langen pädagogischen, psychologischen und therapeutisch einfühlsamen Lernprozeß heilen.
Ich wundere mich, wenn deutsche Freunde mich fragen, was denn noch ein Bildungszentrum in Israel oder Palästina bewirken soll, da es doch schon verschiedene Friedens- und Begegnungsinitiativen gibt. Meine Antwort darauf ist, daß es mindestens genauso viele Friedens- und Begegnungsinitiativen geben muß wie Kindergärten, Grundschulen, Gymnasien oder Universitäten. Wenn man diese Dinge aus Mangel an Zukunftsvisionen vernachlässigt, soll man sich später nicht über eine unverarbeitete Vergangenheit beklagen. Das große, starke, vereinigte und wieder geachtete Deutschland kann sich selbstverständlich leisten, sich von diesen Aufgaben freizusprechen. Ich möchte aber hartnäckig wiederholen: Die Nachkriegsgeneration Deutschlands hat keine Schuld an dem, was den Juden und den Palästinensern als Ergebnis der Nazizeit geschehen ist. Aber sie trägt eine Verantwortung, der sie sich nicht entziehen kann. Tatsächlich tut Deutschland nicht wenig, um der bedürftigen Welt zu helfen. Aber der Dritten Welt zu helfen, ist eine allgemeine moralische Pflicht. Den Juden und Palästinensern zu helfen, einen gerechten Frieden zu schaffen, ist ein historischer Auftrag.

Ich frage mich schon lange, ob die Friedensbewegung Energie, Zeit und Geld nicht besser in Begegnungs-, Bildungs- und Erziehungsarbeit hätte investieren sollen anstatt in politische Arbeit, die sich letztendlich als illusorisch erwiesen hat. Wäre durch die Pflege menschlicher Kontakte nicht viel mehr erreicht worden? Solche Überlegungen führten mich damals zur Mitbegründung des Friedensdorfes Neve Shalom, und aus denselben Überlegungen heraus möchte ich heute Bildungs- und Begegnungsstätten in Israel/Palästina gründen.
Viele Fragen in dem Zusammenleben beider Völker sind noch offen. Wie sollen die Grenzen aussehen? Was soll aus Jerusalem werden? Ist überhaupt für alle Juden und Palästinenser genug Platz in Palästina? Auf diese Fragen kann man nicht die alten Antworten geben. In einer Welt, in der vier bis fünf Prozent der Bevölkerung mehr Brot und Obst erzeugen kann, als die Bevölkerung braucht, darf man nicht über Probleme des Lebensraumes sprechen. Wichtig sind offene Grenzen und ein sich stetig entwickelnder Vertrauensprozeß. Wichtig ist, nicht nur die israelischen Siedler zu schützen, was durchaus nötig ist, sondern auch die Palästinenser zu schützen, nicht nur durch die palästinensische Polizei, sondern vielleicht auch durch internationale Truppen. Die israelische Besatzung und die israelische Einmischung in die inneren Angelegenheiten der palästinensischen Bevölkerung müssen aufhören.
Ich habe auch eine langfristige Vision, die ich sicherlich nicht erleben werde, aber die für ein friedliches Zusammenleben dieser beiden verletzten und begabten Völker unentbehrlich ist. Das ist die Vision einer Konföderation zwischen Jordanien, Palästina und Israel mit offenen Grenzen nach Ägypten, Syrien, Saudi-Arabien und den arabischen Ölemiraten. In Israel selbst sollte eine Entwicklung zu kantonalen Strukturen wie in der Schweiz führen. In Galiläa leben mehr als fünfzig Prozent israelische Palästinenser. In einer Konfliktsituation kann Irredentismus[146] nicht ausgeschlossen werden. Menschen, die aufhören, sich als Feinde zu bezeichnen, die gleichberechtigt sind, gleiche Möglichkeiten der Bildung und Entfaltung haben, können auch ein Gefühl des Vertrauens gegen-

146 Irredentismus, abgeleitet von *Irredenta*, der Bezeichnung für eine politische Bewegung, die den Anschluß abgetrennter Gebiete ans Mutterland anstrebt.

über dem Staat Israel entwickeln. Warum sollte es dann nicht einen israelisch-palästinensischen Kanton wie das Tessin in der Schweiz geben, vorausgesetzt er funktioniert in konstruktiver Zusammenarbeit mit der jüdisch-israelischen Bevölkerung. Dafür braucht man aber Zeit, Geduld, Nachsicht und viel Zuversicht.

Es könnte so werden. Es könnte aber auch sein, daß Hegel mit seiner Bemerkung recht behält, daß das einzige, was man aus der Geschichte lernen kann, ist, daß man aus der Geschichte nichts lernen kann. In diesem Fall würde sich die Weisheit von Santayana[147] bestätigen, daß diejenigen, die nicht aus der Vergangenheit lernen, verurteilt sind, diese zu wiederholen.

147 *George Santayana* (1863-1952), US-amerikanischer Dichter und Philosoph spanischer Herkunft

12. Der Ewige Israels und seine ewig versagenden Kinder

Zwei Jahre sind vergangen, seit ich begann, dieses Buch zu schreiben. Zwei Jahre in Israel sind wie zwanzig Jahre in einem anderen Land, denn hier führt man Kriege und vertreibt Menschen. Hier gibt es jene, die meinen, von Gott beauftragt zu sein, seinen angeblichen Zorn gegen weniger Fanatische und Haßerfüllte zu vollstrecken. Diese Einstellung hat viele israelische und palästinensische Tote auf dem Gewissen und gipfelt in der Ermordung unseres Ministerpräsidenten Rabin. Für diese haßerfüllten orthodoxen Juden bin ich kein Jude, denn ich esse nicht koscher, besuche selten die Synagoge und lehne das Gebet „Gesegnet sei Gott, der mich nicht als Goj schuf" ab. Dennoch bin ich im wesentlichen jüdisch geprägt und denke kaum je über ein Thema nach, ohne die Bibel zu Rate zu ziehen. Sie ist für mich nicht in erster Linie die heilige Schrift, sondern die realistische Darstellung der Tragik des menschlichen Lebens. Daher sind mir auch unsere Propheten vertraut, die sich leidenschaftlich für Frieden und Gerechtigkeit einsetzten und mutig Staatsgewalt und Könige mit Wahrheiten herausforderten, die fast jede Staatsgewalt zumindest als Nestbeschmutzung, eher jedoch als Hochverrat bezeichnen würde.

In meinem Denken spielt der Begriff „Nezach Israel lo jeschaker"[148] eine zentrale Rolle. Seine biblische Bedeutung „Der Ewige Israels lügt nicht" wird von vielen Juden umgedeutet in „Das ewige Israel wird nie versagen". Hier kommt der unerschütterliche Glaube zum Ausdruck, daß es trotz allen Leidens, aller Rückschläge und Vertreibungen nichts gibt, das dieses ewige Israel dazu bringen könnte, zu versagen. Dieser Spruch ist tief im jüdischen Bewußtsein verwurzelt. Die ganze biblische Historiosophie beziehungsweise Theologie bewegt sich zwischen den Begriffen des ewigen und des versagenden Israels. Theologisch gesehen hätte das jüdische Volk ewig unter Weinrebe und Feigenbaum im Gelobten Land leben können, wenn es dem Auftrag des Ewigen Israels, ein moralisches

148 1. Buch Samuel, Kapitel 15

Volk zu sein, treu geblieben wäre. Alle Niederlagen, Verfolgungen, Fremdherrschaften und Vertreibungen aus dem Land sind das Ergebnis dieses Versagens.
Wenn auch die Entstehung eines jüdischen Staates ohne Zweifel eine gerechte Erscheinung ist, da jedes Volk das Recht auf Selbstbestimmung im eigenen Land hat, hat Israel doch seit der Staatsgründung ununterbrochen versagt und seinen ethischen Auftrag nicht erfüllt. Besonders deutlich zeigte sich dieses Versagen in den verschiedenen vermeidbaren Kriegen, die Israel im Laufe seiner Geschichte geführt hat. Für mich stellt auch die Politik der hochmütigen Gewalt und Herzlosigkeit den Palästinensern gegenüber eine Form des Versagens des ewigen Israels dar.
Seit vierzig Jahren reagiere ich auf dieses Versagen mit der Suche nach Gerechtigkeit und Frieden. Die Grundlagen für dieses Verhalten liegen in meiner Kindheit. Als verfolgtem und mißverstandenem Kind entwickelte sich bei mir ein unersättlicher Durst nach Freundschaft, Liebe, Begegnung und Akzeptanz. Während ich mich früher mit großem Zorn ereiferte, habe ich inzwischen gelernt, weniger rechthaberisch zu sein und Andersdenkende nicht als zorniger Richter zu verurteilen, selbst wenn ich ihre Gedanken und Taten, wie zum Beispiel die der Siedler, abscheulich finde. Heute halte ich es eher mit dem persischen Dichter Omar Chajjam[149]:

Verurteile niemanden,
sondern versuche zu verstehen.
Und verneige dich wehmütig
vor dem Schmerz der ganzen Welt.

Vielleicht entspricht es nicht der menschlichen Natur, alles verstehen und verzeihen zu wollen. Aber auch der Haß in seinen grausamsten Ausdrucksformen ist ohne Zweifel letztendlich das Ergebnis von Schmerz. So ist zum Beispiel die israelische Politik ebenso aus dem Trauma des Holocaust zu erklären wie Ungerechtigkeiten und Grausamkeiten der radikalen Siedler, die diese zudem aus tiefem Glauben begehen.
Der Hauptgedanke der Bibel besteht in der Erwartung Gottes

149 *Omar Chajjam* (gest. 1121)

an seine Kinder, ihm grenzenlos zu vertrauen und zu gehorchen. Damit aber ist der Mensch überfordert, und die Bibel selbst berichtet mit großem Realismus über die menschliche Unfähigkeit, dieser biblischen Idee gerecht zu werden. Der Ungehorsam vertrieb den Menschen aus dem Paradies und veranlaßte Gott in seiner Verzweiflung, sein Konzept der Welt zu revidieren und auf ein kleineres Modell – auf Abraham und seine Kinder – zu reduzieren. Wie aber handelt sein reduziertes Modell? Einerseits folgt und vertraut Abraham Gott blind und ist ihm gehorsam: Er verläßt sein Land, seine Heimat und seine Verwandten, ohne zu fragen, wohin er gehen soll. Er ist auch bereit, auf Gottes Aufforderung hin seinen geliebten Sohn zu opfern. Aber sein Vertrauen zu Gott versagt in dem Moment, als er lügt, um sein Leben zu retten.[150] Die Lüge als Ausweg aus einer Notsituation und als Mangel an Vertrauen in Gott wiederholt sich bei Isaak und Jakob.

Diese biblischen Lügen haben Antisemiten bereits öfter zum Anlaß genommen, um Juden pauschal als Lügner zu verurteilen. Aber es 'jiddelt' sich wie es sich 'christelt'. Es geht nicht um die Lüge des Volkes Israel, sondern um die allgemein menschliche Lüge, die sich in allen monotheistischen Religionen findet, die sich als *Neues Israel* bezeichnen. So legalisiert der Islam die Lüge, damit man sich in gefährlichen Situationen retten kann. Die Christen predigten Barmherzigkeit und Nächstenliebe, führten aber im Namen der Religion viele Kriege oder verfolgten christliche Sekten. Es 'menschelt' sich also überall, wie Bonhoeffer es genannt haben soll. Die Frage ist, ob man mit Kohelet resigniert oder mit Buber und anderen immer wieder versucht, gegen Resignation und Hoffnungslosigkeit anzukämpfen. Grundsätzlich strebt der Mensch nach Gerechtigkeit, handelt aber häufig ungerecht.

Die Spannung zwischen dem Göttlichen und dem Menschlichen kommt auch in der Bibel zum Ausdruck. Im 1. Buch Samuel, Kapitel 15 lesen wir über den Konflikt zwischen dem Propheten Samuel und dem von ihm gesalbten König Saul. Samuel beauftragte Saul angeblich im Namen Gottes, gegen die Amalekiter[151] Krieg zu führen und alle ihre Männer, Frauen,

150 1. Buch Mose, 12, 11-20

151 Die *Amalekiter* sind in der Bibel die Erbfeinde der Juden, die deren Auszug aus Ägypten verhindern wollten.

Kinder und Tiere umzubringen. Eher aus pragmatischen als aus humanistischen Erwägungen erfüllte Saul diesen Auftrag nur teilweise. So verschonte er den König der Amalekiter und ihre besten Tiere. Samuel war darüber sehr erbost und beschuldigte Saul des Ungehorsams gegenüber Gott. Dessen Bitte um Verzeihung wies er mit der Begründung zurück, daß der Ewige Israels (Gott) nicht lüge: „Er ist nicht wie ein Mensch, der seinen Sinn ändert und seine Entscheidung bereut." Diese Behauptung ist offensichtlich eine Lüge, denn Samuel kannte die jüdische Geschichte sehr gut und wußte deshalb genau, daß Gott den Israeliten nicht nur die Anbetung des Goldenen Kalbes, sondern auch viele andere Sünden verziehen hatte. Nicht Gott, sondern Samuel war über Saul erbost.

Er hatte an Sauls Stelle der Begründer einer Dynastie, ja sogar einer Theokratie werden oder zumindest doch seine Autorität als Prophet und politischer Führer ein Leben lang behalten wollen. Das Volk aber wollte unbedingt einen jungen, kräftigen König und nicht den alt gewordenen Visionär Samuel, der zudem zwei korrupte Söhne hatte, die als Richter in Beer Sheba lebten. Bis zu seinem Lebensende konnte Samuel diese Niederlage nicht verwinden. Da er aber Saul als König nicht direkt angreifen durfte, hat er Gott wohl nur vorgeschoben, also höchstwahrscheinlich gelogen.

Derselbe Samuel, der einen schnellen und zutreffenden Überblick über die Geschichte des Volkes Gottes geben konnte, mußte auch wissen, daß Gott nicht nur der eifrige und rächende Gott ist, sondern auch der geduldige, barmherzige und immer verzeihende. So heißt es etwa im 4. Buch Mose, 14-18. „Der Herr ist geduldig und von großer Barmherzigkeit und vergibt Missetaten und Übertretung." In Psalm 103.8 findet sich ähnliches: „Barmherzig und gnädig ist der Herr, geduldig und von großer Güte. Er wird nicht für immer hadern, noch ewig zornig bleiben. Er handelt nicht nach unseren Sünden und vergibt uns nicht nach unseren Missetaten." Mit seiner bewußten Lüge wollte Samuel seine Entscheidung rechtfertigen, Saul nicht zu verzeihen und David als würdigeren König für die Juden zu salben. Ob David wirklich besser war, muß jeder für sich selbst entscheiden.

Bis heute gibt es viel Verderbtheit in den Losungen von Menschen, die die Welt befreien wollen. In der Regel denken sie,

daß der Zweck die Mittel heilige. Dreitausend Jahre sind vergangen, seit Samuel log. Inzwischen hat es in der Geschichte aller Völker ähnliche Vorkommnisse gegeben. Viele Lügen ehrgeiziger Machtmenschen wurden „im Auftrag Gottes“ ausgesprochen. In unserer Zeit darf man auch im Auftrag der Nation, der Arbeiterklasse oder der Partei lügen.
Unsere Vorstellung von Gott ist in der Regel durch die Propheten oder andere Auserwählte vermittelt, denen sich Gott offenbart hat. Wie das Beispiel Samuels zeigt, stellt dies ein ernsthaftes Problem dar, insbesondere als es in der Heiligen Schrift viel Widersprüchliches gibt. Seit Generationen versuchen unsere Weisen und Schriftgelehrten, diese Widersprüche mit dem Glauben und den Lebensbedürfnissen der Menschen in Einklang zu bringen. Einige Beispiele sollen diese Widersprüchlichkeiten illustrieren.
Im 5. Buch Mose finden sich viele Gesetze, die von der göttlichen Sorge um das menschliche Leben und die Natur durchdrungen sind. So heißt es dort zum Beispiel: „Wenn ein armer Mann für dich arbeitet, darfst du ihn nicht ungerecht behandeln, gleichgültig ob er ein Israelit ist oder ein Fremder, der bei euch wohnt. Gib ihm seinen Lohn, bevor die Sonne untergeht; denn er braucht ihn dringend.“[152] oder: „Wenn du unterwegs auf einem Baum oder auf der Erde ein Vogelnest findest, in dem eine Vogelmutter über ihren Eiern oder Jungen sitzt, dann darfst du die Mutter nicht von den Jungen wegfangen. Die Jungen kannst du fangen, aber laß die Mutter fliegen.“[153] Die Erhaltung seiner Schöpfung liegt dem Herrn also sehr am Herzen.
Andererseits sollen ein widerspenstiger Sohn oder eine sündige Frau gesteinigt werden. Auch einer Frau, die ihren Ehemann im Streit mit einem anderen Mann schützt, indem sie den anderen Mann an die Geschlechtsorgane faßt, soll man die Hand abschlagen. In der Ära der Menschenrechte stellt sich die Frage, was an solchen Geboten heilig ist. Vielleicht kommen manche Offenbarungen Gottes – vermittelt durch die (menschlichen) Propheten – verzerrt bei uns an.
Vor nicht allzu langer Zeit wurde unser Ministerpräsident Jitz-

152 5. Buch Mose, 24, 14-16
153 ibd., 22, 6-8

hak Rabin von einem orthodoxen, rechtsradikalen Juden im Namen Gottes ermordet. Der Mörder Rabins ist kein Einzelgänger. Er gehört einer ziemlich starken national-klerikalen politischen Gruppe an, die nach dem Sechs-Tage-Krieg immer stärker wurde. Sie sah in den politisch-militärischen Ereignissen, die zur Entstehung des Staates Israel und zu den Siegen in den verschiedenen Kriegen geführt hatten, ein Zeichen für die Erfüllung der Verheißung Gottes. In überhitzter messianischer Erwartung hofften sie auf die Wiederherstellung eines theokratischen jüdischen Staates. Die sich immer wiederholenden Gebete über den Wiederaufbau des Tempels schienen sich jetzt zu verwirklichen. Elohe Zebaot – der kämpfende Gott hat uns manche Zeichen gegeben, dachten sie. Jetzt kommt es darauf an, diese Zeichen richtig zu deuten und in die Tat umzusetzen. Dabei aber stören die Palästinenser, die mit den sieben, im Auftrag Gottes zu vernichtenden heidnischen Völkern gleichgesetzt werden. Dabei stören auch die islamischen Moscheen auf dem Tempelberg und der säkulare Staat, der das jüdische Volk zu einem Volk wie alle anderen Völker machen will.

Solange die israelischen Regierungen die Fortsetzung der Besatzung förderten, solange die intensive Siedlungspolitik materiell und ideell unterstützt und illegale Siedlungen sofort legalisiert wurden, schien alles wie gewünscht zu laufen. Die Besatzung dauerte schon fast dreißig Jahre, die jüdische Bevölkerung in den besetzten Gebieten vermehrte sich. Die Zuspitzung der Lage durch Terrorakte, die in einem nicht geringen Maße von den oben genannten Kreisen begangen wurden, hätte dazu führen können, daß die rechtsliberale und rechtsradikale Szene durch demokratische Wahlen an die Macht gekommen wäre. Dies wiederum hätte zur Entstehung eines national-klerikalen Staates auf der Basis der Halacha und der Bibel führen können.

Das Wahlergebnis des Jahres 1992 sowie die Verträge von Oslo[154] machten jedoch alle Hoffnungen dieser Kreise zunichte. Heute sind ihre Feinde nicht mehr nur die Palästinenser, die arabischen Länder und die feindliche nicht-jüdische Welt, sondern auch die Politiker der Arbeiterpartei, die sich ent-

154 Die Verträge von Oslo wurden am 13.9.1993 unterzeichnet. Sie beinhalten das Autonomieabkommen für Gaza und Jericho und wurden zwischen Israel und der PLO abgeschlossen. Sie bedeuten eine Anerkennung der PLO durch Israel.

schlossen dem Plan Gottes entgegenstellen und Teile des Gelobten Landes an den Feind verkaufen wollen.
Man mag sich fragen, was der Mord an Rabin mit der Lüge eines Propheten zu tun hat, der vor mehr als dreitausend Jahren lebte. So wie der Prophet Samuel log, lügen auch seine Nachfolger, die rechtsradikalen Siedler, mit gutem Gewissen und stellen Gott als einen kriegerischen Gott dar (Elohe Zebaot), der seine Gläubigen mit der Vernichtung von Männern, Frauen, Kindern, Tieren und Dingen beauftragt. Saul mußte im Kampf gegen den Erbfeind der Israeliten, die Philister, sterben, weil er dem angeblichen Auftrag Gottes nicht gehorcht hatte und Samuel ihm nicht verzieh. So wie der verstoßene Saul hatte sterben müssen, mußte auch der verstoßene Rabin sterben. Er war von den Rechtsradikalen als Verräter und Mörder bezeichnet und von einer Gruppe von Rabbinern mit dem Fluch *pulsa denura* belegt worden, der – wie die Mystiker glauben – den Verfluchten zum Tode verurteilt. Es ist deprimierend festzustellen, wie wenig sich im Grunde genommen seit dreitausend Jahren geändert hat.
Völker sind keine homogenen Gruppen. Dies gilt für Juden genauso wie für andere Völker. Obwohl der Religionsphilosoph Jesajah Leibowitz und der radikale Rabbi Meir Kahane beide orthodoxe, von Bibel und Halacha geprägte Juden waren, gibt es zwischen ihnen und ihren Anhängern einen unüberwindbaren Abgrund. Für Kahane und seine Anhänger ist der Ewige Israels ein kriegerischer Gott, der seinen Willen mit dem Schwert durchsetzt. Leibowitz steht für das humanistische Judentum, das den ethischen Auftrag Gottes, sein Reich auf Erden zu verwirklichen, nicht durch das Schwert, sondern durch gute Taten sowie die Unterwerfung unter den Willen Gottes und das Joch der Thora *(Ol Thora umitzvot)* verwirklichen will.
Die unterschiedliche Auslegung des „Nezach Israel lo jeschaker" zieht sich durch die ganze jüdische Geschichte und soll durch zwei Episoden illustriert werden. Der jüdische Ingenieur Sarchin überlebte den sowjetischen Gulag nur dadurch, daß er im kalten Sibirien eine Methode der Meerwasserentsalzung für das trockene und heiße Israel entwickelte. Als er schließlich in Israel war, stellte sich heraus, daß jede Seite seiner Pläne mit den Buchstaben *N.I.L.I. – Nezach Israel lo je-*

schaker – versehen war. Für Sarchin bedeutete diese Aussage Hoffnung im Sinne der Friedfertigkeit, während die Gruppe Nili sie im Sinne der Gewalt auslegte. Diese Gruppe entstand während des Ersten Weltkrieges in dem von den Türken besetzten Palästina. Sie waren junge jüdische Siedler, die durch Spionage für England die türkische Herrschaft in Palästina unterminieren wollten. Abgesehen davon, daß ihre Aktivitäten von den Türken entdeckt wurden, wodurch die jüdische Bevölkerung in Palästina unter starken Druck geriet, waren sie auch ein Ausdruck des unerschütterlichen Glaubens daran, daß das ewige Israel auch in den schwersten Zeiten nicht versagen wird. Aber im Gegensatz zu Sarchin benutzten sie Gewalt, um ihre Ziele durchzusetzen.

Jede Generation hat ihre eigene Vorstellung von den Werten des ewigen Israels. Für die Wüstenwanderung nach dem Auszug aus Ägypten galt das Gesetz „Auge um Auge, Zahn um Zahn“ als ewiges Gebot Gottes. In der Praxis des jüdischen Lebens wurde dieses Prinzip später nie verwirklicht. Im zeitgenössischen Israel allerdings erlebt es eine merkwürdige und bedauerliche Renaissance. Ursprünglich heißt es in der Bibel wörtlich „Ein Auge für ein Auge; einen Zahn für einen Zahn.“ Da diese Organe als unersetzlich galten, hielten die Exegeten dieses Gesetz nicht für ein Jus Taliones (Rachegesetz), sondern für ein Gesetz, das den erlittenen körperlichen Schaden durch die Zahlung von Schmerzensgeldern wiedergutmachen will.

In einem unserer Sprüche heißt es: „Wenn jemand dich töten will, versuche ihn zuerst zu töten.“ In der Zeit Jochanan ben Zakkais, der Zeit nach der Zerstörung des Zweiten Tempels, und auch in der Diaspora wurde dieser Spruch nicht nur nicht praktiziert, sondern völlig anders ausgelegt. So sagte man: „Wenn jemand in der Absicht kommt, dich zu töten, sollst du ihm die Tür deines Hauses öffnen, ihn beköstigen und ihn freundlich behandeln, so daß er dich nicht mehr töten will.“ Für das gegenwärtige zionistische Denken stellt diese Ansicht einen absoluten Unsinn dar. Jahrhundertelang aber versuchten jüdische Weise, das Leben der Juden nach diesem Grundsatz zu gestalten. Es ist offensichtlich, daß das jüdische Denken in der Diaspora vor der Nazizeit hauptsächlich durch Toleranz, Nachsicht und Menschenliebe gekennzeichnet war.

Bis heute erzählt man sich die folgende Geschichte: Nach dem Auszug der Israeliten aus Ägypten bereute der Pharao seine Entscheidung und verfolgte die Israeliten. Dann geschah das berühmte Wunder. Das Meer teilte sich, die Israeliten überquerten es, und die sie verfolgenden Ägypter wurden von den Wellen überflutet und ertranken. Als nächstes berichtet uns die Bibel, daß Moses und die Kinder Israels Gott für diese Tat lobten und priesen. In einer späteren Legende heißt es, daß auch die Engel im Himmel tanzten und sangen, als die Ägypter ertranken. Da schrie Gott sie mit dem für die jüdische Sorge um das menschliche Leben klassisch gewordenen Satz an: „Was für eine Freude hat euch überfallen. Meine Schöpfung ertrinkt im Meer, und ihr tanzt und singt!" (Midrasch) Eine andere Stelle besagt: „Auch wenn dein Feind besiegt ist, darfst du dich nicht freuen."

Das Buch Josua wird oft als Beweis dafür herangezogen, daß es in der Bibel den Gedanken des Genozids gibt, denn dort heißt es: „Du sollst die sieben kanaanitischen Völker ausrotten." Maimonides aber interpretiert die Stelle so: „Wer das Land verlassen will, darf es verlassen. Wer einen Bund schließen will, der soll ihn schließen. Und wer Krieg führen will, soll durch das Schwert fallen." Außer Amalek, der die Befreiung aus Ägypten verhindern wollte, hat Israel keinen ewigen Feind und versucht immer, den Feind zu versöhnen und ihn zum Freund zu machen. Hierzu der Midrasch: „Ist derjenige ein Held, der seinen Feind vom Dach oder in den Brunnen stößt? Wen bezeichnen wir als Helden? - Derjenige ist ein Held, der sieht, daß sein Feind umfällt, und ihm die Hand reicht beziehungsweise derjenige, der seinem Feind aus der Grube hilft."[155] Unendlich sind die Zitate, die Friedfertigkeit loben und preisen. Viele Ausnahmen von den Gesetzen der Thora werden mit dem Prinzip des *Mipnei darkei schalom (Um der Friedfertigkeit willen)* begründet.

Zur Freude der Antisemiten heißt es in der Bibel: „Du sollst von Deinem Bruder nicht Zinsen nehmen, weder für Geld noch für Speise noch für alles, wofür man Zinsen nehmen kann. Von dem Ausländer darfst du Zinsen nehmen..."[156] Spä-

155 Midrasch, Tehilim 52
156 5. Buch Mose, 23, 20-21

tere Weise lehnten diesen Satz ab und forderten, den Nichtjuden mit dem Juden gleichzustellen. Ein schöner Brauch im Judentum erlaubt dem armen Juden, den Rest der Ernte aufzusammeln *(Leket schichecha ufea)*. Der Talmud sagt dazu: „Man darf sich nicht weigern, arme Nichtjuden an den Resten der Ernte teilhaben zu lassen."[157] Die Begründung hierfür findet sich in der Bibel: „Die Wege des Judentums sind Wege der Sanftmut, und alle ihre Pfade sind friedlich", denn „die ganze jüdische Thora ist um des Friedens willen... Man ernährt die armen Nichtjuden genauso wie die jüdischen Armen und man besucht nichtjüdische Kranke genauso wie man jüdische Kranke besucht. Und man beerdigt nichtjüdische Tote zusammen mit jüdischen Toten, um des Friedens willen."[158] Oder: „In einer Stadt, in der Juden und Nichtjuden leben, sollen die Oberen Juden und Nichtjuden sein, und man soll Juden und Nichtjuden besteuern und nichtjüdische Arme zusammen mit jüdischen Armen ernähren. Und man soll nichtjüdische und jüdische Tote beerdigen und beweinen und nichtjüdische und jüdische Trauernde trösten, um des Friedens willen."[159]
Die jüdische nachchristliche Theologie unterscheidet zwischen Nichtjuden, die an einen Gott glauben oder die sieben noahitischen Gesetze respektieren, und Heiden, die Sternen und Götzen dienen. Maimonides aber denkt, daß Juden auch verpflichtet sind, die Kranken der Heiden zu besuchen und ihre Toten mit jüdischen Toten zu beerdigen und die nichtjüdischen Armen zusammen mit jüdischen Armen zu ernähren. „Denn es ist doch geschrieben: 'Gott ist gut für alle Geschöpfe, und seine Barmherzigkeit ergießt sich über alle seine Werke.' Und wir sagen: 'Die Wege der Thora sind die Wege der Sanftmut, und alle ihre Pfade sind friedlich.'" (Maimonides)
Die oben erwähnten Zitate sind winzige Bruchteile aus einem ganzen Kodex von Sprüchen und Weisheiten, die versuchten, das jüdische Leben zu gestalten. Der Geist der Friedfertigkeit und Versöhnung in diesen Sprüchen steht im Widerspruch zu den Teilen der Bibel, die Fremdenfeindlichkeit oder rassistische Einstellungen zum Ausdruck bringen, wie wir sie zum

157 Gitin 85
158 Sprüche 3.17
159 Talmud Jeruschalmi, Gitin 3

Beispiel bei Esra und Nehemia[160] finden. Da die Verfasser der Sprüche jedoch jeden Satz, jeden Jota der Bibel kannten, muß man davon ausgehen, daß sie bewußt auf solche Aussagen verzichteten.

Denselben humanistischen, friedfertigen Geist der Toleranz, Vernunft und Liebe findet man auch bei Hermann Hesse[161], Johann Wolfgang von Goethe[162] oder Immanuel Kant. Wenn es überhaupt einen Unterschied gibt, besteht er darin, daß die jüdische Weisheit viel älter als die aufklärerische, humanistische Weisheit ist. Auch ist diese zumindest teilweise von der jüdischen Bibel und der mündlichen jüdischen Überlieferung geprägt. Dennoch konnte alle Weisheit das deutsche Volk nicht gegen den Nationalsozialismus immun machen. Ein solches Versagen findet sich jedoch nicht nur bei den Deutschen.

Die nach Jesu Tod entstandene christliche Kirche, die Ecclesia Christi, verstand sich als *das neue Israel.* Sie war sicher, daß ihr Auftrag darin bestand, die Werte des ewigen Israels, vertreten durch Jesus, zu verwirklichen. Wie sie das als Machtreligion schließlich praktizierte, ist hinreichend bekannt. Viele Kreuzfahrer waren davon überzeugt, daß Jesus nach der Befreiung des heiligen Grabes wiedererscheinen und die Welt erlösen würde. Zu derselben Zeit notierten Kreuzfahrerchronisten, daß die Pferde auf den Straßen Jerusalems bis zu den Knöcheln im Blut standen. Wie konnten Christen angesichts eines solchen Versagens, das auch Jesus erschüttert hätte, noch behaupten, das neue Israel und die Vertreter der ewigen Werte Israels zu sein? Aber sie taten es. Schon vor der Reformationszeit bezeichneten sich viele christliche Gruppen, Dissidenten der katholischen Kirche, als wahres und neues Israel. Als Glaube war dies nicht weiter gefährlich. Aber als sie begannen, als Folge dieses Glaubens Menschen auf dem Scheiterhaufen zu verbrennen, pervertierten sie die christlichen Werte in einer Weise, die sicherlich nicht der Vorstellung Jesu und seiner Apostel vom Ewigen Israels entsprach.

160 vgl. S. 163 und 185

161 *Hermann Hesse* (1877-1962), deutscher Schriftsteller, der sich stark mit der indischen Geisteswelt beschäftigte; Nobelpreis 1946; Werke: »Siddharta«, »Der Steppenwolf«, »Das Glasperlenspiel«.

162 *Johann Wolfgang von Goethe* (1749-1832), deutscher Dichter

Nicht nur die katholische Kirche hat sich der Verfolgung und Verbrennung von Menschen schuldig gemacht. Auch der große Reformator und neue Vertreter des ewigen Israels in Genf, Calvin[163], verbrannte den berühmten Arzt und Theologen Michael Servet auf dem Scheiterhaufen und belastete damit den Ruf der neu entstandenen Reformation. Die puritanische Revolution in England betrachtete sich unter ihrem Führer Cromwell[164] als Vertreterin des neuen Israels und sang mit großer Begeisterung und Frömmigkeit Psalmen. Gleichzeitig schreckte man aber nicht davor zurück, Kriege zu führen und Gegner grausam umzubringen. Dasselbe gilt für die in England verfolgten Puritaner. Sie bezeichneten ihre Verfolger als Pharaonen und entkamen ihnen durch die Auswanderung nach Amerika. Das hinderte sie aber nicht daran, die Indianer später als Amalekiter zu beschimpfen und sie mit großem Eifer umzubringen. Dies sind weitere Beispiele für den „Verrat der Verfolgten".

Nicht nur Israel, sondern der Mensch im allgemeinen versagt. Er pflegt Werte wie Barmherzigkeit, Liebe und Toleranz nur solange, bis er an die Macht kommt. Dann verwirft er diese ewigen Werte oder, was noch schlimmer ist, behauptet weiterhin, ihr Vertreter zu sein, während er sie schon längst verraten hat. Einen Vorteil haben wir Juden allerdings. Durch unsere Jahrtausende währende Geschichte, die zum größten Teil eine Geschichte der Vertreibung, Zerstreuung und Verfolgung war, haben wir eine unauslöschliche Sehnsucht, eine unstillbare Gier nach Gerechtigkeit, Barmherzigkeit, Freiheit und menschlicher Erlösung entwickelt. Ich kann mir nicht vorstellen, daß selbst in einer Situation schrecklichsten Versagens Juden mit einer faschistisch-rassistischen Weltanschauung systematisch Vernichtungslager organisieren würden. Das heißt aber nicht, daß wir nicht solcher Untaten fähig wären, die ihrem Wesen nach faschistisch sind.

Das beste Beispiel ist die Greueltat des streng orthodoxen, frommen Arztes Baruch Goldstein, der im Februar 1994 in der Patriarchenmoschee in Hebron – einem für Juden und Moslems gleichermaßen heiligen Ort – während des Ramadans ei-

163 *Johannes Calvin* (1509-1564); Schweizer Reformator
164 *Oliver Cromwell* (1599-1658); englischer Politiker, strenger Puritaner

nen Massenmord an den dort betenden Moslems verübte. Man könnte annehmen, daß dies eine Ausnahme von der Regel der jüdischen Barmherzigkeit oder dessen, was ich das ewige Israel nenne, war. Eine Untersuchungskommission stellte jedoch fest, daß diese Tat nur dadurch möglich geworden war, daß es eine systematische Politik der Diskriminierung der Palästinenser gegeben hatte, die mit der Vergabe von Privilegien an die jüdischen Siedler einherging. Diese Politik ermöglichte den Siedlern systematischen Terror gegen die Palästinenser und lieferte sie Pogromen und Überfällen aus, denn ein klarer Befehl besagte, daß auf Juden nicht geschossen werden durfte. Randalierende Siedler wurden in der Regel nicht festgenommen, und selbst wenn sie einmal vor Gericht erscheinen mußten, erhielten sie lächerlich geringe Strafen. Was also bleibt vom ewigen Israel? Was wird aus dem humanistisch-säkularen Teil Israels, der stets versuchte, die ewigen Werte Israels mit den ewigen Werten des westlichen Humanismus in Einklang zu bringen?

Der Zionismus hat sich seit seinen Anfängen stark verändert. Entstanden aus der Opposition gegen das klerikal-orthodoxe Judentum, war er überwiegend vom liberalen und sozialistischen Humanismus geprägt. Der Versuch des Wiederaufbaus einer jüdischen Heimat in Palästina gegen Ende des neunzehnten Jahrhunderts war durch und durch pazifistisch. Auch als die ersten Kolonisten wider Erwarten bemerkten, daß es in Palästina schon eine Bevölkerung gab, hofften sie, ihre jüdisch-zionistischen Bestrebungen mit den Interessen der arabisch-palästinensischen Bevölkerung in Einklang bringen zu können. Erst durch die realpolitischen Gegebenheiten, den Kampf ums Überleben, wurden die humanistisch-sozialistischen Ziele bis zur Entstehung des Staates Israel durch ausgesprochen nationalistische Züge verdrängt.

Die Zeit nach der Entstehung des Staates ist durch große Kompromißbereitschaft gegenüber der klerikalen Szene gekennzeichnet. So wurden und werden bis heute die aus der Bibel oder Halacha stammenden Ehe- und Scheidungsgesetze vom klerikalen Rabbinat bestimmt. Ben-Gurion akzeptierte diese Regelung im Sinne des orthodox-klerikalen Teils der Bevölkerung ganz bewußt. Dieser wurde politisch noch dadurch gestärkt, daß die orthodox-klerikalen Parteien bei Regierungs-

bildungen lange Zeit das Zünglein an der Waage bildeten. Auf diese Weise wurden dem säkularen Leben Israels viele klerikale Züge aufgezwungen. Auch die unaufhörlichen Kriege haben dazu beigetragen, daß der zionistische Sozialismus immer nationaler wurde.
Der Übergang von einer sozialistisch geprägten Gesellschaft zu einer kapitalistischen veränderte auch die politisch-ideologische Mentalität der ursprünglich zionistisch-sozialistischen Politiker, die Israel seit seiner Entstehung regiert hatten. Die neue Mentalität orientiert sich wieder an der Gewalt, die schon für gewisse Kreise vor der Staatsgründung charakteristisch war. Insbesondere seit dem Sechs-Tage-Krieg bringt sie große Toleranz gegenüber den Rechtsradikalen auf. Auch verminderte das Trauma des Holocaust die Bereitschaft zu innerisraelischen Konfrontationen, die zu einer Spaltung der Gesellschaft hätten führen können. Bis heute ist der Gedanke an einen Kulturkampf für die meisten israelischen Politiker eine Horrorvision, auch wenn Israel sich de facto schon seit langem in einem harten und unversöhnlichen Kulturkampf befindet, der auch in dem Mord an Rabin zum Ausdruck kommt. Die Angst vor der Auseinandersetzung erweist sich jetzt als verhängnisvoll, da ein Kulturkampf unvermeidbar erscheint, nun aber in einer Situation ausgetragen werden muß, in der die klerikalen Kräfte viel stärker sind als früher.

Die Lüge zieht sich wie ein roter Faden durch die Menschheitsgeschichte. Sie ist der Wahrheit überlegen, was Erich Fried vermutlich veranlaßte, von der *unbeholfenen Wahrheit* zu sprechen. Schon der antike Dichter Lukian[165] berichtete über die Leichtfertigkeit und Selbstverständlichkeit, mit der sowohl berühmte als auch durchschnittliche Menschen lügen. Wie lange hat es gedauert, bis sich die Wahrheit durchsetzte, daß die Erde eine Kugel und keine Scheibe ist. Selbst kluge und gebildete Menschen klammerten sich an diese Lüge. Seit der Aufklärung glaubt man, daß Vernunft und Wissenschaft imstande sein werden, die Wahrheit endgültig durchzusetzen. Aber Menschen haben die Neigung, sich hinter neuen oder al-

165 *Lukian* (120-180 n. Chr.), griechischer Schriftsteller

ten Lügen zu verschanzen, und so sind wir auch heute noch in Lügen verstrickt! Dies gilt für Religion und Politik wie auch für menschliche Beziehungen. Die Lüge scheint für uns lebensnotwendig zu sein, so daß sie alle Bereiche unseres Lebens durchdringt, selbst die Liebesbeziehungen zwischen Menschen. Ibsen[166] versuchte, in seinen Theaterstücken die Lüge zu entlarven. In dem Drama „Die Wildente" schreibt er über die Glaubenslüge, die dem Leben des Durchschnittsmenschen erst einen Sinn verleiht. Jeder Versuch, ihn von dieser Lebenslüge zu heilen, ist ihm unerträglich. Durch das Festhalten an der Lüge werden allerdings nicht nur viele menschliche Tragödien verursacht, sondern auch manche verhindert!

Der Übergang von der Wahrheit zur Lüge vollzieht sich meist unmerklich. In der Bibel lügen zum Beispiel Abraham, Isaak und am meisten von allen Jakob. Bei diesen Lügen handelt es sich jedoch um Notlügen, die das Überleben sichern sollen. Es gibt in der Bibel aber auch handfeste Lügen, die man auf diese Weise nicht entschuldigen kann. Als sich die Stämme Israels im Lande Kanaan niedergelassen hatten, stand die Bundeslade in Silo. Dorthin kamen die Israeliten, um Gott zu dienen, ihm zu opfern und ihn anzubeten. Die Priester in Silo sollten die Vermittler zwischen der Wahrheit Gottes und seinem Volk sein. Anstatt dieser Rolle gerecht zu werden, war ihr Verhalten bald von Habgier und Geilheit gekennzeichnet. Der Prophet Samuel versuchte, dagegen anzusteuern, indem er ein neues Kultzentrum im Lande Benjamins errichtete. Sein erster Erfolg, der in der Errettung des Volkes Israel vor den Philistern bestand, wird in der Bibel als Ergebnis seiner Treue zu Gott gewertet. Schon seine Söhne machten sich aber der Korruption schuldig. Und, wie wir wissen, log er selbst auch.

Je mehr wir uns modernen Zeiten nähern, desto schneller schlägt Wahrheit in Lüge, Recht in Unrecht um. Obwohl die amerikanische Unabhängigkeitserklärung die Gleichheit aller Menschen postulierte, herrschte in Amerika noch fast hundert Jahre nach ihrer Unterzeichnung die Sklaverei. Es dauerte beinahe zweihundert Jahre, bis die Gleichheit der Rassen auch im Gesetz verankert wurde. Selbst heute ist Diskriminierung auf

166 *Henrik Ibsen* (1828-1906), norwegischer Schriftsteller; der meistgespielte Dramatiker seiner Zeit.

der Grundlage der Rassenzugehörigkeit de facto keine Seltenheit. Auch die Erklärung der Menschenrechte während der französischen Revolution (1789) bot Anlaß zur Hoffnung, aber welcher zerstörerische Geist offenbarte sich dann in den Eroberungskriegen, die im Namen dieser Revolution geführt wurden!
Politisches Opfer dieser Kriege waren in erster Linie die Deutschen, die noch im späten neunzehnten Jahrhundert unter der Weigerung Napoleons III. zu leiden hatten, ihr Recht auf Vereinigung anzuerkennen. Diese Weigerung war eine der Ursachen für den Krieg zwischen Preußen und Frankreich im Jahre 1870. Auch wenn der Wunsch der Deutschen nach Vereinigung ein legitimes Recht war, so verwandelte sich dieses Recht schnell in Unrecht, als Frankreich 1871 ein Frieden aufgezwungen wurde, der wiederum als eine der Ursachen für die beiden großen Weltkriege gelten kann. Diese Aufzählung könnte man beliebig fortsetzen. Ich möchte mich jedoch Bertold Brecht anschließen und sagen, daß andere über *ihre* Schandtaten sprechen sollen, ich aber über die *meines Volkes*.
Die massenhafte Flucht der Juden vor der Gefahr des Antisemitismus zwischen den beiden großen Weltkriegen und der Versuch, sich in Palästina eine neue Heimat aufzubauen, stellten ein grundsätzliches Menschenrecht dar. Dieses Recht verwandelte sich aber in dem Moment in Unrecht, als durch den Sieg des Staates Israel über die Palästinenser und die arabischen Nachbarländer die Hälfte der Palästinenser heimatlos wurde und ein anderer Teil lange zunächst der Militärverwaltung und später der Besatzung ausgeliefert war. Dies gilt umso mehr, als die meisten Israelis nur ein paar Jahre vorher selbst heimatlose Flüchtlinge gewesen waren.
Für jedes politische, religiöse oder rassistische Unrecht gibt es einen konkreten Anlaß. Der Anlaß in diesem Fall war, daß Palästinenser und arabische Nachbarn sich weigerten, eine Heimat der Juden in Palästina/Israel zu akzeptieren. Es ist aber auch wahr, daß diese Weigerung geschickt instrumentalisiert wurde mit dem Ziel, das Recht der Palästinenser auf eine eigene Heimat als existentielle Bedrohung Israels darzustellen. Um diese Bedrohung rankten sich viele Mythen. So erzählte man, daß zu Flüchtlingen gewordene Palästinenser Israel freiwillig verließen, um bewaffnet zurückzukehren und den Staat

Israel zu zerstören. Auch wurden sogenannte Präventivkriege geführt, um eventuelle Vernichtungsschläge gegen Israel zu verhindern, und Palästinenser und arabische Nachbarländer systematisch terrorisiert. Andererseits schreckten arabisch-palästinensische Lügen über Israel vor den schlimmsten antisemitischen und antiisraelischen Attacken nicht zurück, wie man in den Büchern Professor Jehoschafat Harkabis über die Propaganda in arabischen Massenmedien und arabischer Literatur nachlesen kann.

Einseitige Anklagen führen zu nichts. Kein Mittel des arabischen und palästinensischen Terrors gegen Israel wurde nicht auch von Israel, möglicherweise in noch „effizienterer" Weise, in diesem Kampf eingesetzt. Es ist furchtbar, wenn Sportler bei einer Olympiade als Geiseln genommen, eine Schulklasse oder schuldlose Zivilisten umgebracht werden. Aber nicht nur einmal sind schuldlose Kinder und Zivilisten auch Opfer des israelischen Gegenterrors geworden. Häufig wurden bei der Anwendung von Gewalt und Terror die eigenen Brüder zu Opfern dieser Anschläge. Israels Regierungen hielten sich stur an das Konzept, daß „wir" mit Terroristen nicht verhandeln. Das unausweichliche Ergebnis dieser Haltung war, daß Menschen, auch Kinder, diesem Prinzip geopfert wurden, das ohnehin nicht konsequent eingehalten werden konnte. Meines Erachtens hätten weder die Sportler 1972 in München sterben müssen noch die Schulklasse in Ma'alot, die zu Geiseln wurden und von denen viele vielleicht noch leben würden, wenn die israelische Armee nicht eingegriffen hätte. Auch diese Liste ist beliebig fortzusetzen.

Als während des Libanonkrieges (1982) einige wenige israelische Soldaten gefangengenommen wurden, übten die Familien der Soldaten großen Druck auf die Regierung aus, so daß eine israelische Regierung zum ersten Mal durch die Bevölkerung zur Aufgabe ihrer sturen Prinzipienreiterei gezwungen wurde. Man tauschte schließlich *alle* palästinensischen Gefangenen gegen die wenigen israelischen Soldaten aus. Hätte man sich zu einem solchen Vorgehen schon früher entschließen können, wären sowohl die Sportler als auch die Schulklasse und andere vor dem Tode bewahrt worden.

Der neue Ministerpräsidenten Israels, Benjamin Netanjahu, hat wegen seiner leidenschaftlichen Bekämpfung des palästinensischen und arabischen Terrors den Spitznamen „Mr. Antiterror“. Aber seine eigene Biographie ist auch nicht frei von Terror. So hat er zum Beispiel eine Gruppe syrischer Offiziere auf libanesischem Boden überfallen, um im Austausch israelische Gefangene aus Syrien zu befreien. Unser ehemaliger Außenminister, Ehud Barak, erschien in schwarzem Anzug und Krawatte im Amt, aber um in Beirut ein paar palästinensische Führer umzubringen, soll er sich sogar als Frau verkleidet haben. Kurz gesagt, alle Terrorakte gegen Israel sind von Israel fast immer in noch größerem Maßstab beantwortet worden.

Es liegt nicht in meiner Absicht, mich als Nestbeschmutzer zu betätigen oder mein Volk oder meine Regierung anzuklagen. Ich möchte vielmehr zeigen, daß es unmöglich ist, in einem Konflikt zwischen zwei Völkern von Guten und Bösen, Gerechten und Ungerechten zu sprechen. Die Gewaltlösung an sich ist böse, und jeder, der auf Dauer Gewaltlösungen anstrebt, macht sich schuldig.

Dieser Grundsatz gilt für alle Völker zu allen Zeiten, und er ist von allen Völkern zu verschiedenen Zeiten verletzt worden. Man kann hier also von einem allgemeinen menschlichen Versagen sprechen. Bei aller Begeisterung für die Werte der griechischen Philosophie, Literatur und des politischen Denkens darf man nicht vergessen, wie viele Beispiele des Versagens sich schon in der griechischen Geschichte finden. Bis heute lesen wir bewegt die Rede des Perikles[167] über die Werte der griechischen Demokratie. Aber der verheerende Peloponneskrieg[168] zwischen Spartha und Athen dauerte über dreißig Jahre. Und die Grausamen waren nicht nur die Sparthaner, sondern auch die Bürger Athens, die sich der Werte ihrer Demokratie rühmten.

Die Philosophie Kants und Lessings[169] „Nathan der Weise“ lassen sich genauso wenig mit der deutschen Geschichte während der Nazizeit vereinbaren wie die Erklärung der Men-

167 *Perikles* (490-429 v. Chr.), seit 443 v. Chr. Alleinherrscher Athens mit demokratischer Legitimation

168 *Peloponneskrieg*: (431-404 v. Chr.)

169 *Gotthold Ephraim Lessing* (1729-1781), Dichter, Vertreter der deutschen Aufklärung. Er erstrebte die Läuterung der christlichen Glaubenswelt und eine sittlich humane »Erziehung des Menschengeschlechts« mit den Mitteln der Vernunft.

schenrechte während der französischen Revolution mit der antisemitischen Dreyfus-Affäre hundert Jahre später. Ein im Vietnamkrieg verletzter Vietnamese wird sich sicherlich nicht durch Zitate aus der Unabhängigkeitserklärung von den Werten der amerikanischen Demokratie überzeugen lassen. Was denken palästinensische Schüler, die die Bibel lesen und manchmal ganze Texte von Jesajah, Amos oder dem modernen hebräischen Nationaldichter Chajim Nachman Bialik auswendig lernen müssen, wenn sie diese Texte mit ihrer täglichen Erfahrung während der Besatzung vergleichen?
Es besteht ein unüberwindbarer Gegensatz zwischen dem Ewigen und dem Alltäglichen, den hohen moralischen Ansprüchen und dem täglichen Versagen. Da ich als Jude verfolgt und in der Diaspora von den ewigen Werten Israels oder dem, was ich dafür halte, geprägt wurde, habe ich den Widerspruch zwischen dem Ewigen und dem Versagenden ständig qualvoll vor Augen. Dieser Widerspruch findet sich auch in meinen persönlichen Erfahrungen. Die Leidenschaft, mit der ich mich für Gerechtigkeit und Frieden einsetze, birgt die Gefahr in sich, daß man mich als fehlerfreien Menschen betrachtet, der immer im Sinne der Vernunft und der ethischen Werte handelt. Leider ist das nicht der Fall. Mit Bedauern habe ich schon häufig bemerkt, daß ich zwar viel über Umdenken oder Lernprozesse spreche, selbst dazu aber nur bedingt fähig bin. Allerdings kann ich doch beachtliche Erfolge im diesem Bereich vorweisen, wenn auch alte Prägungen oftmals die Oberhand behalten.
Im 1. Buch Mose, Kapitel 12 heißt es, daß Gott Abraham befahl, sein Land, seine Sippe und die Familie seines Vaters zu verlassen. Nun ist es klar, daß er seine Sippe und die Familie seines Vaters verlassen muß, wenn er sein Land verläßt. Nach dem Grund für die dreifache Wiederholung der Aufforderung befragt, antwortet der Weise und Schriftgelehrte Rabbi Suscha, daß Abraham etwas absolut Neues anfangen sollte. Mit dem Verlassen seines Landes habe Gott ihn beauftragt, auch die alten Prägungen hinter sich zu lassen. Da Abraham sowohl von seinem Land als auch von seiner Sippe und der Familie seines Vaters geprägt ist und es unendlich schwer ist, alte Prägungen aufzugeben, wiederholte Gott die Aufforderung gleich dreifach.

Wenn wir in Frieden leben wollen, ist es unerläßlich, alte Prägungen aufzugeben. In Frieden leben bedeutet eine grundsätzliche Umorientierung in Glauben und Denken. Angesichts der historischen Erfahrungen scheint es mir sinnlos, auch weiterhin an die Erlösung durch Judentum, Christentum oder Islam zu glauben. Die monotheistischen Religionen als ausschließliche Träger der Erlösung haben versagt. Fundamentalismus macht sich breit. Die Achtung anderer Kulturen und Weltanschauungen nimmt ab.
Aber trotz dieses grundsätzlichen Versagens der monotheistischen Religionen gibt es auch ermutigende Erscheinungen, wie zum Beispiel die Anfänge einer kritischen Theologie in manchen christlichen, aber auch moslemischen Kreisen. So hat das Zweite Vatikanische Konzil (1962) unter Papst Johannes Paul einen großen Schritt nach vorn getan, indem es auch andere Religionen als Heilsreligionen anerkannte. Man kann sich zwar darüber beklagen, daß dieser Schritt in der zweiten Hälfte des zwanzigsten Jahrhunderts zu spät kam. Andererseits hat das orthodoxe Judentum bis heute solche Anachronismen wie „Gesegnet sei Gott, der mich nicht als Goj schuf." oder „Gesegnet sei Gott, der mich nicht als Frau schuf." nicht aus dem jüdischen Gebet verbannt, obwohl die ewigen Werte des Judentums dazu verpflichten, die Menschheit insgesamt zu achten.
Der Anspruch auf die ausschließliche Vertretung Gottes macht den Dialog zwischen den verschiedenen Glaubensrichtungen unmöglich. Die Bereitschaft eines Juden, Jesus als Bruder zu betrachten, ist leider noch fast die ausschließliche Domäne Schalom Ben-Chorins[170]. Pinchas Lapide[171] hat als wissenschaftlicher Theologe viel zum Verständnis der jüdischen Wurzeln des Christentums beigetragen und ist auf Deutschlands Podien ein gern gesehener Gast, obwohl sein Dialog mit deutschen Christen teilweise sehr polemisch ist und die Vorteile des Judentums gegenüber dem Christentum hervorhebt. Selbst wenn es solche Vorteile gäbe, haben sie die Juden nicht vor dem Versagen geschützt. Nicht einmal in der Diaspora, die durch Verfolgung und Machtlosigkeit gekennzeichnet war, ha-

170 *Schalom Ben-Chorin* (geb. 1913), Schriftsteller, Religionsphilosoph und Journalist

171 *Pinchas Lapide* (geb. 1922), Theologe und Schriftsteller

ben die Juden die ewigen Werte Israels im Auftrag des Ewigen Israels verwirklicht.
Heute wird häufig behauptet, daß wir in einer Ära der Ideologiendämmerung leben. Ich kann mir aber nicht vorstellen, daß der menschliche Geist und die menschlichen Bestrebungen nach einem erfüllten Leben allein durch die Errungenschaften der freien Markwirtschaft befriedigt werden. Was sie der Menschheit gebracht hat, können wir in den osteuropäischen Ländern oder in der Dritten Welt sehen. Auch Länder mit erfolgreicher Marktwirtschaft wie die USA, Japan und die Europäische Union scheinen nicht das Himmelreich auf Erden zu sein. Ohne Zweifel werden Menschen sich auch in der Zukunft fragen, ob Freiheit in der sich ausweitenden Schere zwischen Arm und Reich besteht. Der Zusammenbruch der kommunistisch-sozialistischen Machtsysteme hat sicherlich die Idee von dem geistig befreiten Menschen zeitweilig in den Hintergrund gedrängt; vernichten kann er sie nicht.
Sollten wir wirklich in einer Ära des Endes der Ideologien leben, scheint mir dies überhaupt kein Grund zur Freude zu sein. Man muß nicht unbedingt besonders gut informiert sein oder die Fähigkeit haben, in die Zukunft zu blicken, um sich eine ausschließlich von Marktwirtschaft und Leistungsprinzipien geprägte Welt vorzustellen. Rücksichtslosigkeit, das Streben nach Macht und schnellem Geld prägen schon heute die Länder des ehemaligen Ostblocks, in denen ein ganzes Wertesystem mit dem Untergang des Kommunismus zugrundegegangen ist. In der Natur gilt zwar auch das Gesetz des Stärkeren, aber dort wird die Überlegenheit nur zum Überleben genutzt. Bei den Menschen ist das anders. Deshalb brauchen wir humanistische und demokratische Werte, die unsere Leistungs- und Profitgier in Grenzen halten und uns zur Mitmenschlichkeit erziehen.
Wenn das Interesse an Glauben oder Ideologie noch weiter abnähme, wäre dies sicherlich eine verhängnisvolle Entwicklung, denn ohne den ethischen Geist wird die Menschheit nicht überleben. Die Anbetung von Geld und Gewalt wird sie zugrunderichten. Ich bin jedoch in bezug auf die Durchsetzbarkeit dieser Werte sehr skeptisch. Die Demokratie hat nicht nur Vorteile, aber einer ihrer großen Vorzüge besteht in der Freiheit, die sie Minderheiten gibt, Konsumrausch und schnö-

den Mammon abzulehnen, sich selbst treu zu bleiben und Ideologien zur Förderung von Werten zu entwickeln. Ich habe in diesem Buch versucht, meine Ideologie darzulegen, und hoffe, daß diese Darstellung nicht völlig folgenlos bleiben wird.
Nicht immer bin ich von der Richtigkeit meiner Ansichten vollkommen überzeugt und habe Zweifel, ob meine Vorstellungen durchsetzbar sind. Dies gilt sowohl für dieses Buch als auch für mein neuestes und wahrscheinlich letztes Projekt, die Errichtung von Bildungs- und Begegnungsstätten in Palästina. Voller Hoffnung und voller Zweifel verbrachte ich drei Monate im kalten Deutschland, um zu versuchen, mit der unermüdlichen Hilfe von Birgit Rux, die inzwischen zur Koautorin geworden ist, das Buch zu Ende zu schreiben. Als unverbesserlicher Wanderer bin ich gleichzeitig kreuz und quer durch Deutschland gereist, um Freunde, Bekannte und neue Menschen für dieses Projekt zu gewinnen.
In den meisten Gesellschaften, die angeblich dem Frieden verpflichtet sind, spielt die Erziehung zu Frieden und Zusammenleben nur eine sekundäre oder gar tertiäre Rolle. Deshalb werde ich in Deutschland immer wieder gefragt, wozu noch ein weiteres Projekt notwendig sei, da es doch schon verschiedene solcher Initiativen gebe. Meine Antwort ist, daß es Hunderte, Tausende solcher Begegnungs-, Bildungs- und Gedenkstätten geben müßte. Da Deutsche, Juden und Palästinenser für mich ein Dreieck bilden, das durch die tragische Geschichte verbunden ist, sollten sie auch gemeinsam versuchen, diese Idee umzusetzen, ohne jedoch andere Völker auszuschließen.
In der dreißiger Jahren waren die Juden sowohl Opfer des Nationalsozialismus als auch der Palästinenser, die gegen die jüdische Einwanderung nach Palästina heftigen Widerstand leisteten und sie dadurch ein zweites Mal zu Opfern machten. Die verzweifelten Juden setzten sich jedoch durch und bauten die Fundamente für einen neuen Staat, den die Palästinenser und die arabischen Nachbarländer durch Krieg verhindern wollten. Diesen Krieg verloren die Palästinenser. Die Angst der israelischen Juden, aber auch ihre Habgier machten die Palästinenser zu Opfern und die israelischen Juden zu Tätern. Der heftige Widerstand der Palästinenser wiederum machte viele israelische Juden zu Opfern.

Nach den Osloer Friedensverträgen und Friedensverträgen mit den meisten arabischen Nachbarn muß man versuchen, diesen Teufelskreis von Opfer-Täter-Täter-Opfer zu durchbrechen. Dazu bedarf es der Geschichtsaufarbeitung. Die Tatsache, daß diese in Deutschland nicht ausreichend erfolgt ist, bedeutet noch nicht, daß man sie nicht braucht, um eine der wichtigsten Voraussetzungen für ein dauerhaftes friedliches Zusammenleben zu schaffen. Man darf die Vergangenheit nicht vergessen, man soll aber auch nicht von ihr überwältigt werden. Gegenwart und Zukunft müssen gestaltet werden, und dies kann durch menschliche Begegnung und Erziehung geschehen, die über die Versäumnisse und Verbrechen der Vergangenheit aufklärt. Dabei darf die Vergangenheit nicht einseitig als Leidensgeschichte eines Volkes dargestellt werden, sondern als allgemeine menschliche Leidensgeschichte, die im wesentlichen auf religiöser Intoleranz, Antisemitismus, Rassismus und Stereotypen über den Feind beruht. Dafür braucht jede Bildungsstätte eine Gedenkstätte, die die Kette menschlichen Leidens eindrucksvoll zeigt.

Die Gedenkstätte soll aber nicht nur an Verbrechen erinnern, sondern auch an die unermüdlichen und manchmal heldenhaften Versuche der Stiftung von Frieden oder des Widerstands gegen Gewalt. Deshalb stelle ich mir zum Gedenken an die Friedensstifter und Widerstandskämpfer eine Meditationsallee vor. Auch in Deutschland sollte man sich nicht nur an die zwölf Jahre währende Schreckensherrschaft des Nationalsozialismus erinnern, sondern auch die fünfzig Jahre friedvoller Nachkriegsgeschichte Deutschlands angemessen würdigen.

Falls sich dieses Projekt realisieren läßt, wird es hoffentlich auch gelingen, vielen Menschen in Israel und Palästina dieses neue, friedfertige, menschliche und liebenswerte Deutschland nahezubringen.

Zum Schluß möchte ich auf meine palästinensischen Nachbarn zurückkommen. Wohl nur wenige Israelis haben so mit ihnen gelitten wie ich. Jetzt beginnt ein neuer Abschnitt in der palästinensischen Geschichte, auch wenn die Verträge von Oslo keine endgültige Lösung des palästinensischen Problems darstellen können. Der jetzt hergestellte Zustand, bei dem mein Volk drei Viertel des Landes zwischen Mittelmeer und Jordan in Anspruch nimmt, das palästinensische Volk aber nur

ein Viertel, kann nur ein temporärer Zustand sein, der die Weichen für einen langen Weg des friedlichen Zusammenlebens stellt. Ich würde mir wünschen, daß er in einer Konföderation endet, in der Palästinenser und Israelis in allen Teilen Palästinas leben können.
Es stellt sich aber auch eine Reihe von Fragen hinsichtlich der zukünftigen Entwicklung Palästinas. Wenn ich an mein eigenes Land denke, frage ich mich, ob Völker, die lange um ihre Unabhängigkeit kämpfen mußten, zwangsläufig den Weg des Nationalismus gehen müssen. Wird sich die neu entstehende palästinensische Gesellschaft an den Werten des Humanismus, der Menschenrechte, der Toleranz und Nachsicht anderen Religionen gegenüber orientieren? Oder werden sich revanchistische und isolationistische Züge durchsetzen, die die palästinensische Gesellschaft auf Stammes- und Wüstentraditionen zurückwerfen, die nicht dem Geist der Zeit entsprechen?
Es gibt inzwischen Berichte über Entwicklungen in Palästina, die Anlaß zur Sorge geben. So scheint es, daß die palästinensischen Frauen, die zusammen mit der palästinensischen Jugend das Rückgrat des Widerstandes gegen die israelische Besatzung bildeten, mehr und mehr ins Abseits geraten. Hannan Ashrawi, eine der an vorderster Front kämpfenden palästinensischen Frauen, hat sich inzwischen gezwungen gesehen, eine Organisation für Menschenrechte zu gründen.
Werden die palästinensischen Christen, die ein aktiver und wichtiger Teil des Widerstandes waren, auch in dem entstehenden Staat eine Rolle spielen oder werden islamisch-fundamentalistische Kräfte sie verdrängen? Werden palästinensische Intellektuelle, Erzieher, Künstler und Schriftsteller nach vorn schauen, um trotz vieler Wunden und Benachteiligungen für eine gemeinsame Zukunft mit Israel einzutreten oder werden sie in Vergangenheitserinnerungen und Racheträumen versinken? Viel wird von dem Verhalten Israels abhängen; viel aber auch davon, ob es den Palästinensern gelingt, sich nicht nur auf Israel, sondern auf die westlich-demokratische Welt zu orientieren, ohne dabei die eigenen kulturellen Traditionen und Werte aufzugeben. Dies ist ein schwieriger Prozeß.
Vielleicht findet meine Art, die Dinge zu sehen, keinen Anklang bei den Palästinensern, wie sie auch bei uns nicht viel

Anklang findet. Dennoch werde ich meine Solidarität mit den Palästinensern, meinen Einsatz für ihre Rechte keinen Augenblick bereuen. Ich wünsche mir aus ganzem Herzen, daß es diesem Volk gelingen möge, die furchtbaren Wunden, die die Vergangenheit hinterlassen hat, möglichst schnell zu heilen. Soweit meine Kräfte noch reichen und diejenigen, die meine Botschaft verstehen, mich unterstützen, werde ich auch weiterhin versuchen, den sonnigen Weg zu gehen, der gar nicht so einfach ist.

In den drei Monaten, in denen ich versuchte, viele Deutsche von meinem Projekt zu überzeugen und sie von ihren formalistischen Zweifeln abzubringen, erfaßte mich oft eine Müdigkeit, der ich am besten mit einem Gedicht von Itzig Manger Ausdruck verleihen kann:

jiddisch:

Ich bin mid,
a gite nacht.
S'kleben schwer sich meine ojgen,
Wi a cholem is farflojgn
libe, lider un gedacht.
halb in schlof un halb in drimmel
plapple ich mein letztes lid.
sej, a fojgl is geflojgn
fun der erd bis zu dem himmel.
ich hob ajch a trojm gebracht
un ir hot in obgestojssn.
wen gekumen is di nacht,
hot ir mich gelosst in drojssn.
ich hob ajch a trojm gebracht,
un ir hot in obgestojssn.

deutsch:

Ich bin müde,
eine gute Nacht.
Es senken schwer sich meine Lider.
Wie ein Traum sind verflogen
Lieder, Liebe, und Gedanken.
Halb wach und halb im Schlummer,
brabbele ich mein letztes Lied.
Sieh, ein Vogel ist geflogen
von der Erde bis zum Himmel.

Ich hab' euch einen Traum gebracht,
und ihr habt ihn abgelehnt.
Als die Nacht kam,
habt ihr mich draußen gelassen.
Ich hab' euch einen Traum gebracht,
und ihr habt ihn abgelehnt.

Ich fühle mich in Deutschland zwar nicht „draußen gelassen", und ich fühle mich auch nicht grundsätzlich abgelehnt, aber ich bin dieses Mal viel Skepsis und übertriebener Vorsicht begegnet. Ich kann mir nicht vorstellen, daß man in einem wohlhabenden Land wie Deutschland so zaghaft reagieren muß, wenn es um konkrete und konstruktive Versöhnungsprojekte geht. Mit Albert Schweitzer möchte ich sagen: „Wir reiben uns auf in Streitereien und Diskussionen und wissen nicht, daß das wahre Leben aus dem einfachen Handeln entspringt... So viele kommen in das Elend der Gleichgültigkeit, weil sie von Anfang an diese Stärkung durch die Tat nicht hatten."
Ich bleibe aber zuversichtlich und werde in Israel versuchen, meinen Traum mit den winzigen Mitteln voranzutreiben, die die Risikobereiteren unter meinen Freunden zur Verfügung gestellt haben. Kurz vor seinem Tode wünschte sich Goethe „Mehr Licht, mehr Licht." Unser Land ist zwar mit sehr viel Licht gesegnet, nicht aber mit Frieden und Toleranz. In meinem letzten Lebensabschnitt wünsche ich mir: mehr Liebe, mehr Toleranz, mehr Nachsicht, mehr Einfühlung in das Leiden des Nächsten, mehr Frieden.

Nachwort

Zwei Jahre in Israel sind wie zwanzig Jahre in einem anderen Land. Es geschieht unheimlich viel, und dennoch geschieht nichts wirklich Neues. Man tritt auf der Stelle. Als ich begann, dieses Buch zu schreiben, wurden gerade die Osloer Friedensverträge unterschrieben. Inzwischen sind fast fünf Jahre vergangen, wertvolle Jahre, in denen der Frieden nicht nur nicht gefördert wurde, sondern sich die Lage der Palästinenser weiter verschlechterte. Die israelischen Machthaber verstehen noch immer nicht, daß ein Teil der arabischen Länder sich nicht mehr als Feinde Israels betrachtet und daß ein anderer Teil zum Frieden bereit wäre, würde Israel seine territorialen Ansprüche beziehungsweise seine angebliche Angst vor der Entstehung eines palästinensischen Staates zurückstellen. Damit wurden und werden wertvolle Chancen vertan, die Zukunft eines friedfertigen Israels im Nahen Osten zu sichern, das seine Nachbarn nicht bedroht und das auch andere Mittel als die der Gewalt und der Tricks kennt, um seine Sicherheit zu gewährleisten.

Verletzungen der Friedensverträge gibt es jedoch nicht erst seit Netanjahu. Selbst Politiker wie der Friedensmärtyrer Itzhak Rabin und der Friedensvisionär Schimon Peres, die zweifellos eingesehen haben, daß der Weg der Gewalt verschüttet ist und die Anerkennung des Selbstbestimmungsrechts der Palästinenser nicht länger umgangen werden kann, haben nicht wirklich verstanden, daß wir den Palästinensern und den arabischen Nachbarstaaten weder einen Frieden noch Bedingungen aufzwingen können, die nicht mit ihren elementarsten Erwartungen, als gleichberechtigte Partner behandelt zu werden, zu vereinbaren sind. So wuchs noch während der Regierung von Rabin und Peres die Zahl der neuen Siedler um etwa 40 000. Es wurde weiterhin Land enteignet. Der Bau vieler Umgehungsstraßen zwischen den jüdischen Siedlungen zerreißt das Land und macht gleichzeitig eine vernünftige Verbindung zwischen den einzelnen Teilen der Westbank unmöglich.

Trotz aller Versäumnisse und Vertragsbrüche sowie der sinn-

losen Verzögerung der Räumung der besetzten Gebiete meinten Rabin und Peres es mit der Fortsetzung des Friedensvertrages ernst. Netanjahu und seine rechtsradikale Regierung hingegen manipulierten die Friedensverhandlungen in so unverschämter und offensichtlicher Weise, daß sie in eine Sackgasse gerieten. Das Ziel war klar: Die Osloer Verträge sollten ungeschehen gemacht und die Schuld daran den Palästinensern und den arabischen Nachbarn in die Schuhe geschoben werden. Während die Osloer Verträge eine gewisse Hoffnung auf eine Richtungsänderung oder sogar einen Neuanfang zwischen unseren arabischen und palästinensischen Nachbarn und uns darstellten, führte Netanjahu das Land in eine Situation, die einer Talfahrt in den Untergang glich.
Nie war Israel zerrissener und zerstrittener als im einundfünfzigsten Jahr seiner Existenz. Nicht nur ist der Traum von einer sicheren Heimat vergangen, sondern auch der einer israelischen Gesellschaft als Schmelztiegel für Juden aus aller Welt, die in einem fortschrittlichen, demokratischen und humanistischen Staat zusammenleben. Die Regierung Netanjahus glich einem zusammengewürfelten Haufen unterschiedlichster Gruppierungen, die sich über die Entwicklung einer friedfertigen und demokratischen Gesellschaft kaum ernsthafte Gedanken machten. Netanjahu und seine Anhänger manipulierten Israels Demokratie und wollten auf diese Weise den Traum der Ewiggestrigen vom Land der Väter und der Verheißung verewigen. Materialismus und verspäteter Nationalismus machen sich in der Partei der russisch-jüdischen Einwanderer breit. Bei den Klerikalen geht es ebenfalls um möglichst viel Geld und darüber hinaus um die deutlich geäußerte Absicht, die Demokratie abzuschaffen und einen fundamentalistisch-theokratischen Staat zu errichten. Es ist daher kein Wunder, daß die Feiern zum 50. Jahrestag Israels (1998) nur wenig Begeisterung hervorriefen. So schrieb denn auch Nathan Zach, Professor für vergleichende Literaturwissenschaft, Dichter und Israelpreisträger in seinem Artikel „Kein Grund zum Feiern“:
„Ah, meine Unschöne [Israel], die Jahre haben dir gegenüber gesündigt, meinte der Dichter. Diese Worte treffen genau auf unseren fünfzig Jahre alt gewordenen Staat zu, der frühzeitig gealtert ist und den man jetzt in Festtagskleider hüllt, ohne ihn

dadurch attraktiver zu machen. Gerade so, als gebe es Grund zur Freude. Gerade so, als gebe es ein Jubiläum zu feiern. Wen hat dieser Staat in den letzten fünfzig Jahren nicht enttäuscht? Wen oder was hat dieser Staat nicht verraten? Welche Vision ist noch geblieben, die nicht verblaßt oder verlorengegangen ist? Von welchen Grausamkeiten hat dieser Staat seine Seele ferngehalten, welche Lüge und Heuchelei ist nicht aus seinem Munde verkündet worden? Ein Ungeheuer des zweitausendjährigen Traumes. [...] Ist es ein Zufall, daß das Jubiläum zum fünfzigjährigen Bestehen des Staates in die Tage der Regierung Netanjahus fällt, des Mannes, der Politik in Demagogie verwandelt und den Unterschied zwischen Wahrheit und Lüge abgeschafft hat, der sich führen läßt anstatt zu führen und einen Eiertanz bezüglich des Abzugs aus der Westbank vollführt und damit den Boden für eine Rückkehr zu den Kriegen von 1967 und 1973 bereitet. Ein aufgeblasener Führer, der gefährlicher für sein Volk ist als dessen größter Feind.
Und wie viele sind es nicht, die ihm helfen! Es fängt an mit einer stotternden, hinkenden und geistlosen Opposition, die noch unter ihren historischen Hühneraugen leidet, gefolgt von einer gierigen Geldoligarchie, die in ihrem egoistischen Schlamm watet und als *celebrities de la schmattes* [Lumpenberühmtheiten] von den Medien umschmeichelt werden. Die wiederbelebte hebräische Sprache, das große Wunder unserer nationalen Revolution, wird von einem selbstgefälligen Jargon mit den Füßen getreten, während ein populistisches Fernsehen die Mikroben der degenerierten amerikanischen Subkultur mit ihrem Hang zu Gewalt, Sexbesessenheit und Geistlosigkeit verbreitet. Ein solcher Zustand wurde von den Mystikern im Mittelalter als die lange Nacht der Seele bezeichnet.
Sollen wir wirklich des fünfzigjährigen, frühzeitig vergreisten Staates gedenken, der militärischen Stärke, des industriellen Aufschwungs, der Errungenschaften von Medizin, Landwirtschaft und Wissenschaft, der Wolkenkratzer und der eindrucksvollen Betonklötze? Nein, nicht deshalb standen die Gründer dieses Staates vor den Völkern der Welt und appellierten an ihr Gewissen, um 1917 Hilfe für eine nationale Heimat und 1947 die Staatsgründung zu erhalten. Nicht um so stark zu sein wie Sodom, so reich wie Gomorrha und so

furchterregend wie Ninive ist dieser Staat zur Welt gekommen. Nicht das war der Traum der Gründergeneration und nicht dafür ist so viel Blut geflossen."
Die Errichtung eines jüdischen Staates nach 2000 Jahren der Zerstreuung, des Leidens, der Verfolgung und der fast vollständigen Vernichtung hat die Welt fasziniert und unser Volk berauscht. Die Voraussetzungen für die Entstehung eines fortschrittlichen, humanistischen und demokratischen Staates, der für unser Volk heilsam wäre und es von seiner Existenzangst befreien würde, waren gut. Angesichts der Erfolge dieses Staates verwandelte sich die anfängliche Bewunderung jedoch bald in einen Mythos und man hörte auf, trotz der offenen Hinwendung des Staates zur Gewalt, trotz des Führens von Kriegen und der Entwicklung eines Machtstaates, sich kritisch mit diesem Staat auseinanderzusetzen. Dieser Mythos aber bröckelt und wankt jetzt.
Als ich vor fünf Jahren begann, das Buch zu schreiben, waren viele angeblich kühne Behauptungen zum Teil noch unbelegte Vermutungen. Inzwischen wurden Dokumente veröffentlicht, die meine Behauptungen geradezu harmlos erscheinen lassen. Ein seriöses Buch, das in dem Verlag der israelischen Armee erschienen ist, bestätigt, daß der Suez-Krieg kein Präventivschlag war, der uns kurzfristig und überraschend traf. Meine Bemerkungen über Ben Gurions Politik der Vertreibung der Palästinenser sind durch die Freigabe von Dokumenten aus den Staatsarchiven belegt worden. Ein lange Zeit nicht veröffentlichtes Gespräch mit Moshe Dayan, dem ehemaligen Verteidigungs- und Außenminister Israels, bestätigt meine Auffassung, daß der Anspruch auf den Golan als lebenswichtige Sicherheitsgrenze Israels nichts anderes als ein gut vorbereiteter, wenngleich unanständiger Mythos war. Dayan erzählte einem Reporter der Zeitung *Ma'ariv*, daß er insbesondere zwei der von ihm begangenen Fehler zutiefst bedauere. Der eine davon war der Befehl, Syrien im Juni 1967 anzugreifen, ohne von Syrien provoziert worden zu sein. Hier gab die Regierung dem Druck einer Delegation aus Kibbuzim und Moshavim aus Galiläa nach, die sich gar nicht erst bemühte zu vertuschen, daß es ihr einzig und allein um den fruchtbaren Boden und die Wasserquellen des Golans ging. Als einen zweiten verhängnisvollen Fehler betrachtete Dayan

seinen Mangel an Mut, die klerikal-rechtsradikale Siedlung in der Altstadt Hebrons räumen zu lassen. Dieses Versäumnis bezeichnete er als Hindernis für eine möglichen Verständigung zwischen den Palästinensern und uns.

Aber nicht nur die Regierung Netanjahus versuchte, die palästinensischen Autonomierechte zu unterlaufen. Schon das Abkommen von Camp David (1979) sah außer der Rückgabe aller besetzten Gebiete an Ägypten auch die Gewährleistung der Autonomie für die Palästinenser innerhalb von fünf Jahren vor mit der Option, nach Ablauf der fünf Jahre durch eine Umfrage unter den Palästinensern zu klären, ob diese noch immer die Autonomie wünschten oder aber einen Staat gründen wollten. Alle israelischen Regierungen haben diesen Vertrag ständig verletzt.

Viele deutsche Leser reagierten mit Unbehagen oder sogar Entrüstung auf meine Bemerkung, daß es im israelisch-palästinensischen Konflikt nicht um einseitigen Terror gehe, sondern auch um einen grausamen israelischen Gegenterror. Dafür gibt es eine Reihe von Belegen, deren wichtigster und daher vielleicht auch bedauerlichster die Schlappe des israelischen Mossad in der Maschal-Affäre (1998) in Jordanien ist. Der Versuch, einen Hamas-Führer in Jordanien zu ermorden, erfolgte ohne Benachrichtigung des inzwischen verstorbenen Königs Hussein und der jordanischen Sicherheitsbehörden. Nun ist Jordanien jedoch ein Staat, der mit Israel Frieden geschlossen hat, Israel freundlich gesinnt ist und uns eine weitgehende Zusammenarbeit im Bereich der Sicherheit ermöglicht. So ist es verständlich, daß er sich verraten und verkauft fühlte, als der Mossad, der dem Ministerpräsidenten direkt unterstellt ist, diese schamlose Aktion durchführte. Aber nicht nur unsere Beziehungen zu Jordanien wurden auf diese Weise beeinträchtigt, sondern auch die zu dem befreundeten Kanada, da die Agenten für diese Aktion kanadische Pässe erhielten.

Mit Bedauern muß ich feststellen, daß die Schuld nicht nur bei den israelischen Machthabern liegt. Die Politiker der Welt, insbesondere die amerikanischen, bedauerlicherweise aber auch die deutschen, halten die Schonung Israels offensichtlich für einen Akt der Solidarität. Leider legen die Politiker bei der Beurteilung einzelner Länder unterschiedliche Maßstäbe an. Während Israels absolute Weigerung, UN-Friedenstruppen ins Land zu lassen, akzeptiert wird, bedeutet dieselbe Weigerung für Serbien eine Fortsetzung der Bombardierung. Die Türkei tritt die Menschenrechte der Kurden mit Füßen, aber schießt man deshalb Raketen auf Ankara?

Grundsätzlich gilt, daß Krieg politische Probleme in der Regel nicht löst. Nicht Raketenangriffe haben Gaddhafi nachgiebiger gemacht, sondern lange, geduldige Verhandlungen und wirtschaftlicher Druck. So stelle ich mir den langen Weg zum Frieden vor. Ich hoffe, daß die deutschen Politiker den Weg zum Umdenken finden und sich fragen werden, ob der Angriff auf Serbien nicht eine Wiederholung beschämender - im Grunde verbrecherischer – und absolut gescheiterter Angriffe sozialistischer Machthaber Englands auf Kenia und Frankreichs auf Vietnam, Tunesien, Algerien etc. ist. Müssen sich deutsche Sozialdemokraten und Grüne als Vertreter aller Deutschen wirklich an dieser Schande beteiligen? Muß Deutschland seine neu gewonnene „Normalität“ beweisen, indem es sich an dem „siegreichen“, ruhmlosen und zerstörerischen Krieg gegen Jugoslawien beteiligt? Warum hört man nicht von einem hohen Offizier, einem Tornadoflieger oder einem Soldaten, der sich weigert, einen Befehl auszuführen, der wieder Mord und Zerstörung durch deutsche Hand bedeutet?

Der „Friedensangriff“ der NATO hat Europa weniger sicher gemacht und seinen Bürgern gute Gründe gegeben, sich um ihre persönliche Sicherheit zu sorgen. Er wird schwer sein, auf dem Hintergrund von Hunderttausenden von Flüchtlingen und Vertriebenen, von hoffentlich nicht mehr als Hunderten von Ermordeten und von Haß und Rachegelüsten auf Seiten der Serben und Albaner den Krieg zu beenden und einen dauerhaften Frieden zu schaffen. Der Friede in Europa ist zu wichtig, um ihn Kriegsverbrechern – den Politikern im ehemaligen Jugoslawien – zu überlassen. Dabei ist es gleichgültig, ob diese nun Bosnier, Kroaten oder Serben (heute auch Kosovo-Albaner) sind.

Demokratie und Frieden in Europa haben auch dazu geführt, daß heute wieder viele Juden in Europa, besonders auch in Deutschland leben. Im Gegensatz zu unserem Staatspräsidenten Weizman, der nicht verstehen kann, daß Juden nach Hitler

wieder in Deutschland leben wollen, denke ich, daß dieses eine positive Entwicklung ist, ebenso wie die Bemühungen von Ignatz Bubis, eine jüdische Gemeinde in Deutschland aufzubauen, die sich auf die Gegenwart und Zukunft orientiert. Um so mehr hat mich seine Reaktion auf die Rede erstaunt, die Walser anläßlich des ihm vom Deutschen Buchhandel verliehenen Friedenspreises hielt. Im zweiten Teil dieser von ihm als „Sonntagsrede“ bezeichneten Ansprache spricht Walser u.a. über sein Bedürfnis wegzuschauen, über Sühne, die Ritualisierung von Schande, die unaufhörliche Vergegenwärtigung von Auschwitz sowie über Auschwitz als Lippenbekenntnis und Moralkeule. Auch über die Monumentalisierung der Schande in Form eines Mammutdenkmals im Zentrum der neuen deutschen Hauptstadt und die Instrumentalisierung des Holocaust.
Hierauf reagierte Bubis in einer Rede zur Reichspogromnacht am 9.11.1998 sehr heftig und beschuldigte Walser der geistigen Brandstiftung. Klaus von Dohnany nahm Walser in Schutz und wies darauf hin, daß Bubis Walser mißverstanden habe. Auch er sprach über die Instrumentalisierung des Holocaust beziehungsweise über eine wachsende „Holocaust-Industrie“. Bubis bezichtigte nun beide des latenten Antisemitismus. Mir stellt sich an dieser Stelle die Frage, wer hier eigentlich der „geistige Brandstifter“ ist. Ich kann überhaupt nicht nachvollziehen, was Herrn Bubis bewegt, diese Debatte so leidenschaftlich zu führen. In seinem wunderbaren Gedicht „An die Nachgeborenen“ beklagt Bertold Brecht die Zeiten, in denen „ein Gespräch über Bäume fast ein Verbrechen ist, weil es ein Schweigen über so viele Untaten einschließt!“ Ich frage mich, ob Walser mit seiner Anspielung auf dieses Brechtzitat nicht auf eine zeitgenössische deutsche Krankheit hinweisen wollte, die Ergebnis der NS-Gräueltaten ist.
So leiden sowohl Juden als auch Deutsche noch immer unter der Krankheit des Vergangenheitstraumas. Wie wir Juden uns nicht aus der Opferrolle lösen können, so können sich viele Deutsche nicht aus der Täterrolle lösen. Mir scheint, daß Walser sich mit dieser Krankheit auseinandersetzen will, während Bubis unbedingt in der Krankheit beziehungsweise in der „Bequemlichkeit“ der Opferhaltung verharren will. Ich kann weder bei Walser noch bei von Dohnany auch nur die

geringsten Spuren von latentem Antisemitismus entdecken. Bubis wirft Walser vor, daß er einen Schlußstrich unter die Vergangenheit ziehen wolle. Aber mehr als die Hälfte der Rede hat überhaupt nichts mit dem von Bubis befürchteten Schlußstrich zu tun. Bei Walser heißt es: „Ich verschließe mich Übeln, an deren Behebung ich nicht mitwirken kann. Ich habe lernen müssen wegzuschauen. Ich habe mehrere Zufluchtswinkel, in die sich mein Blick sofort flüchtet, wenn mir der Bildschirm die Welt als eine unerträgliche vorführt. Ich finde meine Reaktion sei verhältnismäßig. Unerträgliches muß ich nicht ertragen können. Auch im Wegdenken bin ich geübt. An der Disqualifizierung des Verdrängens kann ich mich nicht beteiligen. Freud rät, Verdrängungen durch Verurteilung zu ersetzen. Aber soweit ich sehe, gilt seine Aufklärungsarbeit nicht dem Verhältnis des Menschen als Zeitgenossen, sondern den vom eigenen Triebschicksal Geschüttelten! Ich käme ohne Wegschauen und Wegdenken nicht durch den Tag und schon gar nicht durch die Nacht. Ich bin auch nicht der Ansicht, daß alles gesühnt werden muß. In einer Welt, in der alles gesühnt werden müßte, könnte ich nicht leben."
Sind wir nicht alle im Wegschauen geübt? Als guter Kenner Israels hat Bubis bei uns sicher auch manches für einen Demokraten, Humanisten und auch Überlebenden Unangenehme erlebt. Hat er etwa nicht weggeschaut angesichts mancher Grausamkeiten in Israel? Ich würde gern wissen, ob er ein Wort des öffentliches Protestes verloren hat, als Baruch Goldstein auf Hunderte betender palästinensischer Moslems schoß. Dem Wesen nach war diese Tat genauso faschistisch wie die Ermordung unschuldiger jüdischer Menschen durch die SS. Ich kann mich der Meinung Walsers anschließen, der meint „daß der, der sich tausendmal besser vorkommt, kein bißchen besser ist als sein Gegenteil." Zu der „Banalität des Guten" gehören noch ein paar „Wegschauer". Anatolij Schtscharanski, ehemaliger Menschenrechtler in der Sowjetunion und als solcher interniert und später Minister in der Regierung von Netanjahu, hatte es besser als andere, weil die „wahren" Vertreter der Menschenrechte, Israel und die USA, auf seiner Seite standen. Von einem Vertreter der Menschenrechte aber könnte man einen größeren Einsatz für die Men-

schenrechte der Palästinenser erwarten. Elie Wiesel, Friedensnobelpreisträger und berühmter Schriftsteller, der zahlreiche Bücher über die Erinnerung und das Vergessen geschrieben hat, schaut weg, wenn es um das Leiden der über zwei Millionen Palästinenser geht, obwohl diese seit zweiunddreißig Jahren unter schwer zu ertragenden Besatzungsbedingungen leben, manchmal sogar der elementarsten Menschenwürde und Menschenrechte beraubt, obwohl es Hunderte von Büchern, Tausende von Zeitungsartikeln und Fernsehberichten darüber gibt und obwohl sich darunter so erschütternde Ereignisse befinden wie der Massenmord in Sabra und Schatilla oder der sinnlose Versuch, die Intifada durch Terror, Mord und andere Grausamkeiten zu unterdrücken. In einem Gerichtsverfahren wurde sogar offiziell festgestellt, daß Soldaten und Offiziere mit maßlosen Mitteln folterten. Der Grundsatz war: „Man soll den Aufständischen Hände und Füße brechen." Hunderte von Häusern wurden in die Luft gesprengt und Tausende von Menschen mußten zuschauen, wie ihre Häuser in Schutt und Asche gelegt wurden. Von allen diesen Ereignissen, so scheint es, haben Wiesel, Bubis und andere ehrwürdige Meinungsmacher und Gedächtniswächter nichts erfahren.

So wie Walser verdrängt, daß geschäftstüchtige Deutsche anderen Deutschen Würstchen verkauften, während diese zusahen, wie die Häuser der verhaßten Asylbewerber niederbrannten, verdrängen Menschen wie Bubis und Wiesel die schändlichen Taten Israels. Auch ich schaue manchmal weg. Ich muß viel verdrängen in meinem Land, um die schlaflosen Nächte erträglicher zu gestalten. Ich kann Walser gut verstehen, und Bubis hätte ihn auch verstehen können, wäre er sich seiner Verdrängungen bewußt geworden, anstatt Walser zu verurteilen. Es ist tragisch, daß Menschen wie Bubis und Walser an entgegengesetzten Fronten stehen. Noch tragischer ist es, daß Bubis sich verpflichtet fühlte, gegen Walser und von Dohnany und damit gegen Millionen Deutsche eine Front zu eröffnen, obwohl diese sich der Erinnerung verpflichtet fühlen, sich als Deutsche nicht von den Verbrechen und der Schande der Vergangenheit freisprechen wollen, sich aber zu Recht weigern, einen aufgezwungenen Erinnerungsritus zu akzeptieren.

Bubis weiß wie ich, vielleicht noch besser, daß das biblische Gesetz Jovel, von dem das Wort „Jubiläum“ abgeleitet ist, eine allgemeine Befreiung nach fünfzig Jahren bedeutet. „Wenn ihr das Sabbatjahr siebenmal gefeiert habt und also insgesamt 49 Jahre vergangen sind, laßt ihr am 10. Tag des 7. Monats, dem Versöhnungstag, im ganzen Land das Signalhorn blasen. Dies ist das Zeichen dafür, daß alle seine Bewohner wieder in ihre ursprünglichen Rechte eingesetzt werden. Das 50. Jahr muß für euch als ein Jahr gelten, das mir gehört. Es ist das Erlaßjahr, in dem eine allgemeine Wiederherstellung erfolgt.“ (3. Mose 25.8-10) Es ist schade, daß Juden und Deutsche die Feiern zum fünfzigsten Jahrestag des Kriegsendes nur als Befreiung von Konzentrationslagern, Nationalsozialismus und Krieg begangen haben, nicht aber auch als Befreiung von alten Prägungen, Denkweisen und alten Wegen der Geschichtsaufarbeitung. Heute, mehr als fünfzig Jahre nach dem Zusammenbruch des deutschen NS-Staates, nach fünfzig Jahren aufrichtiger Sühne und Versöhnungsversuchen der überwiegenden Zahl der in Deutschland lebenden Deutschen, müssen wir Juden den Deutschen mit der Bereitschaft zur Vergebung entgegenkommen und aufhören, Deutsche und Juden als Täter und als Opfer zu betrachten. Die Erinnerungspflicht gebietet es, Deutschland nicht nur auf zwölf Jahre seiner Geschichte zu reduzieren, selbst wenn diese Geschichte die grausamste in der Menschheitsgeschichte ist.
Warum müssen wir uns unbedingt jeden Tag die schreckliche Vergangenheit vergegenwärtigen anstatt gemeinsam zu überlegen, wie man auf menschliche und humanistische Art die Erinnerung pflegen kann, ohne eine der beiden Seiten zu vergewaltigen, zu verletzen und ohne die „Moralkeule“ zu schwingen? Warum können wir Juden nicht von unserem Propheten Ezechiel (Ez) lernen, daß keiner für die Schuld seiner Väter büßen soll? „Wenn einer, der bisher vorbildlich gelebt hat, Unrecht tut und daraufhin stirbt, stirbt er wegen des Unrechts, das er begangen hat. Und wenn ein Verbrecher sich von seinem Verbrechen abwendet und Recht tut, rettet er damit sein Leben. Wer sein Unrecht einsieht und ein neues Leben beginnt, muß nicht sterben. Ändert euch also und begeht kein Unrecht mehr. Macht euch frei von eurem früheren Leben; schafft euch ein neues Herz und eine neue Gesin-

nung." (Ez, 18.26-32) Da wir Menschen unfähig sind, uns von unserem früheren Leben zu befreien, hören wir nie auf, zumindest den Versuch zu unternehmen, das Gewissen unseres Nächsten zu vergewaltigen. Walser übertreibt wohl, wenn er davon spricht, daß es keinen „Tag [gebe], an dem die unvergängliche Schande uns nicht vorgehalten wird." Allein die Erwähnung der Unvergänglichkeit der Schande bestätigt doch, daß Walser keinen Schlußstrich ziehen will.

Es ist schon mehr als fünfunddreißig Jahre her, daß mir die Gefahr falscher Erwartungen der Juden in Bezug auf die Vergangenheitsbewältigung der Deutschen bewußt geworden ist. Als ich noch Lehrer war, gab es an meiner Schule eine leidenschaftliche pädagogische Debatte darüber, ob wir Lehrer einen Schüleraustausch zwischen unserer und einer deutschen Schule unterstützen sollten. Obwohl ich gefühlsmäßig noch nicht imstande war, Deutschland zu besuchen, vertrat ich die Meinung, daß wir unsere schrecklichen Erfahrungen und Erinnerungen auf gar keinen Fall unseren Jugendlichen aufzwingen dürften. Auch könne und dürfe man die Deutschen nicht für ewig verdammen. Ich sagte auch, es sei unmenschlich und nicht mit dem jüdischen Ethos zu vereinbaren, ihnen ewige Sühne aufzwingen zu wollen. Nur Masochisten nehmen freiwillig Schuld auf sich. Normale Menschen entziehen sich sogar einer tatsächlich begangenen Schuld, erst recht aber einer Schuld, die sie nicht selbst begangen haben. Der Versuch, eine ganze Generation mit Schuld zu belasten, mußte unausweichlich zu dem Versuch führen, sich der Verantwortung zu entziehen. Man soll Menschen nicht mit der von den Vätern begangenen Schuld belasten, denn unverarbeitete Schuldgefühle führen zu unrechtem Handeln, zu neuer Schuld, dann etwa, wenn man zum Beispiel keine Stellung zu dem in Israel begangenen Unrecht bezieht, sondern lieber in schweigendem Unbehagen verharrt. Es gibt einen Unterschied zwischen dem Unrecht, das in der Vergangenheit begangen wurde, und dem, das heute begangen wird. Das Vergangene kann nur als Mahnung für Gegenwart und Zukunft dienen; das gegenwärtige Unrecht sollte man jedoch bekämpfen.

Walser und von Dohnany und, wie ich hoffe, viele andere deutsche Humanisten und nach Gerechtigkeit Strebende lei-

sten der Erinnerung und der Aufarbeitung der schrecklichen nationalsozialistischen Vergangenheit einen guten Dienst, indem sie sich weigern, die Vergangenheit den „Meinungssoldaten" zu überlassen, die in der einen oder anderen Weise, bewußt oder unbewußt, die Vergangenheit banalisieren oder instrumentalisieren. Für mich gehören Deutsche wie Walser und von Dohnany, hervorragende Nachkriegspolitiker wie Heuss, Adenauer, Brandt und von Weizsäcker, Theologen wie Gollwitzer, Scharf und Albertz sowie all die Millionen Deutsche, die mit der nationalsozialistischen antisemitischen Vergangenheit gebrochen haben, nicht mehr zu den Schuldigen.
Die Instrumentalisierung des Holocaust ist ein großes Problem. Wenn er instrumentalisiert wird, etwa um Überlebenden ein Leben in Würde zu ermöglichen, dann ist dies legitim. Häufig aber wird er wegen politischer oder wirtschaftlicher Vorteile nur vorgeschützt. In Israel reagiert man auf den Gebrauch des Begriffs Auschwitz in anderen als jüdischen Zusammenhängen oft mit Empörung, da dadurch angeblich die Einmaligkeit des Vergehens banalisiert werde. Andererseits wurden die dümmsten politischen Entscheidungen mit Auschwitz gerechtfertigt. Wenn wir gemäß dem von den Amerikanern vermittelten Abkommen vierzehn Prozent der Westbank an die Palästinenser zurückgeben müssen, dann heißt es in Israel schon, daß wir vor den Toren von Auschwitz stehen. Als Millionen Deutsche 1991 gegen den Golfkrieg demonstrierten, hörte man in Israel, daß dies nur geschehe, damit Saddam Hussein Hitlers Werk vollenden könne. Solches sagen in Israel selbst angesehene Politiker, die zudem die geringste Kritik an der israelischen Besatzungspolitik eiskalt mit den Worten kommentieren: „Von euch Deutschen wollen wir keine Moralpredigten hören."
Solange Israel sein atomares Monopol aufrechterhält, solange Israel Teile Libanons, Syriens und Palästinas besetzt hält, solange Israel mit amerikanischer Unterstützung Luftangriffe auf den Libanon fliegt, als sei dies eine Selbstverständlichkeit, solange Israel an seinem fragwürdigen Sicherheitskonzept festhält, nach dem nur Israel allein seine Grenzen bestimmt, solange wird Israel für die Araber ein Stachel im Fleisch bleiben. Das seit den Zeiten Ben Gurions unveränderte Sicherheitskonzept Israels – Sicherheit durch Gewalt und

Abschreckung – hat sich in den vergangenen fünfzig Jahren nicht bewährt. Die Osloer Friedensverträge sehen den Frieden und die Sicherung der Existenz Israels im Nahen Osten durch gegenseitige Anerkennung von Israelis und Palästinensern vor. Der Versuch, den Palästinensern und der arabischen Welt einseitige politische Lösungen aufzuzwingen, wird auch weiterhin zum Scheitern verurteilt sein. Ein Beharren auf dem fragwürdigen israelischen Sicherheitsmythos wird die Gefahr eines Untergangs Israels heraufbeschwören.

Seit den Wahlen am 17. Mai 1999 ist Israel aber wieder voller Hoffnung. Hunderttausende jubelnder Menschen feierten die Abwahl Benjamin Netanjahus und damit eine neue Hoffnung auf Frieden. Ehud Barak, Netanjahus Nachfolger, ist nicht zu beneiden, denn er hat zwar einen glänzenden Sieg errungen, aber seine Partei hat sechs Sitze in der Knesset verloren, so daß es dort wieder ein Patt gibt. Nachfolger Netanjahus als Parteiführer ist Scharon, der nicht viel besser ist als sein Vorgänger. Der große Sieger der Wahlen ist die klerikale Schas-Partei, die sich eine Theokratie in Israel wünscht. Sie wird von einem korrupten Führer geleitet, der kurz vor den Wahlen zu vier Jahren Gefängnis verurteilt wurde, da er „nur" 250 000 DM öffentliche Gelder unterschlagen hat. Das hat allerdings 500 000 Wähler in Israel nicht gestört, die mit ihrer Wahl die Anzahl der Abgeordneten dieser Partei fast verdoppelt haben.

Auf der positiven Seite der Bilanz ist zu verzeichnen, daß die Extrem-Rechtsradikalen nur vier Abgeordnete im Parlament haben werden. Die säkularen Parteien haben gut abgeschnitten, so daß die Klerikalen nicht notwendigerweise weiterhin das Zünglein an der Waage bilden müssen. Barak könnte eine säkulare, am Frieden orientierte Koalition zusammenstellen. Dazu würde er aber die zehn arabischen Abgeordneten benötigen, die ihrerseits lieber eine Minderheitenregierung unterstützen würden. Auch scheint es im „demokratischen" Israel fast ausgeschlossen, das Land mit Hilfe arabischer Abgeordneter zu regieren. Die Alternative, eine große Koalition, hätte zur Folge, daß Säkulare und Friedenskräfte der Regierung nicht angehören würden, dafür aber ein „Friedensstifter" wie Scharon. In der Frage des Friedens ist die korrupte Schas-Partei viel gemäßigter als der Likud. Dennoch weigert

sich Meretz, die Friedenspartei, aus gutem Grund, sich an einer Regierung zu beteiligen, der die Schas-Partei angehört. Es bleibt dabei: Wieder einmal brauchen wir die Hilfe Gottes und Amerikas, um den Friedensprozeß voranzutreiben, aber die Lage ist nicht hoffnungslos.
So wie Walser seine Rede versöhnlich beendet, möchte auch ich mit dem Hinweis enden, daß es zwar viel Beklagenswertes in der Welt gibt, aber immer auch dessen Gegenteil. Deshalb soll an dieser Stelle noch einmal der eingangs so zornige Nathan Zach zu Wort kommen: „Ich möchte Augen haben, um die Schönheit der Welt immer zu sehen und um die wunderbare Schönheit und diejenigen, die sie gestaltet haben, preisen zu können. Ich möchte dieser Schönheit gegenüber nie blind sein. Solange ich lebe, werde ich auf vieles verzichten, nicht aber auf die Bewunderung dieser Schönheit, die mich umgibt. Meine Hände gestalten mein Leben mit Mut und Geduld - endloser Geduld. Und wenn ich fallen werde, werde ich wieder aufstehen, wenn auch nur für einen Augenblick, damit man nicht sagt, der ist gefallen, sondern damit man sagt, der steht wieder auf, um mit einem letzten Blick zu loben, was zu loben ich nicht aufhören kann."

Nachwort zum dritten Druck

Sieben Jahre nach dem Abkommen von Oslo haben knapp zwei Drittel der israelischen Wähler den Mann gewählt, der jedem für seine blutigen Untaten und sein skrupelloses Streben nach Macht bekannt ist. Er wurde gewählt, weil die Israelis nicht bereit sind, die „Zugeständnisse" Baraks an die Palästinenser zu akzeptieren. Tatsächlich hat Barak von allen Ministerpräsidenten, die Israel seit dem Abkommen von Oslo regiert haben, die wenigsten Zugeständnisse an die Palästinenser gemacht.

Die Fähigkeit der israelischen Machthaber, unabhängig von ihrer politischen Couleur, Tatsachen in ihrem Sinne zu verdrehen, hat dazu geführt, dass nicht nur ein Teil der Friedensbewegung, sondern auch nicht wenige ehrliche und gutwillige Politiker sowie hervorragende Journalisten heute glauben, die Schuld für das Scheitern der Friedensgespräche und den Ausbruch der Intifada liege bei Arafat und der palästinensischen Autonomiebehörde. Die Palästinenser werden zum Sündenbock gemacht und Arafat wird dämonisiert. Wir sollten uns besser Shakespeares Sicht zu eigen machen, dessen Held Shylock heute vielleicht nicht mehr sagen würde „Ich bin ein Jude. Hat nicht ein Jude Augen?", sondern der das Wort „Jude" durch das Wort „Palästinenser" und das Wort „Christ" durch das Wort „Jude" ersetzen würde, was dann etwa den folgenden Monolog ergäbe: „Ich bin ein Palästinenser. Hat nicht ein Palästinenser Augen? Hat nicht ein Palästinenser Hände, Glieder, Wünsche, Gefühle, Hoffnungen? Leben wir nicht von demselben Brot wie die Juden? [...] Bluten wir nicht, wenn ihr uns erstecht? Lachen wir nicht, wenn ihr uns kitzelt? Wenn ihr uns vergiftet, sterben wir nicht? Und wenn ihr uns unterdrückt, sollen wir uns nicht rächen?"

Diese Gedanken Shakespeares sind heute genauso aktuell wie sie es zu seiner Zeit waren. Die Menschheit scheint in den letzten 400 Jahren wenig dazu gelernt zu haben. Die einseitige Schuldzuweisung an die Palästinenser ist empörend. Welche Opfer verlangt man noch von diesem unglücklichen und verletzten Volk, das bis heute den Preis für die Verbrechen der Nationalsozialisten zahlt? Welche unvergängliche und unverzeihliche Sünde hat es begangen, um so lange geschunden zu werden und zu leiden? Trotz der Menschenrechtscharta der Vereinten Nationen sind die Palästinenser seit dreiundfünfzig Jahren vertrieben und heimatlos, des Selbstbestimmungsrechts und jeglicher Menschenwürde beraubt. Vierunddreißig Jahre der Willkür ausgesetzt, leben sie unter einer herzlosen und heuchlerischen Besatzung durch einen Staat, der sich rühmt, die einzige Demokratie im Nahen Osten zu sein. Ist es nicht langsam an der Zeit, dass deutsche Politiker ihren beschämenden Mangel an Zivilcourage aufgeben, der mit dem Satz ‚Was können wir Deutschen bei unserer Vergangenheit schon tun?' verbrämt wird. Gerade Deutsche müssten für das hier begangene Unrecht sensibilisiert sein.

Die jüdische Weisheit „Auf drei Säulen ruht die Welt: Wahrheit, Recht und Frieden" wird heute weder von Israel beachtet noch ist sie in den deutsch-jüdischen Beziehungen ausreichend verankert. Fünfzig Jahre nach der Entstehung der Bundesrepublik Deutschland darf es nicht weiter dabei bleiben, dass wir Juden auch in Zukunft immer nur als Opfer betrachtet werden und die Deutschen immer nur als die Täter. Was die Bundesrepublik für Wahrheit, Recht und Frieden getan hat, erscheint einmalig in der menschlichen Geschichte, und gerade wir Juden müssen lernen, es zu würdigen. Die Bundesrepublik ist ein Land, in dem die drei Säulen ziemlich aufrecht stehen. Ihre Orientierung auf den Frieden wird unter anderem dadurch deutlich, dass in keinem anderen Land der Welt, in dem es eine allgemeine Wehrpflicht gibt, so viele Jugendliche den Wehrdienst verweigern und lieber Zivildienst leisten. Auch hat die Bundesrepublik alle durch den Zweiten Weltkrieg geschädigten Völker entschädigt und versöhnt. Insbesondere hat sie Großartiges zur Unterstützung der Juden und Israels geleistet. Deshalb wünsche ich mir, dass sie ihre Unterstützung Israels aufrecht erhält und einer veränderten geschichtlichen Situation anpasst, d.h. ihre übertriebene Zurückhaltung im Nahen Osten aufgibt und im Sinne von Frieden und Gerechtigkeit aktiver in das Geschehen dort eingreift.

Die bisherige Position Deutschlands unterstützt gerade die aggressiven Anteile der israelischen Politik. Scharon wird mit Sicherheit keine Zugeständnisse machen, die über die angeblichen Zugeständnisse Baraks hinausgehen. Noch weniger als dieser wird er bereit sein anzuerkennen, dass die meisten

Flüchtlinge aktiv vertrieben wurden – eine Tatsache, die inzwischen von israelischen Historikern nachgewiesen wurde. Wie kann es Wahrheit, Recht und Frieden geben, wenn wir Juden und Israelis auf unserem Recht und der Entschädigung für begangenes Unrecht bestehen, uns aber weigern, das Unrecht anzuerkennen, das wir den Palästinensern zugefügt haben? Wie kann es Wahrheit, Recht und Frieden geben, wenn Scharon sich nicht in der Lage sieht, die Verhandlungen mit den Palästinensern wieder aufzunehmen, solange diese noch zu dem Mittel der Gewalt greifen, beziehungsweise wenn er erklärt, dass Verhandlungen mit den Palästinensern aufgrund ihrer Forderungen absolut sinnlos sind?

Man mag sich über Helmut Kohls Aussage über die Gnade der späten Geburt lustig machen, sollte dabei aber nicht übersehen, dass die nach dem Zweiten Weltkrieg Geborenen in der Tat die Gnade und das Privileg hatten, die ältere Generation ungestraft fragen zu dürfen, warum sie während des Nationalsozialismus schwieg und wegschaute. Diese Spätgeborenen regieren heute Deutschland. Warum protestieren sie nicht gegen das Unrecht, das den Palästinensern geschieht? Warum bleiben sie befangen und gefangen in einem überholten Konzept, obwohl sie keiner Gefahr für Leib und Leben ausgesetzt sind? Wo bleibt die viel beschworene Zivilcourage, deren Mangel während des Nationalsozialismus so häufig kritisiert wurde und die auch in der aktuellen öffentlichen Debatte in Deutschland immer wieder eingefordert wird? Die Geschichte lehrt uns, dass die Duldung von Aggressionen meist zu noch Schlimmerem führt. Deshalb sollten wir uns die Worte Bertold Brechts, die er schon 1932 in seinem Gedicht „Die Ballade von der Billigung der Welt" äußerte, zu Herzen nehmen:

„Ich bin nicht ungerecht, doch auch nicht mutig
Sie zeigten mir da heute ihre Welt
Da sah ich nur den Finger, der war blutig
Da sagt' ich eilig, dass sie mir gefällt. (…)

Und von der Stund an sagt' ich ja zu allen
Lieber ein feiger als ein toter Mann.
Nur um in diese Hände nicht zu fallen
Billigte ich, was man nicht billigen kann. (…)"

Denn sie gieren alle, klein und groß, nach unrechtem Gewinn, und Propheten und Priester gehen alle mit Lüge um und heilen den Schaden meines Volks nur obenhin, indem sie sagen: „Friede! Friede!“, und ist doch nicht Friede. Sie werden mit Schande dastehen, weil sie solche Greuel getrieben haben; aber sie wollen sich nicht schämen und wissen nichts von Scham. […]
Jeremia 6. 13-15

Bessert euer Leben und euer Tun, daß ihr recht handelt einer gegen den andern und keine Gewalt übt gegen Fremdlinge, Waisen und Witwen und nicht unschuldiges Blut vergießt an diesem Ort. […]
Jeremia 7. 5-6

[…] Dann wird die Wüste zum fruchtbaren Lande und das fruchtbare Land wie Wald geachtet werden. Und das Recht wird in der Wüste wohnen und Gerechtigkeit im fruchtbaren Lande. Und der Gerechtigkeit Frucht wird Friede sein, und der Ertrag der Gerechtigkeit wird ewige Stille und Sicherheit sein, daß mein Volk in friedlichen Auen wohnen wird, in sicheren Wohnungen und in stolzer Ruhe.
Jesaja 32. 15-18